SPSS(PASW) 17.0을 이용한

사회과학 계량분석의 이해와 활용

[제2판]

김 구 저

비앤엠북스

머 리 말 (제2판)

사회과학 계량분석의 대표적 통계패키지가 SPSS(Statistical Package for the Social Sciences)이다. 이 책은 사회과학 분야에서 다루는 각종 연구 사례별 데이터 파일을 SPSS를 사용하여 실습 위주로 이해하고 활용하기 위한 것이다. 실습을 통한 계량분석의 지식과 활용 방법을 체득하는데 목적을 두고 있지만 각종 연구사례와 분석방법과의 적합성 여부를 판단하고 활용하기 위해서는 각 분석방법에 대한 기본적인 이해는 필수이다. 이 책은 통계학 내용의 심층적인 이해보다는 통계학이 어렵다고 단정하고서 계량분석 학습을 꺼려하는 초심자를 위해 통계학의 기본적인 개념을 쉽게 파악하고 이해하는 동시에 실질적인 활용 방법을 돕기 위하여 구성되었다.

실습위주의 학습을 위해 SPSS 프로그램을 사용하는 관계로 초판에서는 SPSS 14.0 버전을 토대로 활용 방법을 소개하였으나 버전이 업그레이드되어 불가피하게 SPSS(PASW) 17.0을 이용한 개정판을 낼 수밖에 없었다. 그리고 초판에서 축약 및 생략되었던 기본 개념을 추가 설명하였으며, 다양한 사례의 데이터 파일도 수정 및 추가하였다. 또한 제16장의 비모수통계분석 방법을 추가하였으며 초판의 일부 내용에서 발견되었던 실행방법의 오류를 수정하고 연습문제도 추가하였다.

Preface

그리고 이번 개정판에서는 데이터 파일을 공개성과 접근 용이성을 위해 이 책의 출판사인 비앤엠북스 사이트(http://www.대학교재.kr)상의 [고객센터〉공지사항] 란에 올려놓았다. 통계프로그램을 통한 활용 중심의 내용이다 보니 버전이 업그레이드되면 책 내용도 개정될 수밖에 없는 현실이다. 이런 번거로움을 기꺼이 감수하고 개정판을 낼 수 있도록 협조하여 주신 비앤엠북스 정광식 사장님과 정경식 부장님 그리고 편집부 관계자 여러분들께 깊은 감사를 드린다.

2010년 8월
저자 씀

머리말

사회가 복잡 다양하고 불확실성의 현상들이 자주 등장함에 따라 인간은 미래상황이 어떻게 펼쳐질 것인가에 대한 의문을 더 많이 갖게 된다. 이러한 의문을 갖게 된다는 것은 여러 사회현상을 체계적으로 이해하고 삶의 설계를 예측가능하게 만들고 싶다는 의지이기도 하다. 인간은 자연현상 속에서 존재하고 자연의 순리와 법칙을 거스를 수가 없다. 자연의 현상 속에서 인간이 더 향상된 삶을 살기 위한 밑그림을 그리고 실천하는 삶이 인간다운 삶이라고 말할 수 있을 것이다. 그러나 자연 순리적인 인간다운 삶을 거스르게 하는 행동과 문제야기 또한 인간이 유발하기도 한다. 인간이 더 좋은 삶의 방식(?)을 찾기 위하여 사회시스템과 국가정책 등을 만들고 있지만 그런 방안들이 과연 많은 사람들이 궁극적으로 지향하는 인간다운 삶의 모습인가 하는 것에 대해 자문해봐야 한다. 국가, 정부기관에서 수행하는 많은 정책과 시책들이 궁극적으로 국민이나 정책 수혜자들에게 보다 나은 서비스를 제공하기 위하여 날마다 새로운 정책과 시책들을 쏟아내고 있지만 그런 정책 및 시책 방안들이 올바른 사회질서를 개선하고 보다 나은 인간의 삶의 질을 확보하는데 기여하고 있는가에 자문하지 않을 수 없다. 정책수혜자, 국민들을 위해 수행하고자 하는 정책들이 오히려 사회문제를 야기하는 동인이 되고 있지 않은가 묻고 싶다. 사회문제를 해결하기 위해 또다른 정책을 만들고 그런 정책이 또다른 문제를 일으킨다면 정책과정 즉, 정책의 문제정의에서부터 대안의 탐색과 미래예측 활동들에 대한 접근과 이해가 잘못되었다고 볼 수 있다. 사회문제를 진단하고 처방책을 내리기 위해서는 그것에 맞는 적절한 도구와 기법들이 적용되어야 하는데, 그동안 바람직한 사회질서를 유지하고 인간다운 삶의 질 향상을 위해 제시되고 있는 각종 정책에 대한 오류가 곧 또다른 사회문제로 제기되고 있다는 점을 명심해야 한다. 사회문제의 처방의 오류나 정책실패를 야기하는 근본문제는 사회문제를 둘러싸고 있는 현상에 대하여 합리적인 접근방법을 소홀히 했다거나 적절하지 못한 분석도구와 기법들을 적용함으로써 불합리적인 해석과 설명으로 미래를 예측했기 때문이라고 여겨진다. 따라서 현대 사회과학에 있어서 중요하게 다루어야 할 부문은 사회문제 및 정책에 대한 올바른 이해와 접근방법과 분석도구를 통해 합리적인 결정을 내리도록 정보를 산출하는 기법들이 필요하다고 생각한다. 그러기 위해서는 대학에서 질적 연구를 통해 이해의 폭을 넓히면서 양적 연구를 통해 경험성과 객관성을 바탕으로 현실적합성인 미래 대안을 제시하는 학문적 기술이 중요하다고 보여진다. 이러한 배경을 바탕으로 본

머 리 말

교재는 사회문제를 과학적이고 체계적으로 진단하여 분석함으로써 올바른 정책대안을 설계하는데 유용한 정보를 산출하는 분석방법들로 구성되어 있다.

저자가 그동안 강단에서 계량분석론을 강의하면서 SPSSWIN 통계패키지를 중심으로 실습위주로 강의하였다. 강의하면서 항상 느낀 점은 어렵고 따분하다고 느껴지는 계량분석론 내용을 학생들에게 어떻게 흥미를 유발할 수 있도록 할 것인가에 고심한 끝에 내린 하나의 방안으로써 생각해 낸 것이 복잡한 이론에 대해서는 간결하게 처리하고 직접 실습해보는 것이 최선일 것이라는 생각으로 SPSSWIN 통계패키지를 활용해 왔다. 이런 배경으로 본 교재는 그동안 강의에 활용해왔던 강의안을 중심으로 내용을 구성하였다.

본 교재는 대학 강단에서 사회과학 분야에서 다루고 있는 사회문제, 정책문제, 행정문제 등에 대한 양적자료를 통계적인 기법을 통해 활용하는데 주안점을 두었다. 따라서 본 교재는 가능한 이론적 설명은 간결하게 처리하고 주로 SPSSWIN 통계패키지를 통한 실습 위주로 활용하도록 구성하였으며, 계량분석론 한 학기 강의분량을 소화할 수 있도록 전체 내용을 15장으로 구성하였으며 1주에 1장을 강의하는 분량으로 구성하였다. 또한 실습위주로 구성하였기 때문에 각 내용에 대한 분석 기법을 직접 실행해볼 수 있도록 예제파일을 CD로 제공하였다.

아무쪼록 사회과학 분야에서 계량분석을 직접 느껴보고 활용할 수 있도록 하는 저자의 의도가 조금이나마 학생들이나 독자들에게 다가갔으면 하는 기대를 가져보며 내용의 오류나 발전을 위해 아낌없는 조언을 기대해본다.

2008년 2월

저자 씀

차 례

Contents

차 례

Contents

차 례

제1장 양적자료의 조사과정과 조사설계

1. 양적자료의 조사과정

2. 인과관계와 조사설계

제1장 양적자료의 조사과정과 조사설계

1. 양적자료의 조사과정

계량분석(quantitative analysis)은 양적자료(quantitative data)의 속성을 기술하고, 유형을 파악하여 이해하고 설명 · 예측하는데 목적을 두고 있다. 양적자료의 분석은 일련의 절차에 의해 이루어지게 되는데 일반적인 조사과정은 다음 **〈그림 1-1〉**과 같다.

그림 1-1 양적자료의 조사과정

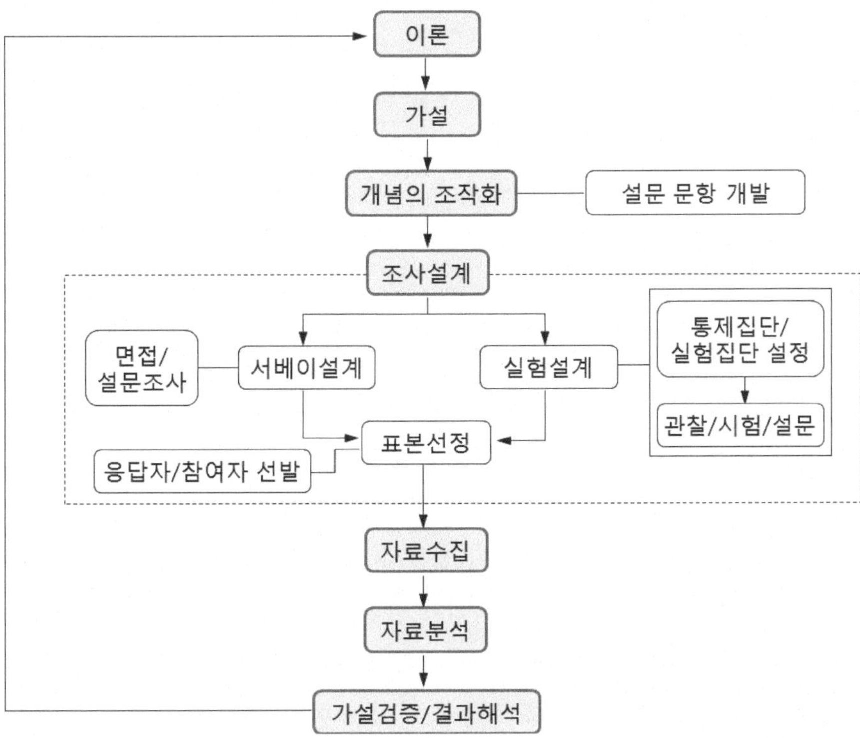

1) 이론

양적자료의 조사과정의 첫 단계는 연구문제와 관련된 적절한 이론(theory)을 탐색하고 형성하는 것이다. 물론 이론탐색과 형성에 앞서서 연구문제(주제)가 제시되어야 하는데, 연구문제란 연구자(조사자)가 궁금해 하는 것을 의문문 형태로 진술하는 것이다. 예를 들어, “출산장려금제도가 출산율 증대에 영향을 미칠 수 있을까?” “지방자치제 실시는 주민행정서비스 품질에 영향을 미칠 수 있을까?” 등이다.

사회과학(social science)에서 이론이란 사회현상(social phenomena)을 설명해 줄 수 있도록 하는 일반적인 틀을 의미한다. 연구자는 조사에 앞서 선행 연구자들에 의해 개발된 여러 이론을 검토하고, 정리된 이론들 중에서 연구자가 수행하고자 하는 연구문제, 연구모형, 가설, 조사설계 등에 적용하여 잘 설명해 줄 수 있는 이론을 형성해야 한다. 양적조사는 기존 이론을 현재의 사회현상에 적용했을 때 그 이론이 주장하는 바와 같이 동일한 또는 유사한 결과가 나타나는가, 아니면 다른 결과를 나타나는가를 살펴보려는 것이다. 따라서 양적조사에서 선행이론의 탐색 및 형성은 전체 연구의 성공을 좌우하는 중요한 단계라고 말할 수 있다.

2) 모형과 가설설정

이론이 탐색 · 개발되었으면 다음 단계는 이론과 연구질문을 토대로 연구의 전체적인 흐름을 한 눈에 파악해볼 수 있도록 압축해 놓은 연구모형(research model)이 도출되어야 한다. 연구모형은 이론형성을 통해 연구자가 연구하고자 하는 전반적인 내용을 압축해 놓은 것이다.

연구모형이 도출되었으면 연구질문과 연구모형에 바탕을 둔 잠정적인 해결방안인 가설(hypothesis)이 설정되어야 한다. 위에서 제시한 이론 자체를 검증하기란 쉬운 일이 아니다. 따라서 이론으로 도출된 연구모형이 제시되고, 이 연구모형을 실제 검증할 수 있도록 도출한 것이 가설이다.

가설은 변수와 변수 간의 인과관계가 참인가 또는 거짓인가를 검증할 수 있도록 나타내는 진술문이다. 가설은 연구문제 및 연구모형에서 도출된 인과관계에 대한 잠정적인 해결방안으로서 실증적으로 검증할 수 있어야 한다.

3) 개념의 조작화

가설은 변수와 변수 간의 관계의 진술로서, 실제 조사를 통해 가설을 검증하기 위해서는 가설을 구성하고 있는 변수에 대한 개념적 정의(conceptional definition)와 조작적 정의(operational definition)가 필요하다.

과학적 조사에서 추상적 개념을 전달하는 용어는 측정가능 하도록 특정화되어 의미전달이 가능하도록 해야 한다. 개념적 정의는 개념이 지니는 속성을 추상화시킨 의미로서 '사전적 정의' 라고도 하며, 조작적 정의는 사전적 정의를 측정가능한 지표로 전환시킨 것을 의미하는데 이런 일련의 과정을 조작화(operationalization)라고 한다.

개념적 정의(혹은 재개념화)란 측정하고자 하는 개념을 보다 명백히 하기 위해 추상적인 개념을 명확히 규정하는 과정이다. 개념적 정의는 반드시 정의하는 개념의 속성이 특정화되어야 하고, 다른 것과 구별되어야 하며 순환론에 빠져서는 안 되고 분명하고 이중의 뜻을 가지지 않는 용어를 사용해야만 한다. 예를 들어, 미인(美人)의 개념을 '아름다운 사람' 이라고 정의하는 것은 올바른 정의라고 말할 수 없다.

개념적 정의에서는 개념을 구성하고 있는 속성들의 형상을 하나로 표현하는 문장에 지나지 않음으로 개념적 정의를 통해서는 변수를 측정하기 어렵다. 경험적으로 측정 곤란한 의미를 측정 가능한 수준으로 전환시켜주는 과정이 조작적 정의이다. 조작적 정의는 개념이 지닌 속성에 대해 모든 사람이 동일한 현상으로 지각될 수 있도록 명확하고 구체적인 표현과 용어로 구성되어져야 한다. 사회과학에 있어서 서베이조사의 경우 조작적 정의로 나타나는 것이 설문문항(questionnaire)이다.

4) 조사설계

조사설계는 서베이설계와 실험설계로 나누어진다. 서베이설계에서는 조사대상에 대해 비통제적이고 자연적인 상태에서 면접과 설문조사를 수행하려는 것을 말하고, 실험설계에서는 상대적으로 통제적인 상태에서 어떤 실험치나 자극(독립변수를 의미)을 주어 독립변수로 인해 종속변수가 어떤 변화나 차이를 보이는지를 살펴보고자 하는 설계방법이다.

위의 설계방법이 선택되고 준비되었으면 누구를 대상으로 면접, 관찰, 설문을 할 것인가를 정해야 한다. 즉 응답자, 참여자, 피관찰자를 선발해야 한다.

5) 자료수집

면접, 설문, 관찰 등을 통해 분석에 이용할 수 있는 자료(data)가 수집되어야 한다. 자세한 자료수집방법은 '조사방법론의 교재' 를 참고하기 바란다.

6) 자료분석

여러 가지 통계분석방법을 통해 수집된 자료를 분석하는 일이 이 책의 핵심이다. 자료수집단계까지 익혀야 할 사항이 조사방법론에 해당된다면, 이 단계부터는 통계분석(또는 계량분석)에서 중점적으로 다루는 내용이다.

자료를 분석하는 방법은 여러 가지가 있으나 어떤 방법을 선택할 것인가는 연구자의 연구목적, 연구범위, 연구방법, 이론적 배경, 연구설계, 연구대상자 등을 종합적으로 고려하여 여기에 적합한 분석방법을 선정해야 한다.

7) 결과해석 및 가설검증

적절한 분석방법을 사용하여 분석을 수행한다는 의미는 가설을 검증하기 위한 것이다. 분석을 통해 나타난 결과를 통해 앞서 제시한 가설을 검증해야 하며, 검증결과(유의성과 무의미성)에 대한 정책적 함의(implications)가 진술되어야 한다.

사회과학(social science)은 실용학문 · 응용학문이기 때문에 분석결과를 통해 처방적인 대안을 탐색하고 발굴하기 위한 것이 궁극적 목적이다. 그러므로 분석결과를 통해 제시된 함의가 연구문제에 대한 해답으로써 어느 정도 기여할 수 있고 설명할 수 있는지를 진술해야 한다. 분석절차를 충실히 따랐다고 하더라도 분석결과를 통해 무엇을 말해 줄 수 있는지가 설명되어 있지 않다면 연구결과 및 주장에 대하여 독자들이나 이해관계자들로부터 "그래서 어떻다는 말인가?(So What?)"라는 질문을 받게 될 것이다. 계량분석은 분석결과를 통해 연구문제와 관련된 이해관계자들, 정부의 정책결정자 또는 정책담당자들에게 이해 가능하고 타당한 설명을 해줄 수 있어야 있어야 하고, 그런 설명에 대한 과학적 근거로 삼고자 하는 것이다.

2. 인과관계와 조사설계

1) 인과관계 구축

양적조사에 있어서 주요 관심사항의 하나는 인과관계(causal relationship)를 구축하는 일이다. 가설검증은 곧 인과관계를 검증하는 것이기 때문에, 좋은 이론을 토대로 적절한 연구모형 및 가설이 설정되었다는 의미는 인과관계의 적절성을 의미하기도 하다.

인과관계를 구축하기 위해서는 몇 가지 조건이 충족되어야 한다. 첫째, 한 변수가 시간적으로 먼저 발생되어야 한다. 예를 들어, 공부시간과 성적 간에 인과관계가 있다고 설명하기 위해서는 공부시간의 변수가 성적보다 먼저 일어나야 된다. 둘째, 공변관계 즉, 두 변수가 함께 변화되어야 한다. 한 변수가 변하고 다른 변수가 변하지 않는다면 인과관계라고 말할 수 없다. 공부시간을 증가시킨 결과 성적이 향상되었을 경우에 인과관계가 있다고 말할 수 있다. 계량분석에서는 이것을 상관관계로 말하고 있다. 셋째, 허위변수(제3의 변수) 및 경쟁가설의 배제이다. 허위변수는 두 변수 간 인과관계가 없는데도 불구하고(진실한 관계)

있는 것처럼 보이게 하는 변수(허위관계)를 의미한다. 이와 같은 허위변수가 배제된 상태이어야만 진정한 인과관계가 있다고 말할 수 있다. 마지막으로, 응답자 및 관찰자 선정은 무작위로 배정해야 한다.

2) 사회조사의 인과관계

사회조사(social survey)에 있어서 연구자는 응답자의 직업, 사회적 배경, 성, 연령, 교육수준, 소득수준, 정치적 성향 등에 따라 인간의 행동과 태도가 어떤 경향을 보이는지에 관심을 가지고 있다.

이런 변수들은 실험(experiment)과 같이 조작될 수 있는 것이 아니다. 실험에서는 독립변수를 조작(자극)하여 종속변수의 효과나 차이가 나는지를 살펴보고자 하는데 반해, 사회조사에서는 면접(interviews)이나 설문(questionnaire)을 통해 얻어진 자료의 특성을 통해 응답자의 행동과 태도를 살펴보게 된다.

예를 들어, 직무스트레스가 직무만족에 부(−)의 영향을 미친다는 가설을 검증하고자 한다면, 직무스트레스와 직무만족 개념을 측정할 수 있는 설문을 작성하고 공무원 대상 설문조사를 통해 자료를 수집해야 하며, 수집된 자료분석을 통해 가설의 채택 또는 기각 여부를 판정하게 된다. 이 경우에 직무스트레스가 직무만족에 원인이 되는 독립변수가 되고 직무만족은 직무스트레스로 영향을 받아 결과로 나타내어지는 종속변수가 된다. 이와 같은 가설검증을 위한 자료수집에 있어서 설문응답자가 무작위로 배부되어야 한다.

그림 1-2 인과관계의 도식화

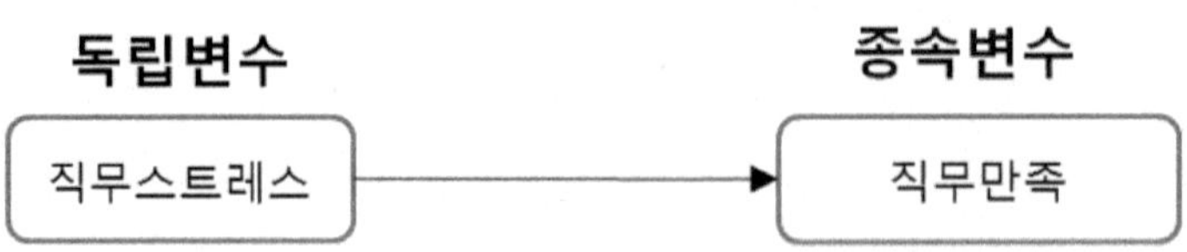

제2장 계량분석의 기초 이해

1. 계량분석의 의의
2. 계량분석의 기본 개념 이해
3. 가설검정

제2장 계량분석의 기초 이해

1. 계량분석의 의의

1) 계량분석의 개념

사회과학에서 계량분석은 사회문제(행정문제)를 효과적으로 해결할 수 있는 대안을 합리적으로 선택하고 이를 효율적으로 집행하는 데 도움이 되는 정보를 산출하는 활동이다.

각종 사회문제를 일으키는 것은 인간이기 때문에 인간의 행동과 태도를 이해하기 위한 정보를 산출하는 활동이 계량분석이다. 분석결과로서 산출된 정보를 통해 대안을 제시하고 미래를 예측하게 되는데, 계량분석은 객관성과 경험적 입증에 기초하여 정보를 산출하고 해석, 설명, 예측하게 된다.

2) 계량분석의 중요성

① 정확한 기술(記述) : 분석을 통해 현상(現象)을 정확하게 기술한다.

② 분명한 사고(思考) : 이론과 방법을 통해 현상을 분명히 파악하고 의사소통할 수 있도록 하는 사고의 틀을 확립한다.

③ 분석결과의 요약 : 계량분석을 통해 분석결과를 요약함으로써 현상을 압축하여 설명하는데 도움을 준다.

④ 타당한 결론도출 : 수집 · 분석된 자료들을 체계적으로 정리하는데 도움을 준다. "왜?"라고 하는 물음에 대답할 수 있도록 설명하는데 도움을 준다. 관찰한 자료로부터 합리적인 추론(推論)을 거쳐 타당한 결론을 도출하는데 있어서 계량분석의 절차와 규칙이 도움을 준다.

⑤ 인과관계의 도출 : 계량분석을 통해 복잡한 사회현상에 숨어 있는 인과적 관계를 규명하는 근거를 찾는다.

⑥ 대안선택에 도움 : 의사결정을 위해서는 여러 가지 정보 산출이 있어야만 되는데, 계량분석은 정보를 산출하는 것이 하나의 목적이다.

⑦ 집행결과의 평가 : 계량분석은 정책결정에 필요한 정보제공 뿐만 아니라 정책집행 후 그 결과를 평가하는 데에도 이용된다.

2. 계량분석의 기본개념 이해

계량분석은 수집된 자료의 특성을 기술하고 유형을 발견하며 설명 · 예측하는 데 목적을 두고 있다. 이런 분석 활동을 위해서는 자료가 가진 특성을 이해하여야 한다. 자료의 특성 및 자료의 대표값을 나타내는 방법은 다음과 같다.

1) 자료 특성의 파악

① 모수(parameter) : 모집단의 특성을 수치로 표현 한 것

② 통계량(statistic) : 표본의 특성을 수치로 표현 한 것

③ 모수의 평균(μ, 뮤) : 모집단의 평균(mean)은 평균을 통해 자료의 중심화 경향치를 파악하고자 하는 것이다. 실제에서는 모집단의 평균은 알 수 없고 표본의 평균을 통해 추정할 뿐이다.

$$\mu = \frac{\Sigma X_i}{N} = \frac{X_1 + X_2 + \cdots\cdots X_N}{N}$$

④ 표본의 평균($\overline{X}$, 엑스 바)

$$\overline{X} = \frac{\Sigma X_i}{n} = \frac{X_1 + X_2 + \cdots\cdots X_n}{n}$$

예 • • • 어느 직장인 6명을 뽑아 월소득을 조사한 결과 각각 150만원, 200만원, 170만원, 160만원, 180만원, 190만원이었다. 이들의 산술평균은 얼마인가?

$$\overline{X} = \frac{150+200+170+160+180+190}{6} + \frac{1,050}{6} = 175\text{만원}$$

⑤ 모수의 분산(σ^2, 시그마 제곱) : 분산(variance)이란 자료들이 얼마나 흩어져 있는가를 나타내는 정도를 의미한다. 분산은 편차제곱의 합을 관찰된 수로 나눈 것이고, 이 분산의 제곱근이 표준편차(standard deviation)이다. 그러나 모집단의 평균(μ)을 모르기 때문에 표본의 분산을 통해 모수의 분산을 추정한다.

$$\sigma^2 = \frac{\Sigma(X_i - \mu)^2}{N}$$

⑥ 모수의 표준편차(σ)

$$\sigma = \sqrt{\sigma^2} = \sqrt{\frac{\Sigma(X_i - \mu)^2}{N}}$$

⑦ 편차 : 관측치에서 평균(산술평균)을 뺀 것을 편차(deviation)라고 한다.

편차들을 모두 더하면 0이 된다. → $\Sigma(X_i - \overline{X}) = 0$

【예】 $150 - 175 = -25$

$200 - 175 = 25$

$170 - 175 = -5$

$160 - 175 = -15$

$180 - 175 = 5$

$190 - 175 = 15$ 따라서, $-25+25-5-15+5+15 = 0$

■ 왜 편차를 제곱하여 그 평균을 구하고 또 그것의 제곱근을 구하는 방법을 이용하는가? 이에 대한 해답은 다음과 같다.

- 각 편차를 모두 더하면 0이 된다.
- 편차를 단순히 합해서는 자료가 얼마나 흩어져 있는지를 표현할 수 없다. 즉, 편차가 많이 생기든 적게 생기든 이들의 합은 항상 0이다.
- 그러나 편차를 제곱하여 합하면, 편차가 많아질수록 편차제곱의 합도 커진 다.
- 결국 관측치들이 평균치로부터 멀리 떨어져 있을수록 분산도 커지고 표준편차도 커지기 때문에 자료의 분포가 얼마나 흩어져 있는지를 재는 데 분산과 표준편차를 이용할 수 있다는 의미이다.

표본의 분산과 표준편차도 모집단의 경우와 비슷한 방법으로 계산된다. 다만 모집단의 평균(μ)을 모르기 때문에 그 대신 표본의 평균($\overline{X}$)을 사용하고, 분모에는 표본의 단위수(n)에서 1을 뺀 값(자유도)을 사용한다.

자유도(df, degree of freedom)란 주어진 조건 아래에서 자유롭게 변화할 수 있는 점수나 변수의 수를 의미한다. **즉 표본 가운데서 자유로이 선택할 수 있는 자료의 개수를 뜻한다.**
예를 들어, 5명 학생에게 자신이 좋아하는 교과목 하나를 선택하라고 하면, 선택 대상은 자신을 제외한 4명이며 이때 자유도는 4이다. 자유도는 표본의 크기에서 1을 뺀 숫자이다.

⑧ 표본 분산(S^2)

$$S^2 = \frac{\Sigma(X_i - \overline{X})^2}{n-1}$$

⑨ 표본의 표준편차(S)

$$S = \sqrt{S^2} = \sqrt{\frac{\Sigma(X_i - X)^2}{n-1}}$$

예 • • • 다음 자료에 대한 표본의 분산과 표본의 표준편차를 계산하면?

150만원, 200만원, 170만원, 160만원, 180만원, 190만원, 200만원

먼저 평균을 구한다.

$$\frac{150+200+170+160+180+190+200}{7}+\frac{1,250}{7}=179$$

다음 분산을 구한다.

$$S^2=\frac{1}{6}\{(150-179)^2+(200-179)^2+(170-179)^2+(160+179)^2$$
$$+(180-179)^2+(190-179)^2+(200-179)^2\}$$
$$=\frac{1}{6}\times 841+441+81+361+1+121+441$$
$$=\frac{1}{6}\times 2,287=381.17$$

이에 따라 표준편차는 다음과 같다.

$$S=\sqrt{381.17}=19.52$$

⑩ 이산적 변수(離散的 變數, discrete variable) : 특정한 수치만을 사용할 수 있는 변수를 말하며, 이산적 변수의 측정치가 이산적 자료(離散的 資料)이다. 예를 들어, 자동차의 수가 몇 대, 어떤 질병을 앓고 있는 환자의 수가 몇 명이라든지 하는 변수는 특정한 수치(자연수)로만 표현이 가능하다.

⑪ 연속적 변수(連續的 變數, continuous variable) : 모든 실수값으로 나타낼 수 있는 변수를 말하며, 연속적 변수의 측정치가 연속적 자료(連續的 資料)이다. 예를 들어, 어떤 사람의 신장이 175cm라고 할 때 편의상 소수점 이하는 반올림하여 사용하고 있으나 소수점 이하 몇 자리든지 사용이 가능하다.

⑫ 도수분포(frequency distribution) : 수집된 자료를 몇 개의 항목(項目) 또는

계급(階級)으로 분류하여 정리한 것으로서, 계급별로 자료가 어떻게 분포되어 있느냐를 나타내는 것이다. 예를 들어, 연령을 몇 개의 그룹으로 나눌 때 이러한 그룹을 계급이라 하고 이 계급에 속한 관측대상의 수를 빈도(frequency)라고 한다.

표 2-1 응답자 분포(도수분포표)

구분(항목)	분류(계급)	빈도(명)	비율(%)	구분(항목)	분류(계급)	빈도(명)	비율(%)
성 별	남성	174	68.5	교육수준	고졸	37	14.6
	여성	80	31.5		대졸	208	81.9
연 령	30세 미만	29	11.4		대학원 재학이상	9	3.5
	30세~39세	117	46.1	재직기간	5년 미만	75	29.5
	40세~49세	92	36.2		5년~9년	34	13.4
	50세 이상	16	6.3		10년~14년	44	17.3
직 급	9급	34	13.4		15년~19년	50	19.7
	8급	68	26.8		20년 이상	51	20.1
	7급	92	36.2				
	6급이상	69	23.6				

계급의 수가 많으면 좀 더 구체적인 사항을 나타낼 수 있다. 그러나 계급의 수가 너무 많게 되면 자료를 요약하는 수단으로서의 계급의 효과를 상실하게 된다.

계급의 수를 적절하게 정하는 것이 매우 중요하다. 연구자가 측정된 자료의 수와 분석의 편의를 고려하여 결정하여야 한다.

표 2-2 도수분포표 작성요령

1. 모든 자료를 빠짐없이 포함시킨다.
2. 극단값이 있는 계급을 제외한 나머지 모든 계급의 폭은 동일하게 작성한다.
3. 계급은 중복되지 않도록 한다.
4. 계급은 연속적으로 표시한다.
5. 계급의 구간은 중간값을 구하기 쉽게 정해야 한다.
6. 계급의 한계는 알아보기 쉬운 숫자로 정해야 한다.

2) 대표값

대표값이란 관측(측정된)된 자료(값)를 대표할 수 있는 수치로서, 대표값으로 자주 사용되는 것은 산술평균, 중앙값, 최빈값 등이다.

① 중앙값(median) : 자료를 크기순으로 배열하였을 때 중앙에 위치하는 관측치를 말한다. 중앙값은 계산이 간편하고 극단값의 영향도 받지 않기 때문에 대표값으로 자주 사용한다.

$$\text{중앙값의 수는 } \frac{n+1}{2} \text{이다.}$$

예 • • • 5개의 관측치가 있다고 하자 「45, 50, 55, 60, 65」

$\frac{5+1}{2}$=3번째 수, 즉 55가 중앙값이다.

예 • • • 6개의 관측치가 있다고 하자 「45, 50, 55, 60, 65, 70」

$\frac{6+1}{2}$번째, 즉 3.5번째 수가 중앙값이 된다는 뜻으로

3.5번째의 수란 3번째 수와 4번째 수의 평균을 의미한다.

따라서, 중앙값은 55와 60의 평균 57.5가 된다.

② 최빈값(moede) : 빈도수(도수)가 가장 많은 관측치를 말한다. 정리되지 않은 자료에서는 같은 관측치가 가장 많이 나타날 때 그 관측치가 최빈값이다. 최빈값은 같은 관측치를 나타내는 관찰대상의 규모 등을 파악하고자 할 때 자주 이용되는 대표값이다.

예 • • • 5명의 키를 재보니 「165, 179, 180, 180, 180」이라고 할 때, 5명의 최빈값은 180cm가 된다.

3) 자료가 흩어진 정도

① 분산도(分散度) : 관측된 자료의 흩어짐(dispersion)의 정도를 말한다. 대표값으로는 분포의 특성을 충분히 알아낼 수 없는 경우가 많다. 이때 사용되는 수치가 분산도이다. 분산도에는 범위, 사분편차, 분산, 표준편차, 변이계수 등이 있다.

- 평균은 다양한 정보를 요약해서 집중적인 정보를 알려주는 기능을 하며,
- 분산/표준편차는 개별값들이 평균으로부터 떨어져 있는 정도를 알려준다.
- 따라서 논문/보고서에 평균이 제시되면 반드시 표준편차가 같이 제시되어야 한다.

② 범위(範圍, range) : 관측치 중 최대값과 최소값의 차이를 말한다. 범위는 산술평균과 마찬가지로 양 극단값에 의해 영향을 많이 받기 때문에 분포의 특성을 적절히 반영한다고 볼 수 없다.

예 • • • 측정된 자료의 최대값이 100이고 최소값이 60일때 범위는
$R=100-60=40$

③ 사분편차(四分偏差, quartile deviation) : 모든 자료를 크기순으로 나열하여, 최소값에서 시작하여 큰 방향으로 75%의 위치에 있는 자료값(제3사분위수, $Q3$)에서 큰 방향으로 25%의 위치에 있는 자료값(제1사분위수, $Q1$)을 뺀 것의 반이다. 사분편차는 범위의 결점인 양극단값의 영향을 없애기 위하여 사용되는 수치이다.

1사분위(25%)	2사분위(50%)	3사분위(75%)	4사분위(100%)

$$\text{사분편차 } Q=\frac{Q_3-Q_1}{2}$$

$$Q_1(\text{1사분위수})=\frac{N+3}{4}\text{지점의 관찰치}$$

$$Q_3(3\text{사분위수}) = \frac{3N+1}{4}\text{지점의 관찰치}$$

예 • • • 1사분위(Q_1)가 200만원, 3사분위(Q_3)가 300만원일 때,

$$Q = \frac{300-200}{2} = 50\text{만원}$$

예 • • • 다음 자료를 이용하여 사분편차를 구해보자

77, 80, 85, 90, 90, 100, 110, 115, 120, 130

$$Q_1\text{의 위치} = \frac{N+3}{4} = \frac{13}{4} = 3.25$$

$$Q_3\text{의 위치} = \frac{3N+1}{4} = \frac{31}{4} = 7.75$$

3.25번째 위치에 해당하는 관찰치 Q_1과 7.75번째 위치에 해당하는 관찰치 Q_3은 다음과 같다.

$$Q_1 = 85+(90-85)\times 0.25 = 86.25$$

$$Q_3 = 110+(115-110)\times 0.75 = 113.75$$

따라서

$$\text{사분편차 } Q = \frac{113.75-86.25}{2} = 13.75$$

④ 변이계수(變異係數, coefficient of variation) : 표준편차가 평균치에 비해서 얼마나 큰지를 알려주는 척도이다. 표준편차는 절대적인 분산도를 측정하는 하나의 척도이나 상대적인 분산도를 알고 싶을 때가 있다. 즉 단위에 따라서 표준편차의 수가 달라지기 때문에 얼마나 큰 것인지를 알 수 없다.

$$\text{변이계수 } C.V. = \frac{S}{X}\times 100(\%)$$

이것은 표준편차의 평균에 대한 비(%)를 뜻한다.

예 • • • 단위를 만원으로 하였을 때 표준편차는 54.05(만원)이나 단위를 천원으로 하면 540.5(천원)가 될 것이다.

4) 분포의 모양

① 비대칭도(非對稱度, skewness) : 분포의 특성을 파악하기 위하여 분포 모양이 대칭형인가 아니면 대칭형에서 벗어났는가 등을 알 필요가 있다. 관측된 자료들이 대칭형에서 벗어난 정도를 비대칭도라 한다.

예 • • • 비대칭도 계수가 0이라면 분포는 어떤 모양인가?

분포는 대칭형이 되고 산술평균, 중앙값, 최빈값은 일치한다.

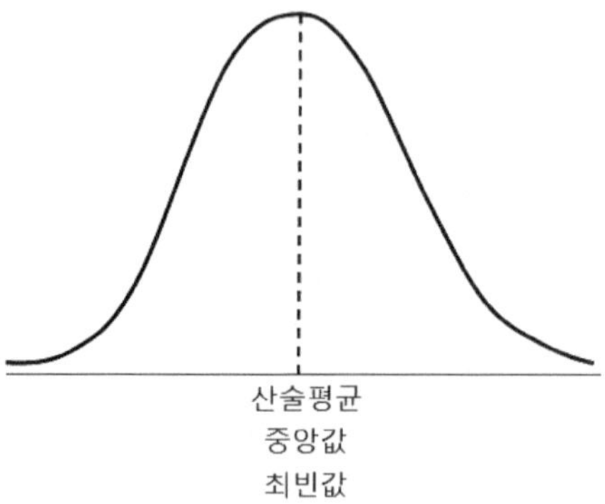

분포가 비대칭형일 때, 그림 (A)의 비대칭도계수는 양수(+)이고 오른쪽꼬리(positively skewed) 분포라 하고, 그림 (B)의 비대칭도계수는 음수(–)이며 왼쪽꼬리표(negatively skewed) 분포라 한다.

(A) 오른쪽꼬리 분포

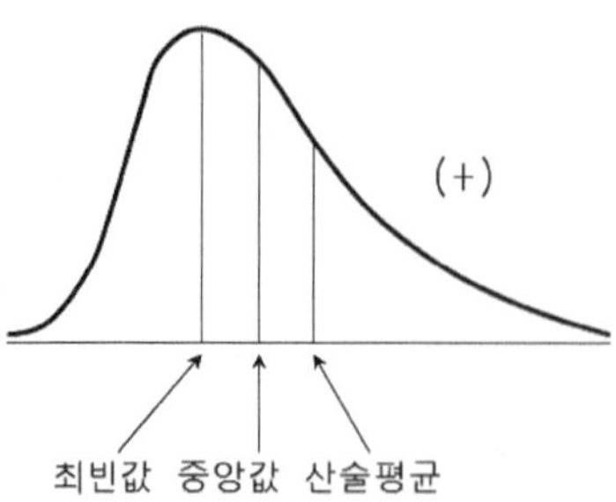

(B) 왼쪽꼬리 분포

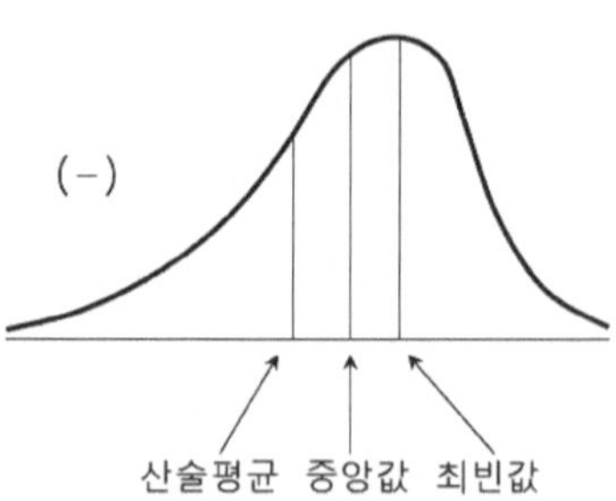

5) 확률변수

이항분포(二項分布)와 정규분포(正規分布) : 이산확률변수(discrete random variable)는 특정한 수치만을 취할 수 있는 확률변수를 말하고, 연속확률변수(continuous random variable)는 모든 실수값을 취할 수 있는 확률분포를 뜻한다. 이산확률변수의 분포를 이산확률분포라고 하고, 연속확률변수의 분포를 연속확률분포라 한다.

이산확률변수의 대표적인 것이 이항분포이고, 연속확률변수의 대표적인 것이 정규분포이다. 실험결과가 여러 가지가 있을 때, 두 가지로 분류할 수 있으면 이항확률변수가 될 수 있다. 즉 실험결과를 두 가지 사건으로 분류할 수 있을 때 이항확률변수가 될 수 있다.

연속확률분포에는 정규분포를 비롯하여 t–분포, F–분포, x^2(카이자승)–분포 등이 있다.

【실습 1】 다음 데이터파일을 대상으로 자료의 특성을 살펴보자(🖫: data1)

220, 260, 210, 280, 310, 430, 320, 290, 320, 390, 310, 240, 340, 260, 240, 360

● **SPSS(PASW) 실행하기**

【그래프】→【도표작성기】/【그래프보드양식선택기】→【히스토그램】

또는 【분석】→【기술통계량】→【빈도분석】

그림 2-1 SPSS(PASW) 실행 화면

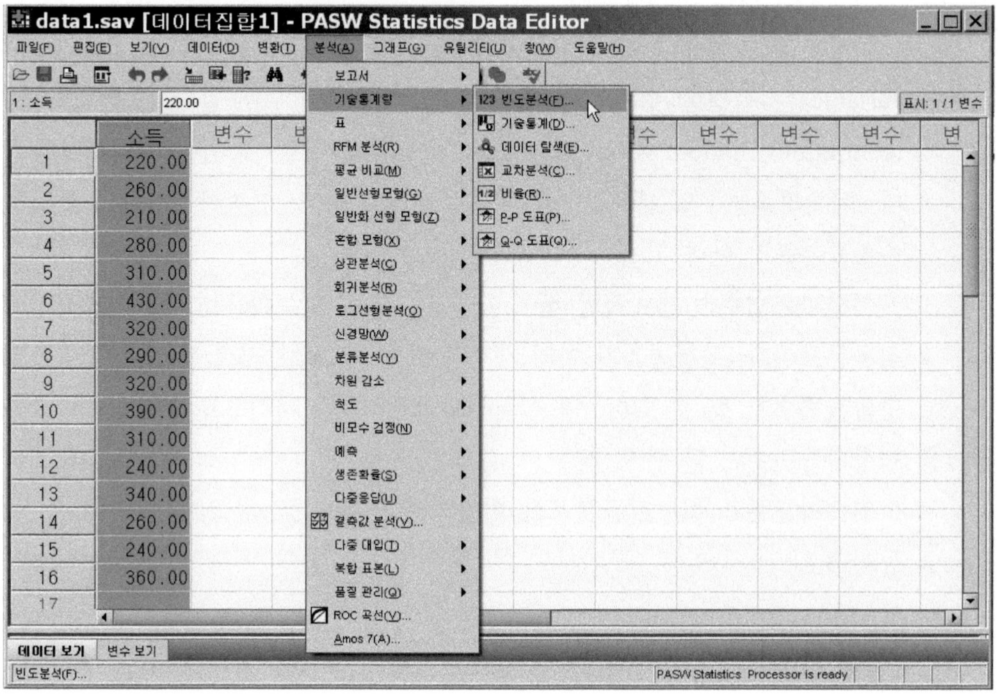

【실습 2】〈실습 1〉과 같은 방법으로 데이터파일(🖫 : data2)을 대상으로 자료의 특성을 살펴보자

6) 정규분포의 특성

① 정규분포는 평균(μ)을 중심으로 좌우대칭인 종(bell) 모양을 띤 연속확률분포이다.

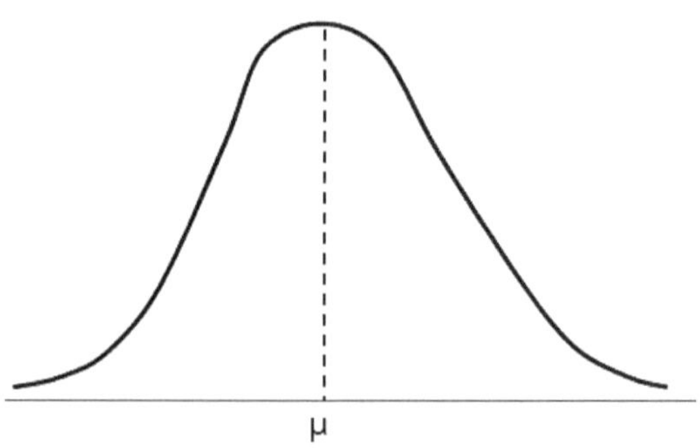

② 정규분포곡선의 모양과 위치는 평균 μ와 표준편차 σ에 의하여 결정된다.

③ 확률변수 X가 취할 수 있는 값의 범위(정의역)는 「$-\infty < X < +\infty$」이다.

- 확률변수 X가 a에서 b까지의 값을 가질 확률 $p(a \leq X \leq b)$를 구할 수 있다.
- 이 확률은 정규분포곡선에서 a와 b사이의 면적을 뜻한다.

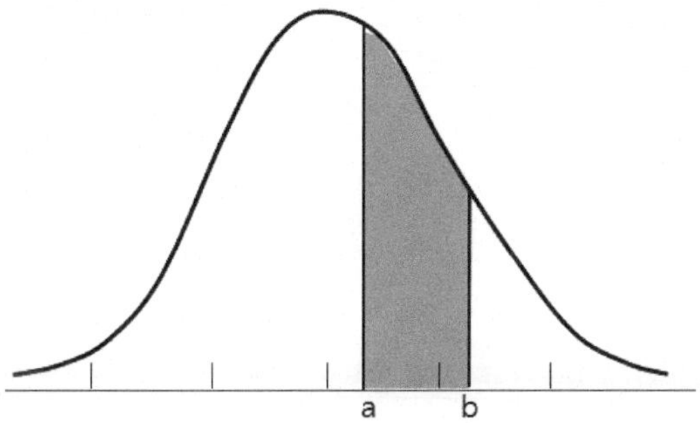

④ 평균(μ)과 표준편차(σ)의 값과는 관계없이, 정규분포곡선과 X축 사이의 전체면적은 항상 1이다.

표준정규분포의 확률값 계산

$$Z = \frac{X-\mu}{\sigma}$$

여기에서 Z는 확률변수(X)가 평균(μ)으로부터 몇 배의 표준편차(σ) 만큼 떨어진 지점을 의미한다.

계량분석 시험점수가 정규분포를 이루고, 평균이 80점이고 표준편차가 20점이라고 하면, 어떤 학생의 이 과목 시험점수가 80점에서 95점 사이에 있을 확률을 구해보자.

$X=80$일 때, $Z = \frac{X-\mu}{\sigma} = \frac{80-80}{20} = 0$

$X=95$일 때, $Z = \frac{X-\mu}{\sigma} = \frac{95-80}{20} = 0.75$

$Z=0.75$를 표준정규분포표에서 보면 0.2734 즉 27.34%이다.

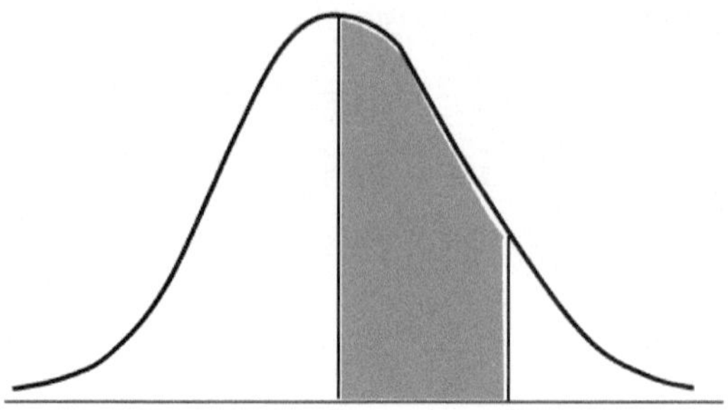

즉 0에서 $z(0.75)$까지의 면적이다.

■ Z값의 의미(자료의 표준화)

측정단위가 서로 다른 자료를 비교하는 경우 절대적으로 해석하는 것은 무리가 있다. 이러한 문제를 해결하기 위해서는 서로 다른 두 자료의 측정단위를 동일한 형태로 통일시켜주는 작업이 필요하다. 측정단위를 통일화시키는 것을 자료의 표준화라고 하는데 가장 널리 사용되는 것이 Z값이다. 이 내용은 제5장에서 SPSS 프로그램을 통해 다시 살펴본다.

【예】 A직장의 평균 월소득은 200만원, 표준편차는 10만원
A직장의 근무시간은 하루 8시간, 표준편차는 1시간
X씨의 평균 월소득은 190만원, 하루 근무시간은 9시간인 경우
X씨의 월소득을 Z값으로 바꾸면 $\frac{190-200}{10}=-1$이고
X씨의 근무시간을 Z값으로 바꾸면 $\frac{9-8}{1}=1$이다.

이 결과의 해석은 다음과 같다. X씨의 월소득은 전체 직원들의 평균보다 표준편차의 1만큼 적지만, 근무시간은 전체 직원들의 평균보다 표준편차의 1만큼 더 높다는 것이다. 그러므로 X씨는 근무시간에 비해 월소득이 적다고 할 수 있다.

7) 표본분포(標本分布, sampling distribution)

■ 표본오차(標本誤差, sampling error) : 모집단과 표본의 차이

■ 표본분포의 성질

① 표본평균들의 표본분포의 전체평균은 모집단의 평균과 같다.

② 표본평균들의 표본분포는 정규분포를 이룬다.

- 모집단이 정규분포이든 아니든 어느 경우에나 타당하다. 다만, 모집단이 정규분포가 아닌 경우에는 표본의 규모(n)가 상당히 크다는 전제조건하에서 타당하다.
- 모집단이 정규분포이면 평균의 표본분포는 n이 크거나 작거나 상관없이 정규분포가 된다. 하지만 표본의 크기가 작은 경우가 문제이다. 표본의 크기(n)가 「n≥120」이면 표본의 표본분포는 정규분포가 된다고 한다.

표 2-3 표본의 크기(n)에 따른 표본분포의 형태

표본의 크기(n) / 모집단	n≥120	n<120
정규분포	정규표본분포	정규표본분포
비정규분포	정규표본분포	비정규표본분포

③ 표본평균들의 표본분포가 나타내는 표준편차를 표준오차(標準誤差, standard error)라고 부르는데, 이 표준오차는 모집단의 표준편차보다 크기가 언제나 작다.

■ 중심극한의 정리(中心極限의 定理, central limit theorem)

표본 속에 많은 숫자의 조사단위를 포함시킬수록(즉 표본의 크기 n이 커질수록) 표본평균($\overline{X}$)은 모집단의 평균(μ)을 중심으로 분포될 것이다.

즉, 모집단의 평균 μ를 가진 모집단으로부터 크기 n인 표본을 추출할 때 이 표본평균의 분포(즉 평균의 표본분포)는 n이 커질수록 μ를 평균(즉 중심치)으로 하는 정규분포(正規分布)에 가까워진다.

8) 신뢰구간추정(信賴區間推定, confidence interval estimation)

신뢰구간(信賴區間)이란 표본으로부터 계산된 통계치를 중심으로 하여 모수(母數)가 포함되리하고 생각되는 일정한 범위를 말한다. 즉, 표본평균($\overline{X}$)을 중심으로 하여 모집단의 평균(μ)이 포함되리라고 생각되는 범위를 평균 신뢰구간이라고 부른다.

그림 2-2 표본오차와 신뢰구간

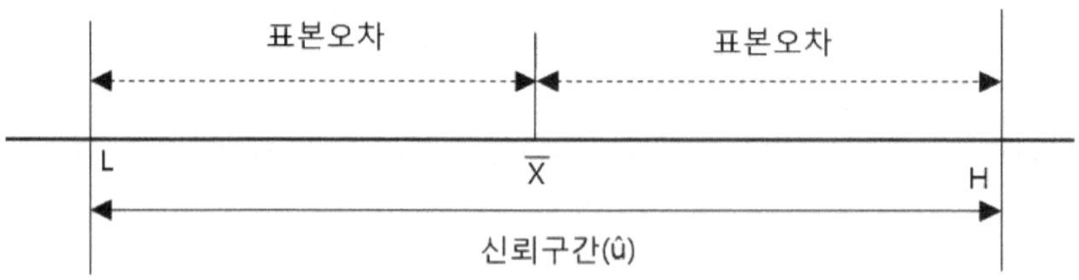

그러나 실제 모집단의 평균(μ)을 알기가 어렵다. 따라서 $\overline{X}$가 실제 μ보다 작을지 클지 모르기 때문에 표본오차를 뺀 L점을 하한점으로 먼저 생각한다. 그리고 실제 μ가 $\overline{X}$보다 클지도 모르기 때문에 H점을 상한점으로 생각한다. 이렇게 하여 $\overline{X}$에서 일정한 표본오차를 가감한 범위, 즉 L에서 H사이의 구역을 신뢰구간으로 하여 모집단의 진짜 평균(μ)이 이 범위 내에 있는 어느 값이 될 것이라고 추정($\hat{\mu}$)하는 것이다.

그러므로 신뢰구간은 : $\overline{X}$ ±표본오차이다.

예 • • • 행정학과 학생의 평균 신장이 171cm이고, 표본오차가 10cm이면 신뢰구간은?
171cm±10cm = 161cm ↔ 181cm가 될 것이다.

9) 신뢰수준

신뢰수준(信賴水準, confidence level)이란 신뢰구간 속에 모집단의 평균(μ)이 포함될 확률을 의미한다. 보통 신뢰수준은 90%, 95%, 99% 등의 확률로 결정하게 되는데, 연구자는 이 신뢰수준에 상응하는 표본오차를 계산하여 신뢰구간을 결정한다.

예 • • • 95%의 신뢰구간 : ±95% 신뢰수준에 상응하는 표본오차

그러나 문제는 신뢰수준에 상응하는 표본오차(標本誤差)를 어떻게 구하느냐 하는 것이다.

먼저 표본분포가 정규분포라고 가정하면

99% 신뢰수준에 상응하는 표본오차 : Z값(2.58) · $\sigma\overline{X}$ (표준오차)[1]

95% 신뢰수준에 상응하는 표본오차 : Z값(1.96) · $\sigma\overline{X}$

90% 신뢰수준에 상응하는 표본오차 : Z값(1.64) · $\sigma\overline{X}$

예 • • • 표준오차가 2cm이고, 표본평균 $\overline{X}$는 171cm이었다면 신뢰구간은?

95% 신뢰구간 : $\overline{X} \pm 1.96\ \sigma\overline{X}$

$= 171\text{cm} \pm 1.96 \times 2\text{cm}$

$= 167.08\text{cm} \leftrightarrow 174.92\text{cm}$ 이다.

위 해설은 다음과 같다.

모집단 행정학과 학생의 평균신장(μ)을 알아보기 위해서 조사자는 100명의 학생들을 뽑아서 그 평균($\overline{X}$)을 보니 171cm이다. 이때 조사자는 진짜 μ가 $\overline{X}$(= 171cm)을 중심으로 하여 표본오차를 가감한 범위, 즉 167.08cm와 174.92cm의 범위(즉 신뢰구간) 내에 있을 확률이 95%라는 것이다.

1) 2.58은 표준정규분포표에서 찾는 Z값임.

그림 2-3 표본분포의 확률

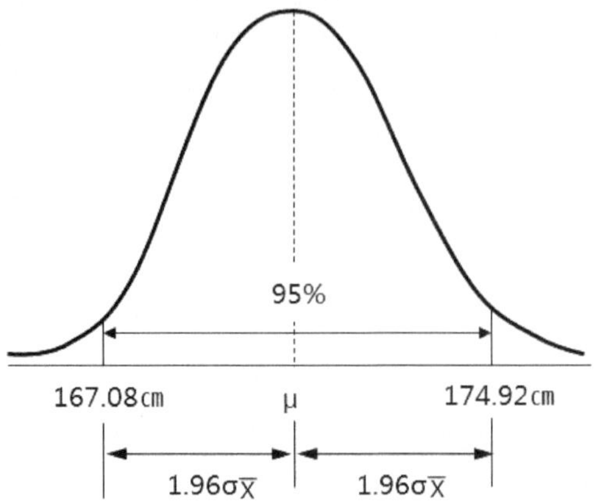

10) t-분포

표본의 크기(n)가 크면 모집단이 정규분포인지 아닌지를 생각할 필요 없이 표본분포는 정규분포가 될 것이다. 그러나 만약 n이 작아서 표본분포가 정규분포에 가깝지 못할 경우에는 어떻게 하여야 하는가? 이런 경우에는 t-분포를 이용하고 Z값 대신에 t값을 사용하여야 한다.

■ t-분포와 Z-분포의 이용 범위
우리는 모집단의 표준편차(σ)를 모르기 때문에 다음 〈표 2-4〉에 유의해야 한다.

표 2-4 t-분포를 이용하는 경우와 Z-분포를 이용하는 경유

σ을 알 때	n이 클 때	n이 작을 때
모집단이 정규분포	Z-분포	Z-분포
모집단이 비정규분포	Z-분포	

σ를 모를 때	n이 클 때	n이 작을 때(n<120)
모집단이 정규분포	Z-분포	Z-분포
모집단이 비정규분포	t-분포	(추정불가능)

■ **t-분포의 구간추정 : $\overline{X} \pm t \cdot \hat{\sigma}\overline{X}$(표준오차의 추정치)**

$$\hat{\sigma}\overline{X} = \frac{s}{\sqrt{n-1}}$$

예 1 연구자가 행정학과 학생의 평균신장(μ)을 알아보기 위해서 26명의 학생을 표본으로 뽑아서 다음과 같은 결과를 얻었다면

$n=26$

$\overline{X}=168$

S(표본에서 계산한 표준편차) = 7cm

이 때 조사자는 95% 확률로서 μ가 포함될 신뢰구간을 추정한다.

① 우선 n이 작으므로 t-분포를 이용해야 한다.
따라서 95% 신뢰구간 : $\pm t \cdot \hat{\sigma}\overline{X}$

② 95% 신뢰수준은 0.05 유의수준(有意水準)과 같고 자유도는 25(df=n-1, 26-1)이다. 0.05 유의수준에서 자유도 25인 경우의 t값을 t-분포표에서 찾아보면 2.060임을 알 수 있다.

③ 그리고 표준오차의 추정치를 구하면

$$\hat{\sigma}\overline{X} = \frac{s}{\sqrt{n-1}} = \frac{7}{5} = 1.4$$

④ 그러므로
95% 신뢰구간은 : $\overline{X} \pm t \cdot \hat{\sigma}\overline{X}$

$= 168\text{cm} \pm 2.06 \times 1.4\text{cm}$

$\fallingdotseq 168\text{cm} \pm 2.88\text{cm}$

$= 165.12\text{cm} \leftrightarrow 170.88\text{cm}$

예 2 행정기관의 민원대기시간이 길다는 지역주민 17명을 무작위로 뽑아서 그들에게 민원대기시간을 물어본 결과 다음과 같은 결과를 얻었다. 이 때 주민 전체가 기다리는 평균시간(μ)을 99%의 확률로서 포함할 신뢰구간을 추정해보자.

n=17

$\overline{X}$(표본에 뽑힌 주민이 기다리는 시간의 평균) = 15분

S(표본에 뽑힌 주민이 기다리는 시간의 표준편차) = 2분

① 먼저 n이 작으므로 t-분포를 이용해야 한다. 그리고 99%의 확률로서 신뢰구간을 추정한다.

99% 신뢰구간 $\overline{X} \pm t \cdot \hat{\sigma}\overline{X}$

② 이 때 t값을 알기 위해서

유의수준(α) = 1－신뢰수준 = 1－0.99 = 0.01

자유도(df) = n－1 = 17－1 = 16

* 여기에 해당되는 t값을 부록에서 찾아보면 2.921이다.

③ $\hat{\sigma}\overline{X}$을 계산하면

$$\sigma\overline{X} = \frac{s}{\sqrt{n-1}} = \frac{2}{4} = 0.5(\text{분})$$

④ 따라서

99% 신뢰구간 : $\overline{X} \pm t \cdot \hat{\sigma}\overline{X}$

= 15분 ± 2.921 × 0.5분

≒ 15분 ± 1.46분

= 13.54분 ↔ 16.46분

3. 가설검정

가설검정(假說檢定)의 절차는 다음과 같다.

① 가설설정 : 가설을 명백히 밝힌다.

② 유의수준 결정 : 몇 %의 확률로서 가설을 검정할 것인지, 또는 검정상의 잘못을 범할 확률을 몇 %로 할 것인지를 결정한다.

③ 채택역 · 기각역 결정 : 조사된 표본의 통계량이 어떤 범위에 속하면 가설을 받아들일지, 또 어떤 범위에 속하면 가설을 기각할지를 설정한다.

④ 통계치 계산 : 조사를 착수하여 무작위로 표본을 뽑아 통계치를 계산한다.

⑤ 채택 · 기각 여부 결정 : 통계치가 채택역에 들어가는지, 기각역에 들어가

는지를 보고 가설의 채택이나 기각여부를 결정한다.

■ 귀무가설과 대립가설

귀무가설(歸無假說, null hypothesis)[2]은 보통 H_0로 나타내고 실제로 검정되는 가설이다.

예 • • •

행정학과 학생의 평균신장은 171cm이다.

$$H_0 : \mu = 171cm \quad or \quad \mu A - \mu B = 0$$

행정학과 학생간의 성적차이는 없다.

$$H_0 : 성적 = 성적 \quad or \quad \mu A - \mu B = 0$$

대립가설(對立假說, alternative hypothesis)은 귀무가설이 틀렸다고 주장하는 것이다. 즉 귀무가설과 대립된다고 하여 대립가설이라고 부르며, 때로는 연구가설(硏究假說, research hypothesis)이라고도 한다.

예 • • •

행정학과 학생의 평균신장은 171cm가 아니다.

$$H_1 : \mu \neq 171cm \quad \mu A - \mu B \neq 0$$

행정학과 학생간의 성적차이가 있다.

$$H_1 : 성적 \neq 성적 \quad \mu A - \mu B \neq 0$$

■ 가설검정(假說檢定)의 기본 개념

Ⅰ종 오류(Ⅰ種誤謬, Type Ⅰ Error) : 올바른 귀무가설을 틀린 것으로 검정하는 잘못을 말한다. 이때 이러한 오류를 범할 확률을 유의수준(significance level)이라고 부르고 흔히 α(알파)로 나타낸다. 따라서 Ⅰ종 오류 자체를 α-오류(α-error)라고 부르기도 한다.

95% 채택영역을 만들어서 귀무가설을 검정하면 올바른 귀무가설을 틀렸다고 판정하는 조사자는 5% 정도는 있게 된다. 즉 Ⅰ種誤謬를 범하는 확률이 5% 정

2) 歸無(차이가 없는 것으로 돌아간다)는 차이가 없다는 것을 강조하는 것이다.

도 된다는 이야기다. 95% 채택역을 구성했으므로 신뢰수준은 95%이다.

그래서 유의수준은

$\alpha = 1-0.95 = 0.05$ 즉 5%(잘못 판단할 확률이 5%)이다.

즉, 유의확률 p값이 0.05보다 크게 되면 귀무가설 채택영역에 속한다.

만약, 90% 채택역을 만들었다면 유의수준은

$\alpha = 1-0.90 = 0.10$ 즉 10%이다.

그림 2-3 기각역과 채택역

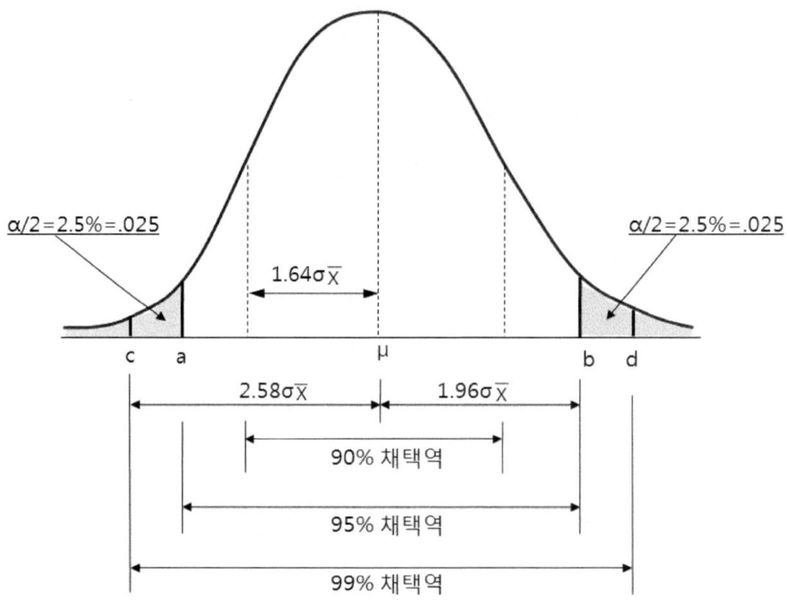

표 2-5 가설 채택유무 정리

유의확률(p)>유의수준(α)	귀무가설 채택
유의확률(p)<유의수준(α)	대립가설 채택

* 주: 통계프로그램상에서는 귀무가설로 설정되어 있음

예 • • • 남녀간 직무만족에 차이가 없을 것이다(귀무가설)로 되어 있기 때문에 p값이 α보다 작게 나온 경우 '차이가 있다'라는 대립가설을 채택하게 된다.

■ 임계치(臨界値, critical value)

위 그림에서 빗금친 부분이 유의수준(α)이고 그 안쪽 부분이 임계치이다. 즉 빗금친 부분은 기각역이고 안쪽 부분은 채택역이 된다.

따라서 95% 신뢰수준 즉 5%(0.05) 유의수준에서는 a~b 사이, 99%신뢰수준 즉 1%(0.01) 유의수준에서는 c~d 사이가 임계치가 된다.

■ 양측검정(兩側檢定)과 단측검정(單側檢定)

기각역을 한쪽에만 설정하는 경우 단측검정, 양쪽(위 그림)에 설정하는 경우 양측검정이라고 한다.

이때 기각역을 양쪽 또는 한쪽에 두느냐는 주로 대립가설(H1)의 내용에 따라 결정된다.

예 • • • 모집단의 평균신장(μ)이 169cm보다 클 것이다.

즉 올바른 귀무가설(H_0)을 기각하는 오류를 범하여 틀린 대립가설(H_1)을 채택할 위험은 조사결과 얻은 $\overline{X}$가 169cm보다 큰 경우에만 발생한다.

표 2-6 Ⅰ종 오류와 Ⅱ종 오류

검정결과 / 가설의 진위	귀무가설 채택	귀무가설 기각
사실상 옳은 귀무가설	올바른 판단	Ⅰ종오류(α)
사실상 틀린 귀무가설	Ⅱ종오류(β)	올바른 판단

【연습 1】 다음은 X직장의 직원들 평균소득을 측정한 결과 Y직장의 직원들의 평균소득 250만원과 차이가 있는가를 검증하려고 한다. (🖫: data1)

● **SPSS(PASW) 실행하기**

【분석】→【평균비교】→【일표본 T검증】

【연습 2】 다음은 행정학과 학생의 평균점수를 조사한 결과 법학과 학생의 평균점수 85점과 차이가 있는가를 검증하려고 한다. (🖫: data2)

● **SPSS(PASW) 실행하기**

【분석】→【평균비교】→【일표본 T검증】

제3장 SPSS (PASW) 기본 운용

1. SPSS(PASW) 17.0 실행하기
2. 분석 출발 맛보기
3. 데이터 파일 만들기
4. 엑셀 데이터 파일 열기
5. 분석결과를 한글에서 불러오기

제3장 SPSS(PASW) 기본 운용

1. SPSS(PASW) 17.0 실행하기

SPSS(PASW) 17.0 한글버전은 다음과 같은 순서로 시작한다.

● SPSS(PASW) 실행하기

【시작】→【모든프로그램】→【SPSS Inc】→【PASW Statistics 17】→【PASW Statistics 17】을 차례로 클릭하면 실행된다. 물론 바탕화면에 바로가기 아이콘을 설정해 두면 간편하게 더블클릭으로 실행된다.

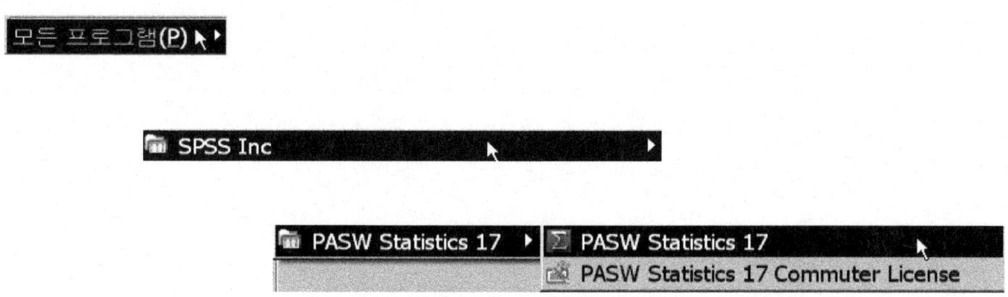

그림 3-1 SPSS 작업선택 상자

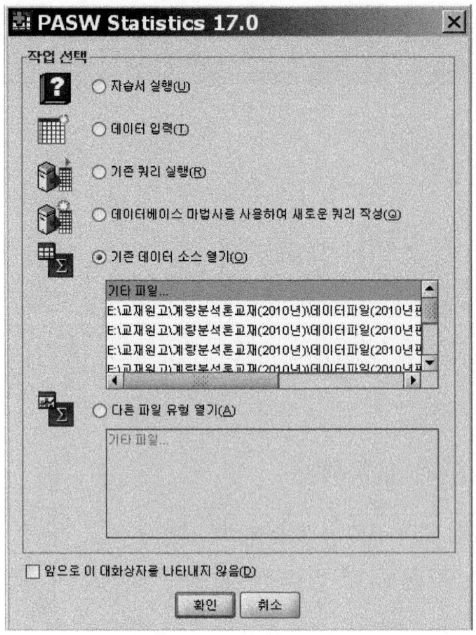

〈그림 3-1〉【작업선택】상자는 분석자가 데이터의 입력방식을 선택할 수 있다.

〈그림 3-2〉는 데이터 편집창의 화면이다. 하단 왼쪽【데이터보기】에서는 측정값(관찰값)을 입력할 수 있고,【변수보기】에서는 각 변수들에 대한 변수값을 설정할 수 있다.

그림 3-2 데이터보기 측정값 입력창

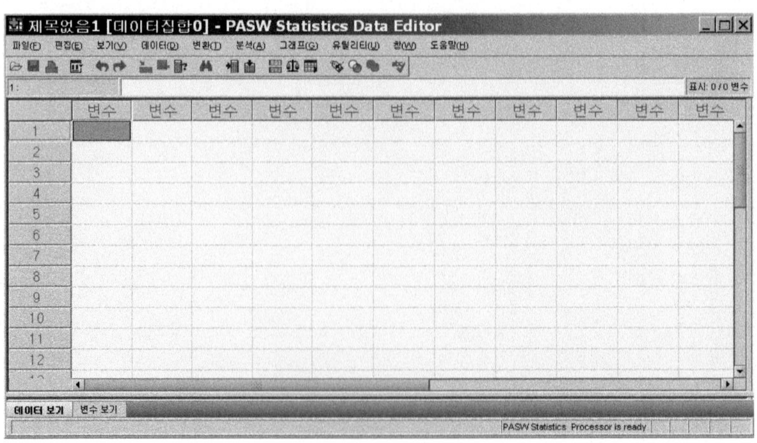

그림 3-3 변수보기 측정값 편집창

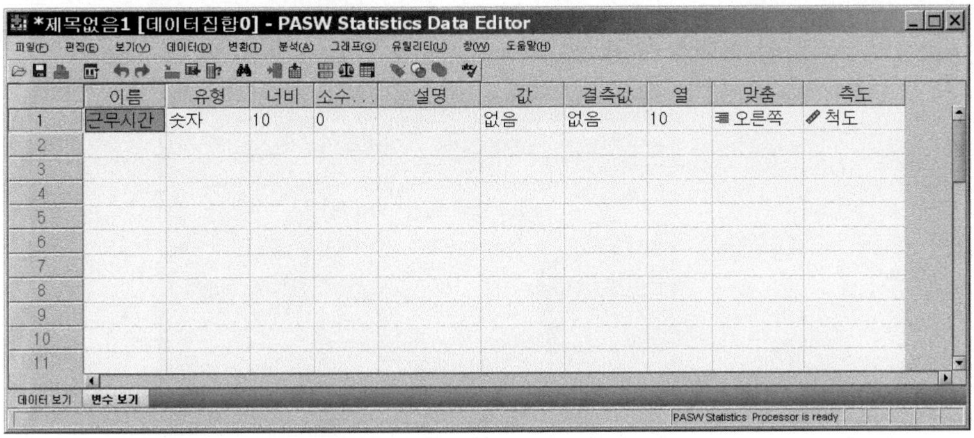

〈이름〉에서는 변수명을 입력 및 수정할 수 있다.

〈유형〉에서는 변수가 갖는 측정값의 유형을 지정할 수 있다.

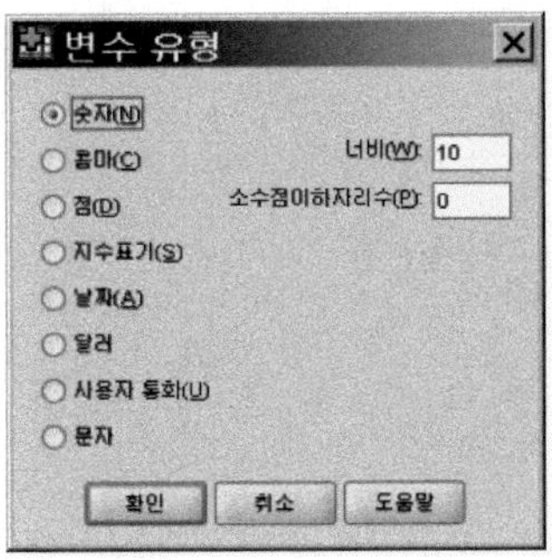

〈소수점이하자리〉에서는 측정값의 소수점이하자리를 조정할 수 있다

〈설명〉에서는 변수명에 설명을 붙이는 경우에 사용한다.

예 • • • '변수명'이 "근무시간"이라면 '설명'에서는 "직장에서 하루 일하는 시간"으로 입력할 수 있다.

〈값〉은 측정값의 속성을 지정할 수 있다.

예 • • • 측정된 값이 남자=1, 여자=2인 경우 '기준값'에 "1"을 입력하여 〈추가〉를 클릭하고, 똑같은 방식으로 '기준값'에 "2"를 입력하여 〈추가〉를 클릭한 후 하단의 〈확인〉을 클릭하면 측정값의 속성이 지정된 것이다.

〈열〉에서는 변수가 입력된 열의 폭을 크기를 조정할 수 있다.

〈맞춤〉에서는 열의 정렬(왼쪽, 오른쪽, 가운데 맞춤)을 지정할 수 있다.

〈측도〉에서는 측정값이 명목측정, 순서측정, 등간측정, 비율측정인가를 지정할 수 있다.

2. 분석 출발 맛보기

대학생 20명을 대상으로 일일 평균 휴대폰 사용횟수를 조사하였다.
(🖫: data3)

10, 9, 8, 12, 5, 3, 3, 4, 3, 4, 7, 6, 4, 6, 4, 7, 5, 9, 10, 11

위 원자료(raw data)를 변수값(values)이라고 하고, 변수명(variable name)에는 "사용횟수"로 입력한다.

그림 3-4 데이터 편집창에 측정값이 입력된 화면

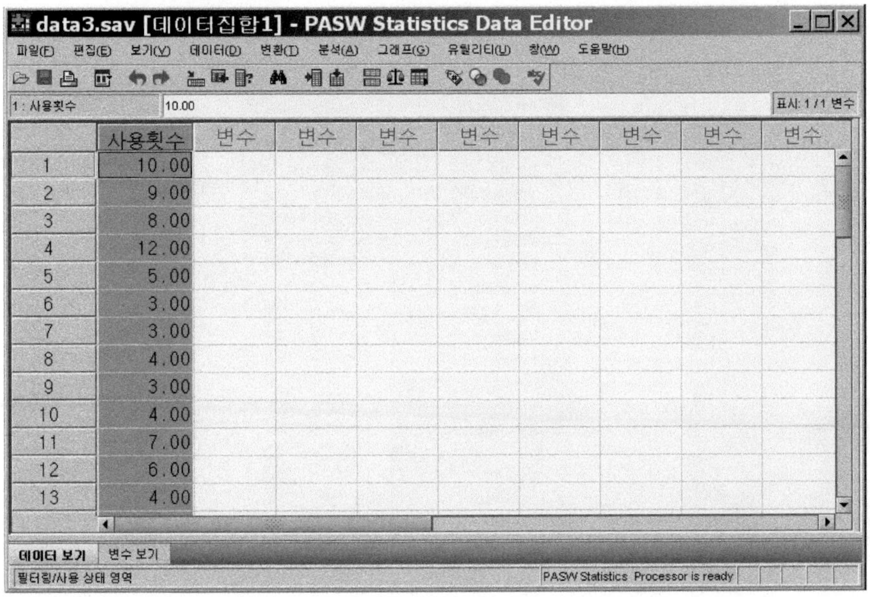

■ 분석실행 과정

●SPSS(PASW) 실행하기

【분석(A)】→【기술통계량】→【빈도분석(F)】를 차례로 클릭한다.

그림 3-5 데이터 편집창에서 분석실행 과정

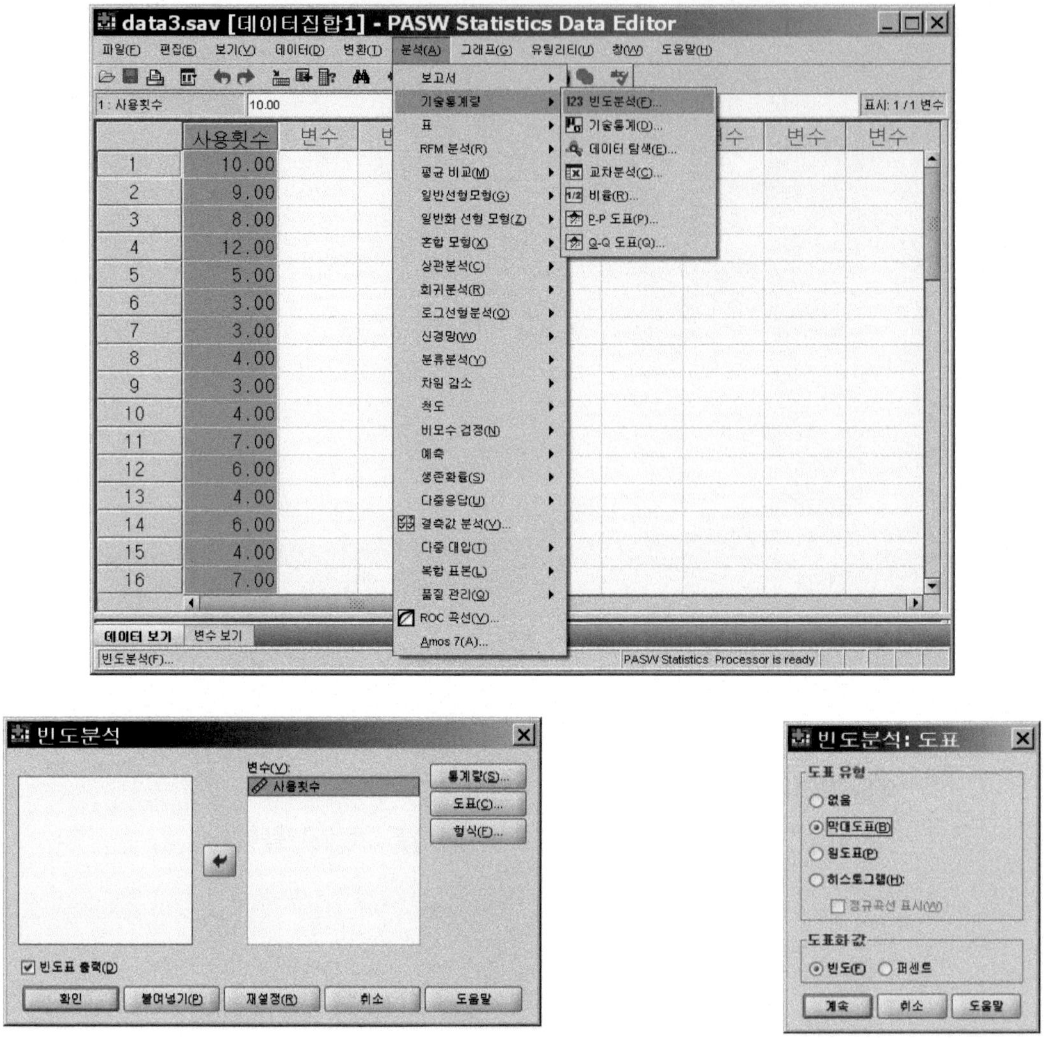

'사용횟수' 를 오른쪽 변수로 이동하고 〈도표〉를 클릭한 다음 '막대도표' 를 선택하고 〈계속〉클릭한 다음 하단에 〈확인〉을 클릭한다.

그림 3-6 분석결과 화면

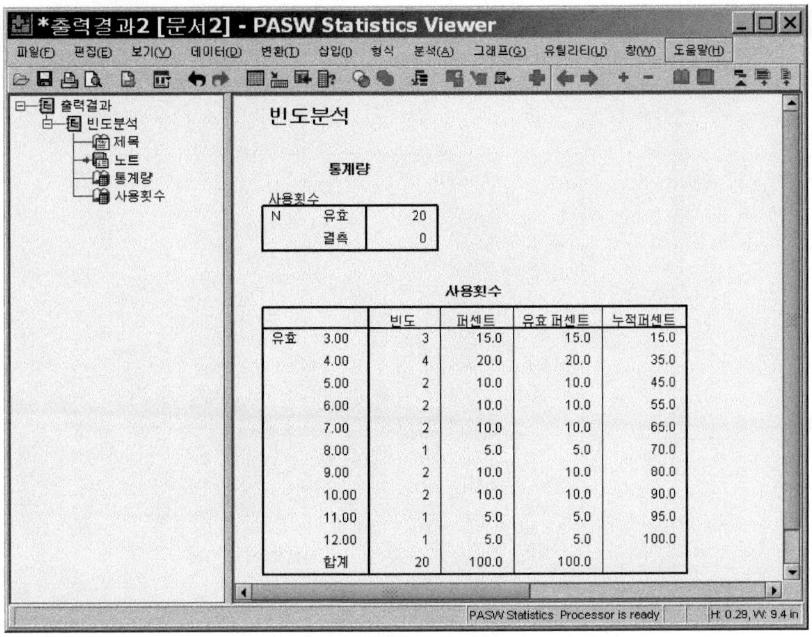

분석결과의 화면에서 왼쪽 창의 특정 통계량 제목을 클릭하면 '사각형 도형'이 해당되는 분석결과 내용으로 위치하게 된다.

■ 도표편집

아래 도표의 여백을 〈더블클릭〉하면 〈도표편집창〉이 나오고 도표편집창에서 해당 도표를 편집하면 된다.

그림 3-7 도표편집창 화면

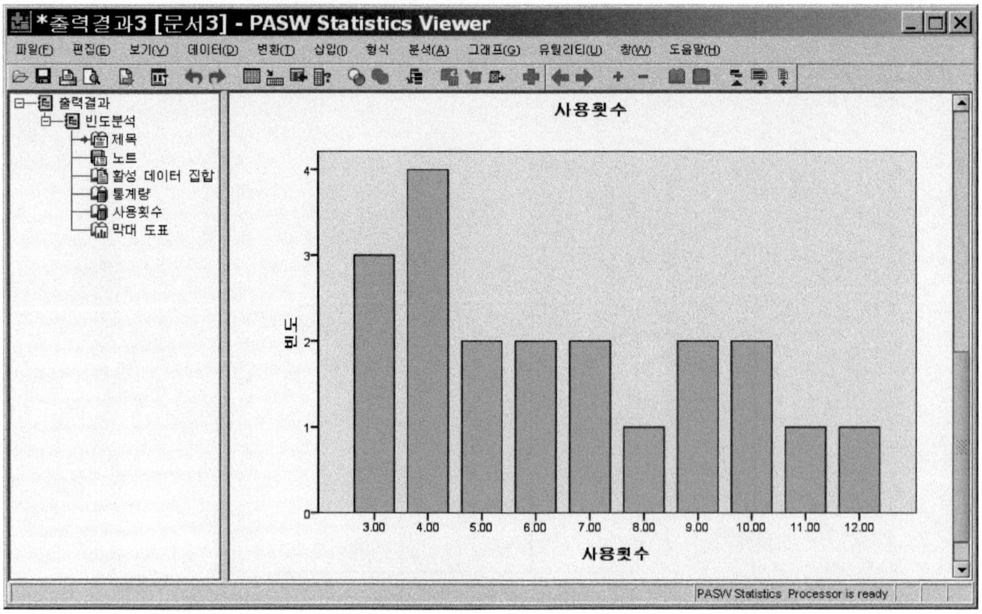

그림 3-8 도표편집기 화면

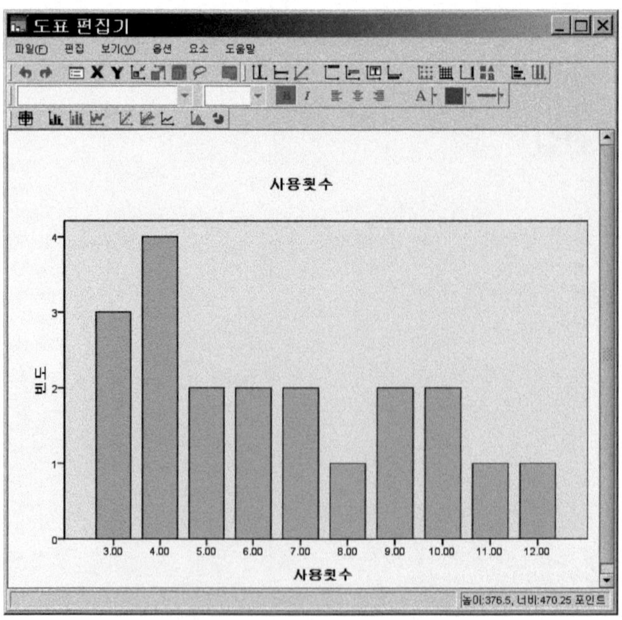

【연습】 위 자료를 바탕으로 "원도표"로 전환해보자.

3. 데이터 파일 만들기

다음은 어느 대학교 행정학과 학생 20명에게 공부시간과 성적을 조사한 결과이다. (🖫: 공부시간과성적)

화면 하단의 〈변수보기〉에서 "변수1" → 공부시간", "변수2" → "성적"으로 변수명을 변환한다.

그림 3-9 측정값이 입력된 화면

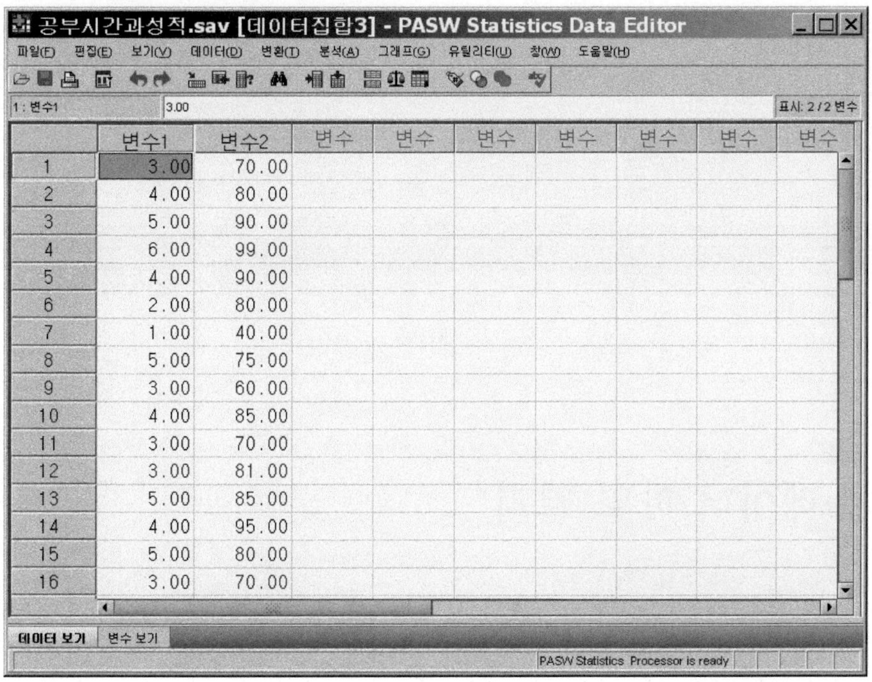

〈변수보기〉를 클릭하고 "이름"에 공부시간과 성적을 입력한다.

그림 3-10 변수명으로 변환하는 화면

그림 3-11 새로운 변수명으로 변환된 화면

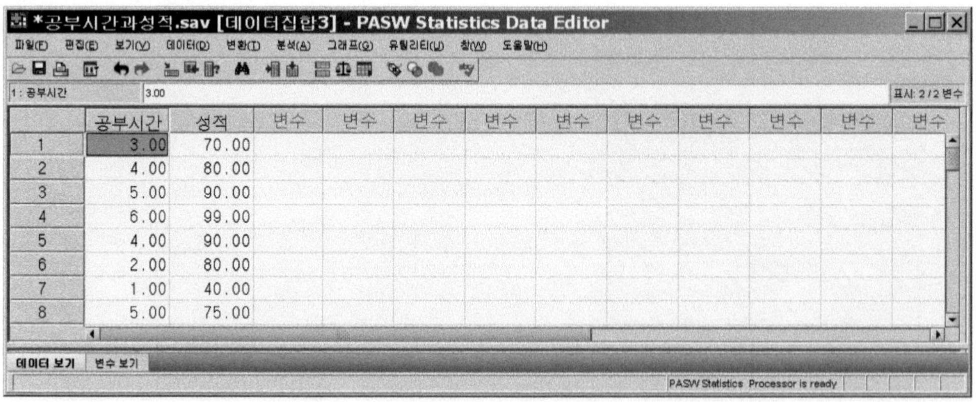

4. 엑셀 데이터 파일 열기

다음은 어느 사회복지기관의 사회복지종사자 유형과 근무시간을 조사한 결과이다. (🖫: time.xls)

사회복지사종사자 유형(A열)에서 "1"은 사회복지전문요원, "2"는 일선사회복지사, 그리고 "3"은 관리자를 나타낸다.

이 자료를 SPSS 데이터 창으로 불러오는 방법은 다음과 같다.

그림 3-12 측정값이 엑셀에 입력된 화면

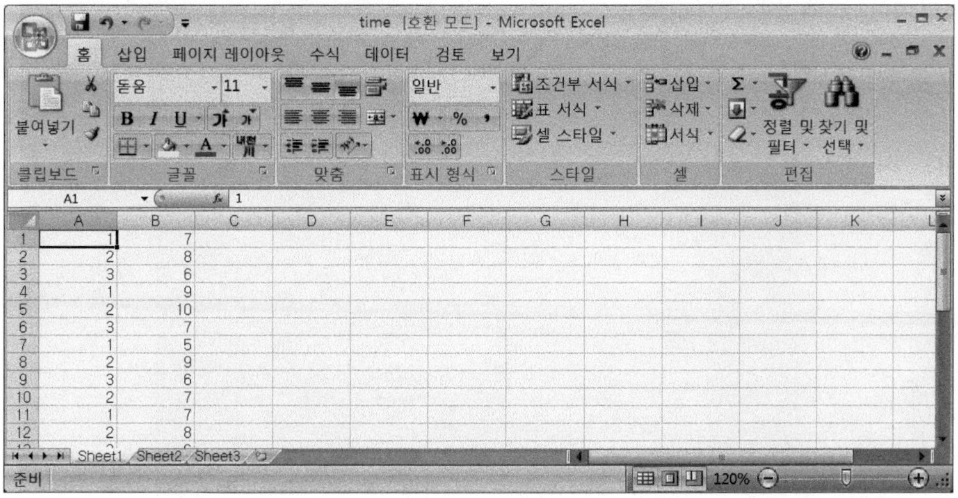

위 엑셀파일을 〈그림 3-13〉과 같은 SPSS 데이터창에서 【파일】→【열기】→【데이터】를 차례로 클릭한다.

그림 3-13 측정값이 엑셀에 입력된 화면

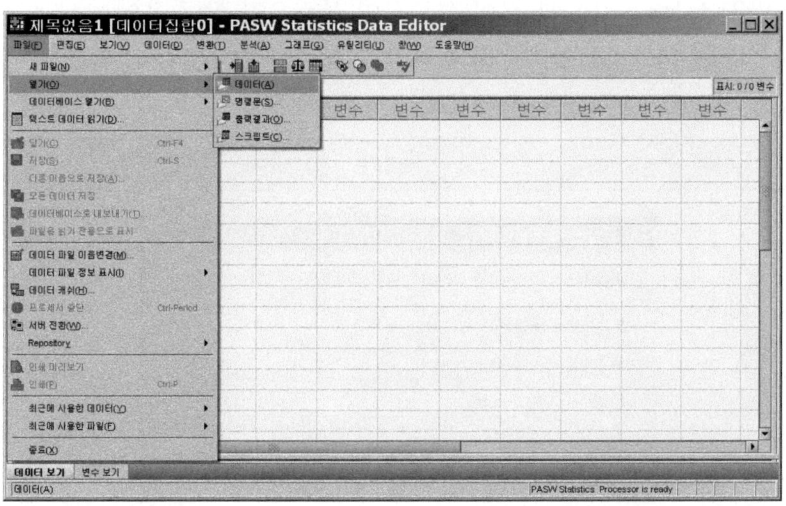

〈그림 3-14〉와 같은 화면에서 〈파일 유형〉을 Excel 파일을 지정하고 상단의 〈찾아보기〉에서 엑셀파일이 위치해 있는 해당 폴더를 지정한 후

그림 3-14 데이터 열기 화면

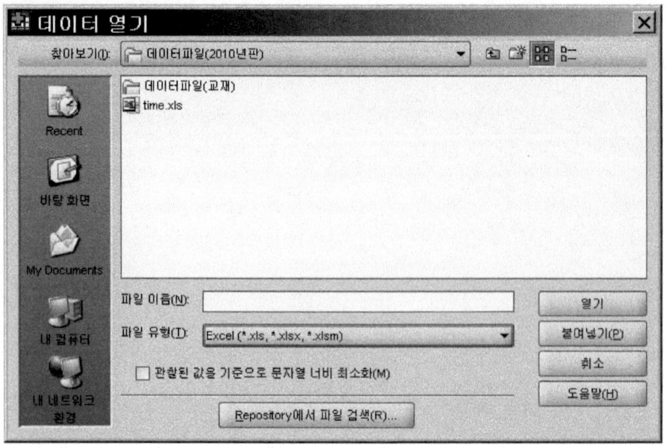

"time.xls"를 선택한 후 우측의 〈열기〉를 클릭한다. 아래 〈그림 3-15〉 〈그림 3-16〉과 같이 데이터 소스 열기 화면이 나온다. 여기에서 〈그림 3-15〉와 같이 「데이터 첫 행에서 변수 이름 읽어오기」를 해제한 후 〈범위〉에서 읽어 올 데이터 구간을 지정하면 된다.

만약 〈그림 3-16〉과 같이 설정하여 불러오기 할 경우에는 엑셀에서 입력하였던 원자료(raw data)의 첫 번째 행의 데이터는 읽어오지 못한다.

그림 3-15

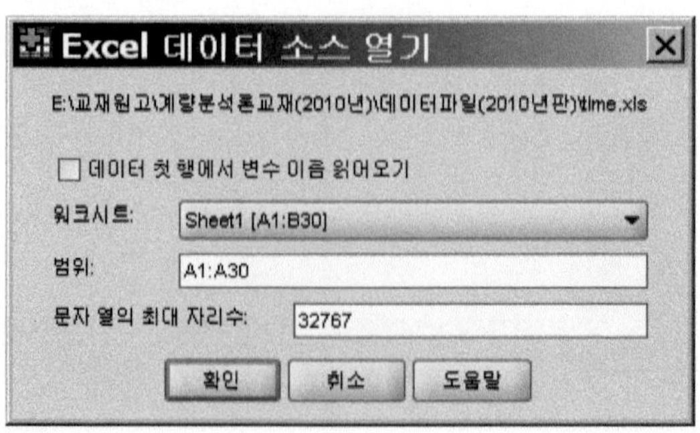

그림 3-16

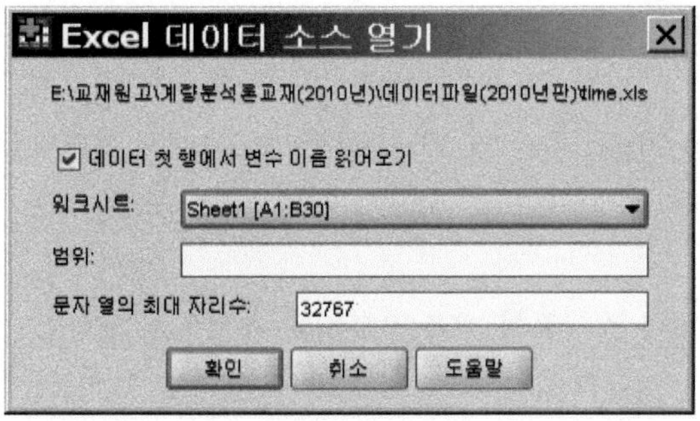

다음 〈그림 3-17〉은 엑셀파일의 데이터를 정상적으로 불러온 결과 창이다.

그림 3-17 엑셀파일 데이터를 데이터 편집창으로 불러온 결과

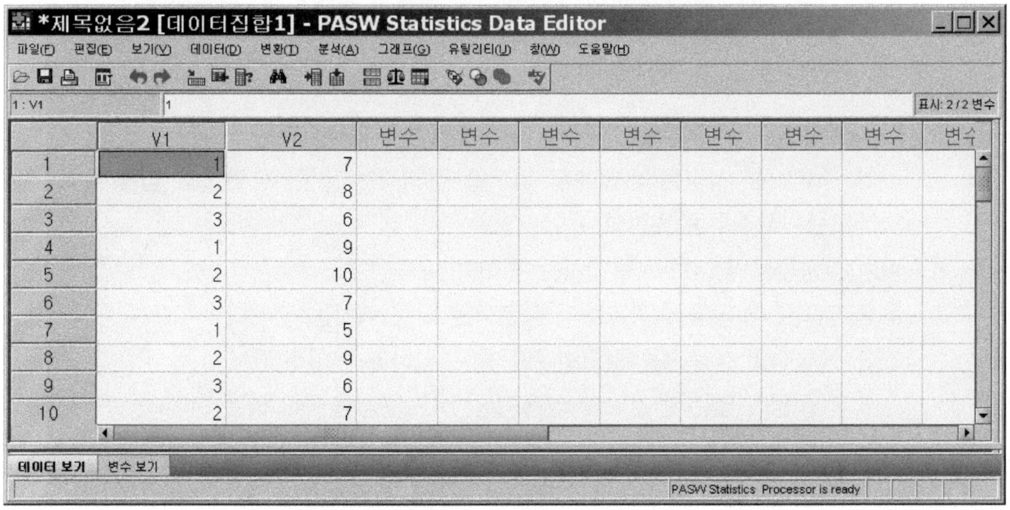

【연습 1】 위 엑셀파일을 〈그림 3-16〉과 같은 형식으로 불러오기를 해보자.

【연습 2】 다음은 〈설문지 문항〉을 통해 "대학생의 인터넷 쇼핑몰 이용의 결정 요인"을 조사한 자료를 엑셀로 코딩한 것이다. 이 엑셀자료를 SPSS에서 변환하고 새로운 이름으로 저장해보자. (🖫: shopping.xls)

〈설문지 문항〉

§ 귀하는 인터넷 쇼핑몰에서 물건을 구입한 적이 있습니까?

① 있다 ② 없다 ③ 모르겠다

➡ '있다'를 선택하신 분은 아래 설문문항부터 모든 설문문항에 응답해 주시기 바랍니다. '없다'와 '모르겠다'를 선택하신 분은 V번부터 응답해 주시기 바랍니다.

Ⅰ. 다음은 인터넷 쇼핑몰의 제품의 특성을 측정하는 문항입니다.

1. 인터넷 쇼핑몰은 오프라인 매장에 비해 가격이 저렴하다.
2. 인터넷 쇼핑몰에서 상품을 구입할 때 가격을 중요하게 생각한다.
3. 오프라인 매장보다 가격이 싸기 때문에 인터넷 쇼핑몰을 이용하는 편이다.
4. 상품을 실제로 볼 수 없지만 싼 가격 때문에 인터넷 쇼핑몰을 이용하기도 한다.
5. 내가 선호하는 브랜드가 인터넷 쇼핑몰에 있다.
6. 선호하는 브랜드의 상품은 인터넷 쇼핑몰을 통해 구입하기 더 쉽다.
7. 인터넷 쇼핑몰에 선호하는 브랜드의 상품의 종류가 더 다양하다.
8. 선호하는 브랜드의 신상이 인터넷에 더 빨리 출시된다.

Ⅱ. 다음은 인터넷 쇼핑몰의 구전효과를 측정하는 문항입니다.

※ 구전이란 사람들의 입에서 입으로 전해지는 소문, 평판으로 입을 통해 전해지는 의사소통을 말한다.

1. 상품평을 읽어보고 구입하는 편이다.
2. 인터넷 쇼핑몰의 광고보다 상품평을 더 신뢰하는 편이다.
3. 긍정적인 상품평을 읽으면 제품을 구입하고 싶어진다.
4. 상품평이 없는 물건보다 상품평이 있는 물건을 구입하는 편이다.
5. 오프라인 상에서 얻은 정보로 인터넷 쇼핑몰을 이용하기도 한다.
6. 주변사람들의 추천으로 인터넷 쇼핑몰을 이용하기도 한다.
7. 주변사람들의 평이 좋지 않다면 인터넷 쇼핑몰을 이용하지 않을 것이다.
8. 주변사람들의 평과는 상관없이 인터넷 쇼핑몰을 이용하는 편이다.(R)

Ⅲ. 다음은 인터넷 쇼핑몰의 소비자의 특성을 측정하는 문항입니다.

1. 처음에는 인터넷 쇼핑몰을 이용하는 것이 망설여졌다.
2. 인터넷 쇼핑몰에서 상품을 구입 해 본 이후에 자주 이용하게 되었다.
3. 인터넷 쇼핑몰에서 상품을 구입한 후 만족스러우면 계속 이용하는 편이다.

4. 한 번 이용해 본 쇼핑몰을 주로 이용하는 편이다.
5. 다른 사람의 도움 없이 인터넷을 이용하여 원하는 제품을 찾을 수 있다.
6. 인터넷 상에서 물건을 주문하고 결제하는데 어려움이 없다.
7. 여러 가지 인터넷 쇼핑몰을 찾아 구매 조건을 비교할 수 있다.
8. 주문이나 배송상의 문제가 생겼을 경우 그것을 해결하는 방법을 알고 있다.

Ⅳ. 다음은 인터넷 쇼핑몰의 편리성을 측정하는 문항입니다.

1. 인터넷 쇼핑몰에서 상품을 집까지 배달해 주는 점이 마음에 든다.
2. 배달을 신속하게 해주는 인터넷 쇼핑몰을 선호한다.
3. 인터넷 쇼핑몰은 배달이 편리하기 때문에 이용하는 편이다.
4. 배송이 느린 인터넷 쇼핑몰은 이용하고 싶지 않다.
5. 인터넷 쇼핑몰에서 상품을 구입할 때 다른 구매 방식보다 시간이 절약 된다.
6. 인터넷 쇼핑몰은 원하는 시간에 언제든지 구매가 가능하다.
7. 원하는 상품을 최소한의 시간으로 쉽게 찾을 수 있다.
8. 매장을 방문할 때 드는 시간을 절약하기 위해 인터넷 쇼핑몰을 이용한다.

Ⅴ. 다음은 인터넷 쇼핑몰의 구매의도를 측정하는 문항입니다.

1. 앞으로 인터넷 쇼핑몰을 이용하여 상품을 구매할 의향이 있다.
2. 인터넷 쇼핑몰을 주변사람들에게 권유할 의향이 있다.
3. 인터넷 쇼핑몰을 적극적으로 이용할 것이다.
4. 앞으로 상품을 구매할 때 인터넷 쇼핑몰을 우선적으로 이용할 것이다.

§ 마지막으로 귀하에 대한 몇 가지 질문입니다.

1. 귀하의 성별은 어떻게 되십니까?

① 남자 ② 여자

2. 귀하의 학년은 어떻게 되십니까?

① 1학년 ② 2학년 ③ 3학년 ④ 4학년

3. 귀하의 소속은 어떻게 되십니까?

① 인문대학 ② 사회과학대학 ③ 자연과학대학 ④ 생명과학대학
⑤ 공과대학 ⑥ 예술체육대학 ⑦ 치과대학

5. 분석결과를 한글에서 불어오기

보고서나 논문작성에 있어서 분석결과를 한글에서 불러와 편집을 하면 편리하다. SPSS를 이용하여 데이터를 분석하는 것은 결국 보고서나 논문을 작성하기 위한 것이기 때문에, 최종적으로는 한글이나 워드와 같은 문서로 작성해야 한다. 이 때 출력결과를 놓고 일일이 보면서 작성(입력)하기보다는 분석결과물을 한글로 불러와 편집하면 쉽게 문서를 작성할 수 있다.

다음 파일(🖫: social_worker)을 통해 빈도분석을 실행한다.

● **SPSS(PASW) 실행하기**

첫째, 데이터창에서 위 파일을 불러오면 〈그림 3-18〉과 같다.

그림 3-18 **데이터창에서 파일을 불러 온 화면**

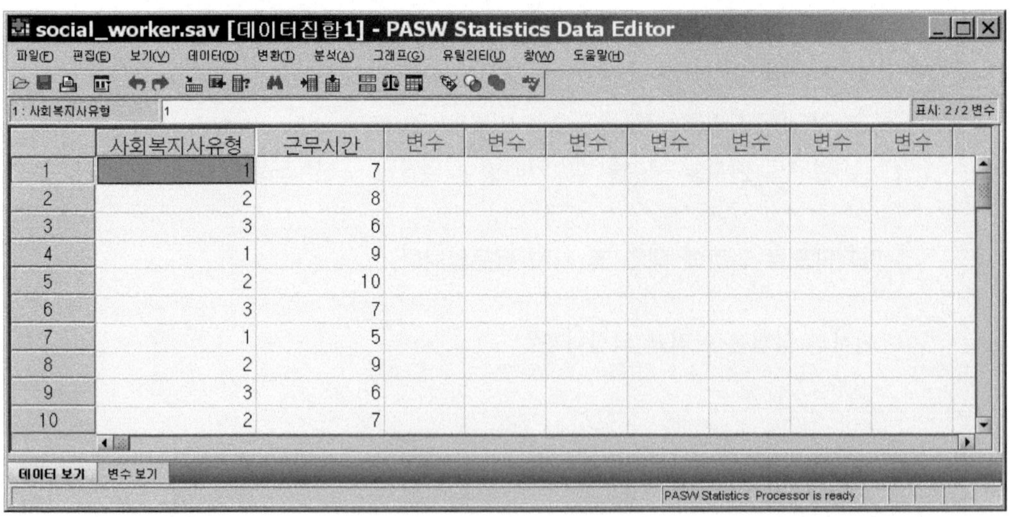

둘째, 【분석(A)】→【기술통계량】→【빈도분석(F)】를 차례로 클릭하여, 분석을 실행하면 다음과 같이 분석결과가 제시된다.

그림 3-19 분석결과 화면

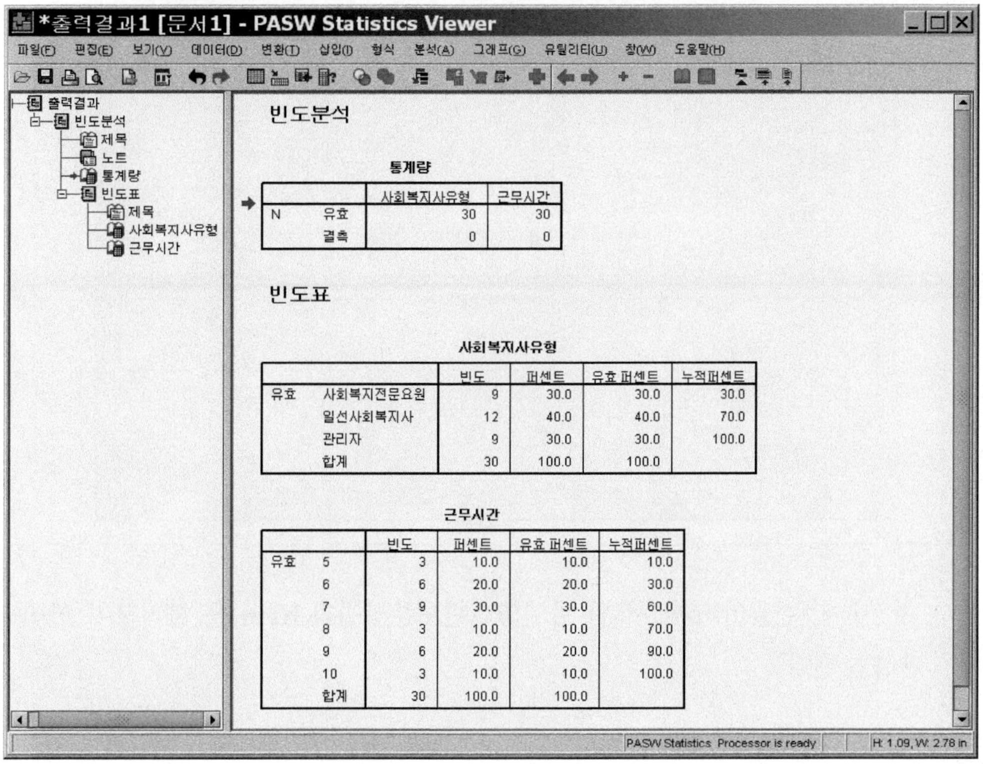

통계량

		사회복지사유형	근무시간
N	유효	30	30
	결측	0	0

사회복지사유형

		빈도	퍼센트	유효 퍼센트	누적퍼센트
유효	사회복지전문요원	9	30.0	30.0	30.0
	일선사회복지사	12	40.0	40.0	70.0
	관리자	9	30.0	30.0	100.0
	합계	30	100.0	100.0	

근무시간

		빈도	퍼센트	유효 퍼센트	누적퍼센트
유효	5	3	10.0	10.0	10.0
	6	6	20.0	20.0	30.0
	7	9	30.0	30.0	60.0
	8	3	10.0	10.0	70.0
	9	6	20.0	20.0	90.0
	10	3	10.0	10.0	100.0
	합계	30	100.0	100.0	

셋째, 〈출력결과〉에서 【파일】→【내보내기】 순으로 클릭하여, 문서유형과 저장될 드라이브 및 파일명을 지정하고 〈확인〉을 클릭하면 된다.

그림 3-20 분석결과 내보내기 설정 화면

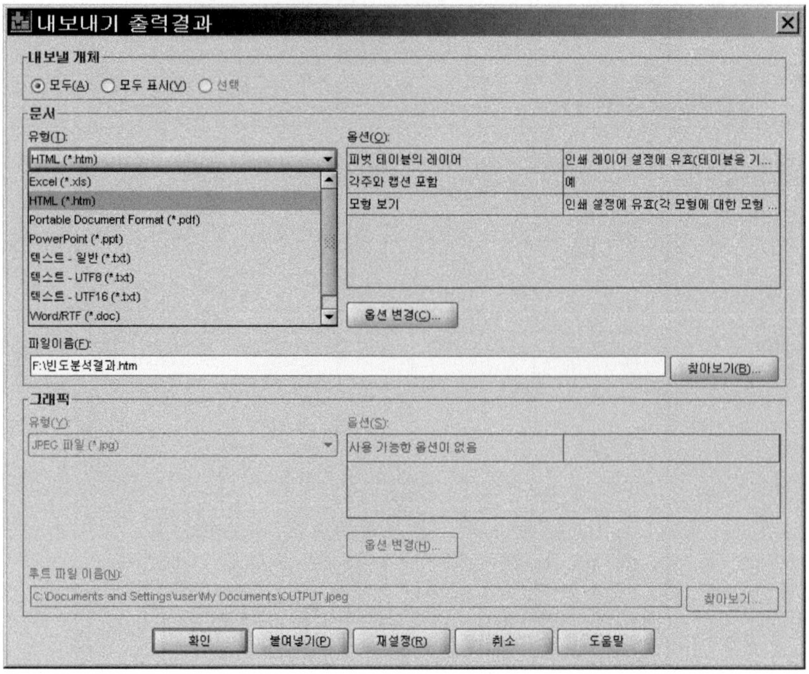

넷째, 한글(hwp)에서 위 파일(**F:\빈도분석결과.htm**)을 불러오기 하여 편집하면 된다.

그림 3-21 한글에서 불러오기 화면

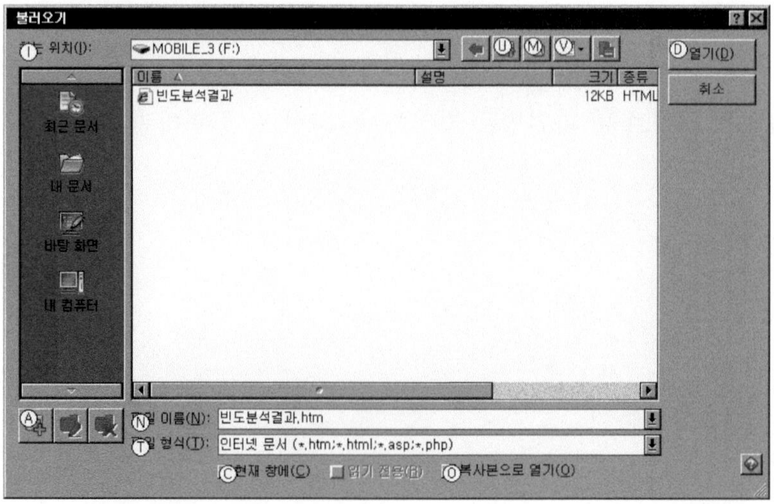

제4장
데이터 편집과 처리

1. 변수의 정의
2. 파일의 결합
3. 데이터 변환
4. 변수값의 코딩변경
5. 케이스선택

제4장 데이터 편집과 처리

1. 변수의 정의

다음 〈설문문항 구성〉을 통해 20명을 대상으로 개인별 특성에 따른 TV시청 시간을 조사하였다. (💾: TV시청)

표 4-1 설문문항 구성

변수명	속 성
	성별 1: 남자 2: 여자
연령	1: 30세 미만 2: 30대 3: 40대 4: 50대 5: 60세 이상
학력	1: 중졸이하 2: 고졸 3: 대졸 4: 대학원졸 이상
소득	1: 100만원 미만 2: 150만원 미만 3: 200만원 미만 4: 250만원 미만 5: 250만원 이상
기혼여부	1: 기혼 2: 미혼
TV시청	( )시간
신문구독	1. 조선 2: 중앙 3: 동아 4: 기타
인터넷	인터넷을 통해 정보획득에 도움이 되는 정도 1: 전혀 도움이 되지 않는다 2: 도움되지 않는다 3: 그저 그렇다 4: 도움이 되는 편이다 5: 매우 도움이 된다

〈그림 4-1〉은 데이터창에서 불러온 〈데이터보기〉 화면이다.

그림 4-1 데이터창에서 불러온 화면

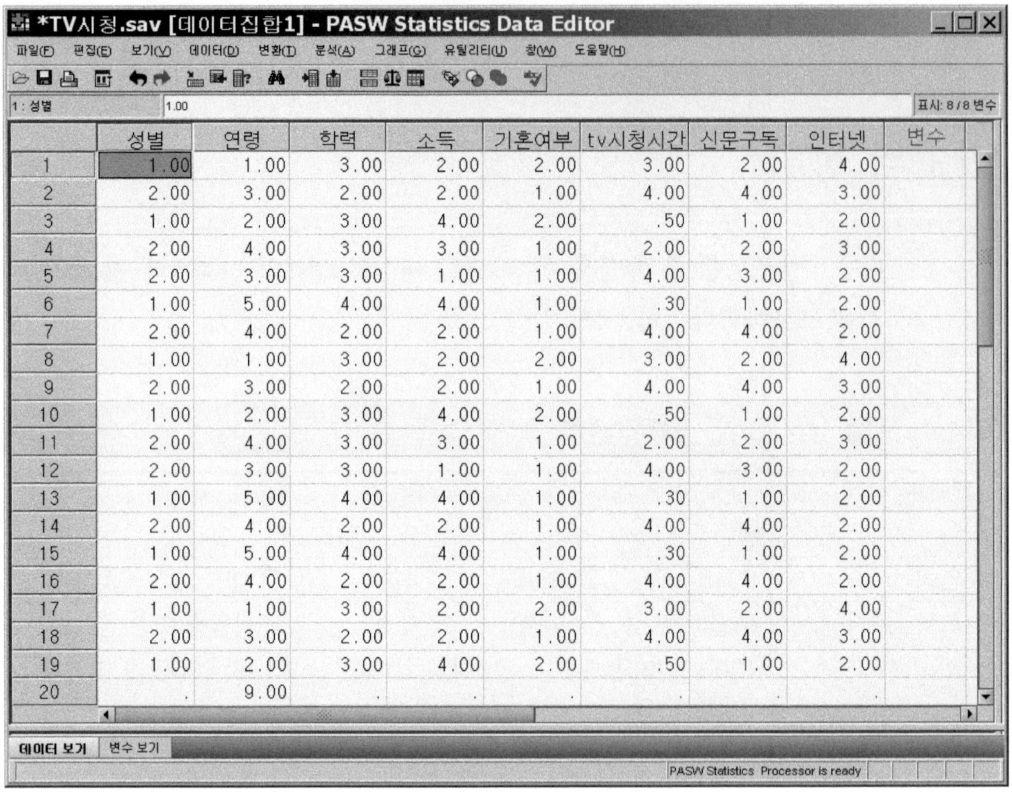

	성별	연령	학력	소득	기혼여부	tv시청시간	신문구독	인터넷	변수
1	1.00	1.00	3.00	2.00	2.00	3.00	2.00	4.00	
2	2.00	3.00	2.00	2.00	1.00	4.00	4.00	3.00	
3	1.00	2.00	3.00	4.00	2.00	.50	1.00	2.00	
4	2.00	4.00	3.00	3.00	1.00	2.00	2.00	3.00	
5	2.00	3.00	3.00	1.00	1.00	4.00	3.00	2.00	
6	1.00	5.00	4.00	4.00	1.00	.30	1.00	2.00	
7	2.00	4.00	2.00	2.00	1.00	4.00	4.00	2.00	
8	1.00	1.00	3.00	2.00	2.00	3.00	2.00	4.00	
9	2.00	3.00	2.00	2.00	1.00	4.00	4.00	3.00	
10	1.00	2.00	3.00	4.00	2.00	.50	1.00	2.00	
11	2.00	4.00	3.00	3.00	1.00	2.00	2.00	3.00	
12	2.00	3.00	3.00	1.00	1.00	4.00	3.00	2.00	
13	1.00	5.00	4.00	4.00	1.00	.30	1.00	2.00	
14	2.00	4.00	2.00	2.00	1.00	4.00	4.00	2.00	
15	1.00	5.00	4.00	4.00	1.00	.30	1.00	2.00	
16	2.00	4.00	2.00	2.00	1.00	4.00	4.00	2.00	
17	1.00	1.00	3.00	2.00	2.00	3.00	2.00	4.00	
18	2.00	3.00	2.00	2.00	1.00	4.00	4.00	3.00	
19	1.00	2.00	3.00	4.00	2.00	.50	1.00	2.00	
20	.	9.00	.	.	.	.	.	.	

하단의 〈변수보기〉를 클릭하면 이름(변수명), 유형, 너비, 소수점이하, 설명, 값, 결측값, 열, 맞춤, 측도 등의 속성을 설정하거나 변경할 수 있다.

결측값(무응답치; missing values)은 응답자가 설문항목에 응답을 하지 않았기 때문에, 데이터 입력자가 해당 셀(칸)에 비워두는 경우에 나타나게 되는데 입력되지 않은 셀은 "점(.)"으로 표시되게 된다.

그림 4-2 변수 정의 및 설정 화면

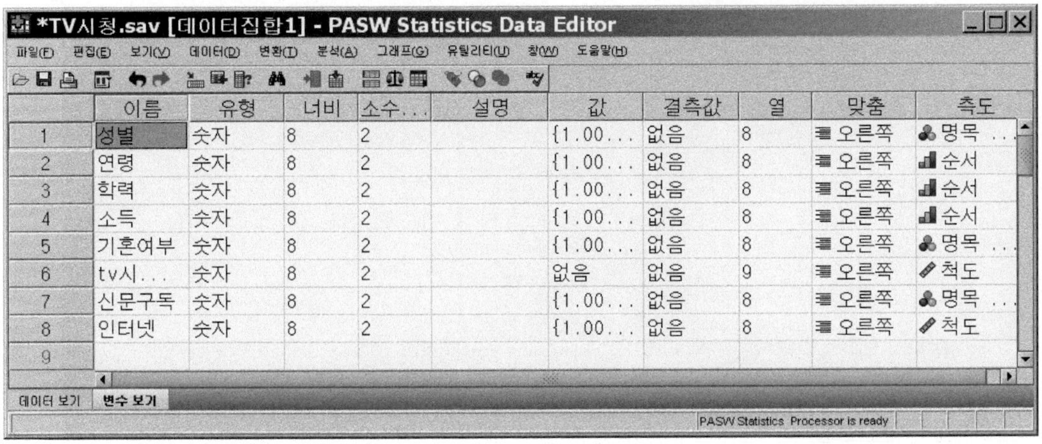

【실습】 위 〈변수보기〉창의 "설명"에서 각 이름(변수)별로 적당한 설명을 입력해보자.

응답자들에 대해 신문을 통해 정보를 획득하는 정도를 알고자 한다. 변수명을 '인터넷구독' 으로 입력하고 적당한 설명을 붙여본다.

■ 여러 변수의 속성을 한꺼번에 설정하기

여러 변수의 속성을 한꺼번에 설정하기 위해서는 마우스를 이용하여 【복사】 → 【붙여넣기】 기능을 이용하면 가능하다.

■ 데이터 복사 및 삭제

이미 입력된 데이터를 〈복사〉하여 〈붙여넣기〉 할 수 있다.

복사하고자 하는 열(세로)의 맨 위 변수명(VAR00003)을 클릭하면 해당 전체 열이 설정되고

마우스 오른쪽 버튼을 클릭하여 단축메뉴에서 【복사】를 클릭한 후

원하는 열의 변수명에 마우스 포인트를 대고 【붙여넣기】를 클릭하면 동일한 값으로 복사된다. 삭제하는 방법도 마찬가지다.

그림 4-3 데이터 복사 및 삭제하기

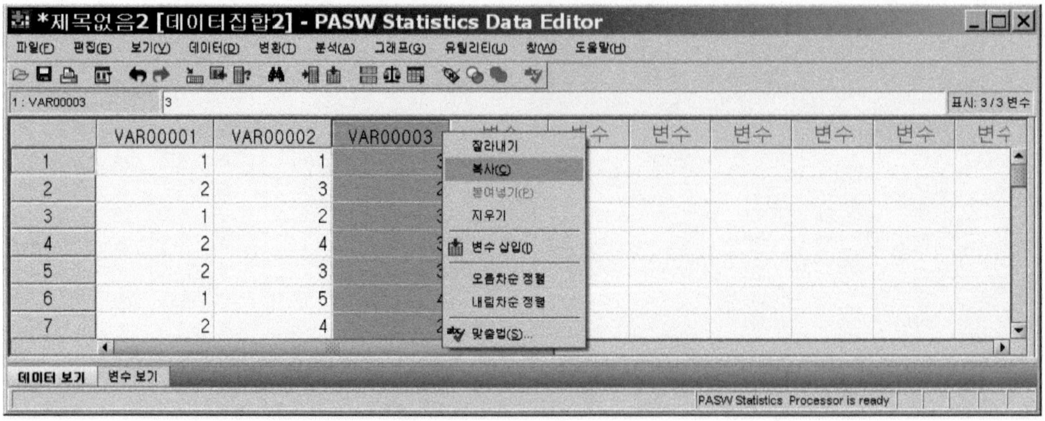

2. 파일의 결합

■ **파일결합**

설문조사의 경우 회수된 설문지를 여러 사람이 나누어 코딩(입력)하는 경우가 있다. 이런 경우 개별적으로 코딩한 데이터를 하나의 데이터로 통합해야만 분석을 위한 준비가 마무리된다.

두 개 이상의 파일을 하나의 파일로 통합하기 위해서는 다음과 같이 두 가지 유형이 있다.

1) 변수명이 같은 데이터의 결합 (🖫: spss1, 🖫: spss2)

파일명 spss1을 열어 놓은 상태에서 spss2를 결합하기

첫째, 데이터 창에서 spss1 파일을 열고, 【데이터】→【파일합치기】→【케이스 추가】를 차례대로 클릭한다.

그림 4-4 케이스추가의 파일합치기 화면

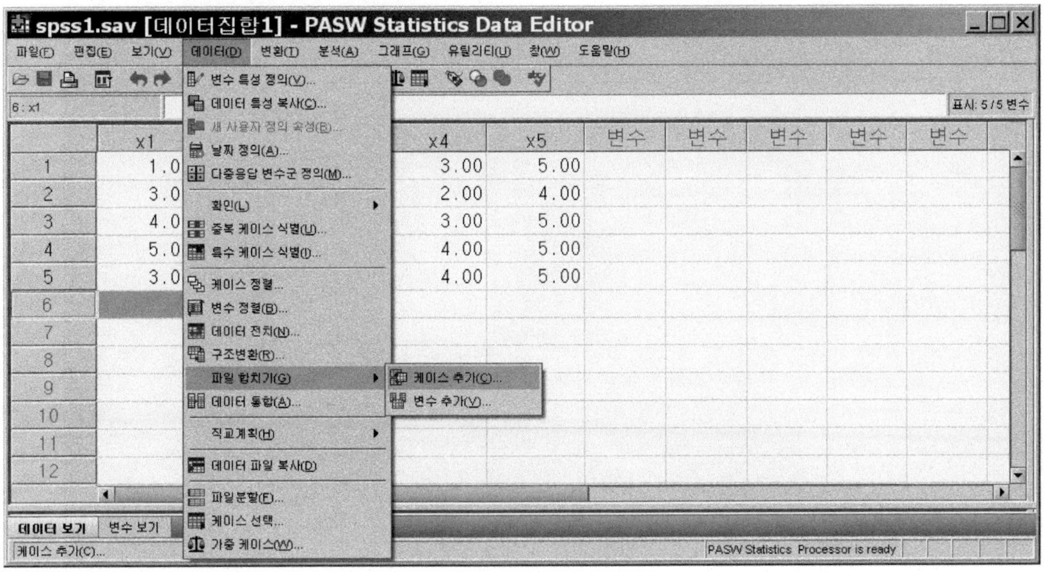

둘째, 케이스 추가 화면의 〈찾아보기〉에서 결합 대상의 파일을 찾아 〈계속〉을 클릭한다.

그림 4-5 케이스 추가 불어오기

셋째, 케이스 추가 화면에서 〈확인〉을 클릭한다.

그림 4-6 케이스 추가 화면

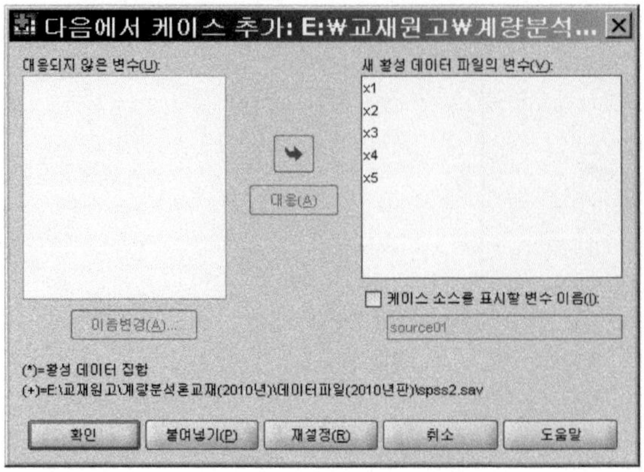

넷째, 〈그림 4-7〉와 같이 2개의 데이터 파일이 결합된 것을 볼 수 있다.

그림 4-7 데이터 파일이 결합된 화면

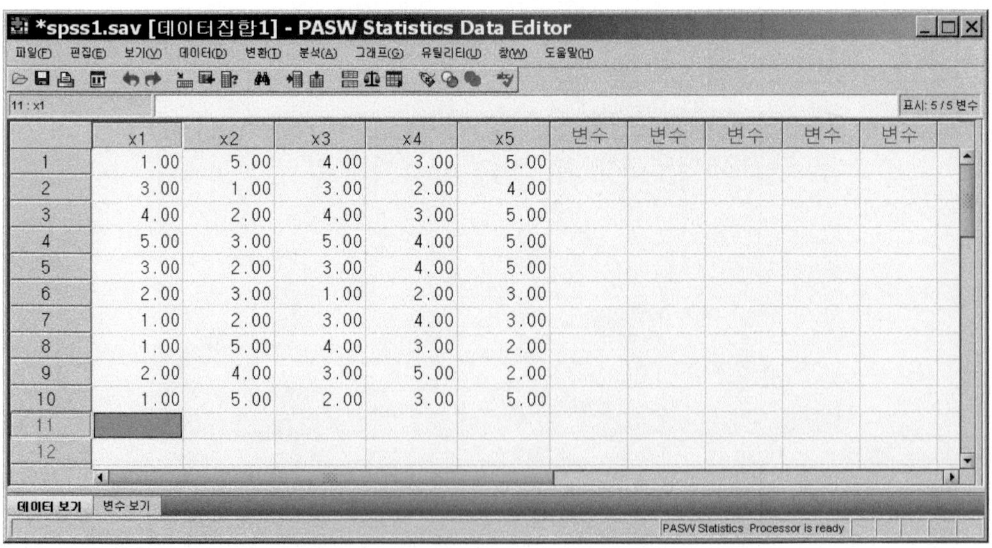

§ 또 다른 쉬운 방식은 2개 파일의 〈데이터 창〉을 열어놓고 "범위"를 설정한 다음 【복사】→【붙여넣기】 기능을 사용하면 간단하다.

2) 변수명이 다른 데이터의 결합 (🖫: spss3, 🖫: spss4)

파일명 spss3과 spss4 두 개 파일을 하나로 결합하기

첫째, 데이터 창에서 spss3 파일을 열고, 【데이터】→【파일 합치기】→【변수추가】를 클릭한다.

그림 4-8 변수추가의 파일합치기 화면

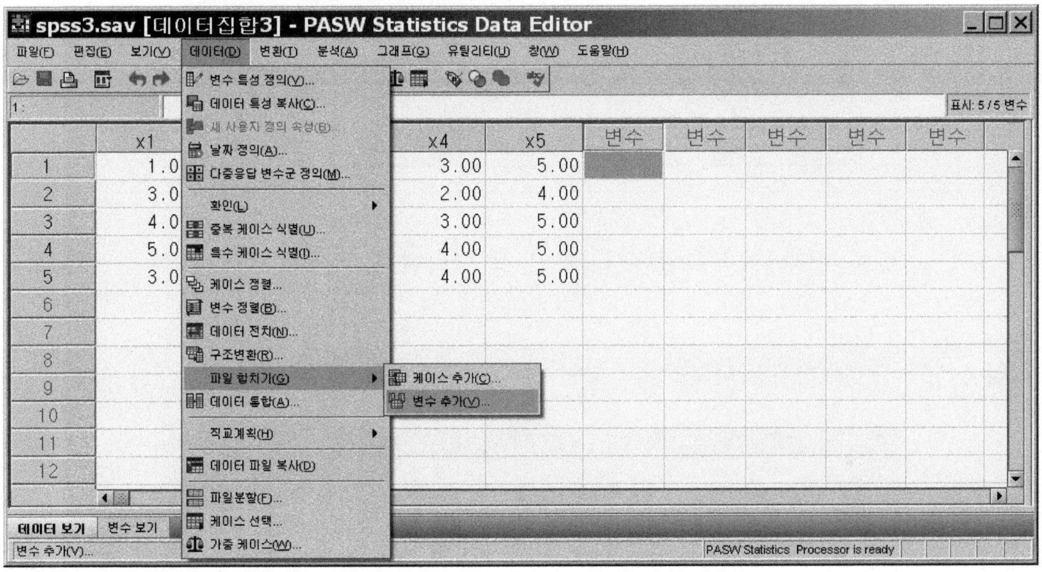

둘째, 변수 추가 화면의 〈찾아보기〉에서 결합 대상의 파일을 찾아 〈계속〉을 클릭한다.

그림 4-9 변수 추가의 불러오기

셋째, 변수 추가 화면에서 〈확인〉을 클릭한다.

그림 4-10 변수추가의 파일합치기 화면

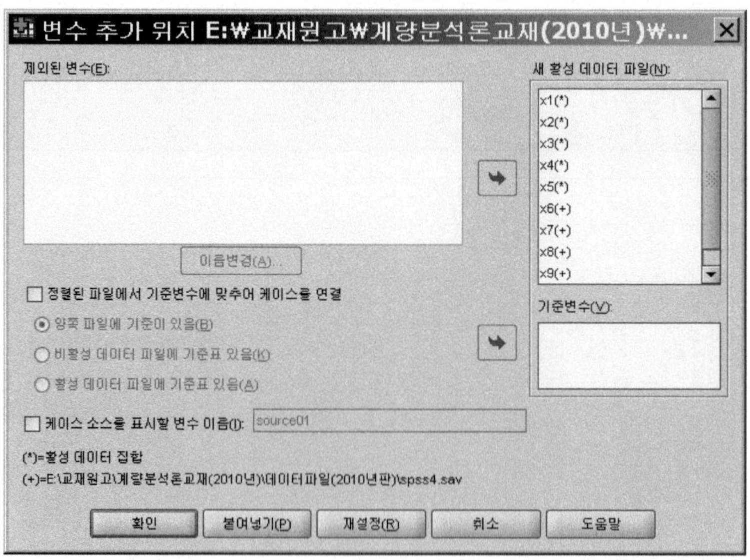

넷째, 〈그림 4-11〉과 같이 변수명이 다른 2개의 데이터 파일이 결합된 것을 볼 수 있다.

그림 4-11 변수명이 다른 파일이 결합된 화면

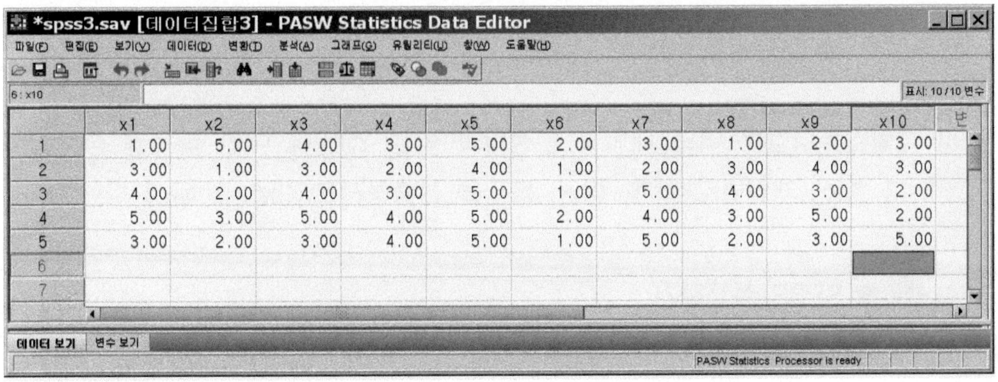

3. 데이터 변환

■ 변수값 계산

변수값 계산을 통해 데이터를 변환하는 방법이다.
변수값 계산에 사용되는 각종 연산자는 다음과 같다.

표 4-2 산술연산자

기 호	수식표현
+	A + B
−	A − B
*	A × B
/	A ÷ B
**	A^B

표 4-3 관계 연산자

기 호	수식표현
<	A < B
>	A > B
≤	A ≥ B
≥	A ≤ B
≠	A ≠ B

표 4-4 논리 연산자

기 호	의 미	우선순위
&(And)	또한(A, B 모두 해당)	2
I (or)	또는(A, B 중 어느 하나)	3
~(Not)	아니면	1
Neqv	서로 다르면	4

【실습】 다음은 어느 대학교 행정학과 학생 20명에 대한 과목별 성적 결과이다. 학생 개인별로 합계, 평균, 등급을 산출하시오. (🖫: score)

● SPSS 실행하기

첫째, 해당 데이터 파일을 불러온다.

둘째, 〈메뉴바〉에서 【변환】→【변수계산】을 차례로 클릭한다.

그림 4-12 변수계산을 불러오는 화면

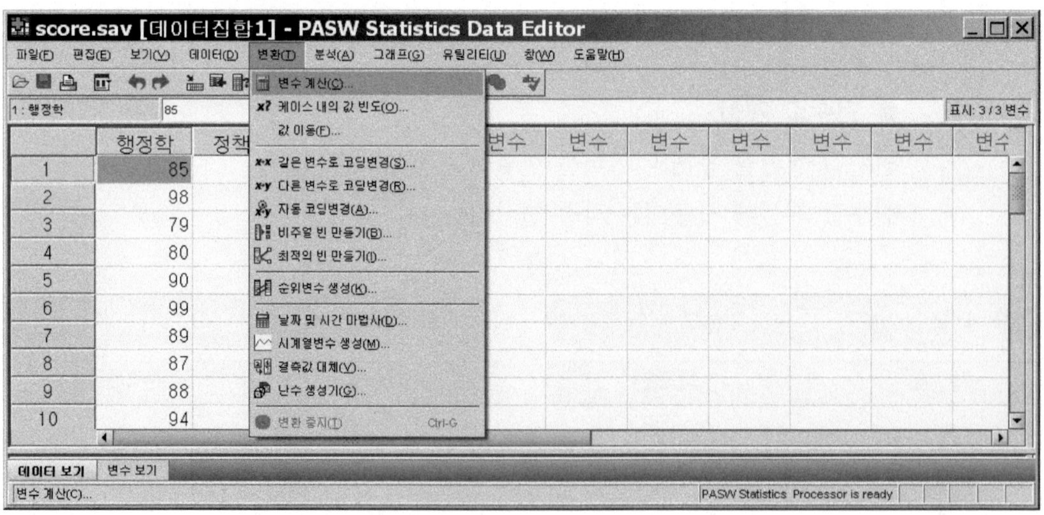

셋째, 〈합계〉 산출하기

〈변수 계산〉 대화상자서 「대상변수」에 '합계'를 입력하고

「숫자표현식」에서 〈행정학〉 → (+) → 〈정책학〉 → (+) → 〈조사론〉을 차례로 이동하고, 하단의 〈확인〉버튼을 클릭한다.

그림 4-13 합계 산출을 위한 대화상자

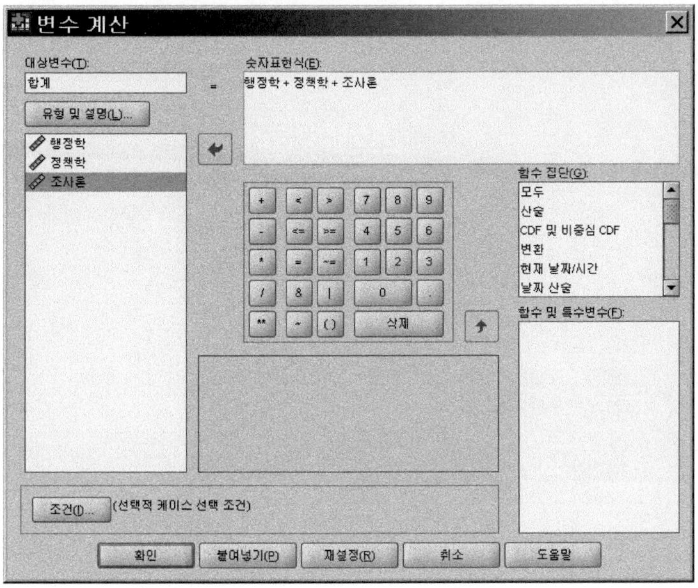

넷째, 〈평균〉 산출하기

평균을 산출하는 방법도 합계를 산출하는 방식과 동일하게 수행한다.

그림 4-14 평균 산출을 위한 대화상자

다섯째, 〈등급〉 산출하기

① 등급을 산출하기 위한 조건식은 다음과 같다. 단, 입력은 등급이 낮은 조건식부터 높은 순으로 입력한다.

표 4-5 등급 산출 조건식

등 급	표시(숫자표현)	조 건 식
A	1	평균≥90
B	2	평균≥80
C	3	평균≥70

② 아래와 같이 「대상변수」에 '등급'을 입력하고 「숫자표현식」에 "3"을 입력한 후 하단의 〈조건〉을 클릭한다.

그림 4-15 등급 산출 대화상자

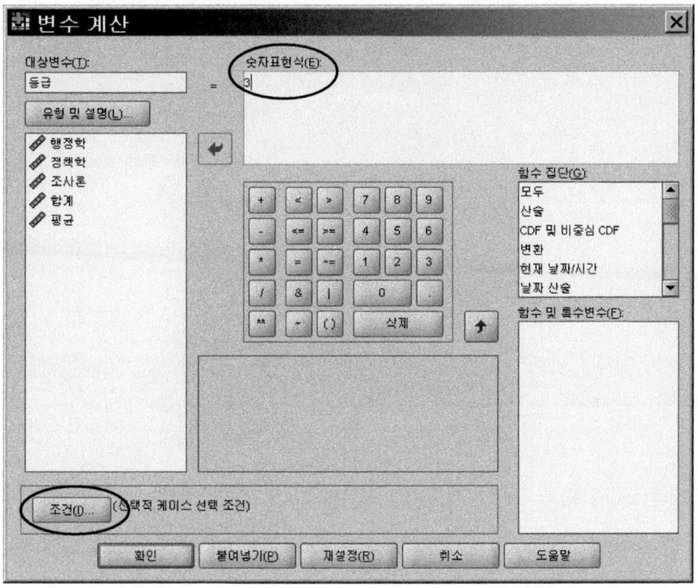

③ 조건식 설정창에서 왼쪽 평균을 오른쪽으로 옮기고 "다음 조건을 만족하는 케이스 포함"을 선택한 다음 조건식(평균〉=70)을 입력한 후 하단의 〈계속〉를 클릭하고, 이어서 〈확인〉을 클릭한다.

그림 4-16 케이스 조건 대화상자

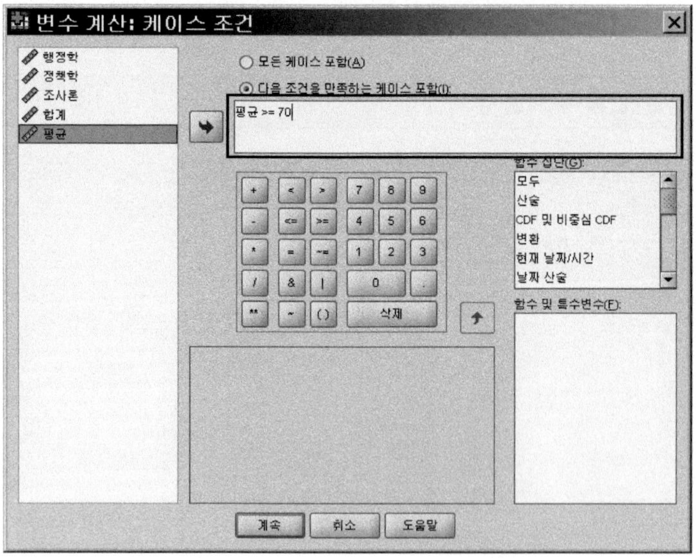

④ 계속해서 B등급, A등급도 위와 같은 방식으로 설정한다.

B등급부터는 〈확인〉 버튼을 클릭하면「기존 변수를 바꾸시겠습니까?」라는 메시지가 나온다. 여기에서도 〈확인〉 버튼을 클릭하면 된다.

그림 4-17 등급 재설정 대화상자

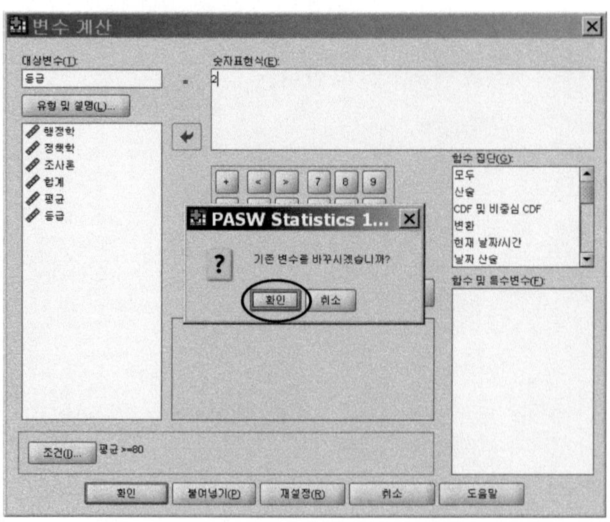

⑤ 이렇게 하여 최종적으로「등급」이라는 변수명이 생성되고 등급에 개인별 등급표시를 나타내는 숫자가 제시된다.

그림 4-18 변환된 데이터 화면

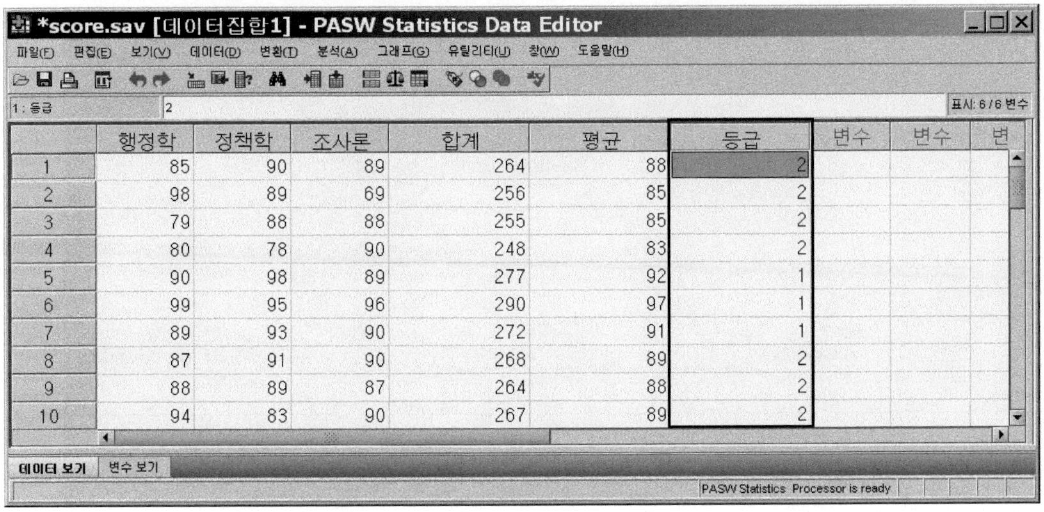

⑥ 〈변수보기〉의 '등급' 의 "값"을 클릭하면 [변수값 설명] 대화상자에서 '기준값' 에 "A"를 입력하고 〈추가〉를 클릭한다. '2=B', '3=C' 도 같은 방식으로 입력하고 〈확인〉을 클릭하면 최종 마무리된다.

그림 4-19 **등급 숫자에 값을 부여하는 화면**

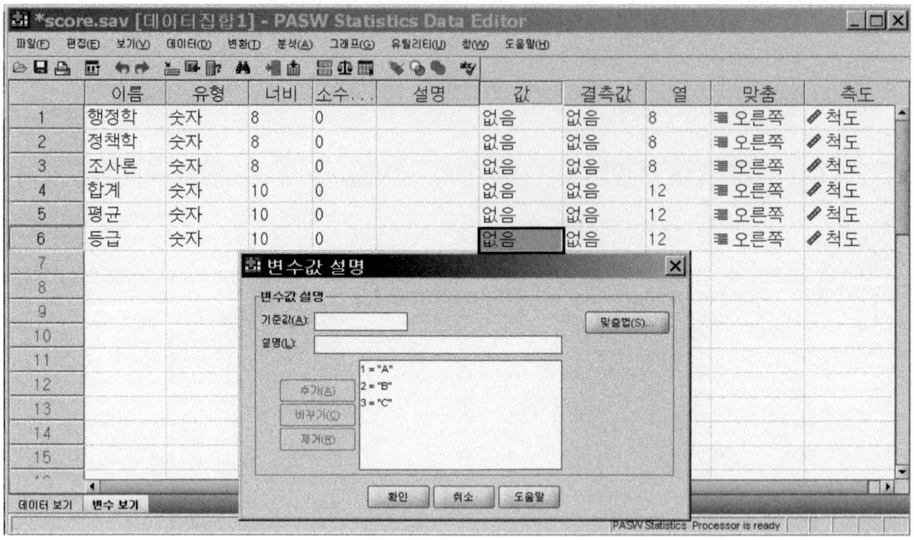

⑦ [메뉴바]에서 【보기】→【변수값 설명】을 클릭하면 〈그림 4-20〉과 같이 최종 완료된 화면을 볼 수 있다. 반대로 【보기】→【변수값 설명】을 한 번 더 클릭하면 원상태로 되돌아가 숫자로 나타난다.

그림 4-20 **최종 완료된 화면**

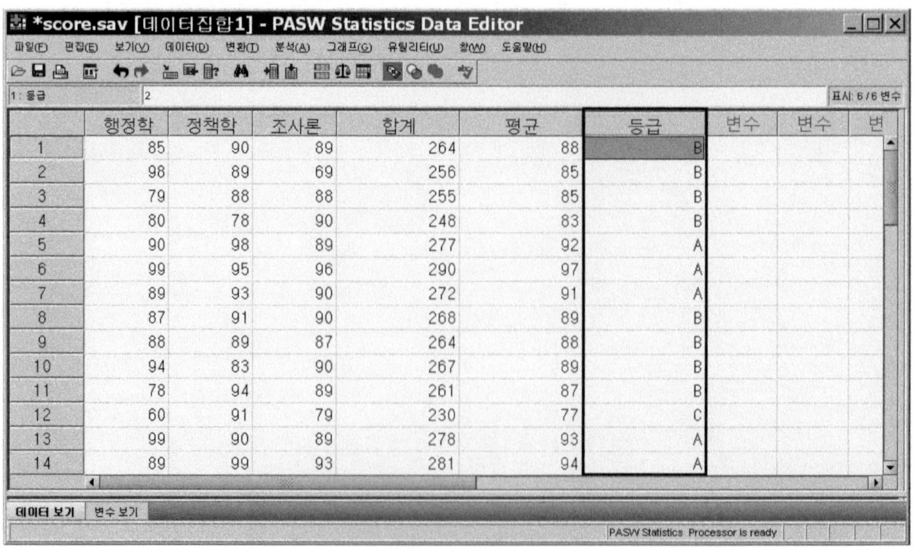

【실습】 어느 지역의 부부소득을 조사하였다. 가정별로 합계, 평균, 소득수준을 산출하시오. (🖫: 부부소득)

단, 소득수준은 500만원 이상: "상"
500만원 이하: "중"
300만원 이하: "하" 로 나타낼 것.

4. 변수값의 코딩변경

■ **변수값 변경을 통해 범주를 재분류 또는 결합할 수 있는 기능이다. (🖫: recoding)**

1) 동일 변수로 코딩변경

변수명이 같은 변수값을 다르게 변경하기

기존	변경
7	1

① 메뉴바에서 【변환】→【같은 변수로 코딩변경】을 차례로 클릭한다.

그림 4-21 코딩변경 열기

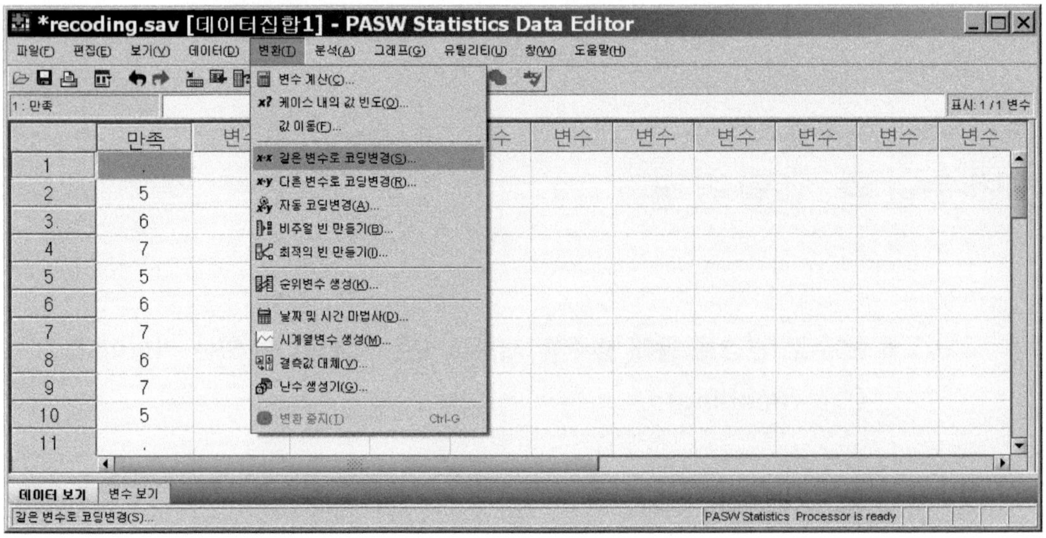

② 〈그림 4-22〉에서 대상변수 '만족'을 우측「숫자변수」로 옮기고,「기존값 및 새로운 값」을 클릭한다.

그림 4-22 같은 변수로 코딩변경 대화상자

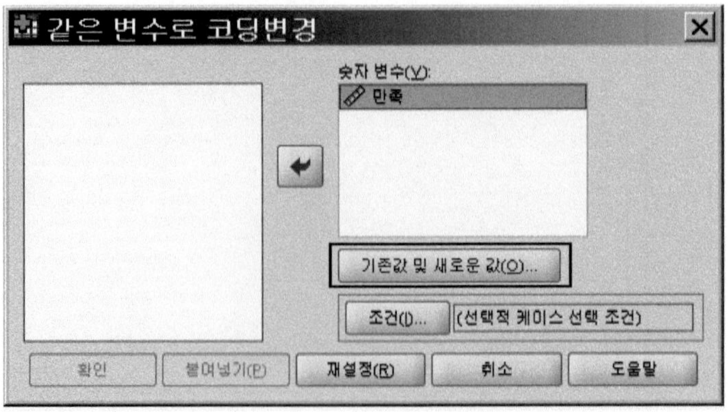

③ 〈그림 4-23〉에서 「기존값」에 "7", 「새로운 값」에 "1"을 입력한 후 〈추가〉 버튼을 클릭한다.

그림 4-23 기존값 및 새로운값 변경 대화상자

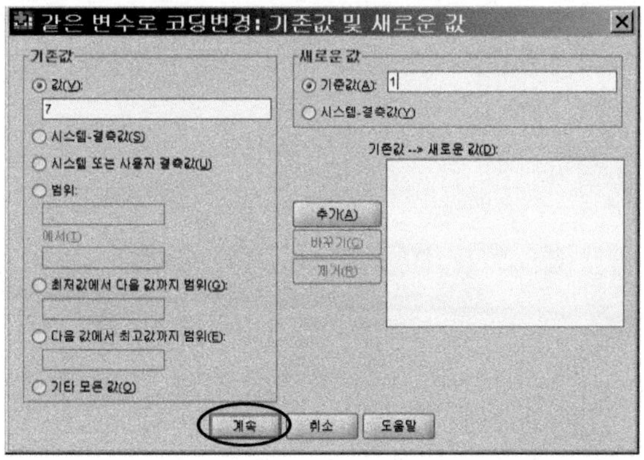

④ 〈계속〉 → 〈확인〉을 클릭하면 변수값 "7"이 "1"로 변경된 화면을 볼 수 있다. 〈그림 4-21〉화면과 비교해 보자.

그림 4-24 변환된 화면

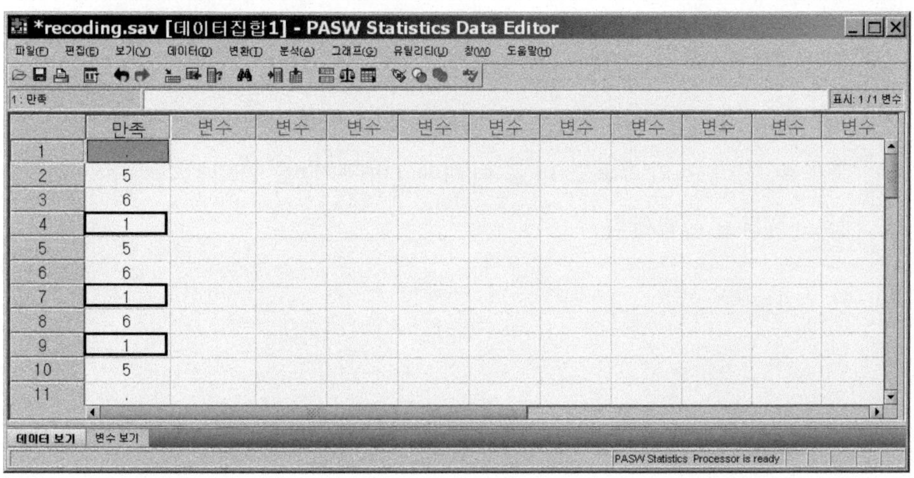

☞ 주의할 것은 코딩을 변경하기 전에 원래 파일은 손실되지 않도록 잘 보관해야 한다. 코딩변경 과정에서 실수를 할 경우가 있기 때문에 이런 경우를 대비해야 한다.

2) 새로운 변수로 코딩변경

기존 입력된 변수값에 대하여 새로운 변수명이 생성되면서 변수값도 변환할 때 활용한다. 특히, 설문지 문항을 역코딩할 경우에 활용하면 유용하다.

① 메뉴바에서 【변환】→【다른 변수로 코딩변경】을 차례로 클릭한다.

그림 4-25 코딩변경 열기

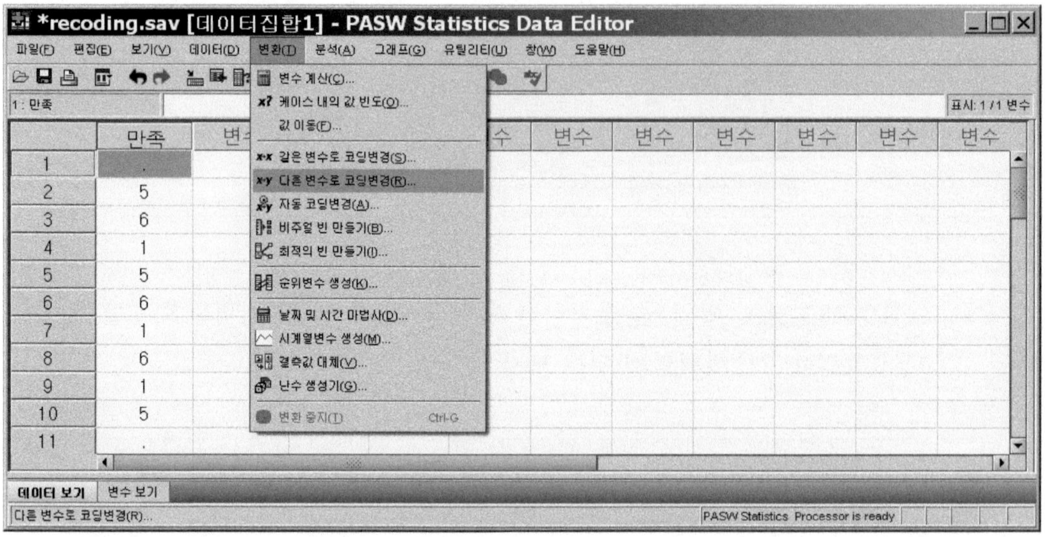

② 왼쪽 칸의 '만족' 변수를 오른쪽으로 이동한다. 오른쪽의 [출력변수]란에 '불만족'이라고 입력하고 바로 아래에 〈바꾸기〉를 클릭한다. 다음에 [기존값 및 새로운 값]을 클릭한다.

그림 4-26 새로운 변수로 코딩변경 대화상자

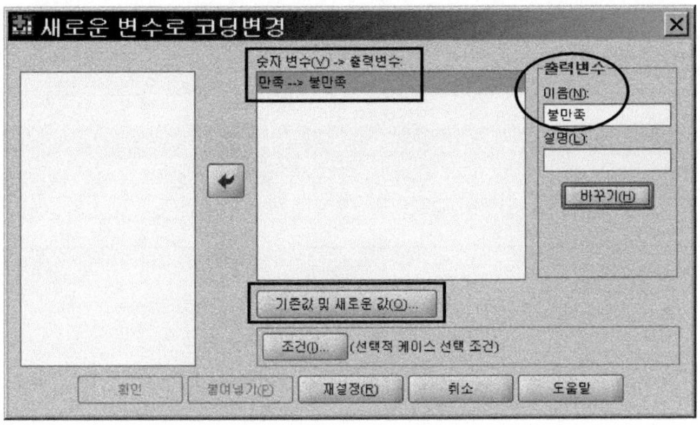

③ 「기존값」과 「새로운 값」을 입력한다. 1→7, 2→8, 3→9로 변환시키고, 〈계속〉 → 〈확인〉을 클릭하면 완료된다.

그림 4-27 기존값 및 새로운 값 변경 화상자

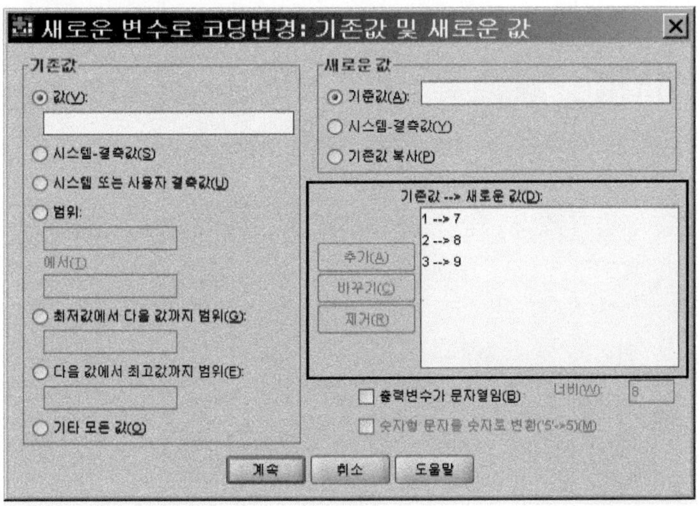

④ 〈계속〉 → 〈확인〉을 클릭하면 〈그림 4-28〉과 같은 변환된 화면을 볼 수 있다.

그림 4-28 변환된 화면

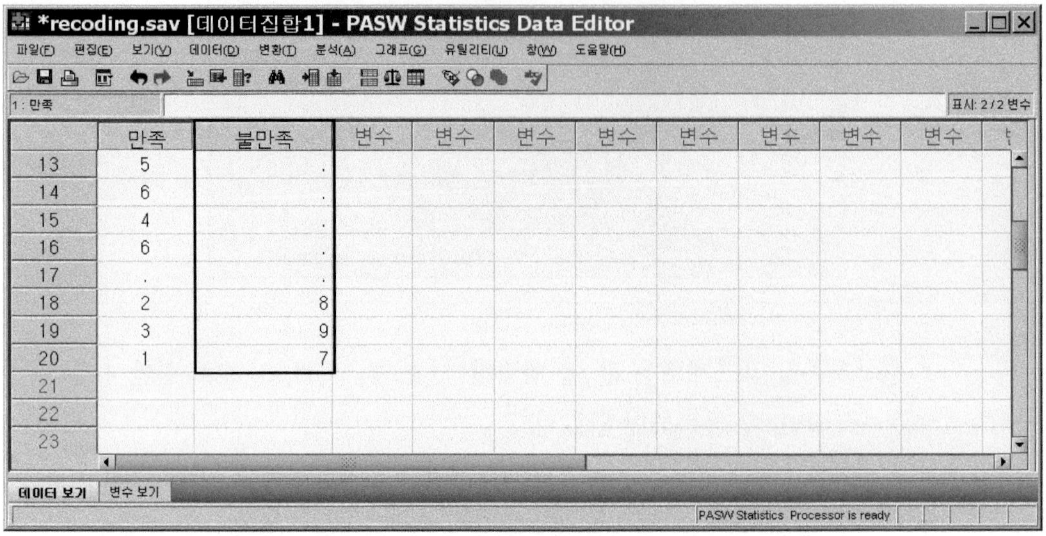

【연습 1】 다음은 '생활만족' 개념을 측정하는 설문문항이 다음과 같다. 부정적인 질문(R)을 역코딩하시오. (🖫: 생활만족)

> **1. 정말 그렇지 않다 2. 그렇지 않다 3. 보통이다 4. 그렇다 5. 정말 그렇다**
>
> 1. 나는 일상이 즐거운 때가 많다.
> 2. 나는 세상이 좋게 보인다.
> 3. 주변 사람을 만나면 즐겁다.
> 4. 나는 하루를 보내는 것이 지겹다.(R)
> 5. 주변 사람들을 보면 짜증이 난다.(R)

【연습 2】 오류 데이터값을 찾아보자. 설문 5점 척도로 측정한 값을 잘못 코딩한 경우에 그 값을 찾아 수정해야 한다. (🖫: coding_error)

● **SPSS 실행방법**

① 빈도분석을 한다.

② 빈도분석 결과를 보고,

③ 해당 변수명에서 〈찾기〉를 활용하여 수정한다.

5. 케이스 선택

1) 케이스선택(Select Case) 사용방법

실제 통계분석을 하다보면 코딩한 데이터 중에서 특정 변수의 데이터만을 선택하여 분석해야 할 경우가 있다. 즉, 일정한 조건에 해당되는 변수를 분석하고자 하는 경우가 있다. 예를 들면, 학생들의 인구사회학적 데이터 중 '출신지역별 성적'을 알고 싶을 경우 또는 '남자'만 선택하여 분석하려는 경우에 케이스선택을 이용한다. (🖫: select)

● **SPSS 실행하기**

'남자'만을 선택하여 통계분석을 하고자 하는 경우

① 메뉴바에서 【데이터】→【케이스 선택】을 차례로 클릭한다.

그림 4-29 케이스 선택 열기

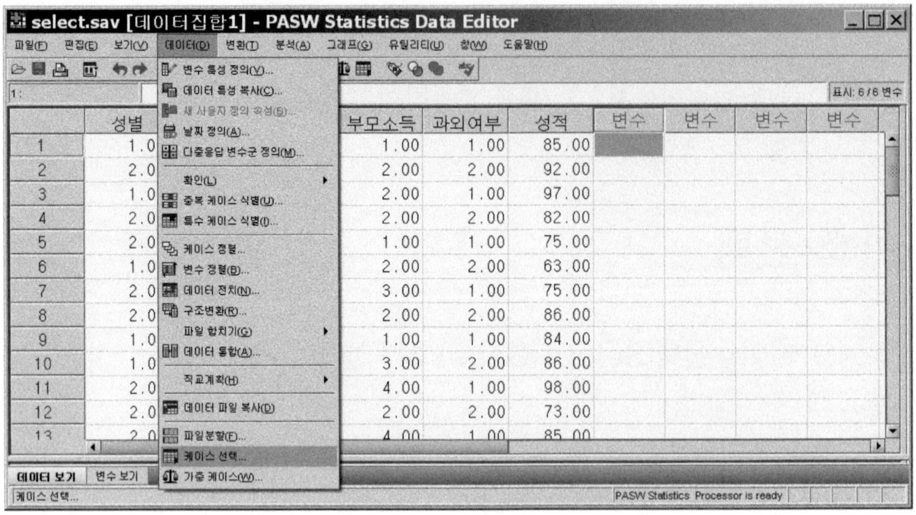

② 「조건을 만족하는 케이스」에서 〈조건〉을 클릭한다.

그림 4-30 케이스 선택 대화상자

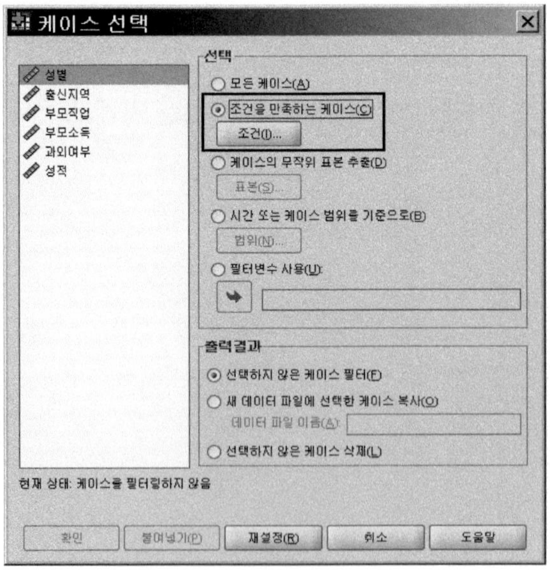

③「케이스 선택: 조건」창에서 다음과 같이 '성별=1' 로 지정한다.

그림 4-31 케이스 조건 선택 대화상자

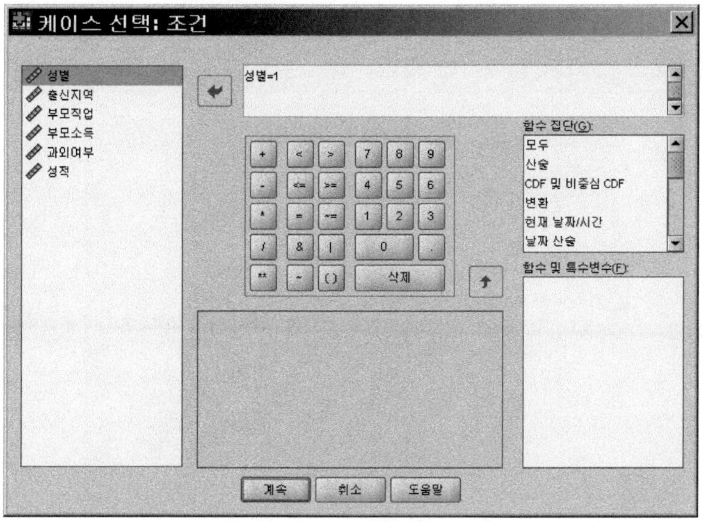

④ 〈계속〉 → 〈확인〉을 클릭하면 선택된 결과 화면을 볼 수 있다. 화면상에서 왼쪽 사선(/)은 선택되지 않았다는 것을 의미한다.

그림 4-32 케이스가 선택된 결과 화면

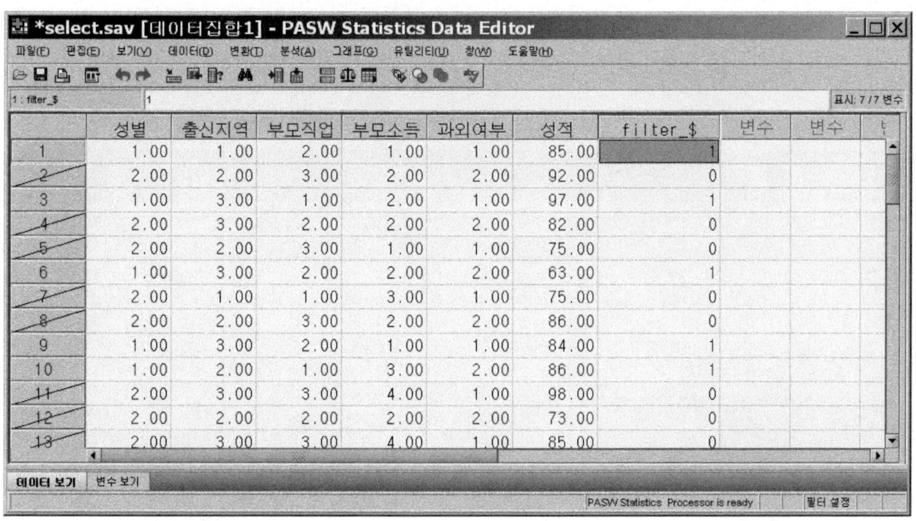

§ 선택된 화면을 원상태로 되돌기 위해서는 【데이터】→【케이스 선택】을 클릭 한 후 〈선택〉에서 '모든 케이스'를 선택하여 하단의 〈확인〉을 클릭하면 사선(/)이 없어진다.

그림 4-33 케이스 선택을 해제하는 화면

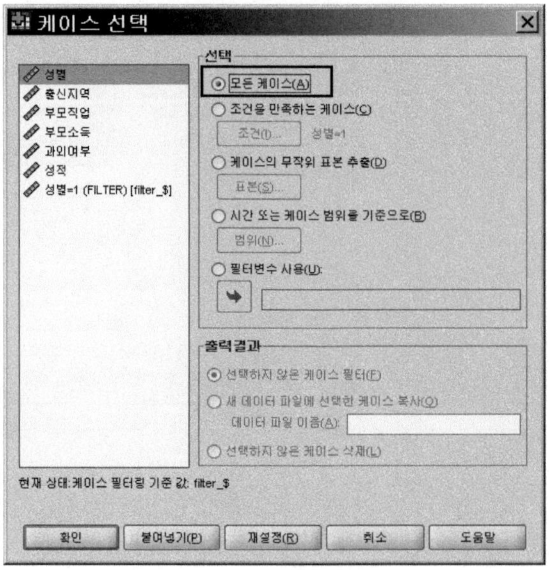

2) 조건이 두 가지 이상인 경우

〈표 4-5〉와 같이 선택하려는 조건이 두 가지 이상인 경우가 있다.

표 4-5 IF 조건식

조건내용	if조건식	설명
부모소득 200만원 이상인 학생	부모소득 ≥2	2보다 크거나 같은 경우
부모직업이 공무원이면서 대도시 지역인 경우(교집합)	부모직업=1 & 출신지역=1	두 조건 모두 충족되는 경우
남자와 부모 직업이 공무원인 경우 (합집합)	남자=1 | 부모직업=1	둘 중 어느 하나만 해당되는 경우

① 부모소득 200만원 이상인 학생만을 선택한 경우

왼쪽의 '부모소득'을 오른쪽으로 이동하고 부등호(> =)를 선택하여 "2"를 입력한 후 〈계속〉, 〈확인〉 버튼을 클릭한다.

그림 4-34 조건이 한 가지인 경우

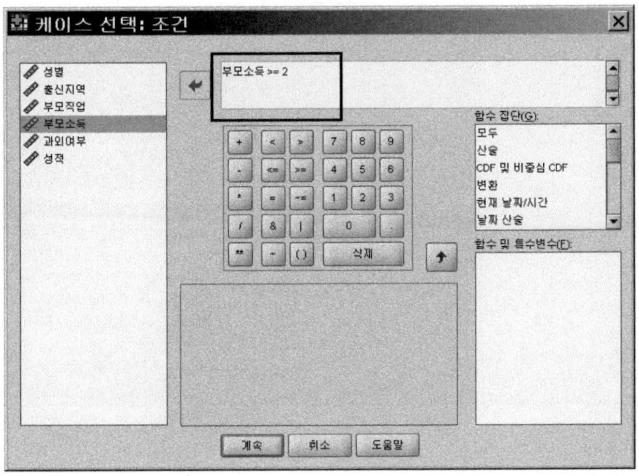

〈그림 4-35〉와 같은 조건에 맞는 선택된 결과를 보여준다. 부모소득이 "2"미만인 경우는 사선(/)으로 나타내고 있다.

그림 4-35 선택된 화면

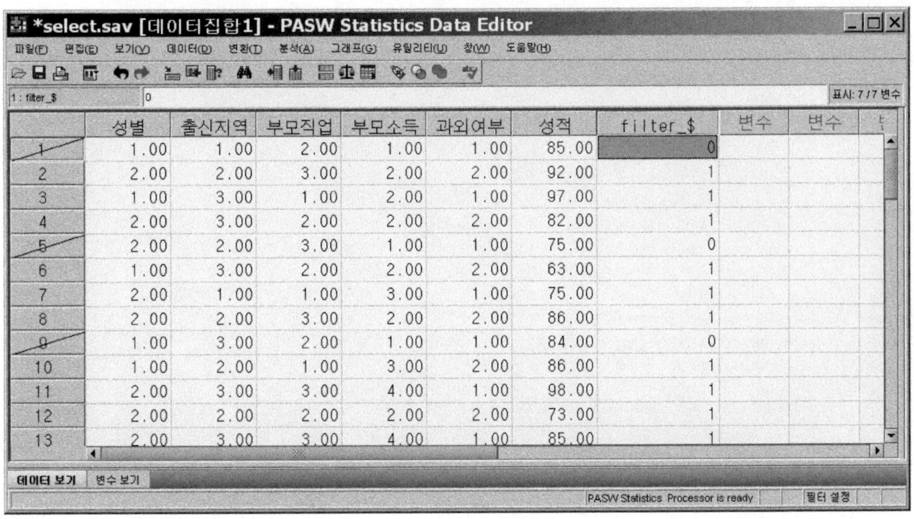

	성별	출신지역	부모직업	부모소득	과외여부	성적	filter_$	변수	변수
1	1.00	1.00	2.00	1.00	1.00	85.00	0		
2	2.00	2.00	3.00	2.00	2.00	92.00	1		
3	1.00	3.00	1.00	2.00	1.00	97.00	1		
4	2.00	3.00	2.00	2.00	2.00	82.00	1		
5	2.00	2.00	3.00	1.00	1.00	75.00	0		
6	1.00	3.00	2.00	2.00	2.00	63.00	1		
7	2.00	1.00	1.00	3.00	1.00	75.00	1		
8	2.00	2.00	3.00	2.00	2.00	86.00	1		
9	1.00	3.00	2.00	1.00	1.00	84.00	0		
10	1.00	2.00	1.00	3.00	2.00	86.00	1		
11	2.00	3.00	3.00	4.00	1.00	98.00	1		
12	2.00	2.00	2.00	2.00	2.00	73.00	1		
13	2.00	3.00	3.00	4.00	1.00	85.00	1		

② 부모직업이 직업이 공무원이면서 대도시지역인 경우(교집합)

교집합인 경우 〈그림 4-36〉과 같이 설정하고 〈계속〉, 〈확인〉을 클릭한다.

그림 4-36 교집합인 경우

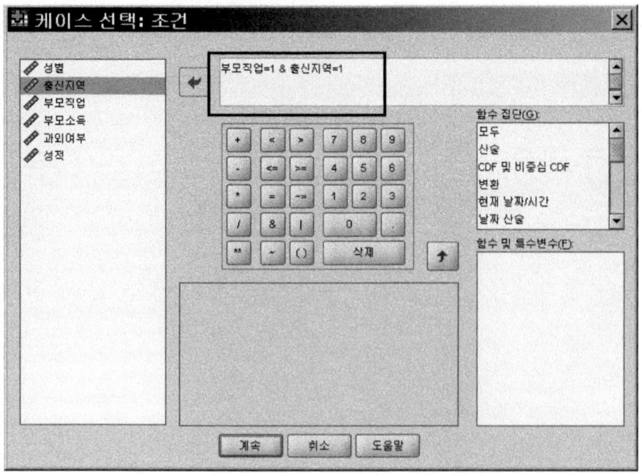

〈그림 4-37〉과 같이 조건에 맞는 선택된 결과를 보여준다. 조건에 충족하지 않는 것은 사선(/)으로 나타내고 있다.

그림 4-37 선택된 화면

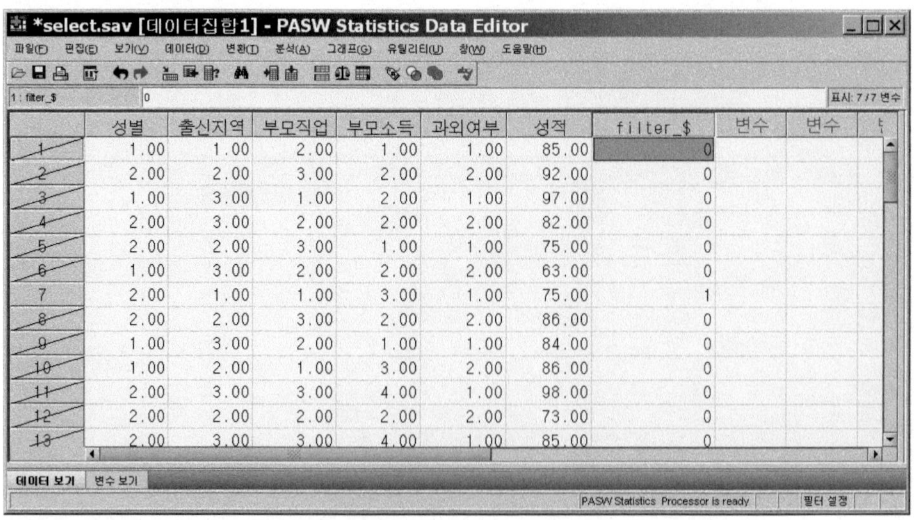

③ 남자와 부모직업이 직업이 공무원인 경우(합집합)

합집합인 경우 〈그림 4-38〉과 같이 설정하고 〈계속〉, 〈확인〉을 클릭한다.

그림 4-38 합집합인 경우

〈그림 4-39〉와 같이 조건에 맞는 선택된 결과를 보여준다. 조건에 충족하지 않는 것은 사선(/)으로 나타내고 있다.

그림 4-39 선택된 화면

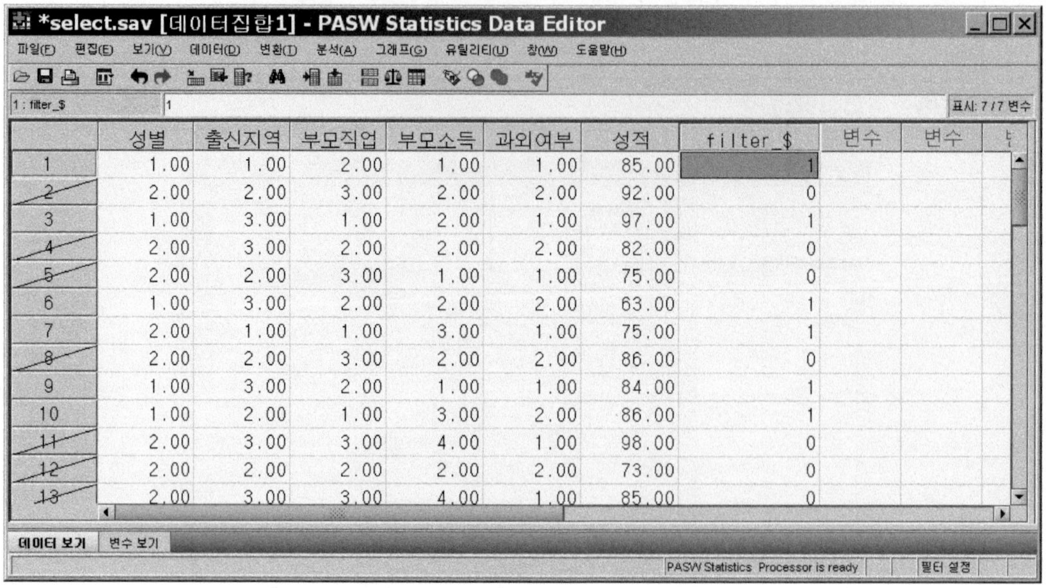

【연습 3】 남자이면서 2학년 학생인 경우를 선택한 후 모든 변수의 응답자 분포를 알아보자. (🖫: shopping.xls)

제5장
기초분석

1. 분석조건과 분석방법
2. 다중응답분석
3. 빈도분석
4. 기술통계분석

제5장 기초분석

1. 분석조건과 분석방법

계량분석은 측정수준과 사용조건에 따라 분석방법이 달라져야 한다. 연구에 있어서 연구자는 측정수준에 따라 분석방법을 선택할 수도 있고, 반대로 분석방법을 염두 해 두고 측정수준을 정하는 경우가 있다. 전자의 경우는 2차 자료가 여기에 해당되는 경우가 많고, 후자인 경우는 1차 자료들이 여기에 해당되는 경우가 많다. 특히, 설문지를 통해 획득된 자료를 분석하고자 하는 경우에는 사용조건을 먼저 생각하고 측정수준과 분석방법을 고려하여 설문지를 작성해야 한다.

보고서나 논문에서 가장 보편적으로 사용되고 있는 분석방법과 사용조건을 정리하면 다음 〈표 5-1〉과 같다.

표 5-1 분석조건과 분석방법 정리

통계방법	척 도	사용조건
빈도분석 (Frequency)	모든 척도	모든 분석의 첫 번째 분석에 사용되는 가장 기초적인 분석으로, 자료의 각 구간별 평균과 개수를 구할 수 있으며 결측치와 특정자료의 찾기에 유용하다.
기술통계량 (Descripitive)	등간, 비율척도	등간, 비율 척도로 구성된 변수의 범위, 평균, 표준편차 등을 구할 수 있다.
교차분석 (Crosstabs)	주로 명목, 서열척도이나 척도 무관	두 개 이상의 변수와 변수간의 분포와 비율을 보고자 할 때 사용 ※ 교차분석시 χ^2의 조건이 안 되는 경우(추리통계가 아닌 경우, 총 응답자가 30명 미만이거나, 셀(cell) 내 최소 기대빈도가 5 미만인 경우가 20%보다 크거나

		같은 경우 등)에는 다시 코딩 변경할 구역을 설정하거나 다른 통계방법을 고려해야 한다.
평균비교 (Means)	독립: 명목, 서열 종속: 등간, 비율	독립변수는 주로 명목, 서열척도이며 종속변수는 반드시 등간 이상의 평균을 구할 수 있는 변수일 경우에 사용
카이자승(χ^2)	주로 명목, 서열척도이나 척도 무관	독립변수 내 각 범주별로 종속변수에서의 분포가 같은지 다른지를 검정할 때 사용
상관관계 (Correlation)	독립: 서열이상 종속: 서열이상	등간척도 이상의 변수로 구성될 경우 Person을, 서열척도가 하나라도 포함되어 있다면 Spesrman이나 Kendall's tau-b를 선택한다.
t-검정 (t-test)	독립: 두 개 범주로 된 척도 종속: 등간이상	Independent Samples t-test는 독립변수는 성별, 직업 유무 등과 같이 두 개의 범주를 가지고 있으며, 종속변수는 등간척도 이상으로 되어 있어 종속변수의 평균차이를 검정하고자 하는 경우 Paired Samples t-test는 동일대상의 두 개의 서로 다른 측정치의 평균비교를 할 때 사용. 즉 행정학과 학생들에게 계량분석 수강전의 성적과 수강후의 성적을 비교하고자 하는 경우
분산분석 (ANOVA)	독립: 세 개 이상 범주로 된 척도 종속: 등간이상	독립변수의 범주가 세 개 이상으로 되어 있으며, 종속변수는 평균을 구할 수 있는 등간척도 이상으로 되어 있는 경우 평균차이를 검정하는 방법
회귀분석 (Regression)	독립, 종속 모두 등간이상	독립변수가 종속변수의 변화에 얼마나 영향을 미치는지를 파악하고자 하는 경우. 독립변수의 유의미성, 방향, 영향의 크기 등을 파악할 수 있다.

2. 다중응답의 분석

다중응답 분석은 하나의 질문에 2개 이상의 응답을 선택하도록 하는 경우에 사용되는 방법이다.

1) 범주형 자료분석

(1) 분석상황

범주형(categories)이란 일정한 범주(①번~⑫번) 내에서 선택하는 형태를 의미한다. 다음과 같은 질문과 응답문항을 분석해 보자.

- **우리 동네 발전을 위해서 가장 힘써야 할 일은 무엇이라고 생각하십니까? 가장 중요하다고 생각되는 것 2가지를 선택해 주십시오.[3)] (: region)**

① 보육시설 확충
② 노인복지시설 설치
③ 청소년 교육환경 개선
④ 주거환경 개선 주택보급 확대
⑤ 범죄예방
⑥ 녹지환경보전
⑦ 교통문제 해결
⑧ 수질 · 쓰레기 처리 등 환경보호
⑨ 문화체육시설 확충
⑩ 지역경제 활성화
⑪ 주민참여 확대와 주민위주 행정실시
⑫ 기타(　　　　)

(2) 코딩방법

설문에 따른 응답결과를 코딩하기 위해서 먼저 [변수보기]에서 변수명을 〈선택1〉과 〈선택2〉로 설정한다. 변수명 〈선택1〉과 〈선택2〉에 올 수 있는 변수값은 '1번에서 12번까지' 이다.

응답자들이 응답한 2가지 응답에 대해 〈선택1〉과 〈선택2〉의 변수명 셀에 선택한 응답번호를 입력한다.

---

3) 우수명(2001)의 데이터파일을 참고하였다.

그림 5-1 코딩된 데이터 편집창

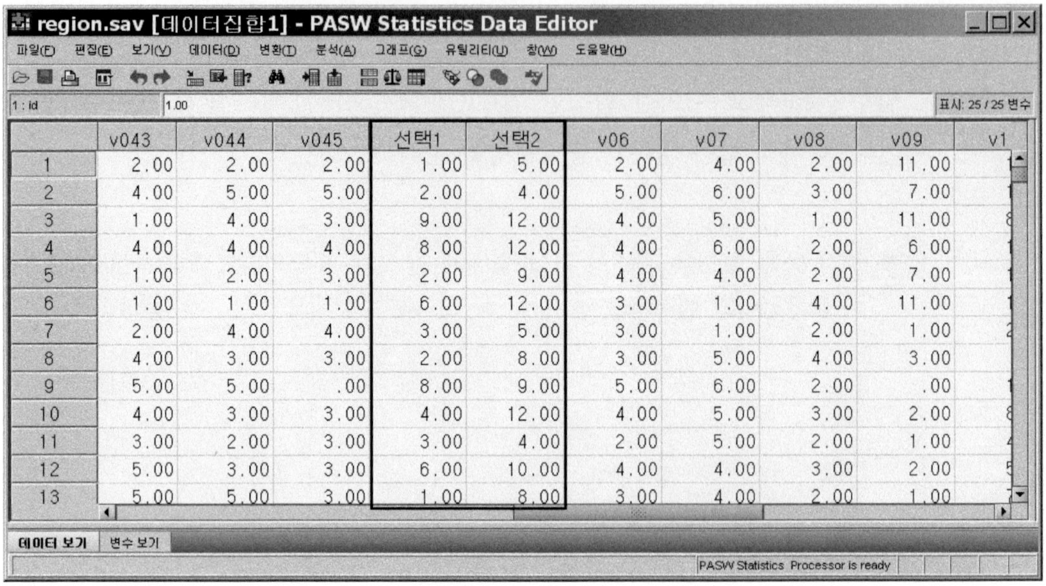

	v043	v044	v045	선택1	선택2	v06	v07	v08	v09
1	2.00	2.00	2.00	1.00	5.00	2.00	4.00	2.00	11.00
2	4.00	5.00	5.00	2.00	4.00	5.00	6.00	3.00	7.00
3	1.00	4.00	3.00	9.00	12.00	4.00	5.00	1.00	11.00
4	4.00	4.00	4.00	8.00	12.00	4.00	6.00	2.00	6.00
5	1.00	2.00	3.00	2.00	9.00	4.00	4.00	2.00	7.00
6	1.00	1.00	1.00	6.00	12.00	3.00	1.00	4.00	11.00
7	2.00	4.00	4.00	3.00	5.00	3.00	1.00	2.00	1.00
8	4.00	3.00	3.00	2.00	8.00	3.00	5.00	4.00	3.00
9	5.00	5.00	.00	8.00	9.00	5.00	6.00	2.00	.00
10	4.00	3.00	3.00	4.00	12.00	4.00	5.00	3.00	2.00
11	3.00	2.00	3.00	3.00	4.00	2.00	5.00	2.00	1.00
12	5.00	3.00	3.00	6.00	10.00	4.00	4.00	3.00	2.00
13	5.00	5.00	3.00	1.00	8.00	3.00	4.00	2.00	1.00

(3) 분석실행

① 다중응답 분석을 위한 셋팅작업

다중응답 분석을 위한 셋팅작업 : 【분석】→【다중응답】→【변수군 정의】를 차례로 클릭한다.

그림 5-2 다중응답 분석 셋팅작업

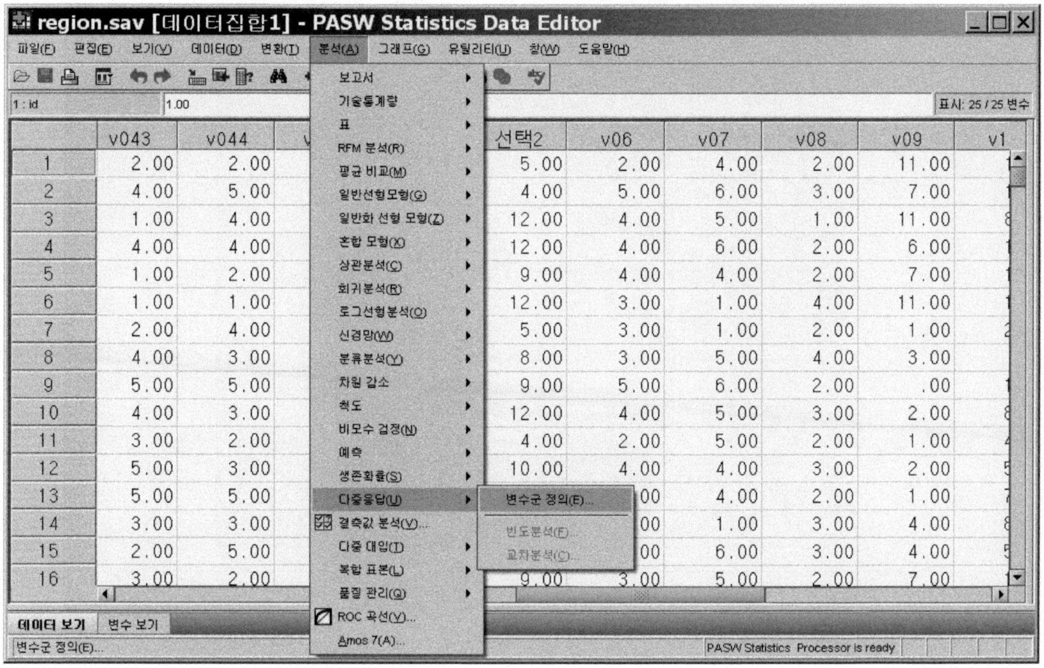

다중응답 변수군 정의 창에서 왼쪽 [변수군 정의]에 있는 〈선택1〉과 〈선택2〉를 우측 [변수군에 포함된 변수] 칸으로 이동한다.

- 「변수들의 코딩형식」에서 범주형(범위 1에서 12)을 설정한다.
- 이름 : 동네
- 설명 : 우선 해야 할 일
- 우측의 〈추가〉, 〈단기〉 버튼을 클릭하면 변수군 정의 셋팅 작업이 완료된다.

그림 5-3 **다중응답 변수군 정의 대화상자**

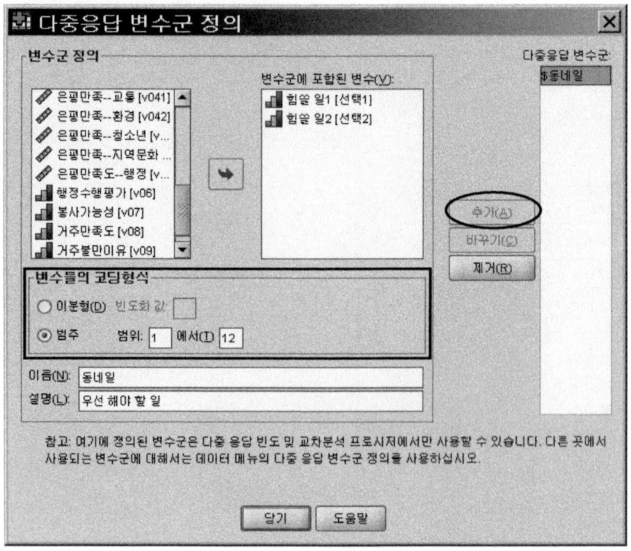

② 다중응답 셋팅 후 빈도분석과 교차분석을 수행한다.

빈도분석의 경우 : 【분석】→【다중응답】→【빈도분석】을 차례로 클릭한다.

그림 5-4 **다중응답의 빈도분석 준비**

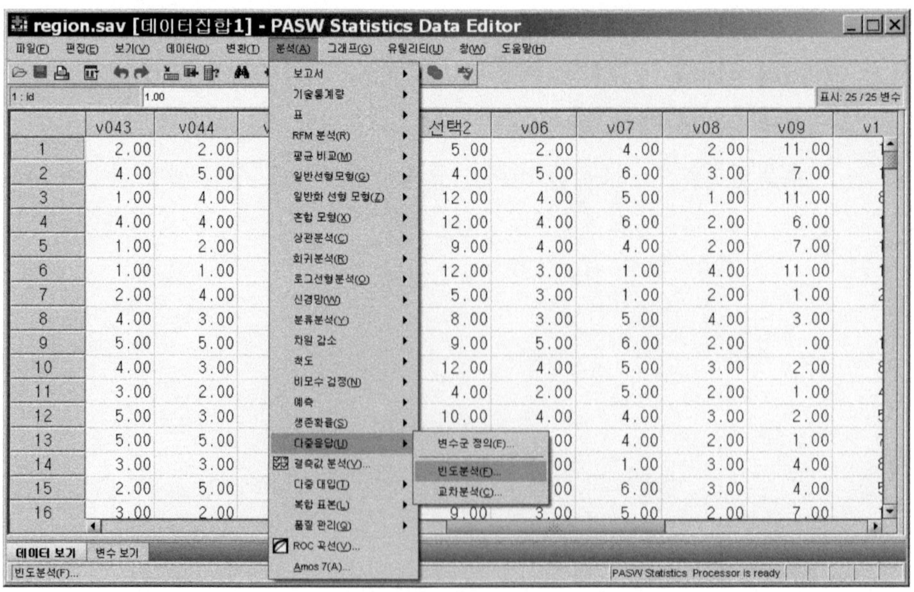

좌측 [다중응답 변수군]에 있는 변수설명(우리 해야 할 일)을 우측 [표작성 응답군] 칸으로 이동한 다음 하단의 〈확인〉 버튼을 클릭한다.

그림 5-5 다중응답 빈도분석 창

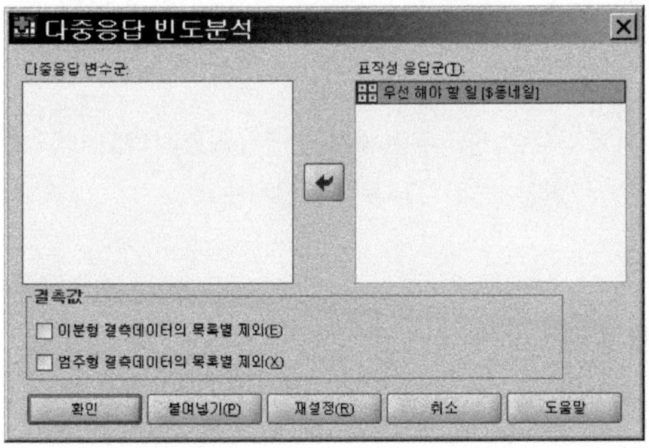

다중응답의 빈도분석 결과는 〈그림 5-6〉과 같이 제시된다.

그림 5-6 다중응답 빈도분석 결과

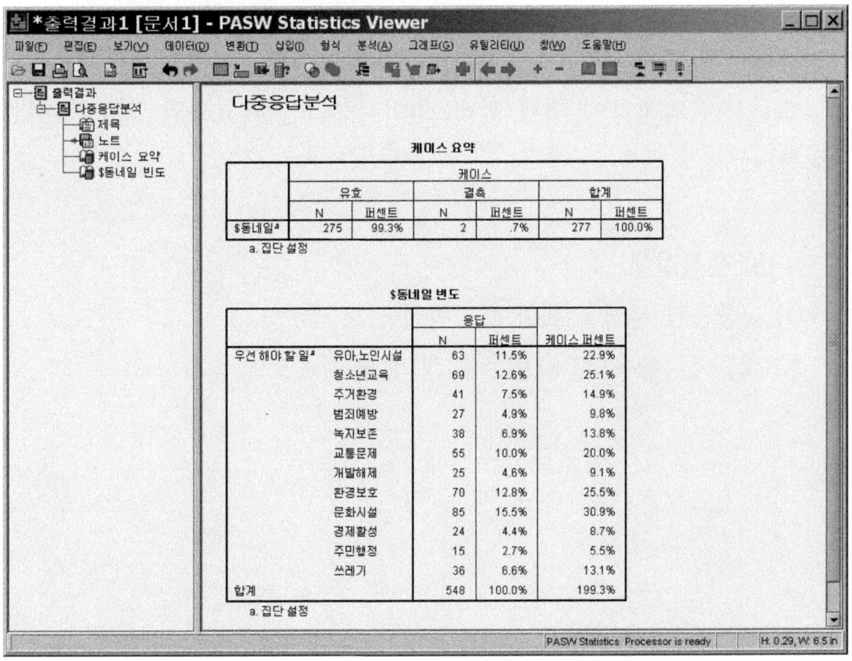

다중응답분석

케이스 요약

	케이스					
	유효		결측		합계	
	N	퍼센트	N	퍼센트	N	퍼센트
$동네일[a]	275	99.3%	2	.7%	277	100.0%

a. 집단 설정

$동네일 빈도

		응답		
		N	퍼센트	케이스 퍼센트
우선 해야 할 일[a]	유아,노인시설	63	11.5%	22.9%
	청소년교육	69	12.6%	25.1%
	주거환경	41	7.5%	14.9%
	범죄예방	27	4.9%	9.8%
	녹지보존	38	6.9%	13.8%
	교통문제	55	10.0%	20.0%
	개발해제	25	4.6%	9.1%
	환경보호	70	12.8%	25.5%
	문화시설	85	15.5%	30.9%
	경제활성	24	4.4%	8.7%
	주민행정	15	2.7%	5.5%
	쓰레기	36	6.6%	13.1%
합계		548	100.0%	199.3%

a. 집단 설정

2) 이분형 자료분석

(1) 분석상황

이분형 자료(dichotomies)는 아래 설문형식과 같이 설문에 대한 응답에 대해 해당되는 모든 것을 선택하도록 하는 경우에 이용한다.

다음의 사회복지시설 중 주민에게 가장 필요하다고 생각되는 것은 무엇입니까?
(★ 해당되는 사항은 모두 표시해 주십시오)

① 양로원	⑦ 재가복지
② 요양원	⑧ 청소년수련관
③ 경로당(노인정)	⑨ 장애인복지시설
④ 종합사회복지관	⑩ 여성복지시설
⑤ 탁아시설	⑪ 종합병원
⑥ 아동보호시설	⑫ 기타(　　　　　　　　)

(💾: donggu)

(2) 코딩방법

설문지 응답항목에 대해 선택(예)이라고 표시되었으면 "1", 아니면 "0"을 입력한다.

(3) 분석실행

① 다중응답 분석을 위한 셋팅작업

【분석】→【다중응답】→【변수군 정의】를 차례로 클릭한다.

그림 5-7 다중응답 분석을 위한 셋팅 화면

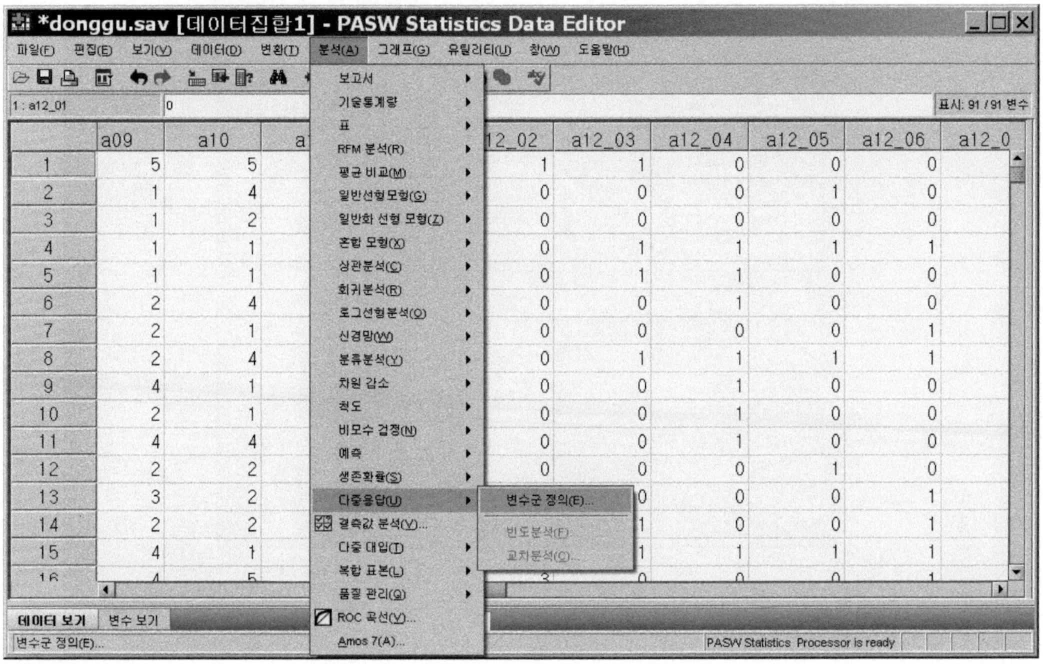

[다중응답 변수군 정의] 창에서 해당 변수명을 [변수군에 포함된 변수] 칸으로 이동한다.

- [변수들의 코딩형식」에서 〈이분형〉에 체크한 다음 〈빈도화 값〉에 "1"을 입력한다.
- 이름 : 복지시설
- 설명 : 가장 필요한 시설
- 우측의 〈추가〉 버튼을 클릭하고, 하단 〈닫기〉를 클릭한다.

그림 5-8 다중응답 변수군 정의 대화상자

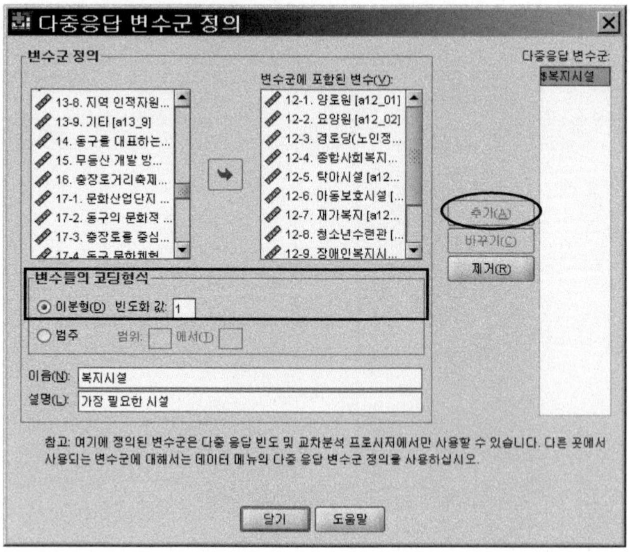

② 이분형자료 다중응답 셋팅 후 빈도분석과 교차분석을 수행한다.

빈도분석의 경우 : 【분석】→【다중응답】→【빈도분석】을 차례로 클릭한다.

- 좌측 [다중응답 변수군]에 있는 변수설명(가장 필요한 시설)을 우측 [표작성 응답군] 칸으로 이동하고 하단 〈확인〉 버튼을 클릭한다.

그림 5-9 다중응답 빈도분석 대화상자

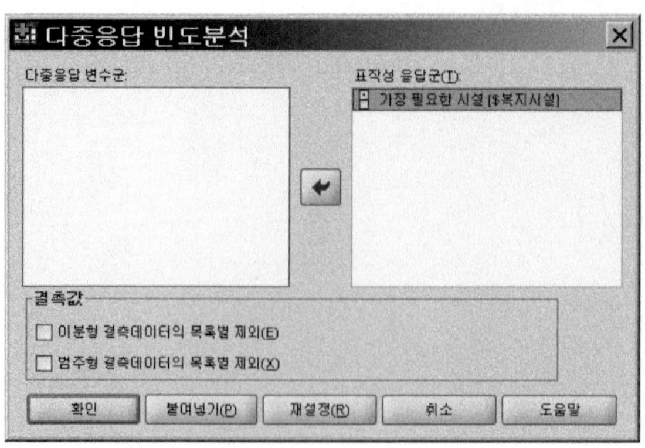

- 빈도분석 결과가 〈그림 5-10〉과 같이 제시된다.

그림 5-10 빈도분석 결과

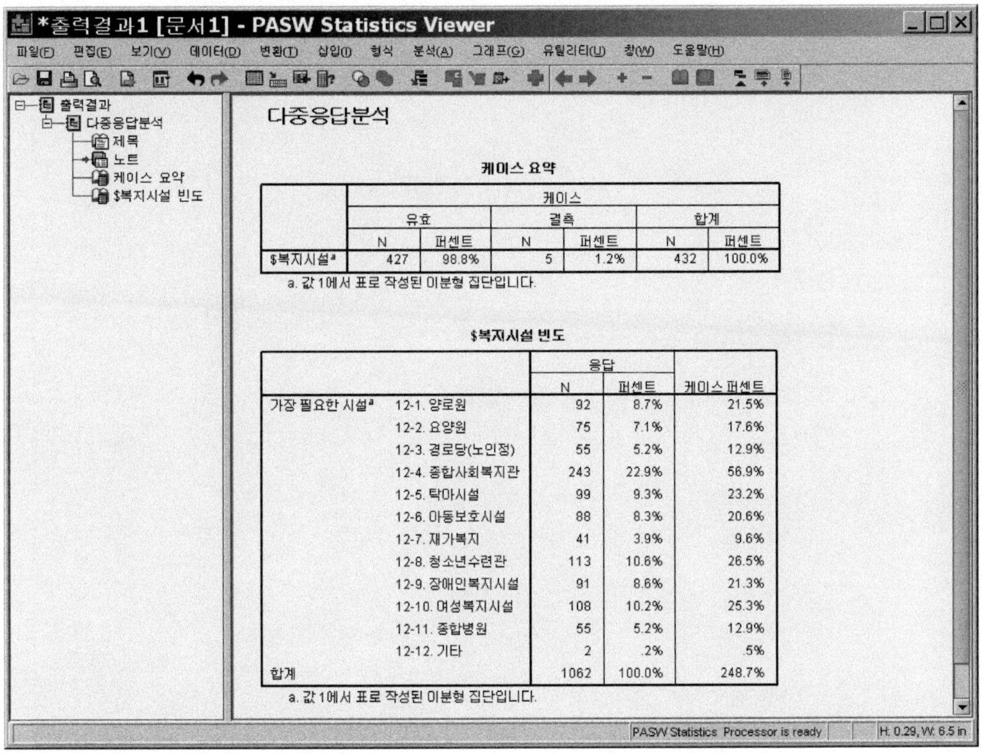

케이스 요약

	케이스					
	유효		결측		합계	
	N	퍼센트	N	퍼센트	N	퍼센트
$복지시설[a]	427	98.8%	5	1.2%	432	100.0%

a. 값 1에서 표로 작성된 이분형 집단입니다.

$복지시설 빈도

		응답		케이스 퍼센트
		N	퍼센트	
가장 필요한 시설[a]	12-1. 양로원	92	8.7%	21.5%
	12-2. 요양원	75	7.1%	17.6%
	12-3. 경로당(노인정)	55	5.2%	12.9%
	12-4. 종합사회복지관	243	22.9%	56.9%
	12-5. 탁아시설	99	9.3%	23.2%
	12-6. 아동보호시설	88	8.3%	20.6%
	12-7. 재가복지	41	3.9%	9.6%
	12-8. 청소년수련관	113	10.6%	26.5%
	12-9. 장애인복지시설	91	8.6%	21.3%
	12-10. 여성복지시설	108	10.2%	25.3%
	12-11. 종합병원	55	5.2%	12.9%
	12-12. 기타	2	.2%	.5%
합계		1062	100.0%	248.7%

a. 값 1에서 표로 작성된 이분형 집단입니다.

3. 빈도분석

(1) 분석의 이용

빈도분석(frequency)은 자료의 도수분포표상에서 자료들의 분포적 특성을 파악하고자 할 때 이용한다.

(2) 연구상황

다음은 어느 직장의 개인별 특성에 따른 직장의 만족도를 조사한 결과이다. (🖫: frequency)

1. 성별
2. 학력
3. 연령
4. 직위
5. 총경력
6. 월평균급여
7. 귀하께서는 하는 일에 비하여 보수에 만족하십니까?
   ① 매우 불만족 ② 불만족 ③ 보통 ④ 만족 ⑤ 매우 만족
8. 귀하께서는 상사에 만족하십니까?
   ① 매우 불만족 ② 불만족 ③ 보통 ④ 만족 ⑤ 매우 만족
9. 귀하는 조직구조에 만족하십니까?
   ① 매우 불만족 ② 불만족 ③ 보통 ④ 만족 ⑤ 매우 만족
10. 귀하는 동료에 만족하십니까?
   ① 매우 불만족 ② 불만족 ③ 보통 ④ 만족 ⑤ 매우 만족
11. 귀하께서는 하시는 일에 만족하십니까?
   ① 매우 불만족 ② 불만족 ③ 보통 ④ 만족 ⑤ 매우 만족

(2) 분석실행

【분석】→【기술통계량】→【빈도분석】을 차례로 클릭한다.

그림 5-11 **빈도분석 대화상자**

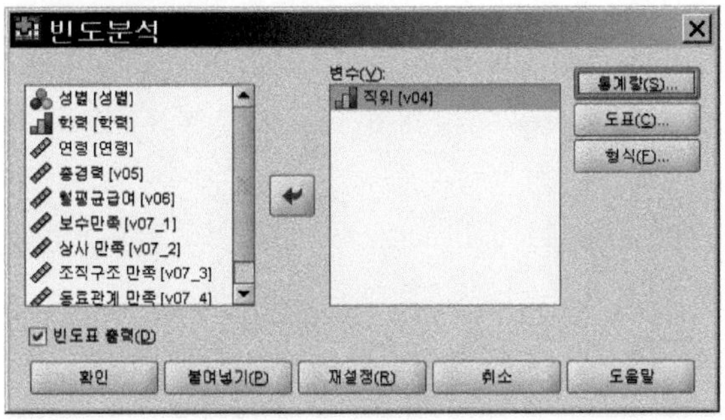

위 〈그림 5-11〉에서 오른쪽 〈통계량〉을 클릭한다.

– 분석자가 원하는 통계량 값을 설정하고 하단의 〈계속〉 버튼을 클릭한다.

그림 5-12 **통계량 값을 선택하는 대화상자**

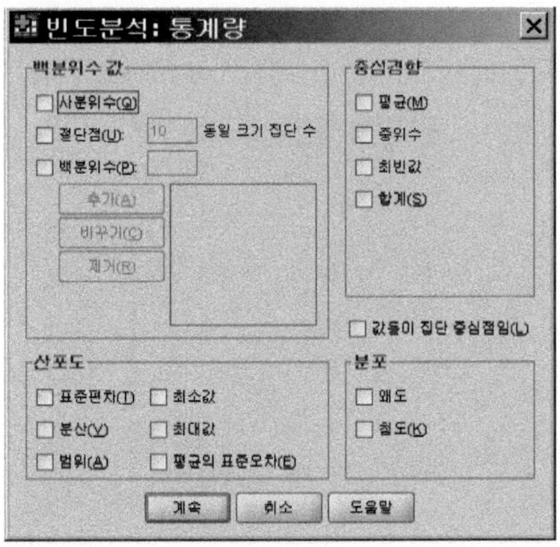

【복습】

- 사분위수 : 25%, 50%, 75%에 해당하는 변수값이 얼마인가를 알고 싶을 때
- 절단점 : 사례들을 똑같은 크기의 집단으로 나누어 각 집단별 변수값이 얼마인가를 알려주게 된다.
- 백분위수 : 1~100% 사이에 알고 싶은 %의 변수값을 알고자 할 때

- 중위수(median) 또는 중앙값 : 전체 사례 중에서 50%에 해당하는 값
- 최빈값(mode) : 관측치 중에서 빈도수가 가장 많이 발생한 자료
- 산포도(dispersion) : 관측된 자료가 평균을 중심으로 흩어져 있는 정도
- 분산(variance) : 평균에서 개별값까지의 떨어진 거리(편차)의 제곱의 합 을 전체 사례수로 나눈 값
- 표준편차(sd, standard deviation) : 분산의 평방근(√)한 값으로, 평균으 로부터 갭별값의 떨어진 거리를 표준화 값
- 범위(range) : 관측된 자료 중에서 가장 큰 값과 가장 작은 값 간의 차이
- 평균의 표준오차 : 각 표본 평균들의 표준편차
- 왜도(Skewness): 관측치들이 정규분포를 중심으로 평평한 정도
- 첨도(Kurtosis) : 관측치들이 정규분포를 중심으로 뾰족한 정도

〈그림 5-11〉에서 오른쪽 〈도표〉 → 〈히스토그램(정규분포 표시)〉를 선택하고 〈계속〉을 버튼을 클릭한다.

그림 5-13 도표선택 대화상자

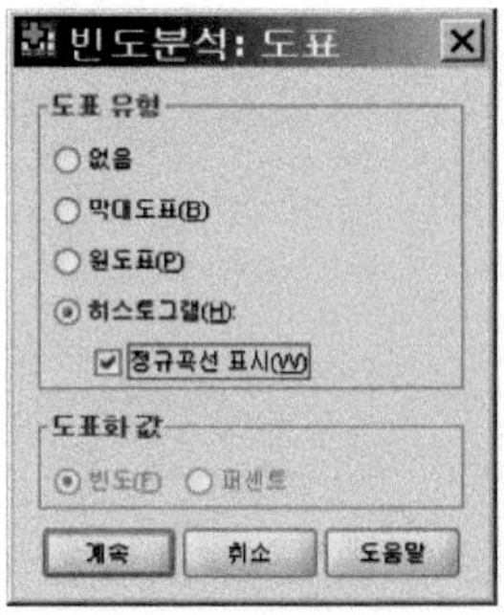

〈그림 5-11〉에서 오른쪽 〈형식〉 → 〈계속〉 버튼을 클릭한다.

그림 5-14 형식 선택하는 대화상자

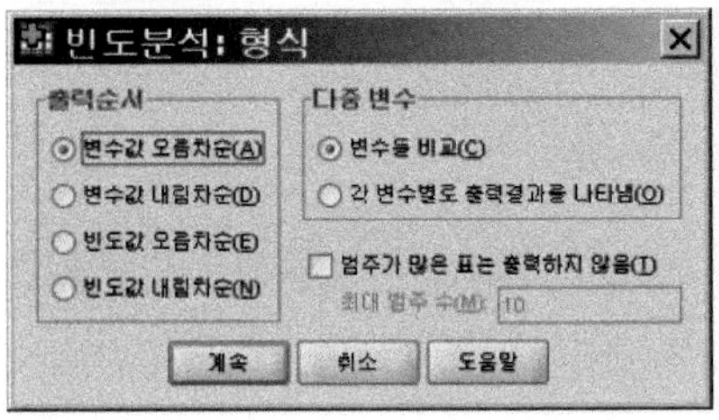

분석결과에 통계량과 빈도, 퍼센트, 히스토그램이 제시된다.

그림 5-15 분석결과

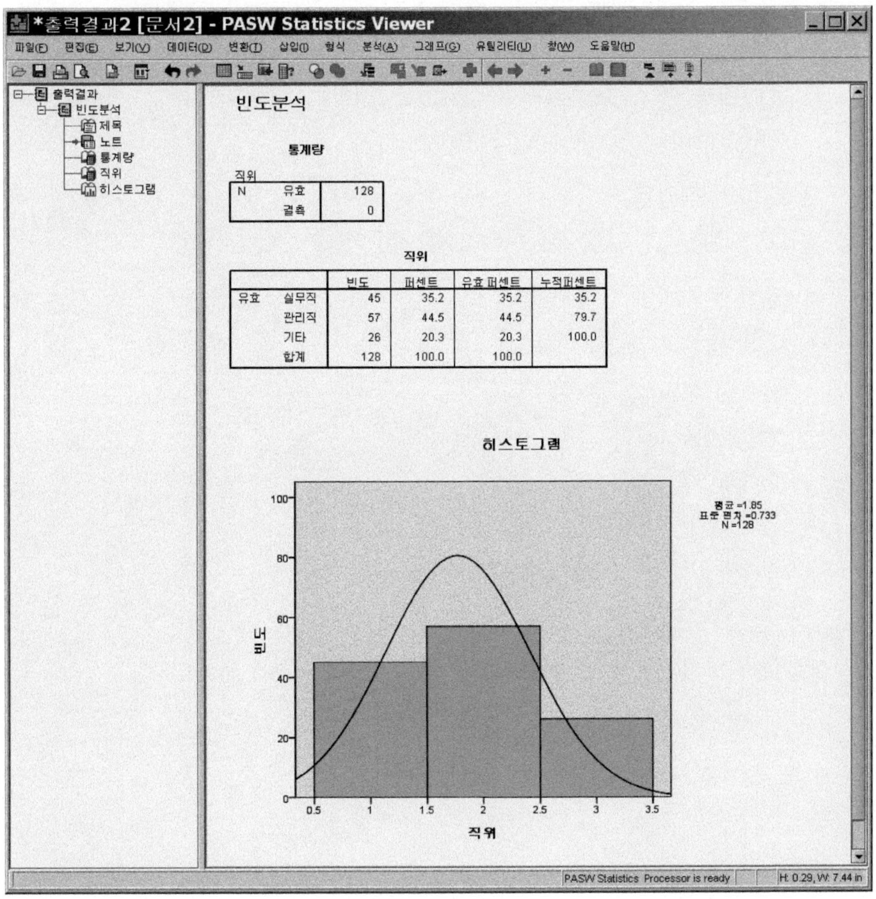

【연습 1】 다음은 어느 대학교 학생들을 대상으로 성별과 연령에 따른 월평균 지출용돈을 조사하였다. 관측자료의 '지출용돈'에 대한 평균, 분산 및 표준편차값 등을 구하라. (🖫: frequency1)

【연습 2】 다음은 어느 지역의 주민들을 대상으로 국민연금 수령혜택을 보실 수 있을 지를 조사하였다. (🖫: frequency2)

1. 모든 변수에 대하여 변수값을 설정하라.
2. 학력이 '대졸' 이고 직업이 '직장인' 인 사람만을 골라 이들에 대한 '국민연금 수령혜택' 의 응답결과를 빈도분석 하시오.

1. 귀하의 성별은?
   ① 남자 ② 여자
2. 귀하의 연령은?
   ① 10대 ② 20대 ③ 30대 ④ 40대 ⑤ 50대
   ⑥ 60대 이상
3. 귀하의 직업은?
   ① 학생 ② 가정주부 ③ 직장인 ④ 자영업 ⑤ 기타( )
4. 귀하의 학력은?
   ① 중졸 ② 고졸 ③ 대졸 ④ 대학원졸
5. 귀하의 월평균소득은?
   ① 1백만원 미만
   ② 1백만원-2백만원 미만
   ③ 2백만원-3백만원 미만
   ④ 3백만원-4백만원 미만
   ⑤ 4백만원 이상
6. 귀하는 국민연금 수령혜택을 보실 수 있다고 생각하십니까?
   ① 예 ② 아니오 ③ 모르겠다

4. 기술통계분석

1) 기술통계분석의 의미

기술통계분석(descriptives)은 변수 값을 통해 현상을 있는 그대로 나타내고자 할 때 사용한다. 기술통계분석의 결과는 빈도분석의 통계량과 유사한 값을 제시하게 되지만 다음과 같은 차이점을 들 수 있다.

기술통계분석과 빈도분석의 차이점은 빈도분석이 명목척도와 서열척도를 다루는데 반해(이산변수), 기술통계분석은 등간척도와 비율척도를 다룬다(연속변수).

2) 표준점수

기술통계분석을 통해 표준점수(standard scores) 즉, Z점수(Z-scores)를 나타낼 수 있다. Z점수는 관측치의 평균과 비교하여 어느 방향으로 표준편차의 몇 배만큼 떨어져 있는가를 나타낸다.

3) 분석상황

다음은 어느 직장인들의 하루 평균 근무시간과 월 평균 급여를 조사하였다. (🖫: descriptives)

① 기술통계분석 실행

【분석】→【기술통계량】→【기술통계】를 차례로 클릭한다.

그림 5-16 기술통계 실행화면 1

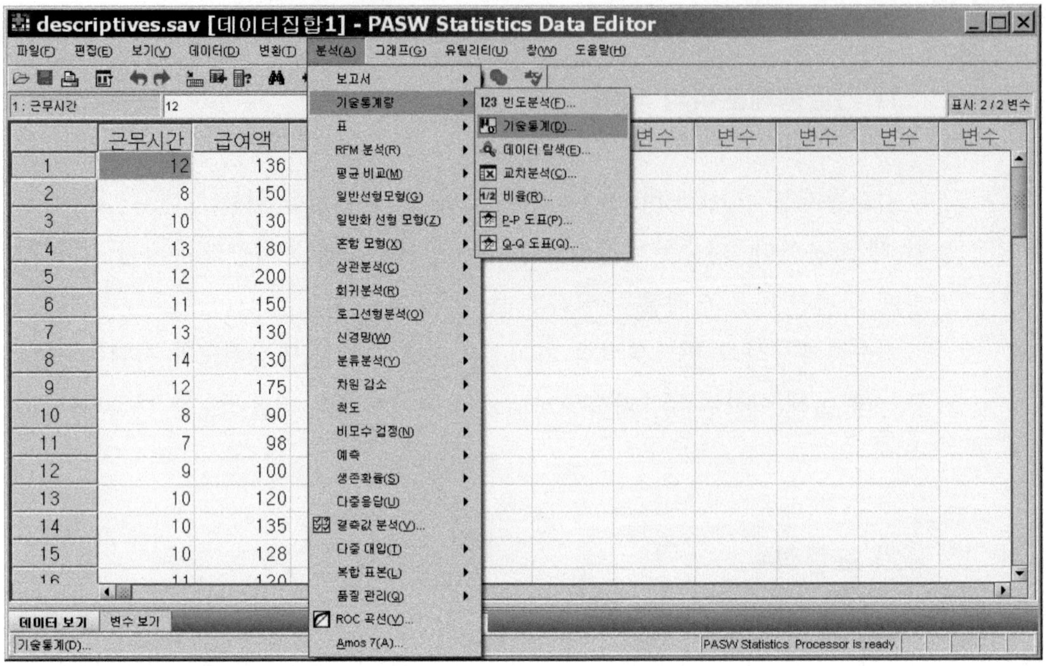

왼쪽의 칸에 있는 "근무시간"과 "급여액"을 오른쪽 칸으로 이동한다.

- [표준화 값을 변수로 저장(Z)]에 체크한다. 여기에 체크하면 데이터 편집창에 표준화점수가 표시되며, 표준화점수를 통해 다른 분석방법을 이용하여 추가분석이 가능하다.

그림 5-17 **기술통계 실행화면 2**

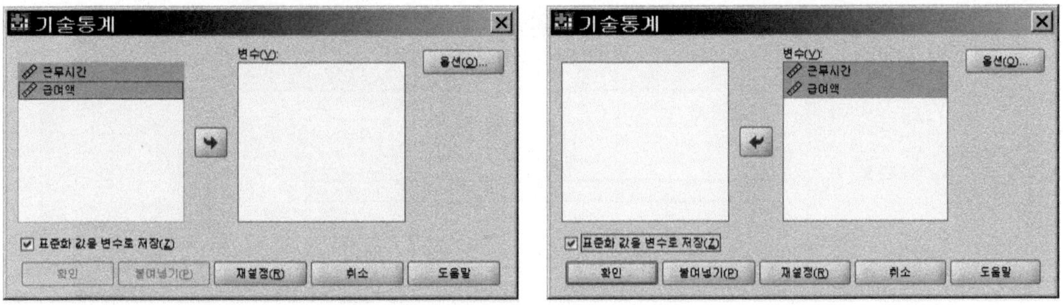

오른쪽의 〈옵션〉를 클릭하면 알고자 하는 통계량 설정창이 나온다. 〈그림 5-18〉에서 평균, 합계, 산포도(표준편차, 분산, 범위, 표준오차, 최소값, 최대값), 분포(첨도, 왜도), 출력순서 등을 설정할 수 있다.

그림 5-18 **옵션 대화상자**

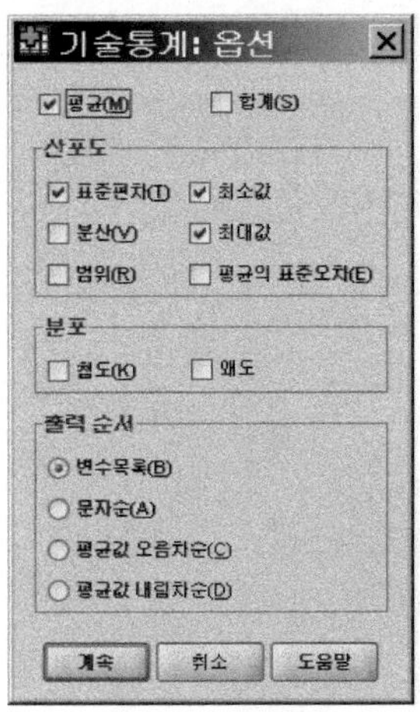

〈계속〉 → 〈확인〉을 클릭하면 기술통계량 분석결과가 제시된다.

그림 5-19 기술통계량 분석결과

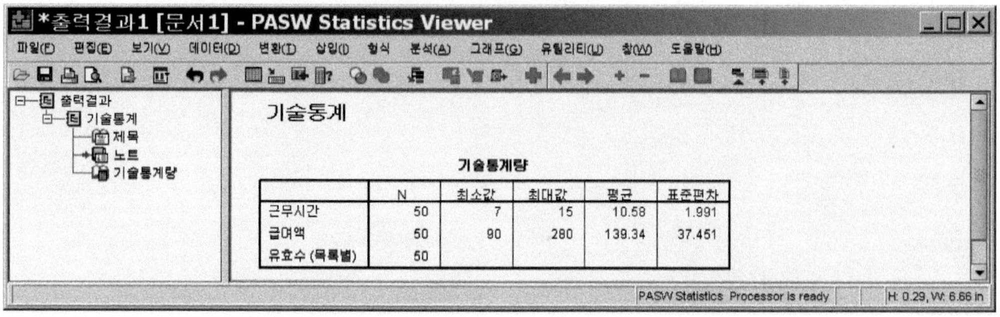

기술통계량

	N	최소값	최대값	평균	표준편차
근무시간	50	7	15	10.58	1.991
급여액	50	90	280	139.34	37.451
유효수 (목록별)	50				

② 분석결과에 의한 Z점수

분석결과를 통해 표준점수 Z값이 산출된다.

7번 응답자는 근무시간에 있어서 평균근무시간보다 약 1.2배 많고 급여액은 평균급여액에 비해 0.2배 적다는 것을 나타내고 있다.

그림 5-20 분석결과에서 제시된 표준점수

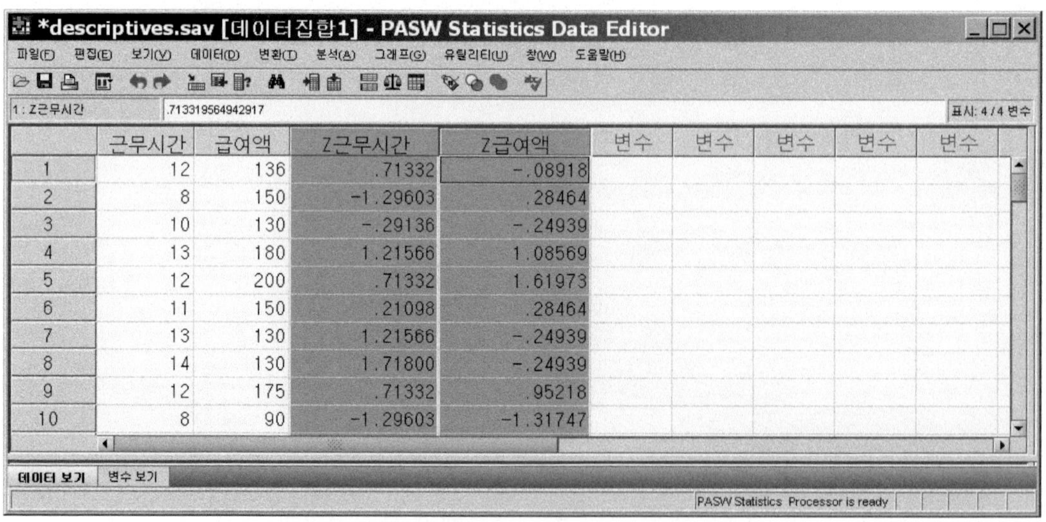

	근무시간	급여액	Z근무시간	Z급여액
1	12	136	.71332	-.08918
2	8	150	-1.29603	.28464
3	10	130	-.29136	-.24939
4	13	180	1.21566	1.08569
5	12	200	.71332	1.61973
6	11	150	.21098	.28464
7	13	130	1.21566	-.24939
8	14	130	1.71800	-.24939
9	12	175	.71332	.95218
10	8	90	-1.29603	-1.31747

【연습 3】 다음은 어느 대학교 행정학과 학생들의 과목별 점수를 조사하였다. 10번 학생의 과목별 점수가 평균에서 어느 정도 떨어져 있는지를 알아보자. (🖫: score)

제6장 교차분석과 상관분석

1. 교차분석
2. 상관분석

제 6 장 교차분석과 상관분석

1. 교차분석

1) 교차분석의 의미

교차분석(crosstabs)은 한 변수를 기준으로 다른 변수의 빈도를 교차로 분류하는 교차표 또는 분류표(cross tabulation)를 작성함으로써 두 변수 간(기준 변수와 다른 변수 간)의 독립성과 관련성을 식별할 수 있도록 하는 방법이다. 여기에서 독립성이란 한 변수가 다른 변수와 관련성이 없다는 것을 의미하며, 독립성과 관련성은 상반된 개념이다. 독립성은 기준변수와 다른 변수 간 관련이 없다는 의미이다.

교차분석에 이용되는 척도는 명목 및 서열척도를 통하여 수집된 범주형 변수를 원칙으로 한다. 그러나 등간척도나 비율척도로 측정된 자료라 할지라도 범주형으로 변환하여 교차분석을 수행할 수 있다.

2) 교차분석의 원리

교차분석은 두 변수가 갖는 빈도분포에 의해 각 셀에 두 변수가 결합된 기대빈도를 구하고 실제 측정된 빈도와 비교함으로써 두 변수가 상호 독립적인지, 아니면 관련성을 갖는지를 판단할 수 있게 한다.

이론적인 기대빈도와 관찰되는 실제빈도와의 차이를 이용하여 독립성 혹은 관련성의 여부를 판단하는 방법 중 가장 많이 이용되는 것이 바로 카이자승(χ^2) 검정이다. 이론적인 기대빈도와 실제빈도와의 차이가 크면 카이자승(χ^2) 값은 커진다.

카이자승 통계량 값은 다음과 같다.

$$\frac{\Sigma(\text{실제빈도}-\text{기대빈도})^2}{\text{기대빈도}}$$

기대빈도는 독립집단 간 종속변수의 분포 차이가 없다는 영가설이 발생할 경우에 기대되는 빈도를 의미한다. 기대빈도는 통계량 옵션에 있다.

기대빈도의 계산은 다음과 같다.

(행의 합계 × 열의 합계) ÷ 전체합계

● **자유도 계산**

카이자승 통계량을 검정하기 위해서는 자유도(df: degrees of freedom)를 구해야 한다. 자유도는 교차표의 행의 수와 열의 수에 따라 계산된다.

자유도 = (행의 수−1) × (열의 수−1)

예 • • • 교차표의 행의 수가 3개이고 열의 수가 5개인 경우 자유도는 (3−1)×(5−1) = 8이 된다.

● **카이자승 검정**

카이자승 검정은 두 변수 간 독립적인가(차이가 없다) 혹은 관련적인가(차이가 있다)를 알아보기 위한 것이다. 카이자승 값이 크게 나오면 집단 간의 차이가 의미가 있는 것으로 되어 영가설은 기각되고(관련성), 반대로 적게 나오면 영가설을 인정하게 된다(독립성).

단, 카이자승 가설검정시 결과표에서 셀(cell)의 기대빈도가 5 이하이면 올바른 검정이 이루어지지 않는다. 만약 기대빈도가 5 이하의 경우가 20.0% 이상으로 나타난 경우 이런 결과를 무시하고 결과를 해석하게 되면 사실을 왜곡시킬 수 있어 오류를 범하게 된다. 이때는 행의 수나 열의 수를 줄여 재분류(recoding)함으로써 기대빈도가 5 이상이 되도록 하거나 표본의 수(n)를 증가시켜야 한다.

3) 실제분석

① 분석상황

다음은 어느 시의 주민을 대상으로 다음과 같은 설문조사를 실시하였다. '성별'과 '1번 문항'의 분포에 대한 교차분석을 수행한다. (🖫: donggu)

1. 시의 공무원 업무에서 가장 역점을 두어야 할 것은?
   ① 공무원의 친절 봉사성　② 업무의 전문성
   ③ 업무에 대한 책임성　④ 신속한 업무처리
   ⑤ 시민에 대한 협조자세　⑥ 기타 (　　　)
2. 시의 지방자치 혁신을 위해서 가장 역점을 두여야 할 대상은 무엇입니까?
   ① 공무원의 역량강화　④ 민원업무의 혁신
   ② 서비스 품질의 향상　⑤ 주민참여를 통한 행정의 투명화
   ③ 건전한 지방재정의 확보　⑥ 기타 (　　　)
3. 시가 21C 국제도시로 발전하기 위해서 가장 필요한 것은 무엇입니까?
   ① 외국의 언론매체에 적극적 홍보
   ② 유명 외국도시와 자매결연
   ③ 000전당과 연계한 관광 · 예술 도시 추진
   ④ 자매도시 공무원과 상호교류
   ⑤ 동북아 산업, 금융, 물류유통 중심도시 추진
   ⑥ 기타(　　　)
4. 시의 건전한 지방재정확보에 가장 필요한 것은 무엇이라 생각합니까?
   ① 자체 세원의 발굴　② 중앙정부 및 상급단체에 재정지원 유도
   ③ 수익사업의 개발 및 활성화　④ 관리혁신을 위한 경비절감 유도
   ⑤ 대규모개발 프로젝트 추진　⑥ 기타 (　　　)

1. 성별	① 남자	② 여자	
2. 연령	① 20세 미만 ④ 40세~49세	② 20세~29세 ⑤ 50세~59세	③ 30세~39세 ⑥ 60세 이상
3. 학력	① 무학 ④ 고졸	② 초등졸(국졸) ⑤ 대졸	③ 중졸 ⑥ 대학원졸 이상

4. 거주기간	① 0~4년 ② 5년~9년 ③ 10년~19년 ④ 20년~29년 ⑤ 30~39년 ⑥ 40년 이상
5. 직업	① 회사원 ② 자영업운영 ③ 공무원 ⑤ 전문직 ⑥ 학생 ⑦ 무직 ⑧ 기타(　　　)
6. 주택형태	① 단독주택 ② 연립주택 ③ 아파트 ④ 기타(　　　)
7. 월평균소득	① 50만원 미만 ② 50~100만원 ③ 100~150만원 ④ 150~200만원 ⑤ 200~250만원 ⑥ 250~300만원 ⑦ 300만원 이상 ⑧ 전혀 없음

② 분석실행

【분석】→【기술통계량】→【교차분석】을 차례로 클릭한다.

그림 6-1 교차분석 시작화면

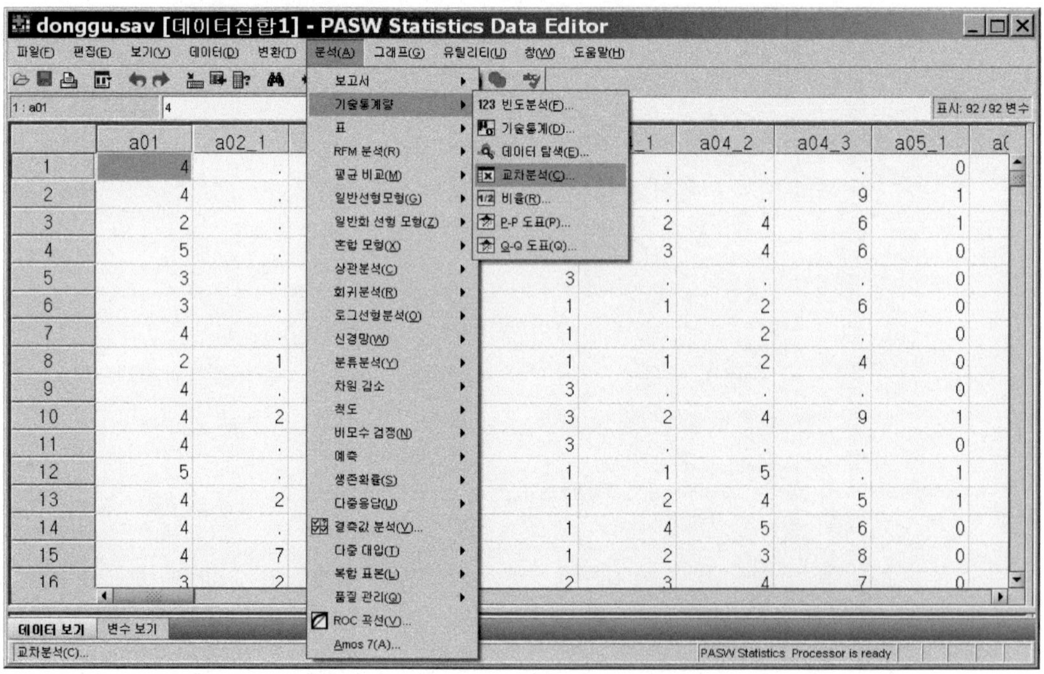

이 경우 성별이 독립변수, “1번”이 종속변수가 되며 독립변수는 열(칸)로 종속변수는 행(줄)으로 이동한다.

그림 6-2 교차분석 대화상자

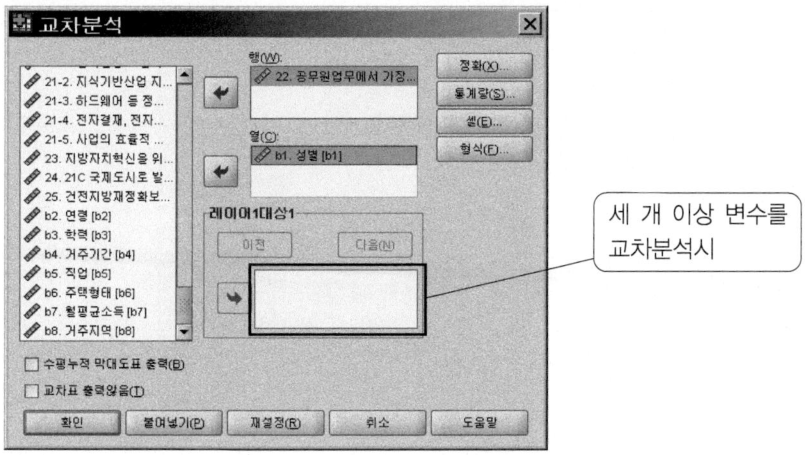

〈통계량〉 선택하고 [카이제곱]을 클릭한 후 〈계속〉 버튼을 클릭한다.

그림 6-3 통계량 대화상자

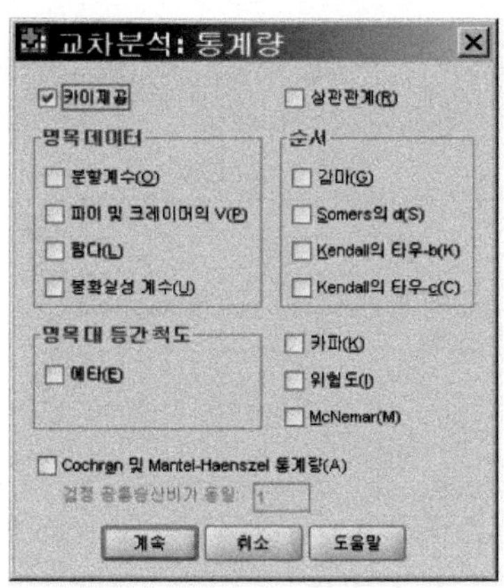

셀(Cell)의 선택하고 빈도(관측빈도, 기대빈도), 퍼센트(행, 열, 전체)를 선택한 후 〈계속〉, 〈확인〉을 차례로 클릭한다.

그림 6-4 셀 출력 대화상자

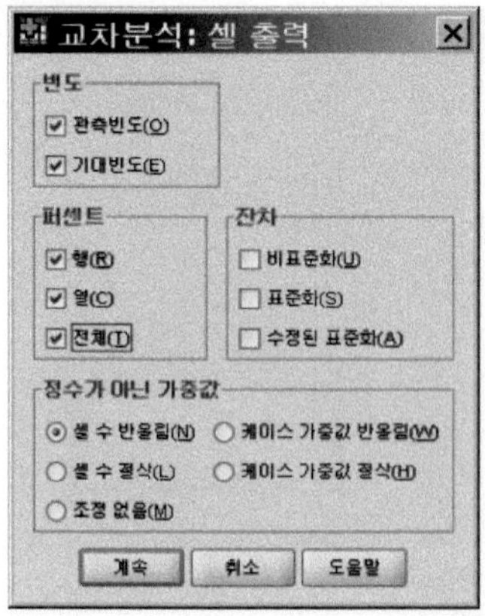

③ 분석결과

'성별' 과 '공무원 업무의 역점사항' 의 관계를 분류한 전체 결과 요약표를 보여주고 있다. 전체 응답자(N)는 432명이고 유효응답자는 404명(93.5%), 결측치(무응답)는 28명(6.5%)으로 나타났다.

표 6-1 결과 요약표(케이스 처리 요약)

케이스 처리 요약

	케이스					
	유효		결측		전체	
	N	퍼센트	N	퍼센트	N	퍼센트
22. 공무원업무에서 가장 역점사항 * b1. 성별	404	93.5%	28	6.5%	432	100.0%

두 변수 간 분류표는 〈표 6-2〉와 같이 제시된다. 분류표 설명은 다음과 같다.

'친절 봉사성' 이라고 응답한 사람은 전체 96명으로서 이 중 남자는 44명(45.8%), 여자는 52명(54.2%)으로 조사되었으며, 이 96명은 전체 응답자 404명에 대해 23.8%를 차지하고 있다. 또한 남자 응답자 44명은 남자 전체 응답자

220명에서 20.0%를 차지하고 있으며, 여자 응답자 52명은 여자 전체 응답자 184명에서 28.3%를 차지하고 있다. 그리고 남자 44명은 전체 응답자 404명에 대해 10.9%를 차지하고 있으며 여자 52명은 12.9%를 차지하고 있다. 이와 같이 각 구간의 교차표 결과를 해석하면 된다.

맨 아래 전체 결과를 보면 전체 응답자 404명에서 남자 220명은 54.5%를 차지하고 있으며 여자 184명은 45.5%를 차지하고 있다.

표 6-2 분류표(22. 공무원업무에서 가장 역점사항*b1.성별 교차표)

22. 공무원업무에서 가장 역점사항 * b1. 성별 교차표

			b1. 성별		전체
			남자	여자	
22. 공무원업무에서 가장 역점사항	공무원의 친절 봉사성	빈도	44	52	96
		기대빈도	52.3	43.7	96.0
		22. 공무원업무에서 가장 역점사항 중 %	45.8%	54.2%	100.0%
		b1. 성별 중 %	20.0%	28.3%	23.8%
		전체 %	10.9%	12.9%	23.8%
	업무의 전문성	빈도	84	51	135
		기대빈도	73.5	61.5	135.0
		22. 공무원업무에서 가장 역점사항 중 %	62.2%	37.8%	100.0%
		b1. 성별 중 %	38.2%	27.7%	33.4%
		전체 %	20.8%	12.6%	33.4%
	업무에 대한 책임성	빈도	38	30	68
		기대빈도	37.0	31.0	68.0
		22. 공무원업무에서 가장 역점사항 중 %	55.9%	44.1%	100.0%
		b1. 성별 중 %	17.3%	16.3%	16.8%
		전체 %	9.4%	7.4%	16.8%
	신속한 업무처리	빈도	28	30	58
		기대빈도	31.6	26.4	58.0
		22. 공무원업무에서 가장 역점사항 중 %	48.3%	51.7%	100.0%
		b1. 성별 중 %	12.7%	16.3%	14.4%
		전체 %	6.9%	7.4%	14.4%
	시민에 대한 협조자세	빈도	25	21	46
		기대빈도	25.0	21.0	46.0
		22. 공무원업무에서 가장 역점사항 중 %	54.3%	45.7%	100.0%
		b1. 성별 중 %	11.4%	11.4%	11.4%
		전체 %	6.2%	5.2%	11.4%
	기타	빈도	1	0	1
		기대빈도	.5	.5	1.0
		22. 공무원업무에서 가장 역점사항 중 %	100.0%	.0%	100.0%
		b1. 성별 중 %	.5%	.0%	.2%
		전체 %	.2%	.0%	.2%
전체		빈도	220	184	404
		기대빈도	220.0	184.0	404.0
		22. 공무원업무에서 가장 역점사항 중 %	54.5%	45.5%	100.0%
		b1. 성별 중 %	100.0%	100.0%	100.0%
		전체 %	54.5%	45.5%	100.0%

카이자승 검정 결과는 다음과 같다.

카이자승 통계량 값은 7.946이고 유의수준 0.05에서 유의확률(또는 유의도)은 0.159로 나타남으로써 '성별에 따른 공무원 업무에서 가장 역점을 두어야 할 사항 분포는 차이가 있다' 라는 연구가설이 의미가 없다는(기각되었다) 결론을 내릴 수 있다. 즉, '두 변수 간 분포는 독립적이다' 라는 영가설이 채택되고, 분포가 관련성이 있다는 연구가설이 기각하게 된다.

우도비(Likelihood Ratio)는 성별에 따라 공무원 업무에서 가장 역점을 두어야 할 사항의 분포가 독립적인가를 나타내는 통계량이다.

〈표 6-3〉의 아래에 표시된 "2셀(16.7%)은(는) 5보다 작은 기대빈도를 가지는 셀입니다. 최소 기대빈도는 0.46입니다"의 의미는 다음과 같다. 전체 셀에서 기대빈도가 5보다 작은 셀이 차지하는 비율을 나타낸다. 전체 셀이 12이고 기대빈도가 5보다 작은 셀이 2개이기 때문에 2/12 = 16.70%가 된다.

표 6-3 카이자승 검정 결과(카이제곱 검정)

카이제곱 검정

	값	자유도	점근 유의확률 (양측검정)
Pearson 카이제곱	7.946[a]	5	.159
우도비	8.351	5	.138
선형 대 선형결합	.081	1	.775
유효 케이스 수	404		

a. 2 셀 (16.7%)은(는) 5보다 작은 기대 빈도를 가지는 셀입니다. 최소 기대빈도는 .46입니다.

【복습】

■ 유의확률(유의도)이란?

- 독립변수에 따라 종속변수의 분포차이가 없다는 영가설을 기각할 경우 유의해야 할 수준 즉, 영가설이 맞을(또는 발생할) 확률을 의미한다.

■ 유의수준이란?

- 1–신뢰수준(채택역)을 의미한다.
  예) 95% 신뢰수준의 유의수준은? 1–95% = 5%, 즉 0.05이다.
- 영가설을 신뢰할 수 있는 유의수준 0.05 범위 안에 유의확률이 포함되는 영가설을 채택하고 → (유의확률) >(유의수준)

• 반대로 유의확률이 유의수준보다 적으면 연구가설을 채택하게 된다.
→ (유의확률)〈 (유의수준)

【연습 1】 파일명(🖫: donggu)을 이용하여 설문지 내용 중 '직업'과 '지방자치 혁신 대상' 간의 분포의 관련성 여부를 검정하시오. 만약 분석결과에서 기대빈도가 5 이하의 경우가 20.0% 이상인 경우는 재코팅하시오.

【연습 2】 파일명(🖫: donggu)을 이용하여 설문지 내용 중 '학력'과 '지방재정확보 방안' 간의 분포의 관련성 여부를 검정하시오. 만약 분석결과에서 기대빈도가 5 이하의 경우가 20.0% 이상인 경우는 재코팅하시오.

【연습 3】 파일명(🖫: religion)을 이용하여 종교별(열)로 성, 연령, 학력별 분포를 카이검정을 통해 교차분석을 실행하고 그 결과를 해석하시오.

(조건1) 단, 연령을 10대, 20대, 30대, 40대, 50대 등과 같이 범주형 변수로 전환하고 학력에 있어서도 초등학교와 중학교를 중졸이하로, 대졸과 대학원을 묶어 대학교 이상으로 재코팅(recording)하여 분석하시오.

(조건2) 그리고 각 변수별로 결측치(무응답)가 발견된다. 결측치를 찾아 삭제한 후 분석하시오.

§ 재코팅은 〈변환〉 → 〈코딩변경〉 → 〈다른 변수로 코딩변경〉을 이용한다.

■ **결측치(무응답)를 찾는 방법**

① **빈도분석을 실행한다.**

통계량

		성	연령	종교	학력
N	유효	608	607	604	605
	결측	1	2	5	4

통계량을 보면 성에서는 1, 연령은 2, 종교는 5, 학력은 4개의 셀에서 결측치가 있음을 보여주고 있다.

② 찾기( )를 이용해 결측치를 찾는다.

성(gender)의 전체 열을 활성화시킨 다음 찾기( )를 클릭한다.

찾을 데이터에서 ".00"으로 입력하고, [옵션표시]에서 '일치'의 [전체 셀]을 선택 한 후 〈다음 찾기〉를 클릭한다.

커서가 결측치가 있는 셀로 수직이동하게 된다.

그림 6-5 데이터 찾기 화면

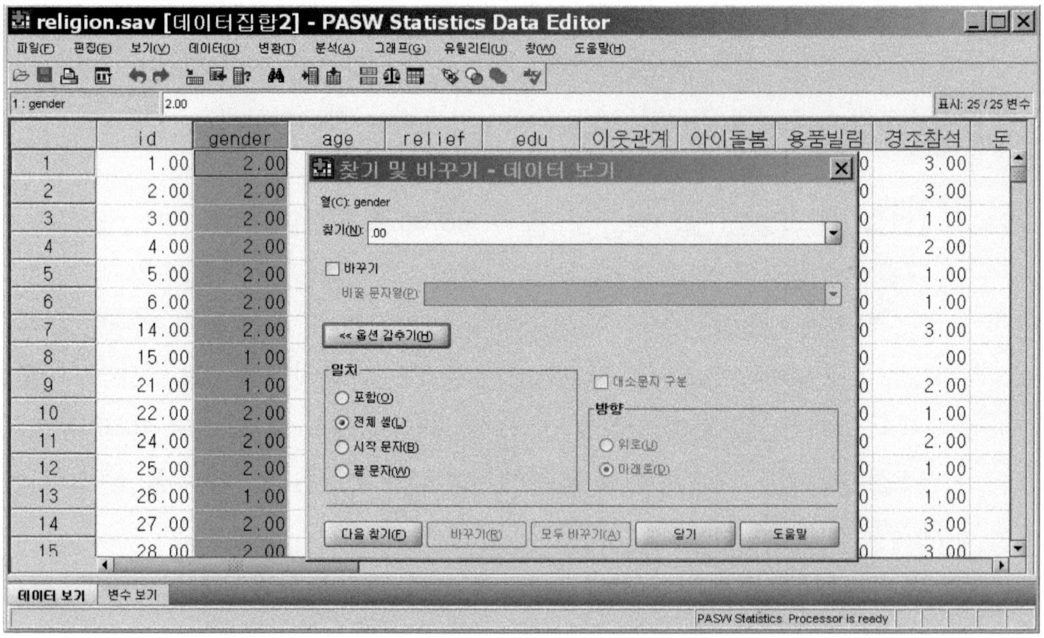

2. 상관분석

1) 목적

상관분석(correlation analysis)은 두 변수 간의 관련성 여부와 크기 그리고 방향성의 정도를 검정하고자 하는 분석방법이다.

교차분석을 통한 카이자승 검정이 관련성 여부만을 알려주는데 반해 상관분석은 관련성을 비롯하여 관련성의 크기와 방향성을 나타낸다.

2) 상관분석의 원리

상관관계는 한 변수의 분산(변량, variance) 중에서 다른 변수와 같이 변화하는 분산, 즉 공분산(공변량, covariance)이 어느 정도인가에 따라 결정된다. 공분산이 클수록 선형(직선)에 가깝게 되며 상관관계는 높아지게 된다.

상관계수(r) 값은「$-1 \leq r \leq +1$」의 범위를 갖는다.

그림 6-6 상관관계의 유형과 수준

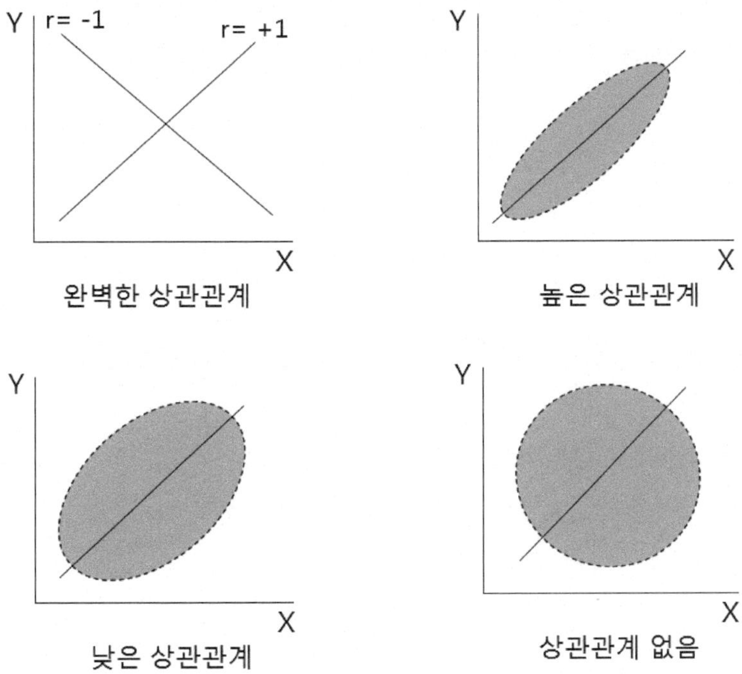

두 변수간의 상관계수 값과 의미는 다음과 같다.

표 6-4 상관계수와 의미

상관계수	상관관계 정도 의미
± 0.9 이상	매우 높은 상관관계
± 0.7~0.8	높은 상관관계
± 0.5~0.6	보통의 상관관계
± 0.3~0.4	약한 상관관계
± 0.2 이하	상관관계가 거의 없음

사회과학 분야에서 상관계수가 낮게 나온다고 하더라도 의미가 있을 수가 있기 때문에 연구설계나 조사상황 등을 고려하여 해석해야 할 것이다.

상관계수를 나타내는 식은 다음과 같다.

$$\gamma = \frac{\Sigma(X-\overline{X})(Y-\overline{Y})}{\sqrt{\Sigma(X-\overline{X})^2}\sqrt{\Sigma(Y-\overline{Y})^2}}$$

X : 변수 X의 측정값(독립변수의 값)
Y : 변수 Y의 측정값(종속변수의 값)
$\overline{X}$: 변수 X의 측정값의 평균
$\overline{Y}$: 변수 Y의 측정값의 평균

■ 상관계수 산정과정

다음 〈표 6-5〉는 공부시간과 성적간의 상관계수를 산출하는 표이다.

표 6-5 상관계수 산정과정

대상	공부시간(X)	성적(Y)	$(X-\overline{X})$	$(Y-\overline{Y})$	$(X-\overline{X})^2$	$(Y-\overline{Y})^2$	$(X-\overline{X})(Y-\overline{Y})$
1	5	79	0.1	−1.2	0.01	1.44	−0.12
2	4	78	−0.9	−2.2	0.81	4.84	1.98
3	3	72	−1.9	−8.2	3.61	13.03	15.58
4	6	85	1.1	4.8	1.21	23.01	5.28
5	3	71	−1.9	−9.2	3.61	84.64	17.48
6	5	82	0.1	1.8	0.01	3.24	0.18
7	6	80	1.1	−0.2	1.21	0.04	−0.22
8	6	83	1.1	2.8	1.21	7.84	3.08
9	7	95	2.1	14.8	4.41	219.04	31.08
10	4	77	−0.9	−3.2	0.81	10.24	2.88
합계	49	802	0	0	16.9	367.36	77.2
평균	4.9	80.2					

$$\gamma=\frac{77.2}{\sqrt{16.9}\times\sqrt{367.36}}=\frac{77.2}{78.79}=0.98$$

3) 상관분석의 종류

상관분석은 변수를 1 : 1로 검정할 때 단순상관분석(simple correlation), 하나의 독립변수와 두 개 이상의 종속변수들 간의 상관관계를 검정할 때 다중상관분석(multiple correlation) 그리고 여러 변수 중에서 특정 변수를 통제하고 나머지 변수를 검정하는 경우를 부분상관분석(또는 편상관분석, partional correlation analysis)이라 한다.

그림 6-7 상관분석의 종류

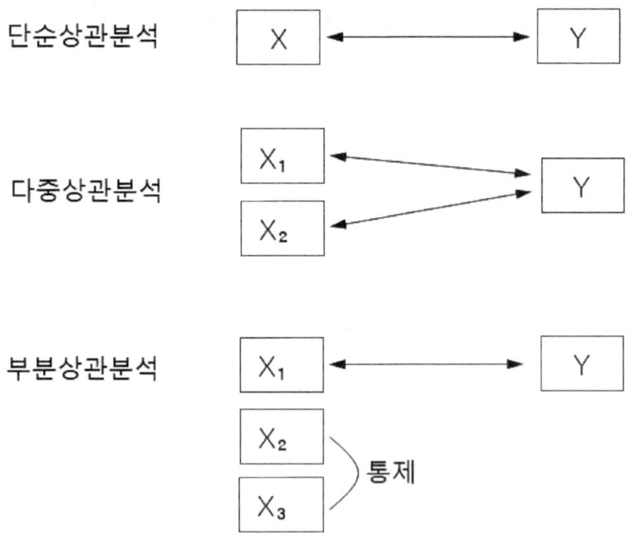

4) 상관분석에 사용되는 척도

상관분석에는 척도에 따라서 사용하는 상관계수 옵션이 다르게 된다.

표 6-6 변수별 척도

종속변수 / 독립변수	서열변수	등간 및 비율변수
서열변수	Spearman's rho Kendall's tau	
등간 및 비율변수		Pearson 상관관계

5) 실제분석

① 분석상황

다음은 경찰관들의 직무실태를 조사한 자료이다. 각 변수간의 상관계수를 구해보자. (🖫: police_work)

② 분석실행

【분석】→【상관분석】→【이변량 상관계수】를 차례로 클릭한다.

대상 변수들을 오른쪽으로 이동하고, 〈옵션〉에서 통계량 값(평균, 표준편차)을 선택하고 〈확인〉을 클릭한다.

변수의 척도가 등간척도로 간주하여 측정된 것이기 때문에 Pearson 상관계수를 선택한다.

그림 6-8 이변량 상관계수 대화상자

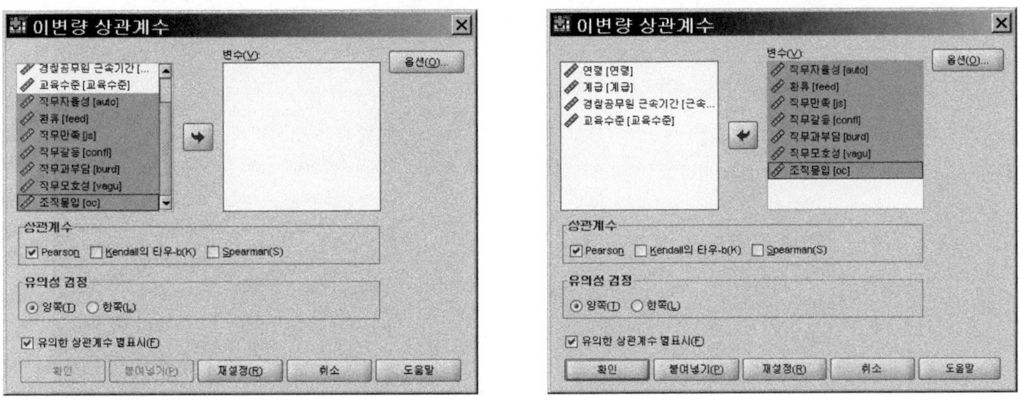

③ 분석결과

먼저 각 변수에 대한 기술통계량(평균, 표준편차)이 제시된다.

표 6-7 기술통계량 결과

기술통계량

	평균	표준편차	N
직무자율성	3.2474	.75242	353
환류	3.2147	.61405	353
직무만족	3.2743	.61422	353
직무갈등	2.7960	.68300	353
직무과부담	2.7609	.73357	353
직무모호성	2.1609	.52262	353
조직몰입	3.4429	.57786	353

각 변수 간 상관계수와 유의확률을 보여주고 있다. 성관계수 결과표의 해석기준은 '모집단의 상관계수가 0이다' 라는 귀무가설을 설정하고, 유의수준(0.05, 0.01, 0.001)을 기준으로 관련성을 여부를 판단한다. 예를 들어, 직무자율성과 환류는 유의수준 $p<0.001$에서 47.9% 관련이 있고, 직무갈등은 유의수준 $p<0.01$에서 −17.9% 관련이 있는 것으로 나타났다. 다시 설명하면, 직무자율성과 환류는 정(+)의 관련이 있다는 것이다. 즉 직무자율성이 높을수록 환류가 높다는 것을 의미한다. 직무갈등과의 관계에서는 직무갈등이 높을수록 직무자율성은 17.9%만큼 낮아진다는 것으로서 직무갈등과 직무자율성과 부(−)의 관계를 가지고 있는 것으로 알 수 있다.

표 6-8 상관계수 결과표

상관계수

		직무자율성	환류	직무만족	직무갈등	직무과부담	직무모호성	조직몰입
직무자율성	Pearson 상관계수	1	.479**	.412**	-.179**	-.157**	-.341**	.339**
	유의확률 (양쪽)		.000	.000	.001	.003	.000	.000
	N	353	353	353	353	353	353	353
환류	Pearson 상관계수	.479**	1	.433**	-.148**	-.021	-.478**	.436**
	유의확률 (양쪽)	.000		.000	.005	.695	.000	.000
	N	353	353	353	353	353	353	353
직무만족	Pearson 상관계수	.412**	.433**	1	-.203**	-.251**	-.452**	.524**
	유의확률 (양쪽)	.000	.000		.000	.000	.000	.000
	N	353	353	353	353	353	353	353
직무갈등	Pearson 상관계수	-.179**	-.148**	-.203**	1	.279**	.170**	-.261**
	유의확률 (양쪽)	.001	.005	.000		.000	.001	.000
	N	353	353	353	353	353	353	353
직무과부담	Pearson 상관계수	-.157**	-.021	-.251**	.279**	1	.085	-.134*
	유의확률 (양쪽)	.003	.695	.000	.000		.112	.012
	N	353	353	353	353	353	353	353
직무모호성	Pearson 상관계수	-.341**	-.478**	-.452**	.170**	.085	1	-.530**
	유의확률 (양쪽)	.000	.000	.000	.001	.112		.000
	N	353	353	353	353	353	353	353
조직몰입	Pearson 상관계수	.339**	.436**	.524**	-.261**	-.134*	-.530**	1
	유의확률 (양쪽)	.000	.000	.000	.000	.012	.000	
	N	353	353	353	353	353	353	353

**. 상관계수는 0.01 수준(양쪽)에서 유의합니다.

*. 상관계수는 0.05 수준(양쪽)에서 유의합니다.

상관관계의 유의확률은 측정대상(표본크기)과 관련이 있다. 표본크기가 클수록 유의확률은 높아지지만, 상관관계 자체가 높아지는 것은 아니다.

【연습 4】 다음 파일(🖫: police_work)을 대상으로 계급과 교육수준 두 변수에 대한 상관분석을 실시하고 결과를 해석하시오. 단, 계급과 교육수준을 서열변수로 간주한다.

【연습 5】 다음은 파일(🖫: innovation_culture)은 어느 지역의 행정기관의 혁신을 위한 조직문화 수준을 조사하였다. 조직문화를 구성하는 변수들(공개적이고 신뢰의 커뮤니케이션, 혁신전략, 혁신주도, 혁신장려행동, 통제중심, 위험감수용인, 조직의 지원장치, 표준화) 간에 상관분석을 실시하시오.

【연습 6】 위 '연습5' 에서 인구사회학적 특성(연령, 직급, 교육수준, 근무기간)과 혁신을 위한 조직문화 구성 변수들(공개적이고 신뢰의 커뮤니케이션, 혁신

전략, 혁신주도, 혁신장려행동, 통제중심, 위험감수용인, 조직의 지원장치, 표준화) 간에 상관분석을 실시하시오. 단, 인구사회학적 특성 변수는 서열변수로 간주한다.

6) 부분상관관계

① 원리

부분상관관계 또는 편상관관계는 제3의 변수를 통제하였을 때, 나머지 투입된 변수가 가지는 상관관계를 구하는 것으로 통제되는 제3의 변수를 통제변수라고 한다.

제3의 변수가 다른 변수에 영향을 미칠 수 있는데, 이 변수를 통제함으로써 나머지 변수들 간의 상관관계를 분석하고자 하는 것이다. 예를 들면, 교육수준과 소득 간의 관계를 살펴보고자 할 때 '연령'을 통제할 필요가 있다.

② 유의성 검정

부분상관관계의 유의성을 검정하기 위해 "모집단의 편상관계수가 0이다"라는 귀무가설을 설정한다.

③ 분석상황

다음 데이터 파일을 통해 인구사회학적 특성 변수에서 '교육수준'(교육수준에 따라 응답차이가 나기 때문)을 통제하고 연령, 직급, 근무기간과 혁신을 위한 조직문화 구성 변수들(공개적이고 신뢰의 커뮤니케이션, 혁신전략, 혁신주도, 혁신장려행동, 통제중심, 위험감수용인, 조직의 지원장치, 표준화) 간의 편상관분석을 실시한다. (🖫: innovation_culture)

④ 분석실행

【분석】→【상관관계】→【편상관계수】를 차례로 클릭한다.

그림 6-9 편상관계수 대화상자

⑤ 분석결과

아래 분석결과표는 교육수준을 통제하고 인구사회학적 특징과 혁신을 위한 조직문화 구성변수간의 편상관계수를 나타내고 있다.

표 6-9 편상관분석 결과

통제변수			연령	직급	근무기간	커뮤니케	혁신전략	혁신주도	장려행동	통제중심	위험용인	지원장치	표준화
교육수준	연령	상관	1.000	.744	.777	.048	.141	.113	.169	.007	.006	.042	.071
		유의수준(양측)	.	.000	.000	.409	.014	.050	.003	.909	.914	.470	.220
		df	0	301	301	301	301	301	301	301	301	301	301
	직급	상관	.744	1.000	.782	.101	.136	.161	.144	.032	.018	.081	.137
		유의수준(양측)	.000	.	.000	.080	.018	.005	.012	.577	.751	.158	.017
		df	301	0	301	301	301	301	301	301	301	301	301
	근무기간	상관	.777	.782	1.000	.049	.094	.136	.169	-.060	-.045	-.002	.101
		유의수준(양측)	.000	.000	.	.393	.102	.018	.003	.296	.437	.977	.080
		df	301	301	0	301	301	301	301	301	301	301	301
	커뮤니케	상관	.048	.101	.049	1.000	.492	.482	.375	.258	.364	.504	.166
		유의수준(양측)	.409	.080	.393	.	.000	.000	.000	.000	.000	.000	.004
		df	301	301	301	0	301	301	301	301	301	301	301
	혁신전략	상관	.141	.136	.094	.492	1.000	.556	.559	.219	.392	.466	.194
		유의수준(양측)	.014	.018	.102	.000	.	.000	.000	.000	.000	.000	.001
		df	301	301	301	301	0	301	301	301	301	301	301
	혁신주도	상관	.113	.161	.136	.482	.556	1.000	.616	.177	.514	.510	.154
		유의수준(양측)	.050	.005	.018	.000	.000	.	.000	.002	.000	.000	.007
		df	301	301	301	301	301	0	301	301	301	301	301
	장려행동	상관	.169	.144	.169	.375	.559	.616	1.000	.141	.398	.465	.164
		유의수준(양측)	.003	.012	.003	.000	.000	.000	.	.014	.000	.000	.004
		df	301	301	301	301	301	301	0	301	301	301	301
	통제중심	상관	.007	.032	-.060	.258	.219	.177	.141	1.000	.195	.221	.445
		유의수준(양측)	.909	.577	.296	.000	.000	.002	.014	.	.001	.000	.000
		df	301	301	301	301	301	301	301	0	301	301	301
	위험용인	상관	.006	.018	-.045	.364	.392	.514	.398	.195	1.000	.458	.185
		유의수준(양측)	.914	.751	.437	.000	.000	.000	.000	.001	.	.000	.001
		df	301	301	301	301	301	301	301	301	0	301	301
	지원장치	상관	.042	.081	-.002	.504	.466	.510	.465	.221	.458	1.000	.141
		유의수준(양측)	.470	.158	.977	.000	.000	.000	.000	.000	.000	.	.014
		df	301	301	301	301	301	301	301	301	301	0	301
	표준화	상관	.071	.137	.101	.166	.194	.154	.164	.445	.185	.141	1.000
		유의수준(양측)	.220	.017	.080	.004	.001	.007	.004	.000	.001	.014	.
		df	301	301	301	301	301	301	301	301	301	301	0

교육수준을 통제하지 않은 경우와 통제하여 분석한 경우를 비교해 보자.

표 6-10 상관분석 결과

		연령	직급	교육수준	근무기간	커뮤니케	혁신전략	혁신주도	장려행동	통제중심	위험용인	지원장치	표준화
연령	Pearson 상관계수	1	.747**	-.198**	.787**	.086	.175**	.138*	.152**	.032	.037	.069	.107
	유의확률 (양쪽)		.000	.001	.000	.133	.002	.016	.008	.581	.517	.229	.062
	N	304	304	304	304	304	304	304	304	304	304	304	304
직급	Pearson 상관계수	.747**	1	-.116*	.777**	.122*	.156**	.175**	.135*	.047	.036	.097	.157**
	유의확률 (양쪽)	.000		.043	.000	.034	.007	.002	.018	.419	.529	.092	.006
	N	304	304	304	304	304	304	304	304	304	304	304	304
교육수준	Pearson 상관계수	-.198**	-.116*	1	-.292**	-.206**	-.201**	-.146*	.066	-.128*	-.158**	-.146*	-.198**
	유의확률 (양쪽)	.001	.043		.000	.000	.000	.011	.254	.025	.006	.011	.001
	N	304	304	304	304	304	304	304	304	304	304	304	304
근무기간	Pearson 상관계수	.787**	.777**	-.292**	1	.106	.147*	.171**	.143*	-.020	.004	.041	.152**
	유의확률 (양쪽)	.000	.000	.000		.065	.010	.003	.013	.733	.947	.476	.008
	N	304	304	304	304	304	304	304	304	304	304	304	304
커뮤니케	Pearson 상관계수	.086	.122*	-.206**	.106	1	.513**	.496**	.352**	.276**	.384**	.518**	.200**
	유의확률 (양쪽)	.133	.034	.000	.065		.000	.000	.000	.000	.000	.000	.000
	N	304	304	304	304	304	304	304	304	304	304	304	304
혁신전략	Pearson 상관계수	.175**	.156**	-.201**	.147*	.513**	1	.568**	.533**	.238**	.411**	.481**	.226**
	유의확률 (양쪽)	.002	.007	.000	.010	.000		.000	.000	.000	.000	.000	.000
	N	304	304	304	304	304	304	304	304	304	304	304	304
혁신주도	Pearson 상관계수	.138*	.175**	-.146*	.171**	.496**	.568**	1	.599**	.192**	.525**	.521**	.178**
	유의확률 (양쪽)	.016	.002	.011	.003	.000	.000		.000	.001	.000	.000	.002
	N	304	304	304	304	304	304	304	304	304	304	304	304
장려행동	Pearson 상관계수	.152**	.135*	.066	.143*	.352**	.533**	.599**	1	.131*	.382**	.450**	.148**
	유의확률 (양쪽)	.008	.018	.254	.013	.000	.000	.000		.022	.000	.000	.010
	N	304	304	304	304	304	304	304	304	304	304	304	304
통제중심	Pearson 상관계수	.032	.047	-.128*	-.020	.276**	.238**	.192**	.131*	1	.211**	.235**	.458**
	유의확률 (양쪽)	.581	.419	.025	.733	.000	.000	.001	.022		.000	.000	.000
	N	304	304	304	304	304	304	304	304	304	304	304	304
위험용인	Pearson 상관계수	.037	.036	-.158**	.004	.384**	.411**	.525**	.382**	.211**	1	.470**	.210**
	유의확률 (양쪽)	.517	.529	.006	.947	.000	.000	.000	.000	.000		.000	.000
	N	304	304	304	304	304	304	304	304	304	304	304	304
지원장치	Pearson 상관계수	.069	.097	-.146*	.041	.518**	.481**	.521**	.450**	.235**	.470**	1	.165**
	유의확률 (양쪽)	.229	.092	.011	.476	.000	.000	.000	.000	.000	.000		.004
	N	304	304	304	304	304	304	304	304	304	304	304	304
표준화	Pearson 상관계수	.107	.157**	-.198**	.152**	.200**	.226**	.178**	.148**	.458**	.210**	.165**	1
	유의확률 (양쪽)	.062	.006	.001	.008	.000	.000	.002	.010	.000	.000	.004	
	N	304	304	304	304	304	304	304	304	304	304	304	304

**. 상관계수는 0.01 수준(양쪽)에서 유의합니다.

*. 상관계수는 0.05 수준(양쪽)에서 유의합니다.

【연습 7】 다음 파일(🖫: satisfaction)은 어느 지역 행정기관의 공무원들의 직무 스트레스(역할갈등, 역할모호)와 이직충동간의 영향을 관계를 살펴보고자 조사한 측정자료이다. 중 인구사회학적 특성 변수(연령, 직급, 근속년수, 학력)와 직무스트레스 구성변수역할갈등, 역할모호) 간의 상관관계를 분석하시오. 단, 인구사회학적 특성 변수는 서열척도로 간주한다. 또한 그리고 근속년수를 통제한 후 상관분석을 실시하시오.

【연습 8】 다음은 파일(🖫: gender_equality)은 국민을 대상으로 양성평등에 관한 인지도를 조사하였다. 연령대, 학력수준, 소득수준 변수와 '행정등 공직

분야의 평등수준', '정치참여분야의 평등수준' 변수간의 상관분석을 실시하시오. 또한 학력수준을 통제한 후 상관분석을 실시하시오.

【연습 9】 다음은 지난 1년 동안 A시청 민원실에 찾아온 민원인과 민원처리시간에 관한 자료이다. 민원인과 민원처리시간 간의 상관분석을 실시하시오.

월별	민원인	민원처리시간(1건 처리 소요기간)
1	120	0.32
2	125	0.50
3	130	0.57
4	145	1.00
5	110	0.24
6	129	0.52
7	125	0.42
8	200	1.50
9	135	0.50
10	120	0.29
11	117	0.38
12	119	0.20

제7장 T-검정

제7장 T-검정

1. T-검정의 의의

1) T-검정의 의미

T-검정(T-test)은 표본분포가 정상분포를 이루고 있지 않을 경우 t-분포를 기반으로 하여 두 집단 간의 평균차이(가설)를 검증하는 방식에 이용된다.

두 집단 간의 평균을 비교분석하는 방법으로는 Z-검정(Z-test)과 T-검정이 있는데, 전자는 모집단의 분산을 알고 있는 경우에 이용되지만 두 모집단의 분산을 알기란 쉽지가 않기 때문에 T-검정을 이용한다.

2) T-검정에 이용되는 척도

T-검증을 하기 위해서는 종속변수는 반드시 등간척도 이상이어야 한다. 만약, 종속변수가 서열변수이거나 등간성이 의심될 경우에는 비모수통계분석방법을 이용한다. 비모수통계분석방법은 제16장을 참조한다.

2. T-검정의 종류

1) 독립표본 t-검정

독립표본 t-검정은 하나의 검정변수에 대해 두 집단 간 평균의 차이가 통계적으로 유의적인가를 파악할 때 이용하는 방법이다. 즉, 표본의 평균값의 차이가 모집단의 모수의 차이에 의한 것인지 표본에서 발생한 우연한 차이에 의한 것인지를 검정하는 방법이다.

예를 들어, 성별에 따라 직무만족도에 차이가 있는지를 파악하고자 할 때 독립표본 t-검정을 이용한다.

그림 7-1 t-검정의 개념적 모형

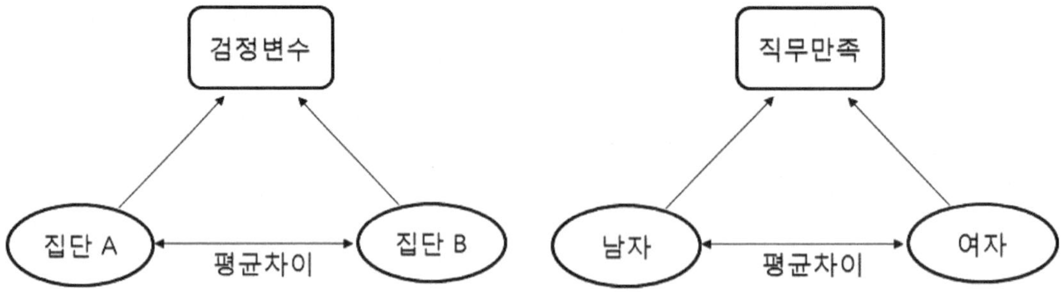

2) 대응표본 t-검정

대응표본 t-검정은 동일 집단 내에서 두 개의 검정변수에 대한 평균의 차이가 통계적으로 유의한지를 검정하고자 할 때 이용하는 방법이다.

예를 들어, 성별의 남성 집단에서 혁신교육전(실험전)과 혁신교육후(실험후)의 의식조사를 실시하고 교육의 효과를 파악하고자 할 때 이용하는 방법이다.

그림 7-2 대응표본 T-검정의 개념적 모형

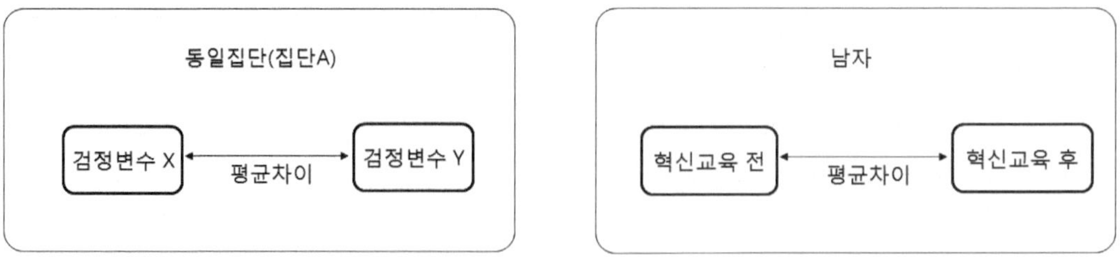

3. 독립표본 t-검정

① 가설검정

"두 집단 간 평균의 차이가 없다"라는 영가설을 유의수준(사회과학에서는 95%)에서 살펴본다.

만약 유의수준 0.05보다 t값의 유의확률값(p값)이 크면 두 집단 간 평균차이가 없다는 영가설을 채택하게 되고 반대로 유의확률값(p값)이 유의수준 0.05보다 작으면 영가설이 기각되기 때문에 두 집단 간 평균차이가 있는 것으로 판정한다.

표 7-1 가설채택 기준

p값	유의수준	비교	가설채택여부
0.021	0.05	0.021 < 0.05	연구가설 채택
0.125	0.05	0.125 > 0.05	연구가설 기각

② 분석상황

다음은 어느 지방정부 소속 공무원들에 대한 직무스트레스(역할갈등, 역할모호)가 이직충동에 영향을 미치는가를 조사한 데이터이다. 여기에서 성별과 결혼여부에 따라 직무만족도에 차이가 있는지를 검정해보자. (🖫: satisfaction)

③ 분석실행

【분석】→【평균비교】→【독립표본 T검정】을 차례로 클릭한다.

우측의 [검정변수]에 역할갈등 변수를, 아래 [집단변수]에 성별을 이동한다..

그림 7-3 **독립표본 t-검정 대화상자**

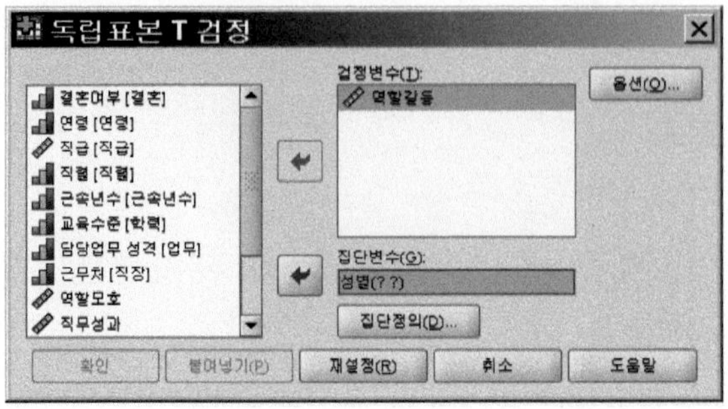

[집단정의]를 클릭하고 〈집단1〉에는 "1"(남자), "2"(여자)를 입력하고 〈계속〉 버튼을 클릭한다.

만약 독립변수가 점수를 가지거나 범주로 되어 경우나, 서열이상인 경우에는 "분리점"을 이용한다. 예를 들어, 응답자의 학력이 고졸(3)이하와 대졸(4) 이상을 기준으로 설정할 경우에는 "분리점"에 기준이 되는 "3"을 입력하면 된다. 여기에서 집단 1과 2는 입력하지 않아도 된다.

그림 7-4 **집단정의 대화상자**

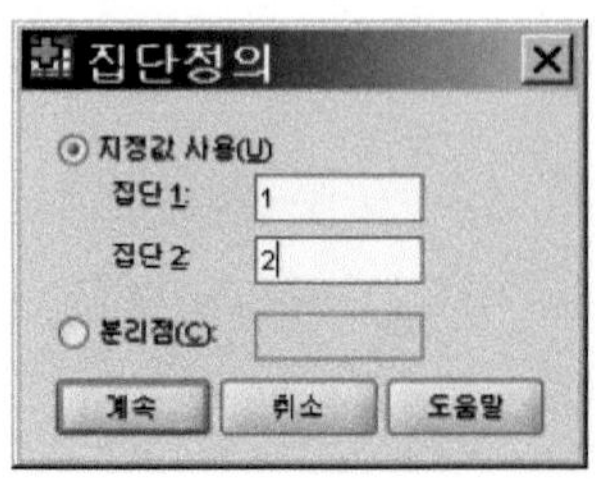

첫번째 창에서 우측의 〈옵션〉를 클릭하면 분석자가 원하는 신뢰구간을 설정할 수 있다. 프로그램상에서는 기본적으로 95%(0.05)로 설정되어 있다. 따라서 특별하게 설정해야 될 필요가 있는 경우를 제외하고는 무시하고 건너뛰어도 된다.

그림 7-5 옵션 대화상자

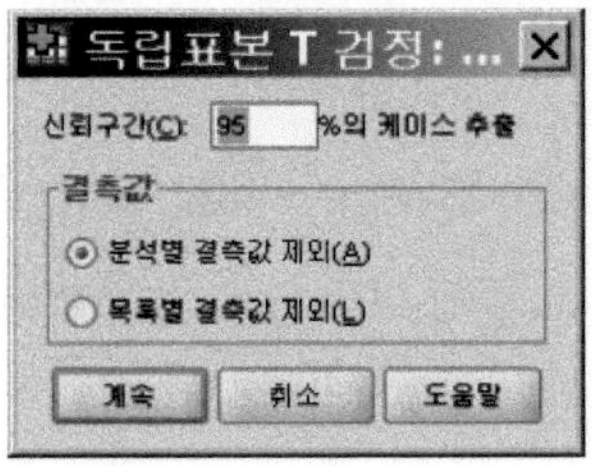

④ 분석결과 및 해설

먼저 집단별 기술통계량값이 제시된다.

남자 평균은 3.22, 여자 평균은 3.11로 제시된다.

표 7-2 집단통계량

집단통계량

	남녀	N	평균	표준편차	평균의 표준오차
역할갈등	남자	525	3.2235	.71605	.03125
	여자	205	3.1073	.63002	.04400

다음으로 '두 집단 간 분산의 동질성 여부'를 살펴봐야 한다. 두 집단 간 분산의 동질성 검정은 Levene의 등분산 검정 즉, F값과 그의 유의확률값을 통해 판정한다.

분산의 동질성 여부를 검정하는 이유는 T-검정이 기본적으로 표본수가 적은 경우에 이용하는 것이기 때문에 분산이 동일한지 또는 다른지에 따라 T-검정의 방법이 달라지기 때문이다.

만약, 등분산 가정이 기각되면 "등분산이 가정되지 않음"에 따른 통계량을 살펴보아야 한다.

등분산을 검정하는 가설은 "두 집단 간 모분산이 동일하다"라는 영가설을 검정하게 된다.

이 분석결과에는 등분산 검정을 위한 F값이 4.10이고 유의확률값이 0.043이므로 유의수준(95%) 0.05보다 작기 때문에 "두 집단 간 모분산이 동일하다"라는 영가설을 기각하게 된다. 따라서 "등분산이 가정되지 않음"에 따른 통계량 값을 통해 평균 차이를 검정하면 된다.

평균의 차이검정을 위한 통계량은 t값과 유의확률을 통해 파악한다. 여기에서는 t값이 2.153이고 유의확률이 0.032이기 때문에 유의수준 0.05보다 작다. 결국 "두 집단의 평균의 차이가 없다"라는 영가설을 기각시키기 때문에 성별에 따른 '역할갈등'은 차이가 있는 것으로 알 수 있다. 요컨대, 남자의 평균이 3.2이고 여자의 평균이 3.11이기 때문에 여자보다는 남자의 역할갈등이 큰 것으로 알 수 있다.

표 7-3 독립표본 T-검정 결과

독립표본 검정

		Levene의 등분산 검정		평균의 동일성에 대한 t-검정						
									차이의 95% 신뢰구간	
		F	유의확률	t	자유도	유의확률 (양쪽)	평균차	차이의 표준오차	하한	상한
역할갈등	등분산이 가정됨	4.100	.043	2.035	728	.042	.11617	.05708	.00412	.22823
	등분산이 가정되지 않음			2.153	420.085	.032	.11617	.05397	.01009	.22226

【연습 1】 다음 파일(🖫: satisfaction)의 입력자료에서 "분리점"을 이용하여 전문대졸이하(변수값 2)와 대졸이상(변수값 3)의 두 집단 간 직무만족도에 차이가 있는지를 검정하시오.

【연습 2】 다음 파일(🖫: wellbeing)은 지역 주민들을 대상으로 "현재 지역이 다른 지역과 비교하여 살기에 어떤 곳이라고 생각하십니까?"라는 질문에 대한 응답 결과이다. 각 문항에 대한 성별 차이를 분석하시오.

구 분	매우 나쁘다	나쁜 편이다	그저 그렇다	좋은 편이다	매우 좋다
1. 교통 및 도로상황	1	2	3	4	5
2. 대중교통서비스	1	2	3	4	5
3. 주차공간	1	2	3	4	5
4. 주변의 쾌적한 자연환경	1	2	3	4	5
5. 주택 및 주거환경	1	2	3	4	5
6. 공원녹지 등 시민휴식공간	1	2	3	4	5
7. 문화 · 체육시설	1	2	3	4	5
8. 청소년교육 환경	1	2	3	4	5
9. 여가레저시설 이용	1	2	3	4	5
10. 의료 및 사회복지서비스	1	2	3	4	5
11. 시장과 쇼핑센터의 이용	1	2	3	4	5
12. 경제활동(상업, 금융) 용이	1	2	3	4	5
13. 이웃주민과의 친밀성	1	2	3	4	5
14. 쓰레기 처리(청소환경)	1	2	3	4	5
15. 안전한 거리(범죄예방)	1	2	3	4	5
16. 행정서비스의 신속편리	1	2	3	4	5

【연습 3】 다음 파일(🖫: c&c)은 어느 대학교의 학생들을 대상으로 캠퍼스커플(C.C) 여부와 성별에 따른 학교생활만족도를 조사하였다. 캠퍼스커플 여부와 성별에 따른 대학생활만족도에 차이가 있는지를 검정해보자.

1. 전반적으로 학교생활에 만족하십니까?
   ① 매우 그렇다 ② 그렇다 ③ 그저 그렇다 ④ 아니다 ⑤ 매우 아니다
2. 귀하는 C.C(캠퍼스커플) 이십니까?
   ① 예( ) ② 아니오( )
3. 귀하의 성별은?
   ① 남자( ) ② 여자( )

【연습 4】 다음 파일(🖫: internet_school)은 어느 대학교의 학생들을 대상으로 인터넷사용수준에 따른 학교생활만족도를 조사하였다. 성별에 따른 인터넷중독, 학교생활적응, 학교친애감, 학습태도, 사교성 등에 차이가 있는지를 검정해보자.

【연습 5】 4번 파일에서 1-2학년을 하나의 그룹으로 하고 3-4학년을 하나의 그룹으로 구분하여 차이를 검정해보자.

【연습 6】 다음 파일(🖫: shopping)은 어느 대학교의 학생들을 대상으로 인터넷쇼핑몰 이용의도를 조사하였다. 성별에 따른 이용의도에 차이가 있는지를 검정해보자.

【연습 7】 6번 파일에서 1-2학년을 하나의 그룹으로 하고 3-4학년을 하나의 그룹으로 구분하여 차이를 검정해보자.

4. 대응표본 t-검정

대응표본 t-검정은 같은 집단에서 두 개 검정변수간의 차이를 살펴보고자 할 때 이용한다. 이 분석방법은 실험설계에서 실험전과 실험후의 차이를 분석하고자 할 때 유용하게 이용하게 된다.

① 가설검정

"검정변수 간 평균의 차이가 없다"라는 영가설을 유의수준(사회과학에서는 95%)에서 살펴본다.

② 분석상황

다음 파일(🖫: disability)은 어느 학생들을 대상으로 '장애인의 편견에 대한 인식수준'을 살펴보고자 장애체험 전 · 후의 인식정도를 조사하였다. 장애체험 전 · 후의 인식정도에 차이가 있는지를 검정해보자.

③ 분석실행

【분석】→【평균비교】→【대응표본 T검정】을 차례로 클릭한다.

왼쪽의 체험전과 체험후 변수를 오른쪽 [대응변수] 칸으로 옮긴 다음 〈확인〉을 클릭한다. 오른쪽 하단의 화살표(↔)를 클릭할 때 마다 변수 전후 위치가 바뀐다.

그림 7-6 대응표본 T-검정 대화상자

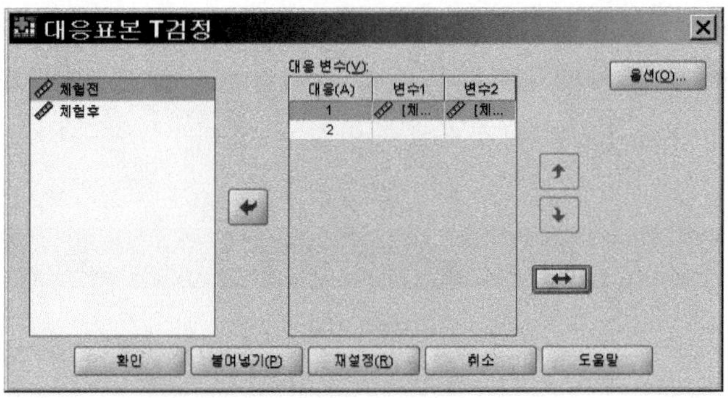

④ 분석결과 및 해설

〈표 7-4〉는 체험전과 체험후의 기술통계량값을 제시하고 있다.

표 7-4 대응표본 통계량

대응표본 통계량

		평균	N	표준편차	평균의 표준오차
대응 1	체험전	3.9333	15	.70373	.18170
	체험후	3.2000	15	.67612	.17457

〈표 7-5〉는 체험전과 체험후의 측정값에 대한 상관계수를 제시하고 있다.

표 7-5 대응표본 상관계수

대응표본 상관계수

		N	상관계수	유의확률
대응 1	체험전 & 체험후	15	.480	.070

〈표 7-6〉은 대응차이 검정 결과를 제시하고 있다. 분석결과를 보면 t값이 4.03이고 이에 따른 유의확률이 0.001로 유의수준 0.05보다 작기 때문에 장애인 편견에 대한 장애 체험전과 체험후 간에 평균 차이가 있는 것으로 해석할 수 있다.

즉, 장애 체험전보다 체험 후에 편견 정도가 낮은 것으로 알 수 있다. 이와 같은 결과를 통해 시사되는 것은 장애인 편견을 없애기 위해서는 장애인 체험학습의 필요성이 요구된다는 것으로 제안할 수 있다.

표 7-6 대응표본 검정 결과

대응표본 검정

		대응차					t	자유도	유의확률 (양쪽)
					차이의 95% 신뢰구간				
		평균	표준편차	평균의 표준오차	하한	상한			
대응 1	체험전 - 체험후	.73333	.70373	.18170	.34362	1.12305	4.036	14	.001

【연습 8】 다음 파일(🖫: innovation_level)은 어느 행정기관의 혁신 필요성에 대해 혁신교육 전/후의 혁신인식도를 조사하였다. 혁신교육이 혁신의 필요성 인식에 얼마나 기여하는지를 분석하시오.

【연습 9】 다음 파일(🖫: minwon)은 어느 시청의 민원서비스에 대해 시민들을 대상으로 2007년도와 2008년도 2회에 걸쳐 민원서비스 만족도를 조사하였다. 민원서비스 만족도가 증가되었는지를 분석하시오.

제8장 분산분석

1. 분산분석의 의의
2. 일원배치 분산분석
3. 이원배치 분산분석

제8장 분산분석

1. 분산분석의 의의

1) 분산분석의 의미

분산분석(ANalysis Of VAriance, ANOVA)은 세 집단 간의 평균차이(가설)를 검증하는데 이용되는 분석방법으로서 표본들이 동일한 평균을 가진 모집단에서 추출된 것인가를 검정하기 위한 것이다.

2) 분산분석 적용을 위한 가정

분산분석을 적용하기 위해서는 다음과 같은 기본가정이 충족되어야 한다.

① 각 표본은 독립적이어야 한다. 즉, 각 집단이 관련성이 없어야 한다.

② 각 표본들은 정규분포를 이루어야 한다(단, 표본크기가 크면 정규성은 무시해도 상관없다).

③ 각 모집단은 똑 같은 분산을 가져야 한다.

3) 분산분석의 절차

분산분석은 다음과 같은 절차로 진행된다.

① 집단간 분산을 추정한다.

② 집단내 분산을 추정한다.

③ 두 추정치를 비교한다. 이 비교값을 F−비율이라고 하기 때문에 분산분석을 F−분석이라고도 한다.

$$F값 = \frac{집단간분산}{집단내분산}$$

4) 분산분석의 가설검정

분산분석의 가설검정은 검정변수에 대해 "집단(세 집단) 간 평균의 차이가 없다"라는 영가설을 유의수준(사회과학에서는 95%)에서 살펴본다.

2. 일원배치 분산분석

① 원리

일원배치 분산분석(One－Way ANOVA)은 독립변수 범주에서 세 집단 간(독립변수 내 3개 집단) 하나의 검정변수(종속변수)에 대해 평균의 차이가 통계적으로 유의한지를 검정하는데 이용된다.

일원배치 분산분석을 위해서는 독립변수는 명목척도, 종속변수는 등간척도 이상이어야 한다.

그림 8-1 일원배치 분산분석의 개념모형

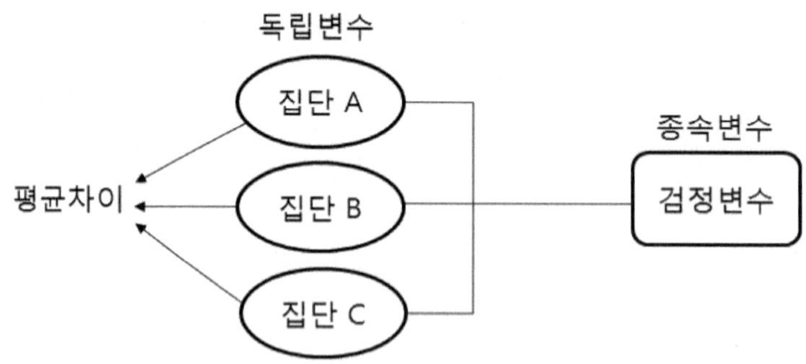

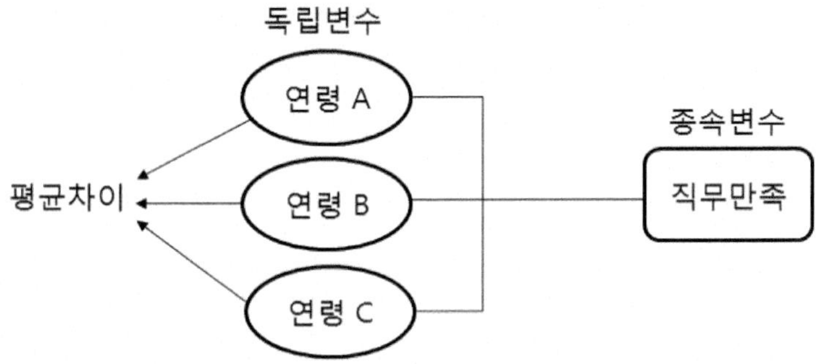

② 분석상황

다음은 어느 지방정부 공무원들에 대한 직무스트레스(역할갈등, 역할모호)가 이직충동에 영향을 미치는가를 살펴보기 위하여 조사한 데이터이다. 연령에 따라 직무만족도에 차이가 있는지를 검정해보자. (🖫: satisfaction)

③ 분석실행

【분석】→【평균비교】→【일원배치 분산분석】을 차례로 클릭한다.
우측의 [종속변수]에 직무만족 변수를 아래 [요인분석]에 연령을 이동한다.

그림 8-2 일원배치 분산분석의 대화상자

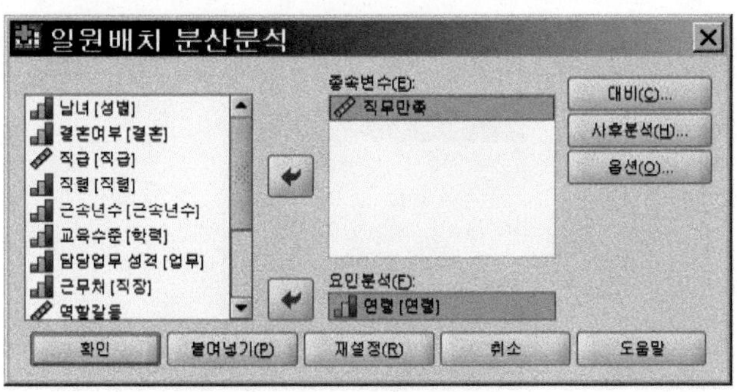

[사후분석]을 클릭하면 〈다중비교〉 창이 제시된다.

- 〈다중비교〉에서는 두 개의 집단끼리 t－검정을 반복한 결과를 보여준다.
- [등분산을 가정함]에서는 LSD를 선택하고 〈계속〉 버튼을 클릭한다.
- LSD(Last Significant Difference)란 최소유의차로 집단의 모든 쌍들 간의 다중 t－검정을 실시하도록 하는 것이다.

그림 8-3 일원배치 분산분석의 대화상자

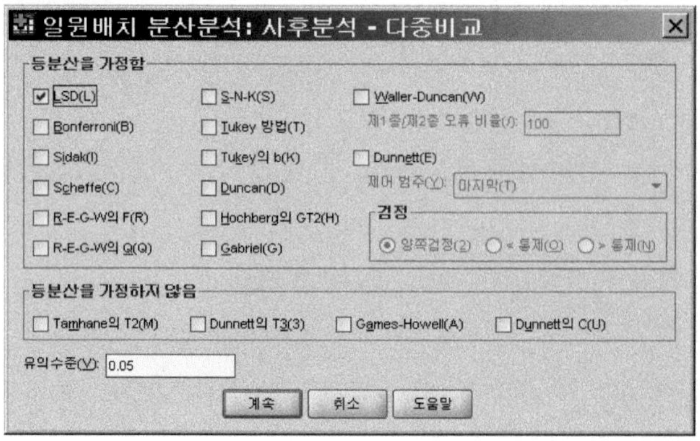

[옵션]을 클릭하고 '기술통계'와 '분산 동질성 검정'을 선택하고 〈계속〉을 클릭한 후 맨 처음 창에서 〈확인〉을 클릭하면 분석이 실행된다.

그림 8-4 옵션 대화상자

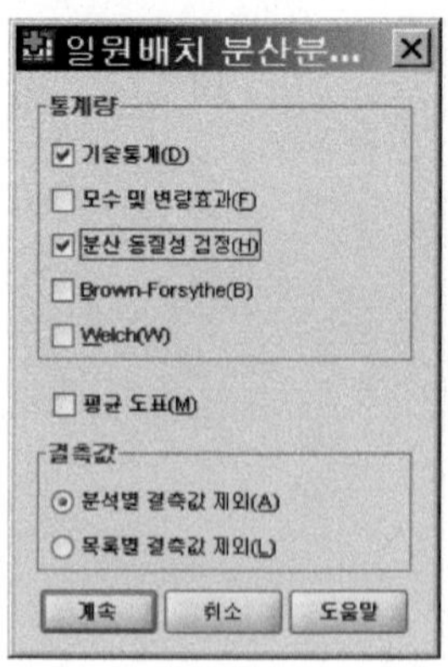

④ 분석결과 및 해설

먼저 연령대별로 기술통계량이 제시되어 있다.

표 8-1 기술통계량

기술통계

직무만족

	N	평균	표준 오차 편차	표준 오차 오류	평균에 대한 95% 신뢰구간 하한값	평균에 대한 95% 신뢰구간 상한값	최소값	최대값
30세 미만	75	3.0667	.61283	.07076	2.9257	3.2077	1.50	4.50
30세-35세	161	3.0885	.68943	.05434	2.9812	3.1958	1.00	5.00
36세-40세	157	3.0876	.58758	.04689	2.9950	3.1802	1.00	4.75
41세-45세	179	3.2430	.64772	.04841	3.1475	3.3386	1.00	5.00
46세-50세	107	3.3692	.65728	.06354	3.2432	3.4951	1.00	4.75
51세-55세	47	3.4628	.65313	.09527	3.2710	3.6545	1.75	5.00
56세 이상	8	3.3750	.68139	.24091	2.8053	3.9447	2.00	4.00
합계	734	3.1918	.65367	.02413	3.1444	3.2391	1.00	5.00

분산의 동질성 검정 결과 Levene 통계량이 0.868이고 유의확률이 0.520으로 유의수준 0.05에서 모집단의 분산이 동일하다는 영가설이 채택된다.

표 8-2 분산의 동질성에 대한 검정

분산의 동질성 검정

직무만족

Levene 통계량	df1	df2	유의확률
.866	6	727	.520

분산분석 결과표에서 F통계량이 4.891이고 유의확률이 0.000이므로 유의수준 0.05에서 '집단간(연령대별) 직무만족도에 통계적인 차이가 없다'는 영가설을 기각시키기 때문에 연령대별 직무만족도는 차이가 있음을 알 수 있다.

표 8-3 분산분석 결과

분산분석

직무만족

	제곱합	df	평균 제곱	거짓	유의확률
집단-간	12.152	6	2.025	4.891	.000
집단-내	301.046	727	.414		
합계	313.198	733			

<표 8－4>는 다중비교를 나타내고 있다. 평균차이와 유의확률을 보면 별표(*)가 오른쪽에 붙여있다. 별표(*)가 있는 곳은 통계적으로 차이가 있음을 의미한다. 예를 들면, 30세 미만은 41세~45세, 46세~50세, 51~55세 연령대와 차이가 있음을 알 수 있다.

표 8-4 다중비교 결과

(I)연령	(J) 연령	평균 차이 (I－J)	표준오차	유의확률	95% 신뢰구간	
					하한값	상한값
30세 미만	30세－35세	－.02184	.08996	.808	－.1985	.1548
	36세－40세	－.02091	.09033	.817	－.1982	.1564
	41세－45세	－.17635(*)	.08851	.047	－.3501	－.0026
	46세－50세	－.30249(*)	.09691	.002	－.4927	－.1122
	51세－55세	－.39610(*)	.11972	.001	－.6311	－.1611
	56세 이상	－.30833	.23934	.198	－.7782	.1615
30세－35세	30세 미만	.02184	.08996	.808	－.1548	.1985
	36세－40세	.00093	.07218	.990	－.1408	.1426
	41세－45세	－.15451(*)	.06990	.027	－.2917	－.0173
	46세－50세	－.28065(*)	.08026	.000	－.4382	－.1231
	51세－55세	－.37426(*)	.10669	.000	－.5837	－.1648
	56세 이상	－.28649	.23310	.219	－.7441	.1711
36세－40세	30세 미만	.02091	.09033	.817	－.1564	.1982
	30세－35세	－.00093	.07218	.990	－.1426	.1408
	41세－45세	－.15544(*)	.07036	.027	－.2936	－.0173
	46세－50세	－.28158(*)	.08067	.001	－.4400	－.1232
	51세－55세	－.37519(*)	.10700	.000	－.5852	－.1651
	56세 이상	－.28742	.23324	.218	－.7453	.1705
41세－45세	30세 미만	.17635(*)	.08851	.047	.0026	.3501
	30세－35세	.15451(*)	.06990	.027	.0173	.2917
	36세－40세	.15544(*)	.07036	.027	.0173	.2936
	46세－50세	－.12614	.07863	.109	－.2805	.0282
	51세－55세	－.21975(*)	.10547	.038	－.4268	－.0127
	56세 이상	－.13198	.23254	.571	－.5885	.3245

46세-50세	30세 미만	.30249(*)	.09691	.002	.1122	.4927
	30세-35세	.28065(*)	.08026	.000	.1231	.4382
	36세-40세	.28158(*)	.08067	.001	.1232	.4400
	41세-45세	.12614	.07863	.109	-.0282	.2805
	51세-55세	-.09361	.11261	.406	-.3147	.1275
	56세 이상	-.00584	.23586	.980	-.4689	.4572
51세-55세	30세 미만	.39610(*)	.11972	.001	.1611	.6311
	30세-35세	.37426(*)	.10669	.000	.1648	.5837
	36세-40세	.37519(*)	.10700	.000	.1651	.5852
	41세-45세	.21975(*)	.10547	.038	.0127	.4268
	46세-50세	.09361	.11261	.406	-.1275	.3147
	56세 이상	.08777	.24611	.721	-.3954	.5709
56세 이상	30세 미만	.30833	.23934	.198	-.1615	.7782
	30세-35세	.28649	.23310	.219	-.1711	.7441
	36세-40세	.28742	.23324	.218	-.1705	.7453
	41세-45세	.13198	.23254	.571	-.3245	.5885
	46세-50세	.00584	.23586	.980	-.4572	.4689
	51세-55세	-.08777	.24611	.721	-.5709	.3954

* 평균 차이는 .05 수준에서 유의합니다.

【연습 1】 다음 파일(🖫: innovation_culture)에서 직급별 혁신주도에 차이가 있는가를 검정하시오.

3. 이원배치 분산분석

① 원리

이원배치 분산분석(Two-Way ANOVA)은 독립변수가 두 개 이상이고 하나의 검정변수(종속변수)에 대해 평균의 차이가 통계적으로 유의한지를 검정하는 데 이용된다.

실험설계에 있어서는 요인설계(factorial design)에 해당하게 되는데, 독립변수들(A요인－B요인의 상호작용)따라 종속변수의 평균에 차이가 있는가를 살펴보고자 하는 경우에 이용된다.

이원배치 분산분석을 적용하기 위해서는 일원배치 분산분석과 마찬가지로 독립변수는 명목척도, 종속변수는 등간척도 이상이어야 한다.

그림 8-5 이원배치 분산분석 개념모형

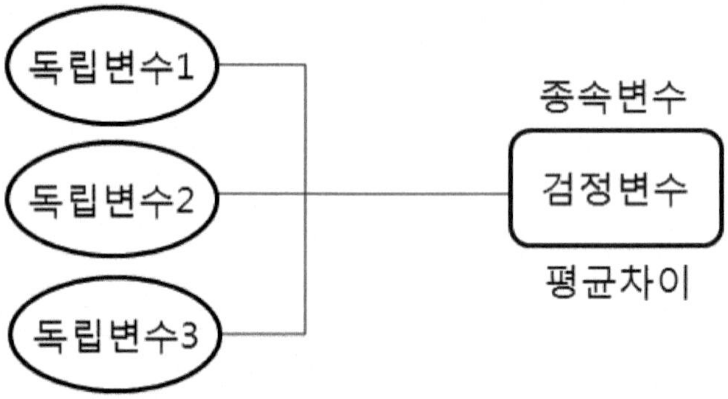

② 분석상황

다음은 어느 지방정부 소속 공무원들에 대한 직무스트레스(역할갈등, 역할모호)가 이직충동에 영향을 미치는가를 조사한 데이터이다. 여기에서 직무만족도에 대해 연령별, 근속년수(단, 분석상황을 위해 근속년수를 명목척도로 간주한다)에 따른 차이가 있는지를 검정해보자. (🖫: satisfaction)

③ 분석실행

【분석】→【일반선형모형】→【일변량】을 차례로 클릭한다.

우측의 [종속변수]에 직무만족 변수를 아래 [모수요인]에 연령과 근속년수를 이동시킨다.

그림 8-6 일변량 분석의 대화상자

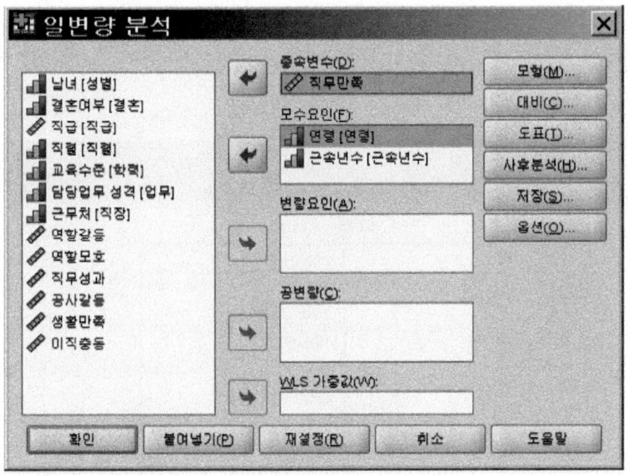

[옵션]에서 '기술통계량'을 선택하여 〈계속〉 버튼을 클릭하고 처음 창의〈확인〉을 클릭하면 분석이 실행된다.

그림 8-7 옵션 대화상자

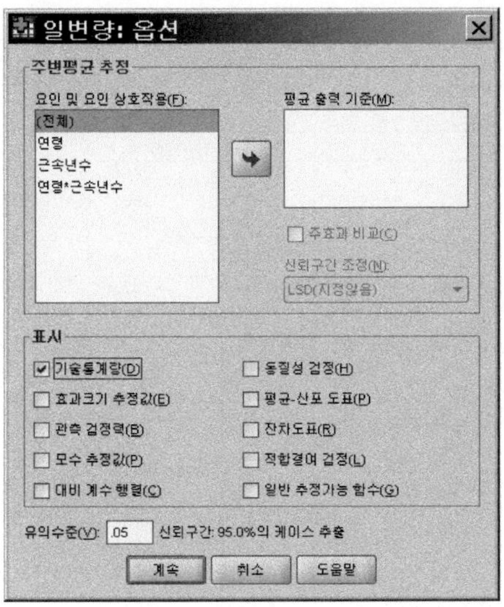

④ 분석결과 및 해설

〈표 8－5〉는 변수별 변수값에 대한 응답자를 제시하고 있다.

표 8-5 개체간 요인

개체-간 요인

		변수값 설명	N
연령	1	30세 미만	73
	2	30세-35세	159
	3	36세-40세	155
	4	41세-45세	179
	5	46세-50세	106
	6	51세-55세	47
	7	56세 이상	8
근속년수	1	5년 미만	98
	2	6년-10년	170
	3	11년-15년	166
	4	16년-20년	95
	5	21년-25년	124
	6	25년-30년	52
	7	31년 이상	22

〈표 8－6〉은 연령대별 근속년수에 대한 분포와 응답자를 나타내고 있다.

표 8-6 기술통계량

종속 변수:직무만족

연령	근속년수	평균	표준 오차 편차	N
30세 미만	5년 미만	3.0972	.67540	54
	6년-10년	3.0139	.36854	18
	11년-15년	3.2500	.	1
	합계	3.0788	.60793	73
30세-35세	5년 미만	3.2000	.73226	30
	6년-10년	3.0714	.69423	98
	11년-15년	3.0750	.62336	30
	16년-20년	1.7500	.	1
	합계	3.0881	.69249	159
36세-40세	5년 미만	3.6000	.28504	5
	6년-10년	3.0833	.37317	39
	11년-15년	3.1279	.60481	86
	16년-20년	2.9130	.71751	23
	21년-25년	2.1250	1.23744	2
	합계	3.0871	.58982	155
41세-45세	5년 미만	3.4167	.76376	3
	6년-10년	3.2250	.58274	10
	11년-15년	3.3023	.57879	43
	16년-20년	3.2143	.62839	63
	21년-25년	3.2371	.71085	58
	25년-30년	2.8750	1.59099	2
	합계	3.2430	.64772	179

〈표 8－7〉은 개체 간 효과 검정결과를 제시하고 있다.

- 수정모형 : 분산분석 모형에 대한 타당성(적합도)을 의미한다. 유의수준 0.05에서 F값이 1.809이고 유의확률이 0.004이므로 분산분석은 적합도는 타당성이 있는 것으로 알 수 있다.
- 절편 : 전체평균을 의미한다.
- 연령/근속년수 : 연령과 근속년수가 각각 종속변수(직무만족)에 미치는 영향이 유의미한지 알려준다. 연령과 근속년수 모두 유의수준 0.05에서 유의하다는 것을 알 수 있다.
- 연령 * 근속년수 : 연령과 근속년수가 결합하여 종속변수의 평균에 차이가 있는지를 파악하게 합니다. 여기에서는 유의수준 0.05에서 유의하지 않는 것을 알 수 있다.
- 오차 : 잔차(residual)로서 집단 내 분산을 의미한다.
- 수정합계 : 전체분산을 의미한다.

표 8-7 개체 간 효과 검정

개체-간 효과 검정

종속 변수:직무만족

소스	제 III 유형 제곱합	자유도	평균 제곱	F	유의확률
수정 모형	23.914[a]	32	.747	1.809	.004
절편	1074.104	1	1074.104	2600.700	.000
연령	8.483	6	1.414	3.423	.002
근속년수	5.771	6	.962	2.329	.031
연령 * 근속년수	7.972	20	.399	.965	.503
오류	286.626	694	.413		
합계	7720.500	727			
수정 합계	310.540	726			

a. R 제곱 = .077 (수정된 R 제곱 = .034)

⑤ 보고서 작성

분석결과 연령과 근속년수의 상호작용효과는 존재하지 않는 것으로 알 수 있다. 그러므로 두 변수간(연령 * 근속년수) 결합효과는 종속변수에 영향을 미치지 않는 것으로 알 수 있다.

표 8-8 두 변수간의 상호작용효과 검정

종속변수	독립변수	제곱합(SS)	평균제곱(MS)	F값	유의확률
종속변수	연령	8.483	1.414	3.423	.002
	근속년수	5.771	.962	2.329	.031
	연령 * 근속년수	7.972	.399	.965	.503

【연습 2】 다음 파일(🖫: C&C)은 어느 대학교 학생들을 대상으로 '학교생활만족도'를 조사하였다. 성별과 전공의 상호작용으로 인해 "전반적인 학교생활만족도"에 차이가 있는지 즉, 영향을 미치는지 검정하시오.

【연습 4】 다음 파일(🖫: internet_school)은 어느 대학교의 학생들을 대상으로 인터넷사용수준에 따른 학교생활만족도를 조사하였다. 성별과 학년의 상호작용으로 인해 학교생활적응, 학습태도에 차이가 있는지 검정하시오.

제9장 다변량분산분석

1. 다변량분산분석의 의의
2. 일원다변량분석
3. 다원다변량분석

제9장 다변량분산분석

1. 다변량분산분석의 의의

1) 다변량분산분석의 의미

다변량분산분석(MANOVA, Multivariate ANalysis Of VAriance)은 분산분석 논리와 기법을 확장한 것이다.

분산분석은 하나의 검정변수(종속변수)에 대하여 독립변수(집단)간 차이가 있는지에 이용되는 방법이었다면, 다변량분산분석은 두 개 이상의 검정변수(종속변수)에 대하여 집단 간 차이를 알아보고자 할 때 이용되는 분석방법이다. 분산분석이 종속변수를 하나씩 검정하는데 반해 다변량분산분석은 종속변수를 두 개 이상 한꺼번에 검정할 수 있다는 것이 특징이다.

예를 들어, 검정변수(종속변수)인 월급여액과 소비지출간에 대해 교육수준(중졸, 고졸, 대학원졸)에 따라 차이를 알아보고자 하는 경우나, 직무만족과 직무성과에 대하여 교육수준에 따라 차이가 있는지를 알아보고자 하는 경우가 이에 해당된다.

분산분석과 다변량분산분석의 차이점은 다음과 같다.

표 9-1 분산분석과 다변량분산분석의 비교

분산분석	다변량분산분석
종속변수 1개	종속변수 2개 이상
종속변수에 대한 독립변수의 평균 차이검정	종속변수 평균들의 집합차이 (벡터간의 차이검정)

2) 다변량분산분석의 가정 및 원리

다변량분산분석의 기본가정은 다음과 같다.

① 종속변수들이 하나의 다변량분포를 이루고 있어야 한다. 개별변수들의 분포가 정규분포라는 것을 전제로 하기 때문에 먼저 개별변수들의 분포를 살펴보아야 한다.

② 종속변수들의 상관관계가 확인되어야 한다. 상관관계가 존재하지 않는다면 다변량분산분석을 실행할 필요가 없다. 이를 위해서는 Bartlett의 구형성(sphericity) 검정치를 이용한다.

③ 독립변수인 각 집단의 분산이 동일해야 한다. 즉, 등분산성이 가정되어야 한다.

3) 다변량분산분석의 종류

다변량분산분석도 분산분석(ANOVA)처럼 독립변수의 수에 따라 독립변수가 하나이면 "일원다변량분석", 독립변수가 두 개 이상이면 "다원다변량분석"으로 구분된다.

그림 9-1 **일원다변량분석 모형**

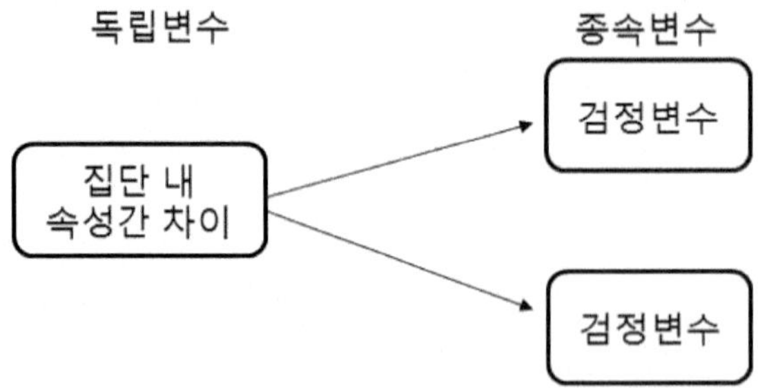

그림 9-2 다원다변량분석 모형

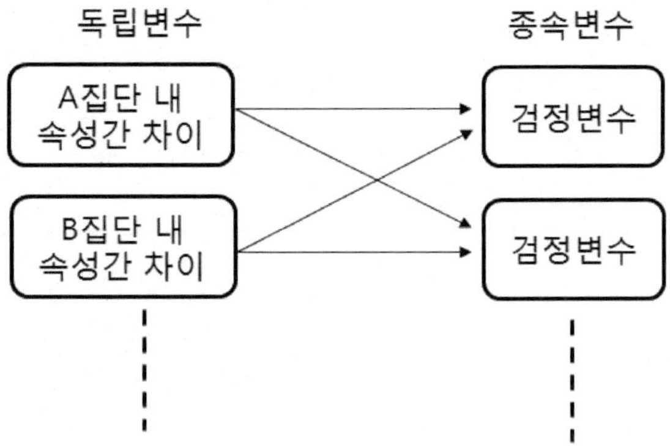

2. 일원다변량분석

① 사전작업

다변량분산분석을 실행하기에 앞서 전제 사항인 종속변수들 간 상관관계가 존재하는지를 살펴보아야 한다.

상관분석결과 혁신지원장치와 위험감수 간에 상관계수(r)=.470이고 p값은 .000으로 나타남으로써 '두 변수 간 상관관계가 없다'는 귀무가설에 대해 유의수준 0.001에서 기각되기 때문에, 두 변수 간 상관관계가 존재하는 것으로 알 수 있다.

② 분석상황

다음은 어느 지방정부 소속 공무원들에 대한 혁신문화 수준을 조사한 데이터이다. 여기에서 성별에 따라 혁신지원장치와 위험감수 간의 평균의 차이가 존재하는지를 다변량분산분석을 통하여 검정해보자.

(🖫: innovation_culture)

그림 9-3 분석형

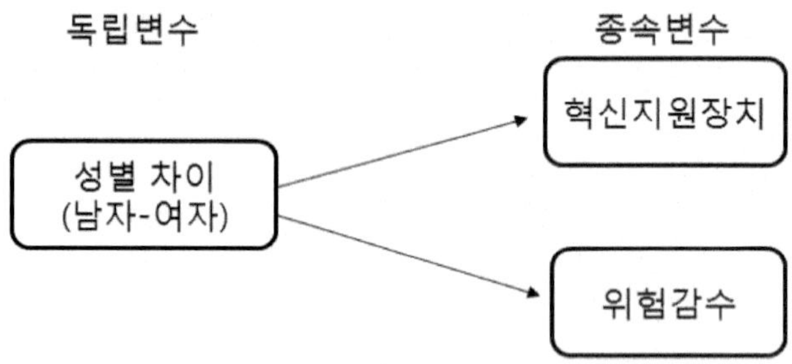

③ 분석실행

【분석】→【일반선형모형】→【다변량】을 차례로 클릭한다.

- 우측의 [종속변수]에 '지원장치'와 '위험용인' 변수를 이동하고 [모수요인]에 '성별'을 이동한다.

그림 9-4 일원다변량분석 대화상자

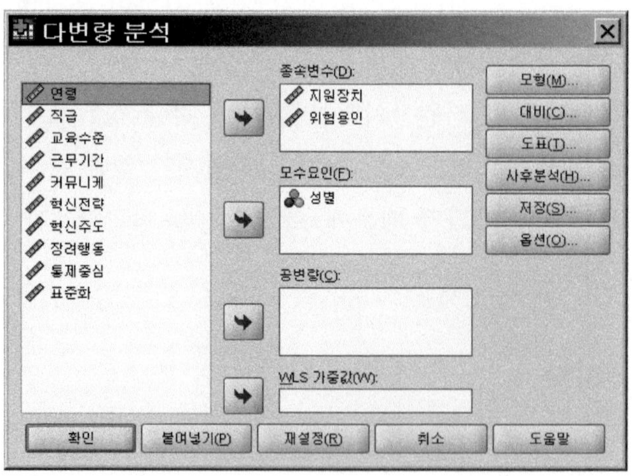

맨 우측의 [모형]을 클릭하고 모형설정에서 완전요인모형, 제곱합에서는 제Ⅲ유형에 설정하고 〈계속〉 버튼을 클릭한다. 이 모드는 생략해도 된다. 기본적으로 설정되어 있기 때문이다.

그림 9-5 모형 대화상자

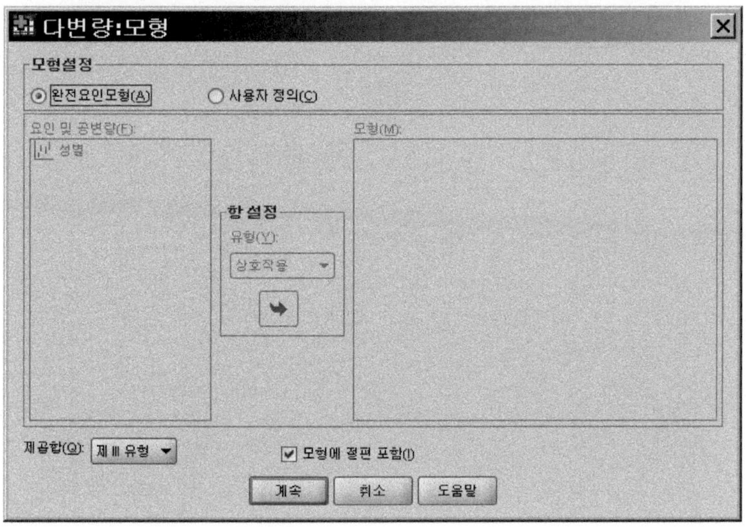

계속해서 [대비]를 클릭하고 '대비 대화상자'에서 편차(deviation)를 선택한 후 〈계속〉 버튼을 클릭한다.

그림 9-6 대비 대화상자

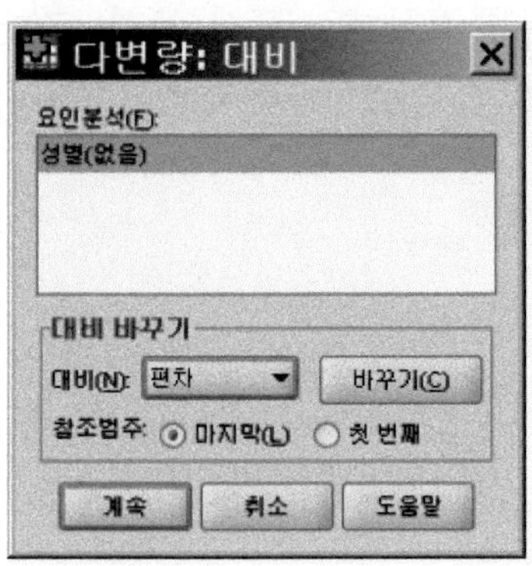

계속해서 [사후분석]을 클릭한 후 [요인분석]의 성별을 [사후검정변수]로 옮기며, [등분산을 가정함]에서 "LSD"를 선택하고 〈계속〉 버튼을 클릭한다.

그림 9-7 사후분석 다중비교 대화상자

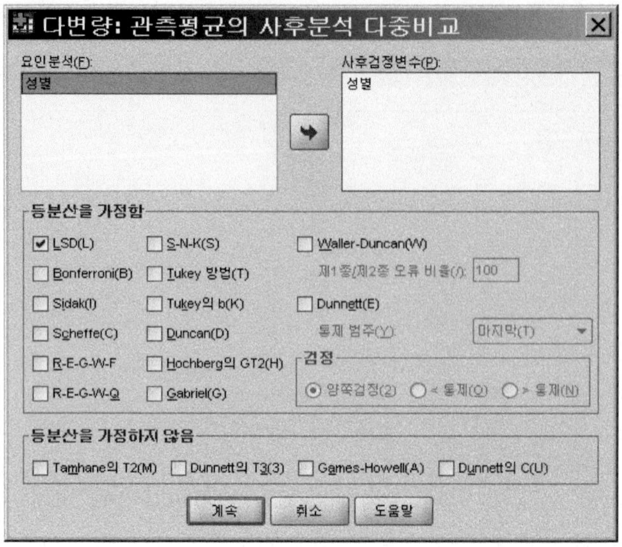

* 단, 여기 분석상황에서는 집단(성별)이 둘 이하이기 때문에 분서결과에서는 표시되지 않는다. 사후비교분석에서는 집단이 세 개 이상일 때 분석결과가 표시된다.

계속해서 [옵션]을 클릭한 후 "표시"에서 '기술통계량'과 '동질성검정'을 선택하고 〈계속〉 버튼을 클릭한 후 맨 아래의 〈확인〉 버튼을 클릭한다.

그림 9-8 옵션 대화상자

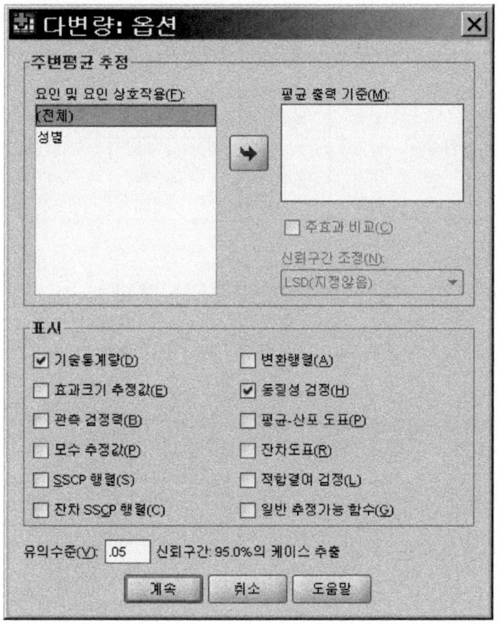

④ 분석결과 및 해설

먼저 개체 간 요인 즉, 남자와 여자의 응답자수가 제시된다.

표 9-2 개체-간 요인

개체-간 요인

		변수값 설명	N
성별	1	남자	218
	2	여자	86

다음 종속변수(지원장치, 위험요인)에 대하여 성별(남자, 여자)에 따른 평균과 표준편차 그리고 응답자(N)가 나타나 있다.

표 9-3 기술통계량

기술통계량

	성별	평균	표준 오차 편차	N
지원장치	남자	3.6391	.80593	218
	여자	3.4070	.70182	86
	합계	3.5735	.78378	304
위험용인	남자	3.1147	.76842	218
	여자	2.9128	.81237	86
	합계	3.0576	.78506	304

공분산행렬에 대한 Box의 동일성 검정 결과가 제시된다.

- 공분산행렬에 대산 동질성 검정 결과를 나타내고 있다. 두 개의 종속변수에 대한 분산의 동질성을 나타내는 F값의 유의확률이 .305이므로 유의수준 .05에서 볼 때 "분산행렬이 동일하다"라는 귀무가설을 기각시키지 못하기 때문에 분산의 동질성이 인정된다고 볼 수 있다. 즉, 공변량 행렬표들 간에는 차이가 존재하지 않는다는 것이다.
- 분산과 공분산을 동시에 고려한 Box M검정이 만족되지 않으면 다변량분산분석의 가정을 충족한다고 볼 수 없다. 단, 표본의 수가 충분하다면 이 가정은 무시될 수도 있다.

표 9-4 공분산행렬에 대한 Box의 동일성 검정

공분산행렬에 대한 Box의 동일성 검정[a]

Box의 M	3.658
F	1.208
df1	3
df2	493602.336
유의확률	.305

여러 집단에서 종속변수의 관측 공분산행렬이 동일한 영가설을 검정합니다.

a. Design: 절편 + 성별

다변량 검정의 결과이다.

- F값에 대한 유의확률값이 .038이므로 유의수준 .05보다 작으로므로 '성별에 따라 지원장치와 위험용인에 차이가 없다' 는 귀무가설은 기각된다. 즉, 성별에 따라 지원장치와 위험요인에 유의한 차이가 존재한다는 것이다.
- 한편 절편(Intercept)은 종속변수를 독립변수의 함수로 표시할 때의 상수를 의미한다.

표 9-5 다변량 검정 결과

다변량 검정[b]

효과		값	F	가설 자유도	오차 자유도	유의확률
절편	Pillai의 트레이스	.952	3008.892[a]	2.000	301.000	.000
	Wilks의 람다	.048	3008.892[a]	2.000	301.000	.000
	Hotelling의 트레이스	19.993	3008.892[a]	2.000	301.000	.000
	Roy의 최대근	19.993	3008.892[a]	2.000	301.000	.000
성별	Pillai의 트레이스	.021	3.306[a]	2.000	301.000	.038
	Wilks의 람다	.979	3.306[a]	2.000	301.000	.038
	Hotelling의 트레이스	.022	3.306[a]	2.000	301.000	.038
	Roy의 최대근	.022	3.306[a]	2.000	301.000	.038

a. 정확한 통계량

b. Design: 절편 + 성별

오차분산의 동질성 Levene의 검정 결과가 제시된다.

- 오차분산의 동일성 검정으로 지원장치의 F값은 1.552이며 이때 유의확률은 .214로 유의수준 .05에서 오차분산이 동일하다는 귀무가설이 기각되지 못한다. 즉 오차분산이 같다고 할 수 있다.
- 'df1(자유도1)' 은 독립변수의 범주수에서 −1을 한 수(n−1)이며, 'df2(자유도2)' 는 전체 사례수에서 −3을 한 수이다

표 9-6 오차 분산의 동일성에 대한 Levene의 검정

오차 분산의 동일성에 대한 Levene의 검정[a]

	F	df1	df2	유의확률
지원장치	1.552	1	302	.214
위험용인	.002	1	302	.962

여러 집단에서 종속변수의 오차 분산이 동일한 영가설을 검정합니다.

a. Design: 절편 + 성별

개체 간 효과검정 결과가 제시된다.

- 수정모형은 성별에 응답한 사례수가 적은 경우 이를 수정하게 되는데 본 분석상황에서는 사례수가 충분하기 때문에 수정모형이나 성별 결과가 동일하다. 지원장치와 위험용인에 대한 두 개의 종속변수에 대한 성별에 따른 차이를 보여주고 있다. 지원장치에 대해서는 F값이 5.491이고 유의확률값이 0.020, 위험용인에 대해서는 F값이 4.121이고 유의확률값이 0.043이므로 유의수준 .05에서 성별에 따른 차이가 존재한다는 결론에 도달하게 된다.

– 다시 말하면, 성별의 집단에 따라 두 종속변수 간의 평균의 차이가 존재한다는 연구가설을 다변량분산분석을 통하여 검정한 결과 성별에 따라 두 종속변수에의 평균의 차이(벡터)가 존재하는 것 F값에 대한 유의확률값을 기초로 확인할 수 있다.

표 9-7 개체 간 효과검정 결과

개체-간 효과 검정

소스	종속변수	제 III 유형 제곱합	자유도	평균 제곱	F	유의확률
수정 모형	지원장치	3.324[a]	1	3.324	5.491	.020
	위험용인	2.514[b]	1	2.514	4.121	.043
절편	지원장치	3061.833	1	3061.833	5058.032	.000
	위험용인	2240.533	1	2240.533	3672.827	.000
성별	지원장치	3.324	1	3.324	5.491	.020
	위험용인	2.514	1	2.514	4.121	.043
오류	지원장치	182.813	302	.605		
	위험용인	184.229	302	.610		
합계	지원장치	4068.111	304			
	위험용인	3028.750	304			
수정 합계	지원장치	186.137	303			
	위험용인	186.743	303			

a. R 제곱 = .018 (수정된 R 제곱 = .015)

b. R 제곱 = .013 (수정된 R 제곱 = .010)

⑤ 보고서 작성

아래 요약 결과표에서 지원장치는 F값의 유의확률값이 0.020으로 제시됨으로써 유의수준 0.05에서 "성별에 따라 지원장치는 차이가 없을 것이다"라는 귀무가설은 기각된다. 또한 위험용인의 경우 유의확률값이 0.043으로 제시됨으로써 유의수준 .05에서 "성별에 따라 위험용인은 차이가 없을 것이다"라는 귀무가설도 기각된다.

결국, '성별의 집단 유형에 따라 두 종속변수에의 평균의 차이가 존재한다' 는 연구가설이 기각됨으로써 성별에 따라 지원장치와 위험요인에는 유의한 차이가 존재하는 것으로 판단할 수 있다.

표 9-8 분석결과 정리

독립변수	종속변수	제곱합	평균제곱	F	유의확률
성 별	지원장치	3.324	3.324	5.491	.020
	위험용인	2.514	2.514	4.121	.043

【연습 1】 다음 파일(🖫: innovation_culture)에 대하여 교육수준에 따라 지원장치와 위험요인에 차이가 존재하는지를 검정하시오.

【연습 2】 다음 파일(🖫: gender_equality)에서 '연령대'에 따라 '공직분야의 평등수준'과 '정치참여분야의 평등수준'에 차이가 존재하는지를 검정하시오.

3. 다원다변량분석

① 분석상황

다음은 어느 지역 시민들에 대한 평등의식을 조사한 데이터이다. 여기에서 연령대와 학력에 따라 행정, 정치, 사회에서의 참여정도 간 평균의 차이가 존재하는지를 다변량분산분석을 통하여 검정해보자.(🖫: gender_equality)

행정, 정치, 사회 등의 세 개 종속변수에 대한 연령대와 학력별 차이를 검증하고, 연령대와 학력별 상호작용 효과를 검증하기로 한다.

그림 9-9 분석모형

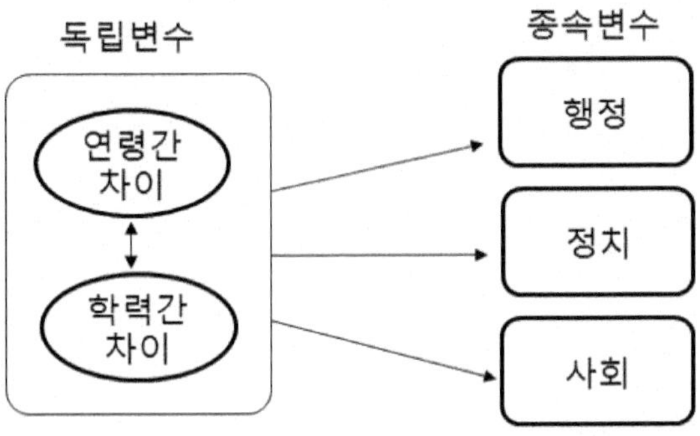

② 사전작업

다변량분산분석을 실행하기에 앞서 전제사항인 종속변수들 간 상관관계가 존재하는지를 살펴보아야 한다.

상관분석결과 세 개의 상관계수(r)를 보면 행정－정치는 .338(p＝.000), 행정－사회는 .281(p＝.000), 정치－사회는 .332(p＝.000)로 나타남으로써 '두 변수 간 상관관계가 없다'는 귀무가설에 대해 유의수준 0.001에서 기각되기 때문에 종속변수 간 상관관계가 존재하는 것으로 알 수 있다.

표 9-9 종속변수 간 상관계수

상관계수

		행정등 공직분야의 평등수준	정치참여분야의 평등수준	사회 및 문화활동 분야의 평등수준
행정등 공직분야의 평등수준	Pearson 상관계수	1	.338**	.281**
	유의확률 (양쪽)		.000	.000
	N	304	304	304
정치참여분야의 평등수준	Pearson 상관계수	.338**	1	.332**
	유의확률 (양쪽)	.000		.000
	N	304	304	304
사회 및 문화활동 분야의 평등수준	Pearson 상관계수	.281**	.332**	1
	유의확률 (양쪽)	.000	.000	
	N	304	304	304

**. 상관계수는 0.01 수준(양쪽)에서 유의합니다.

③ 분석실행

【분석】→【일반선형모형】→【다변량】을 차례로 클릭한다.

- 우측의 [종속변수]에 '행정등공직분야의 평등', '정치참여분야의 평등, 그리고 '사회 및 문화활동의 평등' 변수를, [모수요인]에 연령대와 학력수준을 이동한다.

그림 9-10 다변량분산분석 대화상자

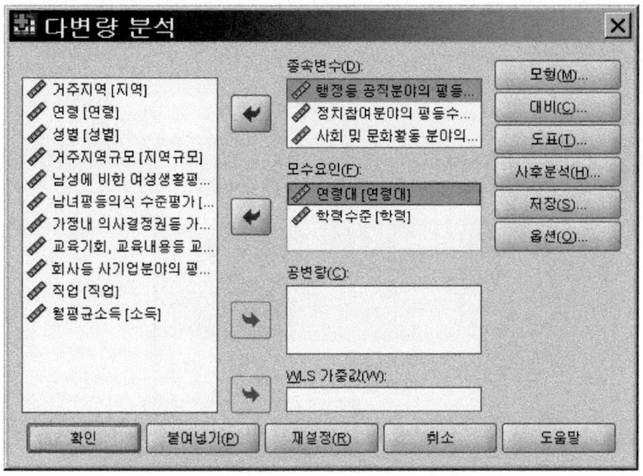

〈그림 9－10〉에서 맨 우측의 [모형]을 클릭하고 모형설정에서 〈사용자 정의〉를 선택한다.

- 먼저 왼쪽의 '연령대' 와 '학력' 을 개별적으로 우측으로 이동한다.
- 다음 왼쪽의 '연령대와 학력' 을 블록으로 설정한 후 중앙의 [항 설정]의 유형에서 "상호작용"을 선택하여 우측으로 이동한 후 〈계속〉 버튼을 클릭한다.

그림 9-11 다변량 모형 대화상자

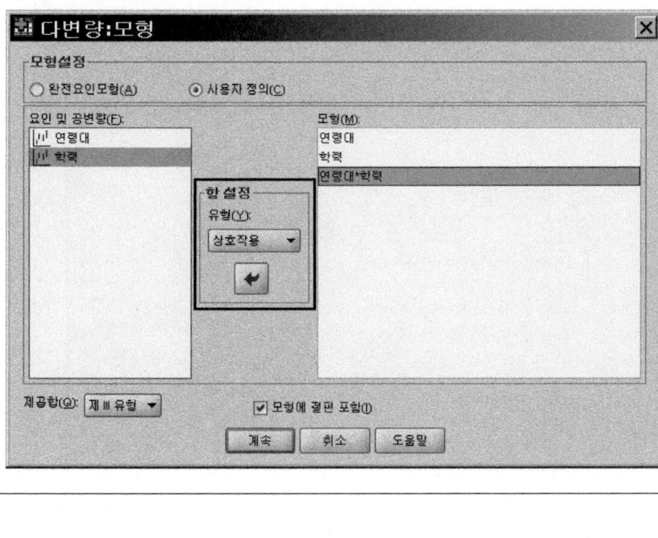

계속해서 [대비]를 클릭하고 '대비 창'에서 〈요인분석〉에서 연령대와 학력을 블록으로 설정한 다음 편차(deviation)를 선택한 후 〈바꾸기〉를 클릭한 후 〈계속〉 버튼을 클릭한다.

그림 9-12 다변량 대비 대화상자

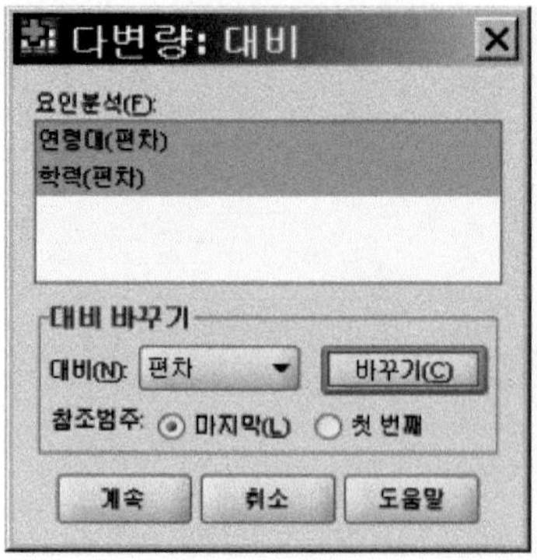

계속해서 [사후분석]을 클릭한 후 왼쪽 〈요인분석〉의 연령대와 학력을 오른쪽의 〈사후검정변수〉란으로 이동하고 〈등분산가정함〉에서 "LSD"를 선택한 후 〈계속〉 버튼을 클릭한다.

그림 9-13 다변량 대비 대화상자

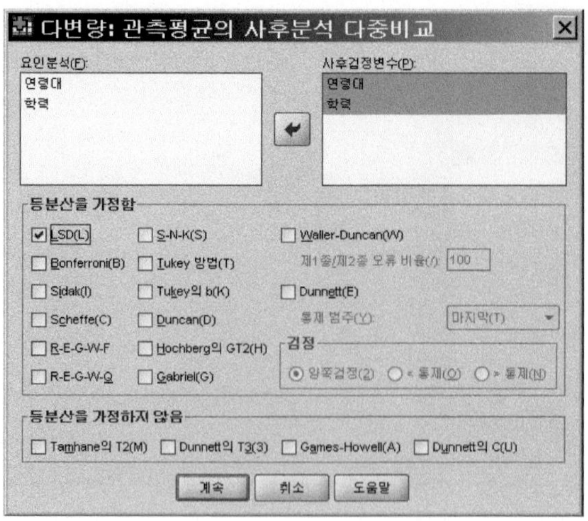

다음 〈그림 9-10〉에서 [옵션]을 클릭한다.

- 왼쪽의 '연령대', '학력', '연령대*학력' 요인을 오른쪽으로 이동한다.
- 아래 부분의 〈표시〉에서 '기술통계량'과 '동질성검정'을 선택하고 〈계속〉 버튼을 클릭한 후 맨 처음의 대화상자에서 〈확인〉을 클릭하면 분석이 실행된다.1

그림 9-14 다변량 옵션 대화상자

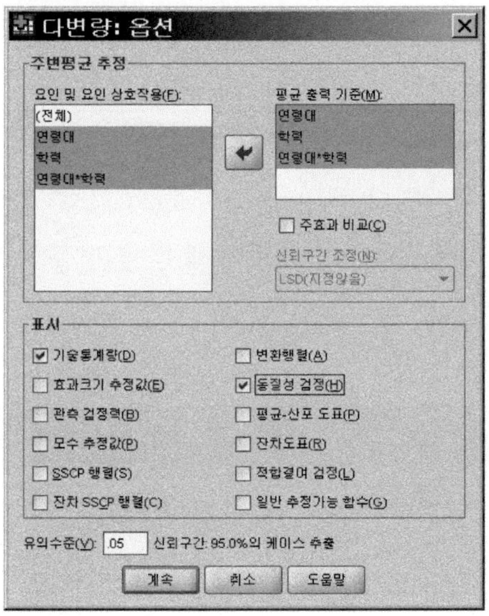

④ 분석결과 및 해설

먼저 응답자들에 대한 분포가 제시된다.

- 여기에서는 연령대와 학력수준이 입력되었기 때문에 연령대별, 학력수준별로 응답자가 제시된 결과를 보여주고 있다.

표 9-10 개체-간 요인

개체-간 요인

		변수값 설명	N
연령대	1	20대	88
	2	30대	70
	3	40대	60
	4	50대	53
	5	60대 이상	33
학력수준	1	초졸이하	33
	2	중졸	33
	3	고졸	129
	4	대학이상	107
	9	모름/무응답	2

기술통계량이 제시된다.

- 종속변수에 대한 연령별, 학력별에 따른 평균과 표준편차 그리고 응답자(N) 가 나타나 있다.

표 9-11 기술통계량

	연령대	학력수준	평균	표준 오차 편차	N
행정등 공직분야의 평등수준	20대	중졸	3.00	1.414	2
		고졸	3.55	.938	33
		대학이상	3.64	1.210	53
		합계	3.59	1.110	88
	30대	초졸이하	4.00	.	1
		중졸	3.00	1.000	3
		고졸	3.83	1.524	35
		대학이상	3.62	.728	29
		모름/무응답	6.50	3.536	2
		합계	3.79	1.350	70
	40대	초졸이하	5.00	2.708	4
		중졸	3.25	1.035	8
		고졸	3.64	.859	33
		대학이상	3.40	1.056	15
		합계	3.62	1.151	60
	50대	초졸이하	4.42	2.193	12
		중졸	3.36	.842	14
		고졸	3.45	1.356	20
		대학이상	4.71	2.059	7
		합계	3.81	1.630	53
	60대 이상	초졸이하	3.69	2.243	16
		중졸	4.67	2.160	6
		고졸	3.63	1.061	8
		대학이상	4.33	.577	3
		합계	3.91	1.877	33
	합계	초졸이하	4.12	2.219	33
		중졸	3.52	1.302	33
		고졸	3.64	1.172	129
		대학이상	3.69	1.161	107
		모름/무응답	6.50	3.536	2
		합계	3.71	1.367	304
정치참여분야의 평등수준	20대	중졸	3.50	2.121	2
		고졸	3.88	1.023	33
		대학이상	4.11	.870	53
		합계	4.01	.953	88
	30대	초졸이하	4.00	.	1
		중졸	4.00	1.000	3
		고졸	4.23	.731	35
		대학이상	4.17	.711	29
		모름/무응답	4.00	.000	2
		합계	4.19	.708	70
	40대	초졸이하	3.75	.500	4
		중졸	3.63	1.302	8
		고졸	4.12	.893	33
		대학이상	3.73	.961	15
		합계	3.93	.954	60
	50대	초졸이하	4.58	2.811	12
		중졸	4.00	1.664	14
		고졸	4.10	.968	20
		대학이상	4.57	.535	7
		합계	4.25	1.675	53
	60대 이상	초졸이하	3.62	.957	16
		중졸	3.17	.753	6
		고졸	4.13	.354	8
		대학이상	4.67	.577	3
		합계	3.76	.867	33
	합계	초졸이하	4.00	1.837	33
		중졸	3.73	1.376	33
		고졸	4.09	.875	129
		대학이상	4.12	.832	107
		모름/무응답	4.00	.000	2
		합계	4.05	1.066	304

사회 및 문화활동 분야의 평등수준	20대	중졸	3.50	.707	2
		고졸	2.94	.899	33
		대학이상	2.89	.824	53
		합계	2.92	.847	88
	30대	초졸이하	3.00	.	1
		중졸	2.33	.577	3
		고졸	3.20	1.324	35
		대학이상	3.03	.680	29
		모름/무응답	3.00	.000	2
		합계	3.09	1.046	70
	40대	초졸이하	3.25	.957	4
		중졸	2.88	.835	8
		고졸	2.94	1.144	33
		대학이상	2.53	1.060	15
		합계	2.85	1.071	60
	50대	초졸이하	3.25	2.050	12
		중졸	3.57	1.785	14
		고졸	3.10	1.071	20
		대학이상	3.00	.816	7
		합계	3.25	1.492	53
	60대 이상	초졸이하	3.50	1.789	16
		중졸	3.33	.816	6
		고졸	3.00	.926	8
		대학이상	3.00	.000	3
		합계	3.30	1.357	33
	합계	초졸이하	3.36	1.747	33
		중졸	3.24	1.324	33
		고졸	3.04	1.107	129
		대학이상	2.89	.816	107
		모름/무응답	3.00	.000	2
		합계	3.04	1.132	304

공분산행렬에 대한 Box의 동일성 검정 결과가 제시된다.

- 3개의 종속변수에 대한 분산의 동질성을 나타내는 F값의 유의확률이 .000 이므로 유의수준 .05에서 볼 때 "분산행렬이 동일하다"라는 귀무가설을 기각한다. 즉, 공변량 행렬표들 간에는 차이가 존재하는 것이다.
- 분산과 공분산을 동시에 고려한 Box M검정이 만족되지 않으면 다변량분산 분석의 가정을 충족한다고 볼 수 없다. 단, 표본의 수가 충분하다면 이 가정은 무시될 수도 있다.

표 9-12 공분산행렬에 대한 Box의 동일성 검정

공분산행렬에 대한 Box의 동일성 검정[a]

Box의 M	289.885
F	2.998
df1	84
df2	5183.782
유의확률	.000

여러 집단에서 종속변수의 관측 공분산행렬이 동일한 영가설을 검정합니다.

a. Design: 절편 + 연령대 + 학력 + 연령대 * 학력

다변량 검정 결과가 제시된다.

- Hotelling의 트레이스의 F값에 대한 유의확률값을 보면 '연령대'와 '연령대 * 학력'에서는 "종속변수 간의 차이가 없다"는 귀무가설이 기각되지 못한데 반해, '학력'에서는 귀무가설을 기각시키기 때문에 유의적인 차이가 존재하는 것으로 알 수 있다.
- 한편 절편(Intercept)은 종속변수를 독립변수의 함수로 표시할 때의 상수를 의미한다.

표 9-13 다변량 검정

다변량 검정[c]

효과		값	F	가설 자유도	오차 자유도	유의확률
절편	Pillai의 트레이스	.819	426.340[a]	3.000	282.000	.000
	Wilks의 람다	.181	426.340[a]	3.000	282.000	.000
	Hotelling의 트레이스	4.536	426.340[a]	3.000	282.000	.000
	Roy의 최대근	4.536	426.340[a]	3.000	282.000	.000
연령대	Pillai의 트레이스	.034	.809	12.000	852.000	.641
	Wilks의 람다	.967	.806	12.000	746.393	.645
	Hotelling의 트레이스	.034	.803	12.000	842.000	.648
	Roy의 최대근	.021	1.468[b]	4.000	284.000	.212
학력	Pillai의 트레이스	.080	1.957	12.000	852.000	.025
	Wilks의 람다	.921	1.965	12.000	746.393	.025
	Hotelling의 트레이스	.084	1.968	12.000	842.000	.024
	Roy의 최대근	.056	3.972[b]	4.000	284.000	.004
연령대 * 학력	Pillai의 트레이스	.104	.930	33.000	852.000	.583
	Wilks의 람다	.899	.928	33.000	831.528	.585
	Hotelling의 트레이스	.109	.927	33.000	842.000	.587
	Roy의 최대근	.059	1.531[b]	11.000	284.000	.120

a. 정확한 통계량

b. 해당 유의수준에서 하한값을 발생하는 통계량은 F에서 상한값입니다.

c. Design: 절편 + 연령대 + 학력 + 연령대 * 학력

오차분산의 동질성 Levene의 검정이 제시된다.

- 오차분산의 동일성 검정으로 종속변수의 모든 변수에서 유의확률값이 유의수준 .05보다 적기 때문에 오차분산이 동일하다는 귀무가설이 기각된다. 즉 오차분산이 같다고 할 수 없다.

표 9-14 오차분산의 동질성 Levene의 검정

오차 분산의 동일성에 대한 Levene의 검정[a]

	F	df1	df2	유의확률
행정등 공직분야의 평등수준	2.103	19	284	.005
정치참여분야의 평등수준	4.623	19	284	.000
사회 및 문화활동 분야의 평등수준	1.762	19	284	.027

여러 집단에서 종속변수의 오차 분산이 동일한 영가설을 검정합니다.

a. Design: 절편 + 연령대 + 학력 + 연령대 * 학력

개체 간 효과검정이 제시된다.

- 검증결과, 학력에 따라 '행정등 공직분야의 평등수준'에서 차이를 보이는 것으로 제시되었다.

표 9-15 개체 간 효과검정

개체-간 효과 검정

소스	종속 변수	제 III 유형 제곱합	자유도	평균 제곱	F	유의확률
수정 모형	행정등 공직분야의 평등수준	52.874[a]	19	2.783	1.540	.071
	정치참여분야의 평등수준	20.985[b]	19	1.104	.970	.497
	사회 및 문화활동 분야의 평등수준	17.463[c]	19	.919	.704	.815
절편	행정등 공직분야의 평등수준	1177.187	1	1177.187	651.409	.000
	정치참여분야의 평등수준	1081.548	1	1081.548	950.151	.000
	사회 및 문화활동 분야의 평등수준	649.887	1	649.887	497.513	.000
연령대	행정등 공직분야의 평등수준	3.672	4	.918	.508	.730
	정치참여분야의 평등수준	6.532	4	1.633	1.435	.223
	사회 및 문화활동 분야의 평등수준	3.169	4	.792	.607	.658
학력	행정등 공직분야의 평등수준	25.562	4	6.391	3.536	.008
	정치참여분야의 평등수준	5.158	4	1.290	1.133	.341
	사회 및 문화활동 분야의 평등수준	1.704	4	.426	.326	.860
연령대 * 학력	행정등 공직분야의 평등수준	28.092	11	2.554	1.413	.166
	정치참여분야의 평등수준	8.939	11	.813	.714	.725
	사회 및 문화활동 분야의 평등수준	6.063	11	.551	.422	.946
오류	행정등 공직분야의 평등수준	513.228	284	1.807		
	정치참여분야의 평등수준	323.275	284	1.138		
	사회 및 문화활동 분야의 평등수준	370.981	284	1.306		
합계	행정등 공직분야의 평등수준	4759.000	304			
	정치참여분야의 평등수준	5329.000	304			
	사회 및 문화활동 분야의 평등수준	3203.000	304			
수정 합계	행정등 공직분야의 평등수준	566.102	303			
	정치참여분야의 평등수준	344.260	303			
	사회 및 문화활동 분야의 평등수준	388.444	303			

a. R 제곱 = .093 (수정된 R 제곱 = .033)

b. R 제곱 = .061 (수정된 R 제곱 = -.002)

c. R 제곱 = .045 (수정된 R 제곱 = -.019)

【연습 3】 다음 파일(🖫: gender_equality)에서 '직업'과 '소득'에 따라 '회사등 사기업분야의 평등수준'과 '교육분야의 평등수준'에 차이가 존재하는지를 검정하시오.

제10장
측정도구 검정

1. 신뢰도분석
2. 요인분석

제10장 측정도구 검정

1. 신뢰도 분석

1) 의미

신뢰도 분석(reliability analysis)은 동일한 개념을 동일(또는 유사한) 측정도구로 측정한 경우 결과가 동일(또는 비슷)하게 나타나야 한다는 것을 의미한다. 신뢰도는 측정의 일관성(consistency), 측정도구의 정확성이나 정밀성을 의미한다.

2) 신뢰도 측정의 방법

① 검사-재검사법

검사-재검사법(test-retest method)은 동일한 대상에 대해 일정한 시간을 두고 동일한 측정도구(측정문항)로 반복 측정했을 경우 두 번의 측정 결과값의 상관계수(r)에 의하여 신뢰도를 검정하는 방법이다.

재검사법은 같은 상황에서 같은 측정도구를 같은 측정대상자에게 서로 다른 시간에 측정한 결과를 비교하는 방법이다. 검사-재검사법은 다른 시간에 측정한 결과의 상관계수가 신뢰도의 평가기준이 되며, 측정기간은 보통 2주 정도의 간격을 갖는 것이 좋으나 측정목적과 내용에 따라 달라질 수 있다. 만약 측정결과의 상관계수가 0.8이상 수준이면 그 측정도구는 신뢰도가 있다고 말할 수 있다.

검사-재검사법은 두 개의 측정이 동일한 조건하에서 이루어지는 것이 중요하고 검사와 재검사 사이의 시간경과가 첫 번째 검사에서 응답자들이 한 응답을 기억해내지 못할 정도로 길어야 한다는 조건이 있다. 그리고 이 방법은 한 가지도구만으로도 신뢰도를 평가할 수 있다는 장점이 있으나 첫 번째 검사로 인한 기억력을 통제하기가 어렵다는 단점이 있다. 예를 들어, 첫 번째 검사와 두 번째 검사 사이에 실제로 사람이 변할 수도 있고, 상황이 다르다면 신뢰도 평가는 문제가 있다.

② 반분법

반분법(split-half)은 측정도구를 절반으로 나누어 각각을 독립된 척도로 보고 이들의 측정결과를 비교해 보는 것으로, 이 때 절반으로 나누어진 측정도구는 ⓐ 같은 개념을 측정한다는 것이 명백해야 하며, ⓑ 그 자체가 각각 완전한 척도를 이룰 수 있을 만큼 문항수가 충분해야 한다는 조건이 갖추어져야 한다. 이러한 조건이 충족된 측정도구를 측정대상에 적용하여 측정값을 구한 다음 문항들을 짝수문항과 홀수문항(또는 1번부터 20번까지 문항과 21번부터 40번까지 문항)으로 구분하여 상관관계를 계산함으로써 신뢰도를 평가한다.

반분법은 절반으로 나누어진 측정도구를 통해 동시에 측정이 가능하기 때문에 검사-재검사방법의 단점을 보완할 수 있고, 서로 측정시간을 달리함으로써 개입될 수 있는 외생변수의 영향을 통제할 수 있으며 같은 대상을 한 번만 측정함으로써 반복검사에서 나타나는 검사효과(첫 번째 측정의 기억력이 두 번째 측정에 영향을 미침)도 배제할 수 있다는 장점이 있다. 그러나 절반으로 나누어진 측정문항을 완전히 동등하게 만들기 어렵고 측정문항이 적은 경우는 사용할 수 없다는 한계가 있다.

③ 유사양식법

유사양식법(parallel-forms technique)은 같은 개념을 측정하기 위해 내용이 비슷한 두 개의 측정도구를 개발하여 하나는 사전측정에 사용하고 다른 하나는 사후측정에 사용하며, 이 때 사용한 두 측정도구간의 상관관계를 비교하여 상관계수가 높으면 신뢰도가 있다고 판정한다.

예를 들어, 자아존중감 향상 프로그램을 실시한 후 자아존중감 변화를 측정하기 위한 유사한 두 개의 자아존중감 척도가 개발된 경우 하나는 사전측정에 사용하고, 사후측정에는 다른 하나의 척도를 사용하여 두 측정값의 상관계수가 높으면 신뢰도가 있다고 평가한다.

이 방법은 서로 다른 측정도구를 개발함으로써 같은 도구를 사전사후에 사용했을 때 보다 기억력을 통제하기 쉽다는 장점이 있는 반면, 첫 번째 측정도구와 두 번째 측정도구가 동일한지를 확인하기 어렵다는 단점이 있다. 즉, 두 가지 측정도구가 동일한지 여부를 평가할 수 있는 객관적 방법이 없다.

④ 내적일관성 분석

동일한 개념을 측정하는 항목인 경우에 그 측정결과에 일관성이 있어야 한다는 것으로, 일관성이 없는 항목 즉, 신뢰도를 저해하는 항목을 찾아 제거시키는 방법이다. 여기에서 신뢰도를 측정하는 계수는 크론바하 알파(Cronbach' alpha, α)값이며 다음과 같이 계산된다. 사회과학에서 α값은 적어도 0.6이상을 만족할 만한 수준으로 1에 가까울수록 좋은 측정도구라고 평가하고 있다. 현실적으로 이 방법이 가장 많이 사용되고 있다.

$$\alpha = \frac{N}{N+1}\left(1 - \Sigma\frac{\sigma_i^2}{\sigma_t^2}\right)$$

N = 문항수
σ_i^2= 각 문항의 분산
σ_t^2= 총분산

신뢰도분석은 크론바하(Cronbach)의 알파(α)값을 이용하여 계산되는데, 신뢰도 지수인 크론바하 알파 값을 계산하기 위해서는 등간척도 이상이어야 한다. 사회과학(행정학, 정책학 등)에서 사용하는 설문지는 5점 등간척도로 간주하여 분석한다.

3) 분석상황

다음 〈표 10-1〉과 같은 설문지를 통해 A지역 시민을 대상으로 시민에 의한 경찰신뢰 수준을 측정한 자료이다.

표 10-1 경찰신뢰수준 측정 설문

변수명	문 항
지역사회 무질서	1. 개들이 자주 뛰어다닌다 2. 음주운전하는 사람을 자주 본다 3. 여러 사람들이 있는 곳에서 과도하게 술을 마신다 4. 10대 청소년들이 거리에서 서성거리고 사람들에게 위협을 가한다 5. 젊은 폭력배들이 자주 나타난다 6. 사람들이 불법으로 금지된 약물을 복용한다 7. 강도가 집에 난입하여 강탈한다 8. 거리에서 물건이나 지갑, 핸드백을 강탈한다
척 도	① 전혀 문제될 것 없다 ② 문제되지 않는다 ③ 그저그렇다 ④ 문제가 된다 ⑤ 문제가 심각하다
경찰신뢰	1. 경찰관들은 일반적으로 공정하다 2. 경찰관들은 일반적으로 정중하다 3. 경찰관들은 일반적으로 정직하다 4. 경찰관들은 일반적으로 겁주지 않는다 5. 경찰관들은 시민들과 함께 문제를 해결하는 편이다 6. 경찰관들은 일반적으로 모든 시민들을 동등하게 대우하는 편이다 7. 경찰관들에게 이야기하고 질문하면 관심을 보여주는 편이다
척 도	① 전혀 그렇지 않다 ② 그렇지 않다 ③ 그저 그렇다 ④ 그렇다 ⑤ 정말 그렇다

4) 분석실행

첫 번째 변수인 '지역사회 무질서' 변수를 구성하는 측정문항에 대한 신뢰도 분석을 수행해보자. (🖫: police_trust)

【분석】→【척도】→【신뢰도분석】을 차례로 클릭한다.

– '지역사회 무질서' 변수를 구성하는 설문문항 8개를 우측으로 이동시킨다.

– 오른쪽 [통계량]을 클릭한다.

그림 10-1 신뢰도분석 대화상자

통계량 대화상자에서 '항목', '척도', '항목제거시 척도', '항목내 상관관계'를 선택하고 〈계속〉 버튼을 클릭하고 〈그림 10-1〉의 대화상자에서 〈확인〉을 클릭하면 분석결과가 제시된다.

그림 10-2 신뢰도 통계량 대화상자

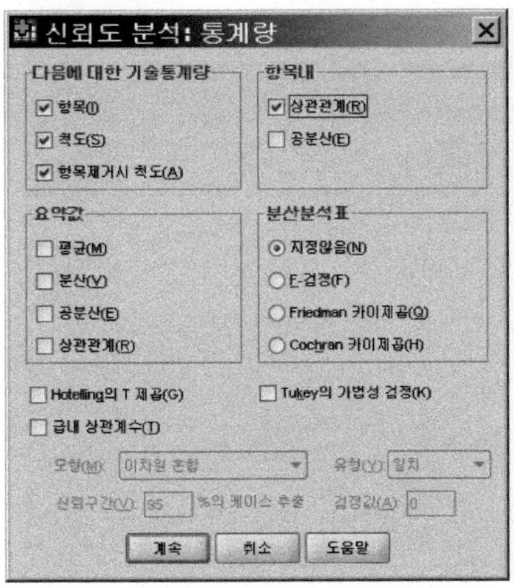

5) 분석결과 및 해설

신뢰도 통계량을 보여주고 있다. 분석결과 크론바하 알파값이 .913이고 항목 수가 8개 문항임을 나타내고 있어 측정문항은 신뢰도가 매우 높은 것으로 알 수 있다.

그러나 각 항목들의 분산이 클 경우 각 항목들을 표준화하여 신뢰도분석을 이용할 수 있는데, 이때는 표준화된 항목의 알파값 0.911를 이용한다.

표 10-2 신뢰도 통계량

Cronbach의 알파	Cronbach's Alpha Based on Standardized Items	항목 수
.913	.911	8

8개 측정문항에 대한 기술통계량인 평균, 표준편차, 응답자수를 보여주고 있다.

표 10-3 항목의 기술통계량

문항	평균	표준편차	N
무질서_1	3.94	.733	529
무질서_2	4.66	.863	529
무질서_3	4.01	.895	529
무질서_4	4.50	.803	529
무질서_5	4.30	.907	529
무질서_6	4.32	1.043	529
무질서_7	4.57	.875	529
무질서_8	4.42	.914	529

8개 항목 간 상관행렬이 제시되어 있다. 대부분 상관관계가 높은 것으로 나타나고 있다. 따라서 항목들이 서로 유사한 것으로 구성되어 있다는 것을 알 수 있다.

표 10-4 항목간 상관행렬

	무질서_1	무질서_2	무질서_3	무질서_4	무질서_5	무질서_6	무질서_7	무질서_8
무질서_1	1.000	.315	.324	.348	.405	.272	.234	.301
무질서_2	.315	1.000	.688	.675	.573	.647	.555	.491
무질서_3	.324	.688	1.000	.634	.533	.510	.448	.474
무질서_4	.348	.675	.634	1.000	.738	.635	.575	.570
무질서_5	.405	.573	.533	.738	1.000	.798	.753	.758
무질서_6	.272	.647	.510	.635	.798	1.000	.793	.758
무질서_7	.234	.555	.448	.575	.753	.793	1.000	.889
무질서_8	.301	.491	.474	.570	.758	.758	.889	1.000

항목 총계의 통계량 결과를 보여주고 있다.

- 첫 번째 열은 어떤 특정 항목이 척도로부터 제외될 때 그 척도에 대한 평균값을 의미한다. 만약 '무질서_1'을 제외한다면 전체의 평균은 30.77이 된다.
- 두 번째 열은 특정 항목이 제외될 때의 분산이다. 만약 '무질서_1'을 제외하면 전체의 변량은 27.645가 된다.
- 세 번째 열은 개별 항목에 관한 점수와 나머지 항목의 전체 점수간의 피어슨 상관계수이다. 예를 들면, '무질서_1'에서 '무질서_2'까지의 전체 점수와 '무질서_8' 간의 점수에 관한 상관관계는 0.783이다.
- 네 번째 열은 회귀방정식으로부터 구해진 다중상관관계의 제곱, 즉 R^2이다. 예를 들면 '무질서_1' 항목 응답에서 다른 변수에 의해 약 21% 정도의 관측변량을 설명할 수 있음을 의미한다.
- 마지막 열은 특정 항목이 제외될 때 알파계수를 의미한다. 예를 들면, '무질서_1'을 제외하면 0.926까지 끌어올릴 수 있다는 것을 의미한다. 여기서는 전체 문항 8개의 알파계수가 0.913이므로 '무질서_1' 문항을 제외하면 더욱 유의적인 척도가 될 것이다.

하지만 유의해야 할 것은 어떤 문항을 제외하면 오히려 크론바하 알파값이 적어지는 경우도 있기 때문에 그 문항은 제외하지 말아야 한다.

표 10-5 항목 총계 통계량

	항목이 삭제된 경우 척도 평균	항목이 삭제된 경우 척도 분산	수정된 항목-전체 상관관계	제곱 다중 상관관계	항목이 삭제된 경우 Cronbach 알파
무질서_1	30.77	27.645	.375	.218	.926
무질서_2	30.05	24.257	.715	.648	.902
무질서_3	30.70	24.578	.642	.547	.908
무질서_4	30.21	24.392	.761	.660	.899
무질서_5	30.41	22.909	.845	.779	.891
무질서_6	30.39	21.985	.818	.756	.893
무질서_7	30.14	23.597	.790	.835	.896
무질서_8	30.29	23.322	.783	.822	.896

이상과 같은 방법으로 나머지 변수에 대한 분석을 실행한다.

6) 보고서 작성

측정항목의 신뢰도 검정 결과 지역사회 무질서를 구성하는 8개 문항과 경찰신뢰를 구성하는 7개 문항은 알파값이 각각 0.913과 0.889로 0.6이상이기 때문에 구성항목들이 각 변수에 관하여 내적일관성을 지니고 있어 신뢰도가 있는 것으로 판단된다.

표 10-6 측정항목의 신뢰도 검정 결과

변수명	문 항	알파값
지역사회 무질서	1. 개들이 자주 뛰어다닌다 2. 음주운전하는 사람을 자주본다 3. 여러 사람들이 있는 곳에서 과도하게 술을 마신다 4. 10대 청소년들이 거리에서 서성거리고 사람들에게 위협을 가한다 5. 젊은 폭력배들이 자주 나타난다 6. 사람들이 불법으로 금지된 약물을 복용한다 7. 강도가 집에 난입하여 강탈한다 8. 거리에서 물건이나 지갑, 핸드백을 강탈한다	.913

경찰신뢰	1. 경찰관들은 일반적으로 공정하다 2. 경찰관들은 일반적으로 정중하다 3. 경찰관들은 일반적으로 정직하다 4. 경찰관들은 일반적으로 겁주지 않는다 5. 경찰관들은 시민들과 함께 문제를 해결하는 편이다 6. 경찰관들은 일반적으로 모든 시민들을 동등하게 대우하는 편이다 7. 경찰관들에게 이야기하고 질문하면 관심을 보여주는 편이다	.889

2. 요인분석

1) 요인분석의 의의

요인분석(factor analysis)은 여러 변수들 사이의 상관관계를 기초로 하여 여러 변수들이 공통적으로 가지고 있는 개념적 특성을 하나의 요인으로 묶는 과정이다. 즉, 하나의 개념에 여러 개의 요인(특성)을 찾아내는 것이다. 따라서 개념이 다르면 요인분석도 별개로 실시해야 한다.

요인분석은 측정변수를 묶을 때 상관관계가 높은 것끼리 동질적인 몇 개의 요인으로 묶기 때문에 다음과 같은 경우에 사용한다.

첫째, 자료의 양을 줄여 정보를 요약하는 경우

둘째, 변수들 내에 존재하는 구조를 발견하려는 경우

셋째, 요인으로 묶어지지 않는 중요도가 낮은 변수를 제거하려는 경우

넷째, 동일한 개념을 측정하는 변수들이 동일한 요인으로 묶어지는지를 확인하는 경우(측정도구의 타당성 검정)

다섯째, 요인분석을 통해 얻어진 요인들을 회귀분석이나 판별분석에서 변수로 활용하려는 경우

2) 요인분석의 전제조건

요인분석을 실행하기 위해서는 다음과 같은 조건이 전제되어야 한다.

첫째, 표본크기의 문제이다. 요인분석을 적용할 때 표본크기에 대한 의견(측

정변수의 수에 4~5배 정도)은 다양하나 일반적으로 100개 이상이어야 한다.

둘째, 요인분석을 실시하기 위해서는 변수(측정문항)가 최소 3개 이상이어야 한다. 변수(측정문항) 2개를 이용하여 요인분석을 실시하여 1개가 제거되면 남은 1개 변수가 요인이 될 수 없기 때문이다.

셋째, 상관관계의 고려이다. 요인분석은 측정변수들(설문문항) 간의 상호관계를 설명하는 요인을 추출하는 것이다. 따라서 측정변수들 간의 상관관계가 낮다면 공통인자를 추출하기가 쉽지 않다. 상관분석을 했을 경우 전반적으로 높은 것과 낮은 것이 골고루 분포되었을 경우에 요인분석이 적합하다.

넷째, Bartlett 구형성 검정이다. 요인분석을 실시하기 전에 연구자가 가지고 있는 자료가 요인분석에 적합한 것인가를 조사해 보아야 하는데 이것을 검토하는 방법으로 가장 많이 사용하는 것이 바틀렛(Bartlett) 검정이다. 이는 전체변수에 대한 표본적합도를 나타내주는 KMO(Kaiser－Meyer－Olkin) 통계량을 이용하여 '상관관계 행렬이 단위행렬이다' 라는 귀무가설을 검정하기 위한 것으로 이 귀무가설이 기각되어야 변수들의 상관관계가 통계적으로 유의하다고 볼 수 있어 요인분석 사용이 적합하다. 만약 귀무가설이 기각되지 않으면 요인분석을 사용할 수 없다.

3) 용어의 이해

① 요인적재량(Factor loading)

요인적재량(요인부하량)은 각 측정변수와 잠재변수인 요인간의 상관관계 정도를 의미한다. 즉, 측정문항(설문문항)과 잠재변수인 요인 간의 상관관계를 의미한다. 일반적으로 요인적재량이 0.4이상이면 유의한 변수로 간주하고 0.5를 넘으면 아주 중요한 변수라고 할 수 있다. 그러나 표본의 수와 변수(설문문항)의 수가 증가할수록 요인적재량 고려수준은 낮추어야 할 것이다.

요인을 회전한 후 특정 변수(설문문항)의 요인적재량이 2개 이상의 요인에 대해 동시에 0.4 이상인 경우에 이를 중복적재(cross－loading)라 하여 이를 제거한 후에 다시 요인분석을 실시한다.

물론 요인적재량이 0.4 이상이 되지 않는 변수의 경우에도 이를 삭제한 후에 다시 요인분석을 실시한다.

② 공유치(Communality)

공유치(공통분산)는 요인분석에서 공통요인들(common factors)에 의해 설명되어지는 변수의 분산비율을 말한다. 즉, 측정문항(설문문항)의 분산 중에서 요인들에 의해 설명되는 비율을 의미한다. 사회과학분야에서는 공유치가 적어도 총분산의 60% 정도를 설명해 주고 있는 요인까지를 선정한다. 여기서 60%를 기준으로 요인의 수를 결정한다는 것은 40%의 정보손실을 감수해야 함을 의미한다.

③ 고유치(Eigen value)

고유치는 요인이 설명할 수 있는 변수들의 분산크기를 나타낸다. 고유치가 1보다 크다는 것은 하나의 요인이 변수 1개 이상의 분산을 설명해 준다는 것을 의미한다. 따라서 고유치 값이 1이상인 경우를 기준으로 요인수를 결정하게 된다. 고유치가 1보다 적다는 것은 1개의 요인이 변수 1개의 분산도 설명해 줄 수 없다는 것을 의미하므로 요인으로서 의미가 없다고 볼 수 있다.

4) 요인분석의 절차

① 상관관계 검토

요인분석은 관련된 변수들을 서로 묶어주어야 하므로 변수들 간에는 적어도 하나 이상의 다른 변수와 높은 상관관계를 가지지 않으면 안 된다. 변수들 간의 상관관계가 낮다면 공통요인을 갖지 않는다는 것을 의미한다.

② 요인추출

요인추출의 목적은 요인을 결정하는 것이다. 요인추출방법에는 여러 가지가 있으나 일반적으로 가장 많이 사용하는 것이 주성분분석(principal components analysis)을 사용한다. 요인추출단계에서는 데이터를 가장 잘 기술하는 공통요인을 결정하게 된다. 이것은 고유치와 요인들에 의해 설명할 수 있는 분산의 비율을 고려하여 결정한다.

③ 요인회전

어떤 경우에는 변수들과 요인들이 해석 가능한 형태로 상관관계가 나타나지 않는가 하면 어떤 경우에는 대부분의 요인들이 많은 변수들과 상관관계를 가진 것으로 나타나기도 한다. 그러므로 초기의 행렬을 해석하기 쉬운 행렬로 회전시킬 필요가 있다. 회전방법으로 가장 많이 사용하는 것이 직각회전의 베리맥스(Varimax) 방법이다.

④ 요인점수

요인분석의 목적 중의 하나는 변수의 수를 보다 적은 수의 요인으로 줄이려는 것이므로 각 사례에 대한 요인점수를 추정하는 것이 바람직하다. 이것은 여러 변수 대신에 요인을 사용한다는 뜻이 된다.

5) 요인분석 실행

'지역사회 무질서'와 '경찰신뢰'를 구성하는 측정문항에 대한 개념타당도를 평가하는 요인분석을 실행한다. (🖫: police_trust)

【분석】→【차원감소】→【요인분석】을 차례로 클릭한다.

- 이 대화상자에서 왼쪽에 있는 변수를 구성하고 있는 측정문항 모두를 우측으로 이동시킨다.
- 다음 우측의 [기술통계]를 클릭한다.

그림 10-3 요인분석 대화상자

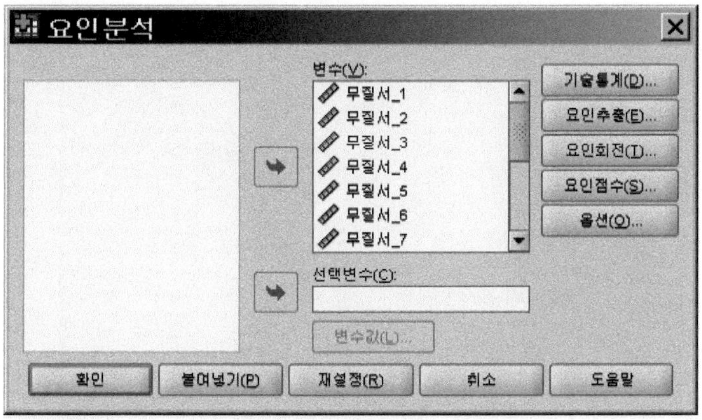

[기술통계] 대화상자에서 분석하고자 하는 통계량을 지정하고 〈계속〉를 클릭한다.

그림 10-4 기술통계 대화상자

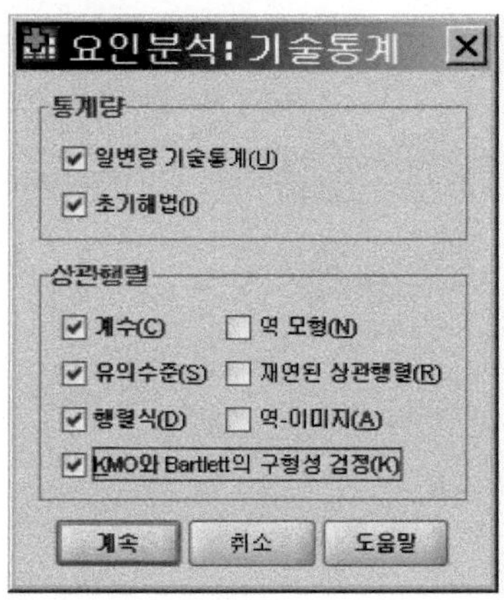

계속해서 [요인추출]를 클릭하면 아래와 같이 요인추출 설정화면이 나타나는데, 아래와 같이 선택하고 〈계속〉을 클릭한다.

그림 10-5 요인추출 대화상자

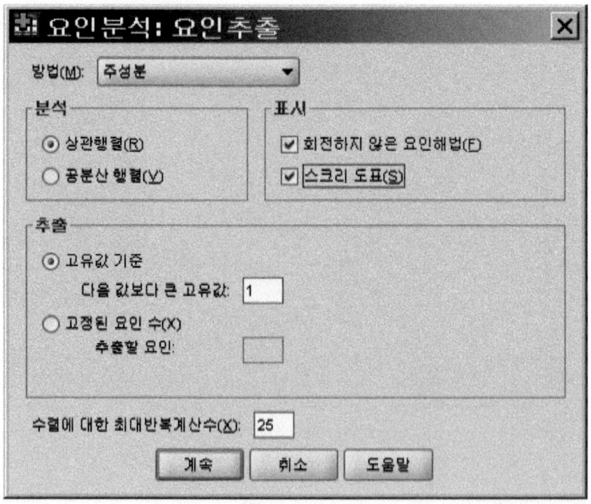

다음 [요인회전]을 클릭하고 대화상자에서 베리멕스(Varimax) 등을 선택하고 〈계속〉을 클릭한다.

그림 10-6 요인회전 대화상자

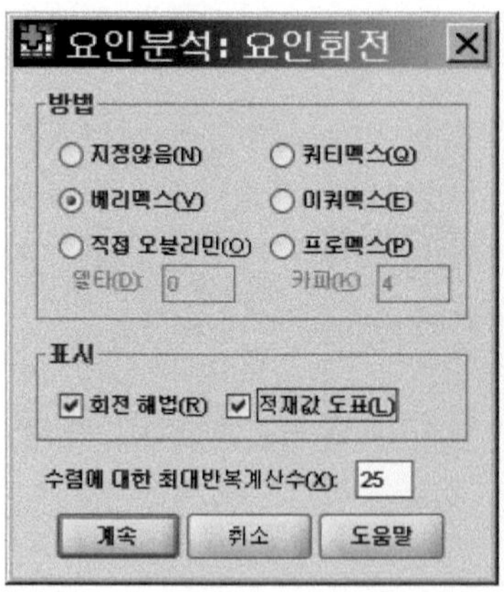

마지막으로 [요인점수]를 클릭하고 대화상자에서 아래 화면과 같이 선택하고 〈계속〉 버튼을 클릭한다.

그림 10-7 요인점수 대화상자

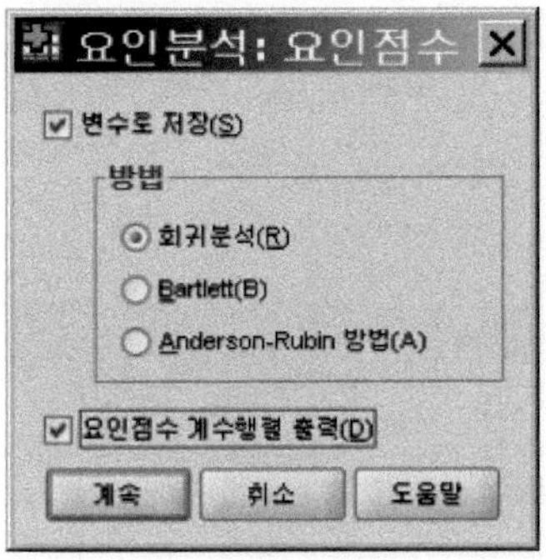

최종적으로 맨 처음의 대화상자에서 〈확인〉을 클릭하면 분석이 실행된다.

6) 분석결과 및 해설

요인분석으로 투입된 측정문항에 대한 기술통계량(평균, 표준편차, 분석수)이 제시된다.

표 10-7 기술통계량

기술통계량

	평균	표준 오차 편차	분석수
무질서_1	3.94	.733	529
무질서_2	4.66	.863	529
무질서_3	4.01	.895	529
무질서_4	4.50	.803	529
무질서_5	4.30	.907	529
무질서_6	4.32	1.043	529
무질서_7	4.57	.875	529
무질서_8	4.42	.914	529
공정성	2.82	.815	529
정중성	2.82	.860	529
정직	2.87	.789	529
겁주지 않음	2.79	.863	529
시민과 함께 문제해결	2.79	.826	529
모든 시민에게 동등한 대우	2.69	.845	529
시민의 질문에 대한 관심	3.15	.781	529

다음은 측정변수(문항)들 간의 상관행렬결과표의 일부이다. 위쪽은 상관계수를 나타내고 아래쪽은 이에 대한 유의확률(p값)을 나타내고 있다. 유의확률 95%(0.05)보다 크면 상관계수를 받아들일 수 없다. 즉, '상관계수가 0이다' 라는 귀무가설을 기각할 수 없기 때문이다.

표 10-8 상관행렬표

상관행렬[a]

		무질서 1	무질서 2	무질서 3	무질서 4	무질서 5	무질서 6	무질서 7	무질서 8	공정성	정중성	정직
상관계수	무질서_1	1.000	.315	.324	.348	.405	.272	.234	.301	-.169	-.202	.015
	무질서_2	.315	1.000	.688	.675	.573	.647	.555	.491	.297	.166	.323
	무질서_3	.324	.688	1.000	.634	.533	.510	.448	.474	.135	.098	.160
	무질서_4	.348	.675	.634	1.000	.738	.635	.575	.570	.194	.074	.187
	무질서_5	.405	.573	.533	.738	1.000	.798	.753	.758	.022	-.059	.114
	무질서_6	.272	.647	.510	.635	.798	1.000	.793	.758	.095	-.016	.136
	무질서_7	.234	.555	.448	.575	.753	.793	1.000	.889	.070	.096	.137
	무질서_8	.301	.491	.474	.570	.758	.758	.889	1.000	.019	-.030	.090
	공정성	-.169	.297	.135	.194	.022	.095	.070	.019	1.000	.650	.692
	정중성	-.202	.166	.098	.074	-.059	-.016	.096	-.030	.650	1.000	.625
	정직	.015	.323	.160	.187	.114	.136	.137	.090	.692	.625	1.000
	겁주지 않음	-.048	.255	.238	.181	.089	.118	.166	.169	.493	.592	.576
	시민과 함께 문제해결	.037	.310	.159	.175	-.004	.065	.022	-.009	.542	.524	.569
	모든 시민에게 동등한 대우	-.142	.216	.202	.130	.031	.109	.103	.042	.662	.585	.481
	시민의 질문에 대한 관심	.053	.358	.329	.214	.121	.113	.108	.035	.412	.470	.409
유의확률 (단측)	무질서_1		.000	.000	.000	.000	.000	.000	.000	.000	.000	.362
	무질서_2	.000		.000	.000	.000	.000	.000	.000	.000	.000	.000
	무질서_3	.000	.000		.000	.000	.000	.000	.000	.001	.012	.000
	무질서_4	.000	.000	.000		.000	.000	.000	.000	.000	.044	.000
	무질서_5	.000	.000	.000	.000		.000	.000	.000	.305	.088	.004
	무질서_6	.000	.000	.000	.000	.000		.000	.000	.015	.358	.001
	무질서_7	.000	.000	.000	.000	.000	.000		.000	.054	.013	.001
	무질서_8	.000	.000	.000	.000	.000	.000	.000		.328	.247	.019
	공정성	.000	.000	.001	.000	.305	.015	.054	.328		.000	.000
	정중성	.000	.000	.012	.044	.088	.358	.013	.247	.000		.000
	정직	.362	.000	.000	.000	.004	.001	.001	.019	.000	.000	
	겁주지 않음	.135	.000	.000	.000	.020	.003	.000	.000	.000	.000	.000
	시민과 함께 문제해결	.198	.000	.000	.000	.464	.068	.309	.418	.000	.000	.000
	모든 시민에게 동등한 대우	.001	.000	.000	.001	.236	.006	.009	.169	.000	.000	.000
	시민의 질문에 대한 관심	.110	.000	.000	.000	.003	.005	.007	.212	.000	.000	.000

a. 행렬식 = 2.05E-005

다음은 요인분석 모형의 적합도를 살펴본다.

- Kaise－Meyer－Olkin(KMO) 측도는 변수쌍들 간의 상관관계가 다른 변수에 의해 잘 설명되는 정도를 나타낸다.
- KMO 측도의 값이 적으면 요인분석을 위한 변수들의 선정이 좋지 못함을 나타낸다. KMO의 값이 0.90이면 상당히 좋은 것이며, 0.80이상이면 꽤 좋은 것이며, 0.70이상이면 적당한 것이며, 0.60이상이면 평범한 것으로 판정한다.
- 이 분석결과에서는 0.842로 요인분석을 위한 변수들의 선정이 적당한 것으

로 볼 수 있다.

- 그리고 요인분석 모형의 적합성 여부를 나타내는 Bartlett의 구형성검정치(Sphericity)는 '상관관계 행렬이 단위행렬이다' 라는 귀무가설을 검정하기 위한 것으로 귀무가설이 기각되어야 요인분석 모델을 사용할 수 있다. 분석결과 검정치가 5635.651이고 이 값의 유의수준이 0.000이므로 귀무가설이 기각된다. 따라서 요인분석의 사용이 적합하며 공통요인이 존재한다고 결론을 내릴 수 있다.

표 10-9 KMO와 Bartlett의 검증

표준형성 적절성의 Kaiser-Meyer-Olkin 측도.		.842
Bartlett의 구형성 검정	근사 카이제곱	5635.651
	자유도	105
	유의확률	.000

각 측정문항별 공통성(communality)을 내용으로 각 문항의 초기값과 주성분분석에 의한 추출값(extraction)이 제시되어 있다.

- 공통성은 추출된 요인에 의해 설명되는 비율을 의미한다.
- 공통성은 변수의 모든 요인적재량을 제곱하여 합한 것을 그 변수의 공통성이라고 한다. 예를 들어 '무질서_1' 의 경우
  * 무질서_1의 공통성 $= (-0.187)^2 + (0.184)^2 + (0.749)^2 = 0.629$
- '무질서_1' 의 공통성이 0.629이므로 이들 3요인으로 63%가 설명되고 나머지 37%는 설명되지 않는다. 그러므로 공통성이 낮은 변수(측정문항)는 요인분석에서 제외하는 것이 좋다. 일반적으로 공통성이 0.4이하이면 분석대상에서 제외하는 것이 좋다.

표 10-10 공통성

공통성

	초기	추출
무질서_1	1.000	.629
무질서_2	1.000	.726
무질서_3	1.000	.654
무질서_4	1.000	.704
무질서_5	1.000	.823
무질서_6	1.000	.820
무질서_7	1.000	.877
무질서_8	1.000	.848
공정성	1.000	.714
정중성	1.000	.724
정직	1.000	.643
겁주지 않음	1.000	.569
시민과 함께 문제해결	1.000	.613
모든 시민에게 동등한 대우	1.000	.635
시민의 질문에 대한 관심	1.000	.541

추출 방법: 주성분 분석.

다음은 설명된 총분산이 제시되어 있다.

- 〈표 10-11〉에서 추출된 3성분의 고유치는 각각 5.587, 3.846, 1.087로 이것은 요인추출 기준으로 지정한 고유치 1 이상인 요인만을 추출된 것을 알 수 있다.
- 그리고 1요인은 37.2%, 2요인은 25.6%, 3요인은 7.2%를 설명함으로써 전체(누적) 70.1을 설명하고 있다. 물론 요인1이 가장 높은 설명을 하고 있다.
- 각 요인의 고유치는 각 변수들의 적재량을 제곱하여 합한 값을 의미한다.
- 예를 들어 제1요인의 경우는 다음과 같다.

요인1인의 고유치 :

$(-0.187)^2+(0.311)^2+(0.194)^2+(0.153)^2+(-0.026)^2+(0.049)^2+(0.066)^2+(-0.014)^2+(0.839)^2+(0.838)^2+(0.793)^2+(0.741)^2+(0.747)^2+(0.794)^2+(0.627)^2=5.587$

- 요인은 가능한 한 적으면서 설명력을 높이는 것이 중요하다.

표 10-11 설명된 총분산

설명된 총분산

성분	초기 고유값			추출 제곱합 적재값			회전 제곱합 적재값		
	합계	% 분산	% 누적	합계	% 분산	% 누적	합계	% 분산	% 누적
1	5.587	37.245	37.245	5.587	37.245	37.245	4.367	29.110	29.110
2	3.846	25.642	62.887	3.846	25.642	62.887	4.347	28.979	58.089
3	1.087	7.246	70.133	1.087	7.246	70.133	1.807	12.044	70.133
4	.758	5.054	75.188						
5	.636	4.239	79.427						
6	.539	3.595	83.022						
7	.501	3.340	86.362						
8	.432	2.883	89.244						
9	.371	2.471	91.715						
10	.347	2.311	94.027						
11	.262	1.749	95.776						
12	.239	1.594	97.370						
13	.179	1.194	98.564						
14	.136	.905	99.469						
15	.080	.531	100.000						

추출 방법: 주성분 분석.

다음은 스크리 도표를 보여주고 있다. 18개 문항을 고유치 크기순으로 꺾은선 그래프로 제시하고 있다. 3요인이 추출되었기 때문에 3번 이후부터 고유값이 갑자기 작아지는 것을 볼 수 있다. 즉, 4요인에서 15요인까지는 의미가 없다는 것이다.

그림 10-8 스크리 도표

스크리 도표

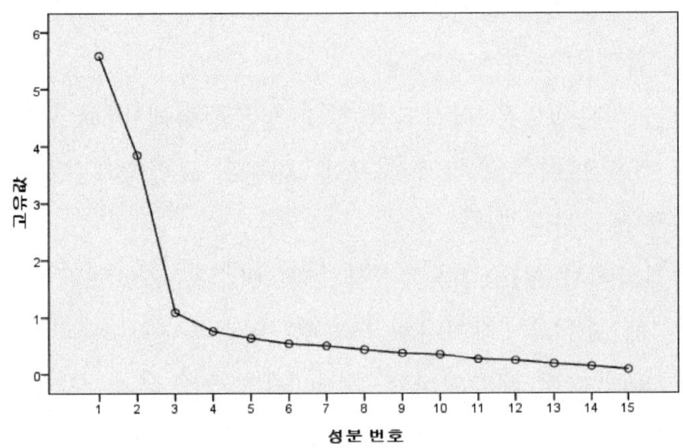

다음은 성분행렬의 결과를 보여주고 있다. 요인추출 결과 3개 요인에 대한 각 변수(문항)들의 요인적재값을 제시하고 있는데 이를 요인행렬 또는 성분행렬이라고 한다.

- '무질서_1'은 1, 2, 3요인에 대하여 0.312, −0.396, 0.612만큼 영향을 미친다는 것이다. 즉, '무질서_1'은 요인3과 더 밀접한 관련성이 있다는 것이다.

표 10-12 성분행렬

성분행렬[a]

	성분		
	1	2	3
무질서_1	.312	-.396	.612
무질서_2	.805	-.145	.238
무질서_3	.702	-.211	.341
무질서_4	.764	-.312	.147
무질서_5	.737	-.522	-.083
무질서_6	.755	-.451	-.216
무질서_7	.740	-.430	-.381
무질서_8	.700	-.496	-.334
공정성	.486	.679	-.132
정중성	.411	.725	-.172
정직	.532	.599	-.031
겁주지 않음	.514	.545	-.090
시민과 함께 문제해결	.451	.608	.198
모든 시민에게 동등한 대우	.469	.637	-.092
시민의 질문에 대한 관심	.486	.449	.321

요인추출 방법: 주성분 분석.
a. 추출된 3 성분

다음은 회전된 성분행렬표이다. 베리멕스법에 의한 5차례 반복계산 후에 얻어진 회전 결과를 보여주고 있다.

- 회전된 성분행렬은 회전되기 전의 성분행렬에 비해 요인이 뚜렷하게 나누어진 것을 보여주고 있기 때문에, 회전된 요인적재량을 이용하여 요인분석 결과를 해석하게 된다.
- 분석결과에서 제1요인은 "경찰신뢰" 변수를 구성하는 측정문항들로 분류되었고, 제2요인은 "지역사회 무질서" 변수를 구성하는 측정문항들로 구성되어 있는데 당초 제시된 문항에서 '무질서_1'에서 '무질서_4'는 제2요인과 제3요인에 걸쳐 요인적재량이 0.4이상 중복 적재되어 제거된다.

표 10-13 회전된 성분행렬

회전된 성분행렬a

	성분		
	1	2	3
무질서_1	-.187	.184	.749
무질서_2	.311	.579	.542
무질서_3	.194	.493	.611
무질서_4	.153	.673	.477
무질서_5	-.026	.856	.299
무질서_6	.049	.888	.170
무질서_7	.066	.934	.011
무질서_8	-.014	.919	.052
공정성	.839	.068	-.072
정중성	.838	.005	-.145
정직	.793	.103	.052
겁주지 않음	.741	.141	.002
시민과 함께 문제해결	.747	-.058	.229
모든 시민에게 동등한 대우	.794	.061	-.033
시민의 질문에 대한 관심	.627	-.001	.384

요인추출 방법: 주성분 분석.
회전 방법: Kaiser 정규화가 있는 베리멕스.
a. 5 반복계산에서 요인회전이 수렴되었습니다.

다음은 회전공간의 성분도표를 보여주고 있다. 3요인이 3축을 이루고 있고, 요인분석의 대상이 되는 9개의 변수들(측정문항)이 각각 공간에 자리잡고 있다. 이 도표는 '회전된 성분행렬(rotated component matrix)'의 값을 도표로 나타낸 것이다.

- 도표를 보면, '무질서_1'은 약간 떨어져 있고, '무질서_1'에서 '무질서_4'도 약간 떨어져 있는 것을 알 수 있다.

그림 10-9 회전 공간의 성분도표

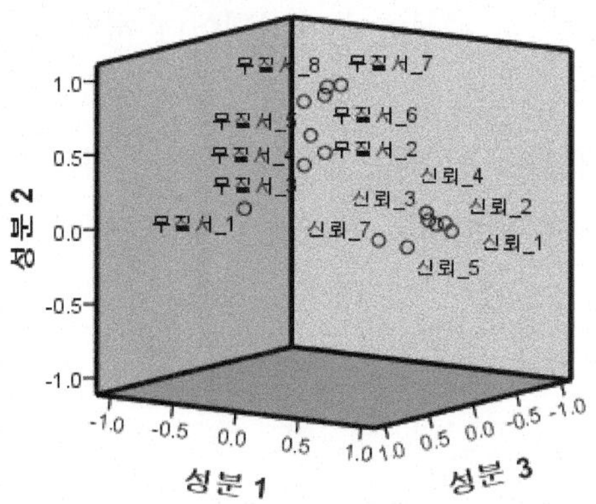

〈그림 10－10〉과 같이 분석이 실행되면 데이터 보기 화면에 요인점수가 나타난다. 이 요인점수를 통해 회귀분석과 같은 다른 분석에 이용할 수 있다.

그림 10-10 요인점수가 제시된 화면

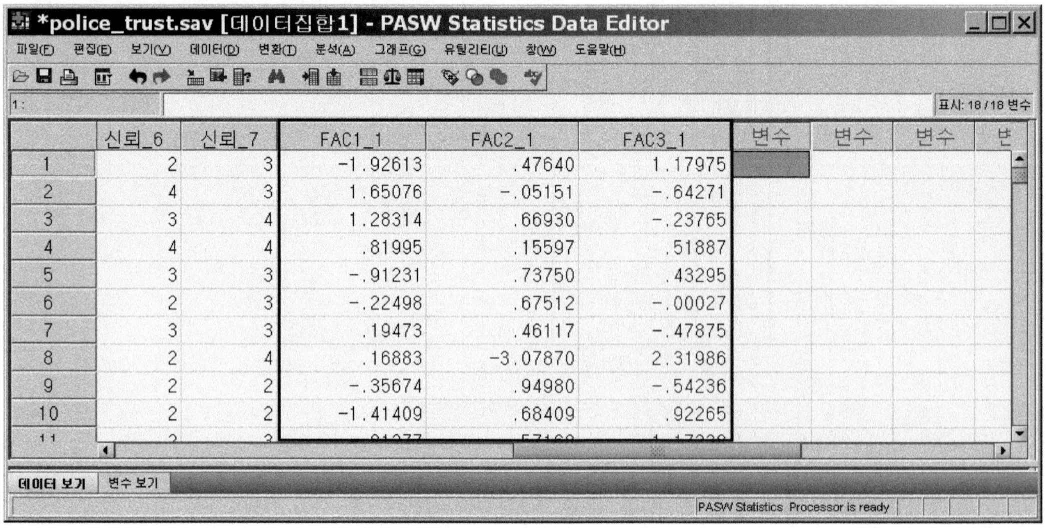

	신뢰_6	신뢰_7	FAC1_1	FAC2_1	FAC3_1	변수	변수	변수
1	2	3	-1.92613	.47640	1.17975			
2	4	3	1.65076	-.05151	-.64271			
3	3	4	1.28314	.66930	-.23765			
4	4	4	.81995	.15597	.51887			
5	3	3	-.91231	.73750	.43295			
6	2	3	-.22498	.67512	-.00027			
7	3	3	.19473	.46117	-.47875			
8	2	4	.16883	-3.07870	2.31986			
9	2	2	-.35674	.94980	-.54236			
10	2	2	-1.41409	.68409	.92265			

7) 보고서 작성

측정항목의 타당도를 검증하기 위해 요인분석을 실행하고 그 결과를 제시하면 다음 〈표 10－14〉와 같다.

결과표에서 음영으로 표시되어 있지 않은 1번에서 4번까지는 제2요인과 제3요인에 중복으로 걸쳐(부하)있어 제거되어야 하며, 나머지 문항을 통해 가설검증을 할 수 있다.

또한 무질서 개념을 구성하는 1번에서 4번까지 문항이 제거되어야 하기 때문에 나머지 문항을 통해 수정된 신뢰도 계수를 나타내야 한다.

표 10-14 요인분석 결과

측정문항	제1요인 (경찰신뢰)	제2요인 (무질서)	제3요인
1. 개들이 자주 뛰어 다닌다	-.187	.184	.749
2. 음주운전하는 사람을 자주 본다	.311	.579	.542
3. 여러 사람들이 있는 곳에서 과도하게 술을 마신다	.194	.493	.611
4. 10대 청소년들이 거리에서 서성거리고 사람들에게 위협을 가한다	.153	.673	.477
5. 젊은 폭력배들이 자주 나타난다	-.026	.856	.299
6. 사람들이 불법으로 금지된 약물을 복용한다	.049	.888	.170
7. 강도가 집에 난입하여 강탈한다	.066	.934	.011
8. 거리에서 물건이나 지갑, 핸드백을 강탈한다	-.014	.919	.052
1. 경찰관들은 일반적으로 공정하다	.839	.068	-.072
2. 경찰관들은 일반적으로 정중하다	.838	.005	-.145
3. 경찰관들은 일반적으로 정직하다	.793	.103	.052
4. 경찰관들은 일반적으로 겁주지 않는다	.741	.141	.002
5. 경찰관들은 시민들과 함께 문제를 해결하는 편이다	.747	-.058	.229
6. 경찰관들은 일반적으로 모든 시민들을 동등하게 대우하는 편이다	.794	.061	-.033
7. 경찰관들에게 이야기하고 질문하면 관심을 보여주는 편이다	.627	-.001	.384
고유치	5.587	3.846	1.087
분산설명비율(%)	37.245	25.642	7.246
누적분산비율(%)	37.245	62.887	70.133

8) 정리: 측정도구의 타당화 검정 절차

행정학이나 정책학 등 사회과학분야에서 조사에 이용되는 측정도구는 설문지가 대부분이다. 따라서 측정도구의 검정은 설문문항의 신뢰도와 타당도를 검정하는 것이다.

설문문항의 신뢰도와 타당도를 검정하는 절차는 다음과 같이 진행한다.

표 10-15 측정도구의 타당화 검정

단계	목적	특징	통계분석 내용
1단계	정화절차	문항제거	'수정된 항목-전체 상관관계' → 상관계수 0.3 미만인 문항제거
2단계	단일차원성	문항제거	단일요인분석(주성분분석, 비회전) → 요인적재량 0.4 미만인 문항제거
3단계	신뢰도	통계검정	신뢰도분석(내적일관성 검정, Cronbach's α계수) → 0.6 이상
4단계	타당도	통계검정	요인분석(주성분분석, 직각회전: Varimax) → 요인적재량 0.4 이상인 문항만 요인구성

자료: 이형석(2006: 116)

【연습 1】 다음 파일(🖫: creativity_innovation_culture)은 공공기관에 있어서 창의성과 혁신을 위한 조직문화의 수준을 조사하였다. 각 개념을 구성하는 문항에 대한 신뢰도와 타당도를 검정하시오.

제11장 회귀분석 I

1. 회귀분석의 개념
2. 회귀분석의 원리
3. 단순회귀분석의 기본가정
4. 모집단 β에 대한 가설검정
5. 회귀모형의 통계적 유의도 검증
6. 전차(오차항)분석과 이분산성 진단
7. 단순회귀분석
8. 다중회귀분석

제11장 회귀분석 I

1. 회귀분석의 개념

회귀분석(regression analysis)이란 한 변수가 다른 변수들과 어떠한 관계가 있는지 즉, 영향을 미치는지 또는 인과관계가 있는지 등을 위하여 사용되는 분석 방법이다. 인과관계를 살펴보기 위해서는 두 변수 간 상관관계에 있어야 된다.

회귀분석과 상관분석의 차이점은 종속변수에 대한 독립변수들의 상대적 중요도(또는 영향력)를 통한 예측이 가능하다는 점이다. 회귀계수(Regression Coefficient)가 바로 예측의 값(계수)이다.

회귀분석은 독립변수의 수가 1개 일 때 단순회귀분석(simple regression), 독립변수가 2개 이상일 때 다중회귀분석(multi regression)으로 구분된다.

그림 11-1 회귀분석의 구분

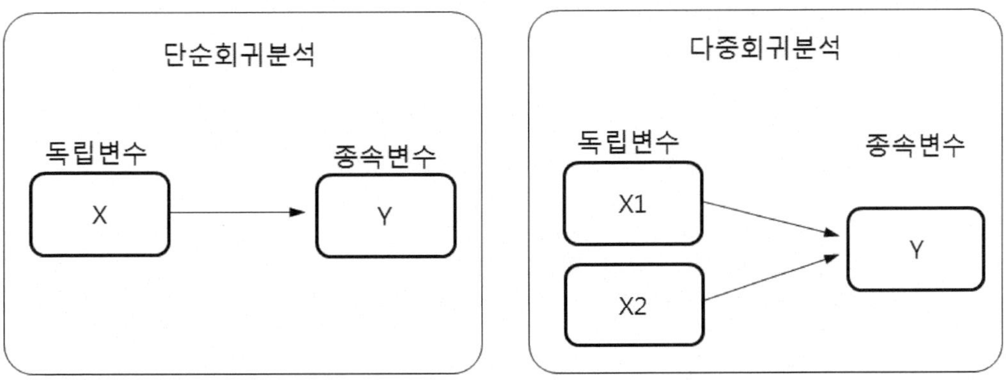

2. 회귀분석의 원리

1) 기본원리

회귀분석은 독립변수들과 종속변수가 선형관계를 가지고 있다는 가정하에서 종속변수를 예측하게 된다. 독립변수와 종속변수에 관한 자료를 가지고 모수(모집단의 특성을 나타내는 수; α와 β)를 추정하게 된다.

회귀방정식(모집단추정) $\hat{y} = \alpha + \beta x + \varepsilon$

여기에서

$\hat{y}$: 종속변수의 추정치

x : 독립변수

α : 상수항(절편)

β : 기울기를

ε : 오차

회귀분석에서 중요한 것은 이론적 모형에 적합하고 동시에 정확한 회귀식을 추정하는 일로서, 정확한 회귀식이란 주어진 사례(표본)들에 대하여 얻어진 예측값($\hat{y}$)와 실제관측값(y) 사이에 오차가 작음을 의미한다.

물론 예측값과 실제관측값이 항상 일치하는 회귀식을 구할 수 있다면 가장 이상적일 것이나 현실적으로는 오차가 존재하기 마련이다.

2) 모집단의 회귀식과 회귀모형

모집단의 회귀모형과 회귀식의 차이는 결국 오차 ε에 있음을 알 수 있다.

그러나 회귀분석을 통해 알고자 하는 것은 결국 모집단 회귀식의 α와 β이다. 만일 모집단 전체의 자료를 가지고 있다면 α와 β를 구할 수 있지만, 현실적으로 불가능하다. 따라서 표본에 얻은 자료를 바탕으로 α와 β를 추정해야 한다.

그림 11-2 모집단의 회귀식과 회귀모형

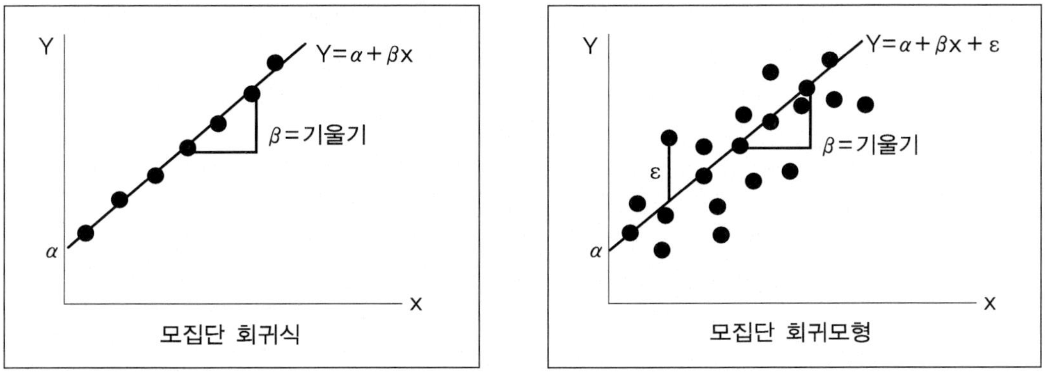

3) 표본의 회귀식과 회귀모형

- 표본회귀식 : $\hat{y} = a + bx$
- 표본의 회귀모형 : $\hat{y} = a + bx + e$

표본회귀식에서 a, b는 각각 모집단의 회귀계수 α, β의 추정치이다. 따라서 a와 b를 구하게 되고 x값만 주어지면 값을 계산할 수 있다.

그리고 표본의 회귀모형에서 e는 모집단 회귀모형 오차항 ε의 추정치인데, 이것을 잔차(residual)라고 한다.

모집단회귀식과 표본회귀식은 서로 어떤 차이가 있는가? 모집단회귀식의 α와 β는 고정된 상수이지만, 표본회귀식 a와 b는 표본으로부터 계산된 것이므로 표본이 어떻게 추출되었는가에 따라 각각 다른 값을 가지는 확률변수라는 점에 차이가 있다.

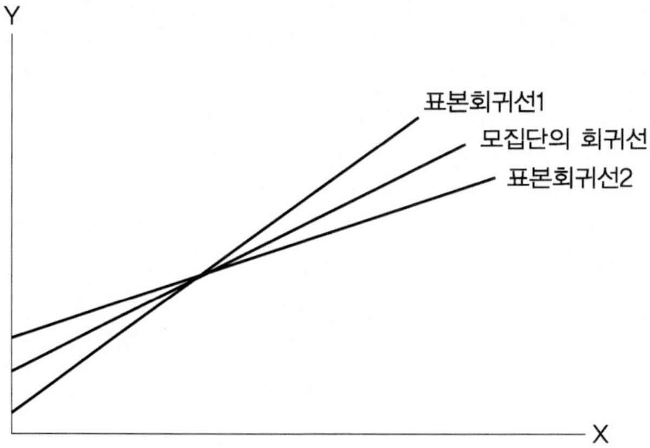

하지만 표본의 회귀선이 모집단의 회귀선과 완전히 일치할 것이라고 생각할 수는 없다. 즉 표본회귀선은 모집단회귀선과 유사한 형태이거나 상당한 차이가 있는 회귀선이 될 수도 있다. 다만 다른 정보가 없는 상태에서 표본으로부터 가장 적합하게 설정된 표본회귀선이 모집단회귀선을 가장 잘 반영할 수 있다. 그러므로 문제는 표본의 자료에 적합한 표본회귀선을 찾는 것이다.

아래 그림의 회귀선 A, B, C 중에서 자료에 가장 적합한 회귀선, 즉 잔차의 크기를 가장 작게 해주는 회귀선은 B라고 할 수 있다.

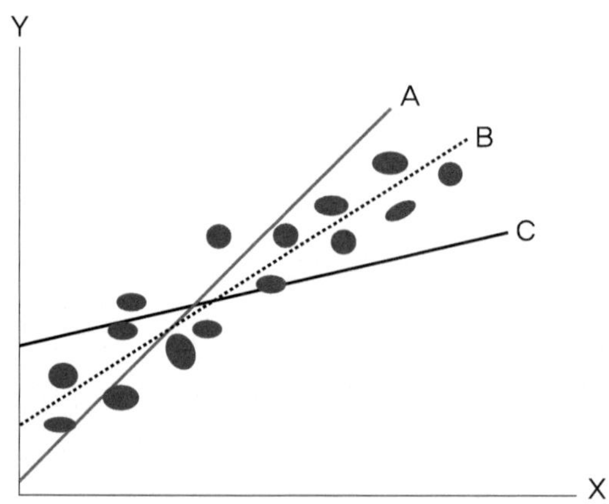

4) 표본회귀선의 산출(최소자승법)

표본의 자료에 가장 적합한 표본회귀선은 실제 관찰된 값과 예측된 값의 차이 즉, 잔차 e의 전체크기를 가장 작게 하는 회귀선이다.

잔차 e의 값은 실제 관찰된 값(y)과 표본회귀선에서 예측된 값($\hat{y}$)의 차이를 말한다. $e = y - \hat{y}$

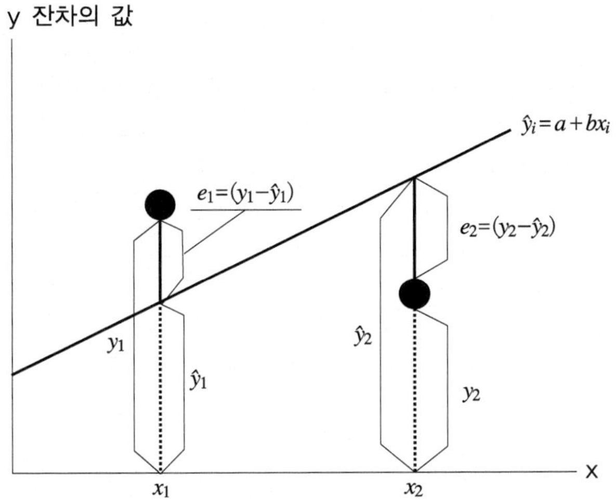

이 때 잔차 e가 표본회귀선 위쪽에 있을 때는 (+)값을 가지며 아래쪽에 있을 때는 (−)값을 가진다.

그렇다면 잔차의 전체 크기를 가장 작게 해 주는 회귀선은 어떻게 구할 수 있을까? 여러 가지 방법이 있으나 일반적으로 가장 많이 활용하는 것이 최소자승법(least square method)이다. 흔히 이것을 OLS(ordinary least squares method)라고도 부른다. 즉 잔차 제곱의 합을 가장 작게 하는 회귀선을 구하는 것이다.

즉, $\min \Sigma e^2 = \min \Sigma (y - \hat{y})^2$을 충족시키는 a와 b를 구하는 방법이다.

최소자승법에 의한 표본회귀식의 회귀계수(추정치)는 다음과 같다.

$$b = \frac{\Sigma XiYi - n\overline{X}\,\overline{Y}}{\Sigma Xi^2 - N(\overline{X})^2}$$

$$a = (\overline{Y} - b\overline{X}) = \frac{\Sigma Yi}{n} - b\frac{\Sigma Xi}{n}$$

다음 공부시간과 성적 간의 측정값을 통해 회귀식을 추정해본다.

N	공부시간(X)	X^2	성적(Y)	Y^2	X_iY_i
1	2	4	75	5625	150
2	3	9	85	7225	255
3	3	9	82	6724	255
4	5	25	95	9025	475
5	4	16	92	8464	368
6	3	9	88	7744	255
합계 (평균)	20 (3.3)	72 (12)	517 (86.2)	44807 (7468)	1758

$$b = \frac{1758 - 6 \times 3.3 \times 86.2}{72 - 6 \times 3.3^2} = \frac{51.24}{6.66} = 7.69$$

$$a = 86.2 - 7.69 \times 3.3 = 60.82$$

따라서 추정 회귀식은 다음과 같다.

$$y = a + bX$$
$$= 60.82 + 7.69X$$

위 회귀식의 해석은 다음과 같다.

- 공부시간(X)을 1단위(1시간) 증가시킬 때 성적은 68.51점을 받고, 2시간 증가시킬 때 76.2점이 받을 것으로 예상된다.

그리고 위 결과를 회귀식으로 나타내면 다음과 같다.

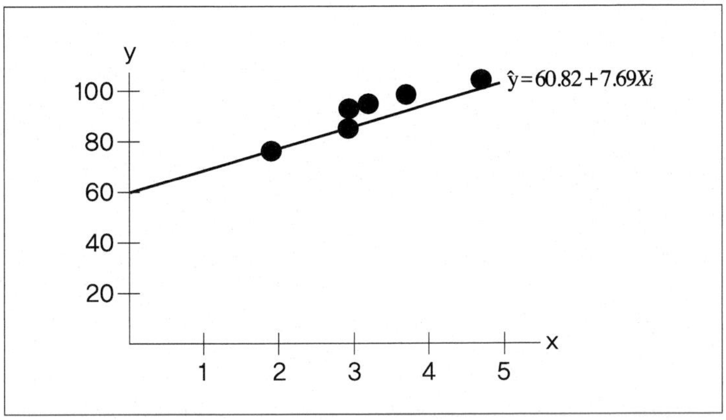

5) 표본회귀선의 적합도(R^2)

표본회귀선의 적합도(Goodness of fit)란 회귀선이 종속변수의 변화를 얼마나 잘 설명해 주는지를 나타내는 것이다. 즉 독립변수에 의하여 설명되는 종속변수의 비율을 뜻한다. 적합도를 통해 모델이 모집단에 얼마나 잘 적합 될 수 있는가에 대한 추정의 근거가 된다.

회귀선의 적합도 측정에는 보통 두 변수의 상관계수 r을 제곱한 결정계수 r^2이 사용된다.

결정계수

$$R^2 = \frac{\Sigma(\hat{Y}-\overline{Y})^2}{\Sigma(Yi-\overline{Y})^2} = \frac{SSR}{SST} = 1-\frac{SSE}{SST} = 1-\frac{\Sigma(Yi-\hat{Y})^2}{\Sigma(Yi-\overline{Y})^2}$$

또는

$$R^2 = \frac{\text{회귀분산}}{\text{총분산}} = \frac{\text{총분산}-\text{오차분산}}{\text{총분산}} = 1-\frac{\text{오차분산}}{\text{총분산}}$$

결국 결정계수는 종속변수의 총분산 중에서 회귀식으로 설명되는 분산의 비율을 의미한다. 즉 독립변수에 의해서 종속변수의 분산이 얼마나 설명되는가를 나타내는 척도이다.

결정계수 R^2의 값이 1에 가까울수록 독립변수의 설명력이 크고 추정된 회귀식의 적합도가 높은 것으로 평가할 수 있으며, 반대로 0에 가까워질수록 설명력이 약화되고 적합도가 떨어지게 된다.

그렇다고 R^2이 0이라고 두 변수간에 아무런 관계가 없다는 뜻은 아니다. 단지 회귀모형에서 두 변수간에 설정된 직선의 관계가 존재하지 않는다는 것을 의미할 뿐이다.

그런데 일반적으로 표본자료에서 얻어진 결정계수의 값은 모집단을 대상으로 한 결정계수보다 약간 커지는 경향이 있다. 이에 따라 회귀모형의 모집단에 대한 적합도를 고려하여 자유도를 반영시키면 보다 정확한 추정값을 얻을 수 있는데, 이를 수정결정계수(Adjusted R^2)라 한다.

단순회귀분석에서 수정결정계수는

$$Adj \cdot R^2 = R^2 - \frac{1-R^2}{n-2}$$

다음 결정계수(R^2)를 구해보자

$$\hat{y} = a + bX$$
$$= 60.82 + 7.69X$$

N	공부시간(X)	성적(Y)	$\hat{Y}$	$(Y-\overline{Y})^2$	$(Y-\hat{Y})^2$	$(\hat{Y}-\overline{Y})^2$
1	2	75	76.20	125.44	1.44	100
2	3	85	83.89	1.44	1.23	5.33
3	3	82	83.89	17.64	3.57	5.33
4	5	95	99.27	77.44	18.23	170.8
5	4	92	91.58	33.64	0.18	28.94
6	3	88	83.89	3.24	16.89	5.34
합계	20 (3.3)	517 (86.2)		258.84	41.54	315.74

$$R^2 = 1 - \frac{41.54}{258.84} = 0.84$$

$$Adj \cdot R^2 = 0.84 - \frac{1-0.84}{6-2} = 0.79$$

3. 단순회귀분석의 기본가정

① 회귀모형 설정에 오류가 없다.
- 독립변수와 종속변수는 선형관계를 지닌다.
- 회귀모형에 포함된 독립변수는 적절하다.
- 회귀모형에서 누락된 독립변수가 없다.

② 독립변수와 종속변수가 모두 등간척도의 변수이고 측정오차가 없다.

③ 오차항(잔차)에 대한 다음의 가정들이 충족된다.
- 오차항의 기대값은 0이다.
- 오차항들은 등(동)분산성(homoscedasticity)을 지닌다.
- 오차항간에는 자기상관(autocorrelation)이 없다.
- 오차항은 독립변수와 선형독립이다.
- 오차항은 정규분포를 이룬다.

동(등)분산성이란 독립변수 X의 값이 변할 때 오차의 확률분포의 분산이 항상 균일함을 의미한다. 즉 오차들이 회귀선을 중심으로 일정한 폭을 유지해야 된다는 것이다. 만약, X의 값이 변함에 따라 오차항들의 폭이 확대 또는 축소되어 일정치 않을 때, 이를 이분산성(heteroscedasticity)이라고 한다.

오차항들이 이분산성일 경우에는 통계적인 유의도 검증과 신뢰구간 추정을 할 수 없게 된다. 이 경우에는 OLS 대신 가중최소제곱법(WLS, weighted least squares)으로 회귀선을 추정할 수 있다.

시계열자료(time series data)에서는 현재의 상태가 과거와 미래의 상태에 밀접한 연관을 지니는 경우가 많다. 이럴 때 자기상관 또는 계열상관이라고 한다.

회귀분석에서 시계열의 관측값이 선행된 관측값에 의존하여 자기상관을 보일 때, 즉 관측값이 선행관측값들의 회귀관계를 갖는 현상을 자기회귀라 한다.

자기회귀는 일반적으로 t값과 F값은 물론 결정계수의 값을 실제보다 증가시키는 경향이 있다.

4. 모집단 β에 대한 가설검정

회귀분석에서 관심은 표본회귀선의 기울기 b에 관한 것이다. 그 이유는 b가 바로 종속변수에 대한 독립변수의 설명력을 나타내는 것이기 때문이다.

그렇다면 표본회귀계수 b는 모집단 회귀계수 β와 일치할까? 그렇지 않다. 그 이유는 표본이 어떻게 뽑히느냐에 따라 각기 다른 값을 가지는 확률변수이기 때문이다. 따라서 표본의 회귀계수 b의 분포를 고려하여 모집단 회귀계수 β에 대한 가설검정을 해야 한다.

β에 대한 가설검정은 표본회귀선으로 모집단회귀선을 추정하는 데 있어서 발생하는 오류와 관련이 있다. 회귀선의 기울기는 독립변수의 값이 증가함에 따라 변화하는 종속변수의 증가분의 비율이다. 따라서 모집단 회귀선에서 β가 0이라면 독립변수가 아무리 증가하더라도 종속변수의 값에는 전혀 변화가 없으므로 회귀관계가 성립되지 않는다.

그러나 모집단에서 독립변수와 종속변수간에 회귀관계가 없는 경우에도 표본에서는 우연히 회귀관계가 있는 것처럼 나타날 수가 있다. 그러므로 β가 0이 아니라는 것에 대한 가설검정을 해야 될 필요가 있다.

회귀계수 β에 대한 가설검정에서 β가 0이 아니라는 결론은 모집단에서 독립변수와 종속변수 사이에 선형적 함수관계를 설정할 수 있다는 것만을 나타낼 뿐이며 그 자체가 종속변수에 대한 독립변수의 설명력을 나타내는 것은 아니다. 그것은 결정계수에 의해 추정되는 것이다.

회귀계수 β에 대한 검정통계량은 t분포의 t값으로 제시된다.

5. 회귀모형의 통계적 유의도 검증

회귀모형의 유의도 검증이란 전체적으로 볼 때 독립변수들이 종속변수에 대해 얼마나 설명력을 가지고 있는가를 검정하는 것이다. 예를 들어, 여러 개의 독립변수가 있을 때 이 독립변수들이 종속변수에 대해 설명력이 전혀 없다면 모든 회귀계수들의 β값은 0이 될 것이다. 따라서 만일 독립변수가 3개라면 귀무가설은 모든 독립변수의 β값이 0이라는 것이다.

$$H_0 : \beta_1 = \beta_2 = \beta_3 = 0$$

추정된 회귀모형(회귀식)에 대한 통계적 의미의 부여는 회귀모형에 포함된 독립변수와 종속변수 사이에 직선의 관계가 성립되지 않는다는 영가설을 부정하는 방식으로 이루어지며, 분산분석의 F－분포 F값을 이용한다. 즉 모집단 회귀선의 기울기가 0이라는 가설에 대한 검정이다.

통계분석 결과에서 F값의 제곱근은 비표준화회귀계수 β의 t값과 일치한다. 그러나 t값이 모집단 회귀계수 β가 0이 아니라는 것을 검정하는데 비해, F값을 통한 F검증은 종속변수에 따른 추정회귀식의 설명력을 검증한다는 점에서 다르다.

사회과학 분야에서는 인과관계에 관한 가설검정을 위해서는 비표준화된 회귀계수를 이용한다. 표준화된 회귀계수는 종속변수에 영향을 미치는 독립변수들에 대한 중요도를 파악할 수 있도록 하는 정보를 제공해 준다. 즉, 독립변수들간의 상대적 중요도를 의미한다.

모든 독립변수들이 같은 단위로 측정된 경우를 제외하고, 독립변수들이 각각 다른 단위로 측정된 경우에는 비표준화된 회귀계수로 상대적인 크기를 서로 비교할 수 없다. 이때 단위를 표준화시킨 표준화된 회귀계수를 이용하여 각 독립변수들이 종속변수에 대해 상대적인 영향력의 크기를 비교할 수 있게 하는 정보를 제공한다.

6. 잔차(오차항)분석과 이분산성 진단

회귀모형이 올바르게 만들어졌다면 잔차들은 정규분포에 가까운 형태를 보이게 된다. 물론 잔차들의 형태가 정규분포에 근접하는가의 여부를 판단하는 특별한 기준이 있는 것은 아니다.

그리고 이러한 정규분포를 나타내는 막대그래프 형태가 절대적인 판단기준이 될 수 있는 것은 아니나 잔차들의 정규성을 판단하는 하나의 정보이다.

7. 단순회귀분석

1) 분석상황

다음 파일(🖫: satisfaction)을 통해 역할갈등과 직무만족 변수를 통해 단순회귀분석을 수행해보자. 여기에서는 역할갈등이 독립변수, 직무만족이 종속변수로 설정된다.

그림 11-2 **분석모형**

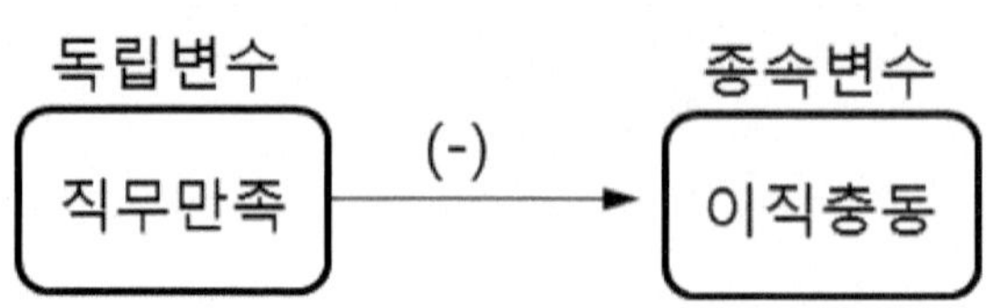

2) 분석실행

【분석】→【회귀분석】→【선형】을 차례로 클릭한다.

- 〈그림 11－3〉에서 종속변수에 이직충동, 독립변수에 직무만족을 이동한다.

그림 11-3 선형 회귀분석 대화상자

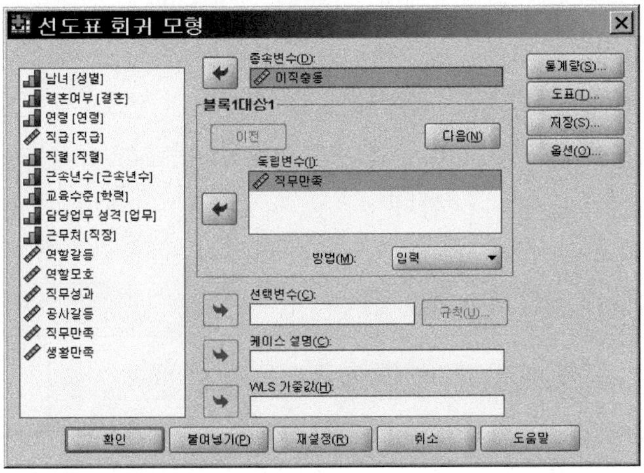

〈그림 11−3〉에서 [통계량]을 클릭하면 통계량 대화상자가 나타난다.

- [회귀계수]에서 '추정값'과 '신뢰구간'을 선택하고 '모형적합'과 '기술통계량'을 선택하며, [전차]에서 'Durbin−Watson'을 선택한 후 〈계속〉을 클릭한다.

그림 11-4 선형 회귀분석 통계량 대화상자

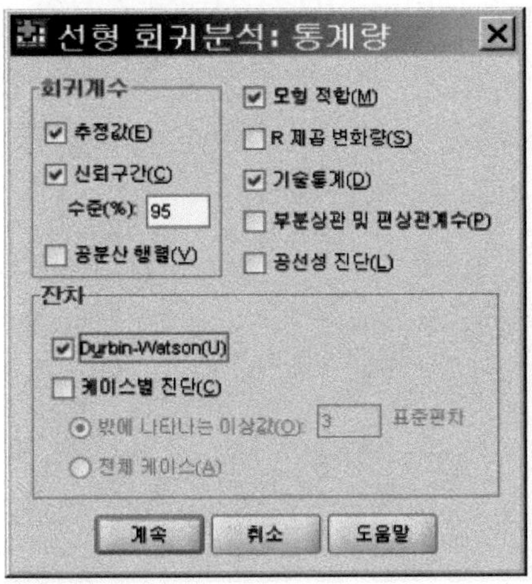

[도표]를 클릭하면 도표 대화상자가 나타난다.

- 잔차산점도 대화상자에서 '표준화 잔차도표' 를 선택하고
- 우측 산점도에서
  - Y축에 ZRESID : 표준화된 잔차항
  - X축에 ZPRED : 표준화된 기대값을 선택하여 이동한 후 〈계속〉을 클릭한다.

그림 11-5 선형 회귀분석 도표 대화상자

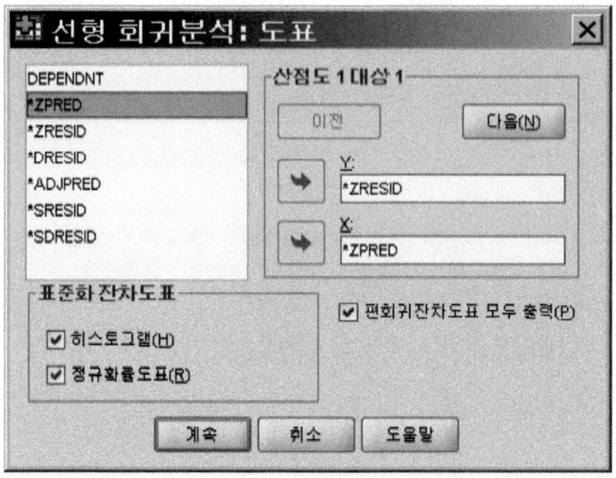

[저장]을 클릭하면 데이터 창에서 선택된 값들이 나타난다.

- 저장 대화상자에서 'Cook의 거리', '스튜던트화 잔차', 그리고 'DFFIT' 를 선택하고 〈계속〉을 클릭한다. 버튼을 클릭한 후, 첫 번째 대화상자의 〈확인〉을 클릭하면 분석결과 화면이 나타난다.

그림 11-6 선형 회귀분석 저장 대화상자

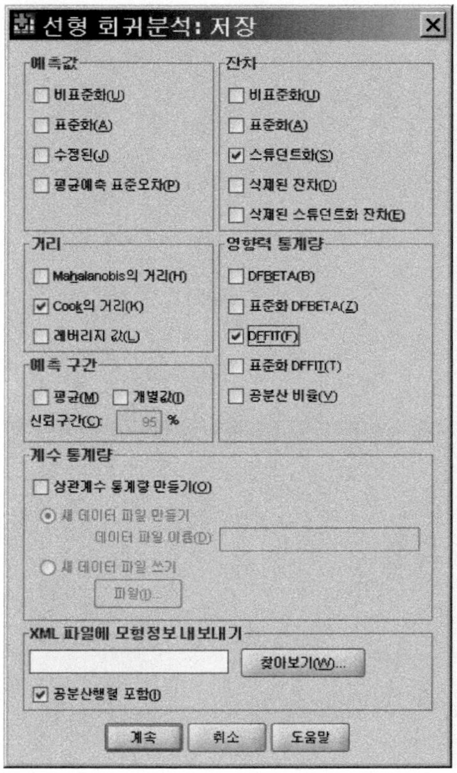

[옵션]을 클릭하면 '선택법 기준', '방정식에 상수항 포함 여부', '결측값'을 선택할 수 있다. 〈계속〉을 클릭하고 맨 처음 화면의 〈확인〉을 클릭하면 분석결과 화면이 나타난다.

그림 11-7 옵션 대화상자

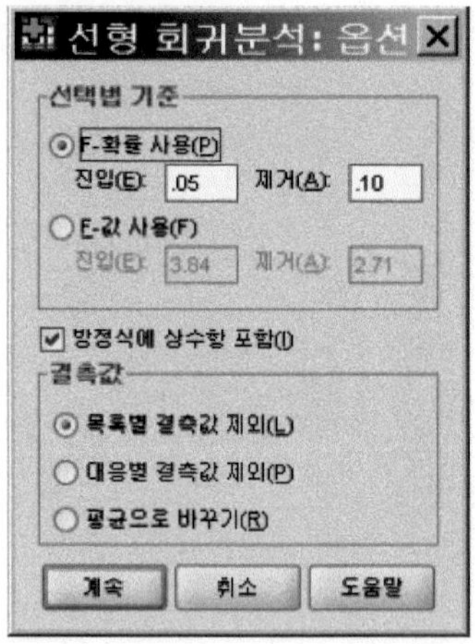

3) 분석결과 해설

두 변수에 대한 기술통계량(평균, 표준편차, 응답자)이 제시된다. 이직충동의 평균은 2.74, 직무만족의 평균은 3.19로 나타났다.

표 11-1 기술통계량

기술통계량

	평균	표준 오차 편차	N
이직충동	2.7478	1.46951	694
직무만족	3.1924	.66185	694

두 변수 간 상관계수를 나타내고 있다. 이직충동과 직무만족은 유의수준 0.000에서 r= −0.482 즉, 약 48% 관련되어 있다는 것을 알 수 있다.

표 11-2 상관계수

상관계수

		이직충동	직무만족
Pearson 상관	이직충동	1.000	-.482
	직무만족	-.482	1.000
유의확률 (단측)	이직충동	.	.000
	직무만족	.000	.
N	이직충동	694	694
	직무만족	694	694

다음은 입력방법 즉, 종속변수 직무만족에 대해 입력된 변수가 역할모호임을 알 수 있다. 단순회귀분석에서는 변수가 하나이기 때문에 입력방법은 의미가 없다.

표 11-3 입력방식

진입/제거된 변수[b]

모형	진입된 변수	제거된 변수	방법
1	직무만족[a]	.	입력

a. 요청된 모든 변수가 입력되었습니다.

b. 종속변수: 이직충동

표본회귀식의 적합도를 나타내는 모형요약표가 제시된다.

- R : 상관계수를 나타낸다.
- R제곱 : 표본회귀식의 적합도를 나타낸다. R제곱은 표본회귀식이 모집단에 얼마나 잘 부합될 수 있는가에 대한 추정의 근거가 된다. 분석결과는 0.232이기 때문에 통계분석에 이용된 표본크기의 23.2%가 표본회귀선에 적합하다고 말할 수 있다. 만약 모든 측정치들이 표본회귀상에 머문다면 R제곱은 1이 되고, 종속변수와 독립변수 간에 어떠한 선형관계도 존재하지 않는다면 R제곱은 0이 된다.
- 수정된 R제곱: 모집단에 이 모델을 가잘 잘 부합시키기 위해서 R제곱을 수정한 것이다.
- 자기상관의 검증하게 되는 Durbin－Watson의 d－통계량이 제시되어 있다.

d－통계량이 2에 가까울수록 자기상관이 없고, 0이나 4에 가까울수록 자기상관이 크다(범위: 0에서 4까지).

표 11-4 모형 요약

모형 요약b

모형	R	R 제곱	수정된 R 제곱	표준 오차 추정값의 표준오차	Durbin-Watson
1	.482a	.232	.231	1.28866	1.944

a. 예측값: (상수), 직무만족

b. 종속변수: 이직충동

다음은 〈표 11－5〉와 같이 추정된 회귀식이 통계적으로 유의한지를 나타내는 분산분석표이다. 선형회귀분석의 제곱합(347.326)은 표본회귀식에 의해 설명된 부분이고, 잔차의 제곱합(1149.171)은 표본회귀식에 의해 설명되지 않는 부분이다.

F값은 회귀모형이 통계적으로 유의한지를 검정한다. 즉, '회귀선의 기울기가 0이다' 라는 귀무가설이 기각되는지를 살펴보게 되는데, 유의확률이 0.000이므로 회귀모형은 유의함을 알 수 있다.

표 11-5 분산분석

분산분석b

모형		제곱합	자유도	평균 제곱	F	유의확률
1	회귀 모형	347.326	1	347.326	209.150	.000a
	잔차	1149.171	692	1.661		
	합계	1496.497	693			

a. 예측값: (상수), 직무만족

b. 종속변수: 이직충동

다음은 〈표 11－6〉과 같이 회귀계수가 제시된다.

- 상수(절편)는 6.163이다.
- 기울기에 대한 추정치는 －1.070, 기울기의 표준오차는 0.074이다.
- t값 －14.462 ＝ －1.070/0.074이다.

- 유의확률값이 0.000이므로 유의수준 0.05에서 통계적으로 유의성이 있는 것으로 알 수 있다. 즉, 직무만족은 이직충동에 부(−)의 유의적인 영향을 미친다는 가설이 채택되며, 두 변수는 선형관계가 있다고 할 수 있다.
- 이 같은 결과로 표본회귀식은 다음과 같다.

이직충동 = 6.163 + (−)1.070 × (직무만족)

- B에 대한 95%의 신뢰구간에서의 기울기와 절편에 대한 구간추정의 결과가 제시되어 있다. 이 통계량의 의미는 '직무만족'의 최소측정 단위가 하나 증가할 때 종속변수인 '이직충동'은 하한값 −1.215에서 상한값 −0.924 범위내에서 증가함을 의미한다.
- 베타계수는 두 변수 모두 Z−점수로 표현될 때 최소자승선의 기울기가 되고 또한 두 변수간의 상관계수를 의미한다. 절편의 추정치가 6.163이고 이에 대한 표준오차가 0.241이므로 T검정통계량은 6.163/0.241=25.557이 된다.

표 11-6 회귀계수

계수[a]

모형		비표준화 계수		표준화 계수	t	유의확률	B에 대한 95.0% 신뢰구간	
		B	표준 오차 오류	베타			하한값	상한값
1	(상수)	6.163	.241		25.557	.000	5.689	6.636
	직무만족	-1.070	.074	-.482	-14.462	.000	-1.215	-.924

a. 종속변수: 이직충동

잔차의 이분산성을 진단(동/등분산성의 검증)할 수 있는 잔차통계량값이 제시되어 있다.

- 잔차의 이분산성은 산점도와 잔차통계량(특히 표준화 오차 잔차, 스튜던트 잔차, DFFIT 등)의 값을 보고 판단한다.
- 스튜던트 잔차의 분포는 t분포를 따르기 때문에 스튜던트화 잔차값이 ±2.0이 넘으면 이상점으로 판정할 수 있다.

표 11-7 잔차통계량

잔차 통계량[a]

	최소값	최대값	평균	표준 오차 편차	N
예측값	.8143	5.0929	2.7478	.70795	694
표준 오차 예측값	-2.731	3.312	.000	1.000	694
예측값의 표준오차	.049	.169	.065	.023	694
수정된 예측값	.8120	5.0857	2.7477	.70773	694
잔차	-3.55807	4.58122	.00000	1.28773	694
표준 오차 잔차	-2.761	3.555	.000	.999	694
스튜던트 잔차	-2.776	3.558	.000	1.001	694
스튜던트 잔차	-3.59719	4.58927	.00012	1.29140	694
스튜던트 스튜던트 잔차	-2.790	3.589	.000	1.002	694
Mahal. 거리	.008	10.972	.999	1.722	694
Cook의 거리	.000	.042	.001	.003	694
중심화된 레버리지 값	.000	.016	.001	.002	694

a. 종속변수: 이직충동

– 보다 공식적인 잔차의 정규성 판단은 정규확률도(nomal probability)를 본다.

그림 11-8 표준화 잔차도표(히스토그램)

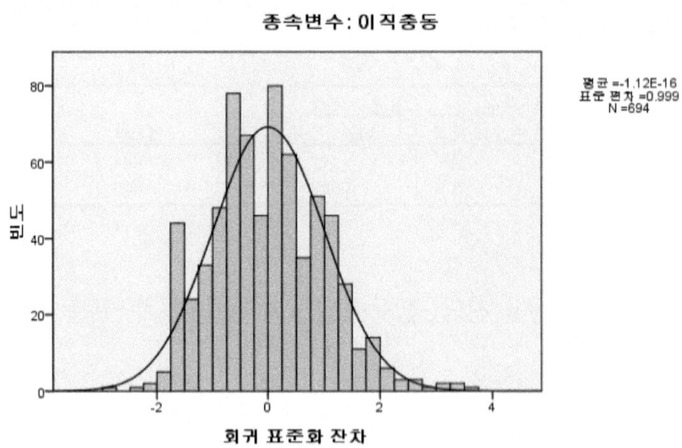

– 또한 〈그림 11–9〉과 같이 잔차의 그래프가 45도 대각선을 따라 균등하게 퍼져 있으면 분포가 정상적이라는 것을 나타낸다.

그림 11-9 표준화 잔차 분포도

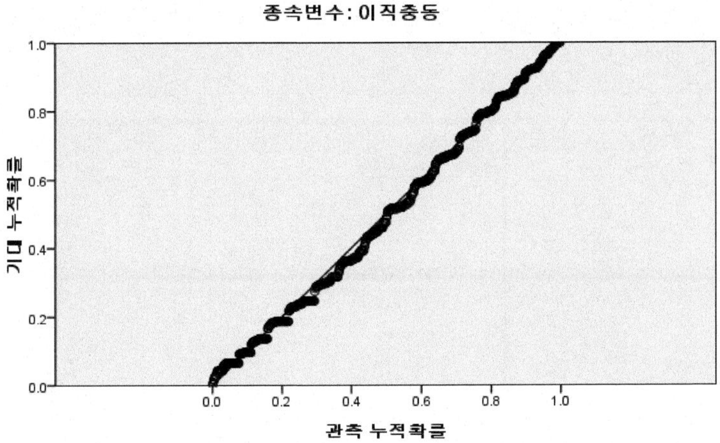

– 또한 〈그림 11–10〉은 표준화 잔차의 산점도를 나타낸다.

그림 11-10 표준화 잔차 산점도

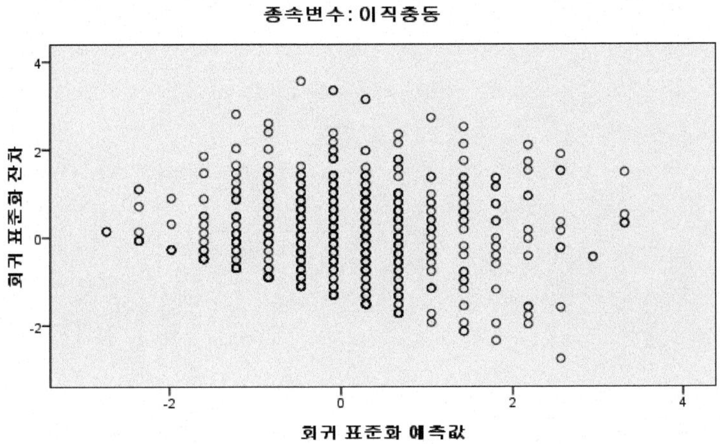

<그림 11－11>은 [저장]에서 선택한 분석 결과로써 데이터 편집창에 그 값들이 제시된다.

그림 11-11 새로운 생성값

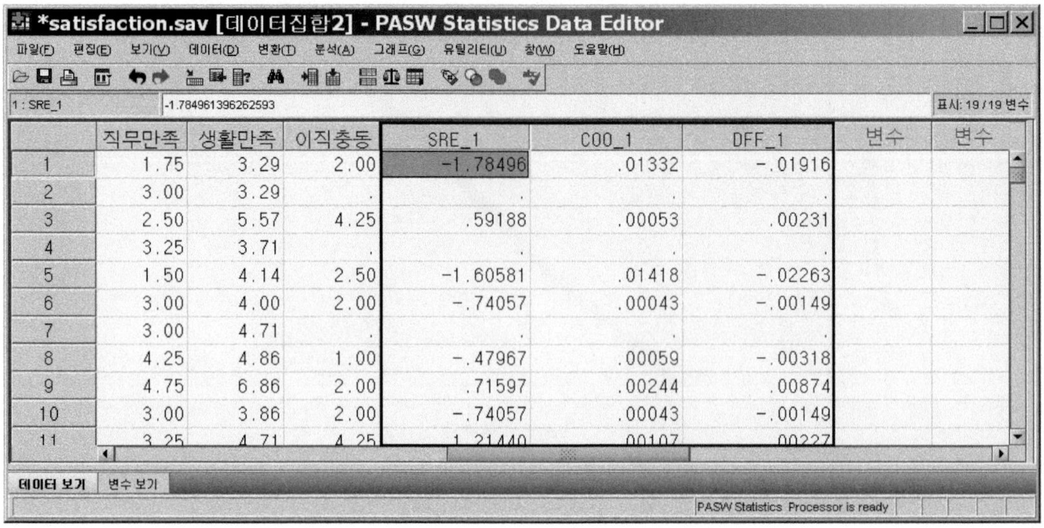

	직무만족	생활만족	이직충동	SRE_1	COO_1	DFF_1	변수	변수
1	1.75	3.29	2.00	-1.78496	.01332	-.01916		
2	3.00	3.29	.	.	.	.		
3	2.50	5.57	4.25	.59188	.00053	.00231		
4	3.25	3.71	.	.	.	.		
5	1.50	4.14	2.50	-1.60581	.01418	-.02263		
6	3.00	4.00	2.00	-.74057	.00043	-.00149		
7	3.00	4.71	.	.	.	.		
8	4.25	4.86	1.00	-.47967	.00059	-.00318		
9	4.75	6.86	2.00	.71597	.00244	.00874		
10	3.00	3.86	2.00	-.74057	.00043	-.00149		
11	3.25	4.71	4.25	1.21440	.00107	.00227		

【단순회귀분석 요약】

① 표본회귀식의 적합도 : 결정계수 R^2
- 두 변수간에 회귀모형에서 설정된 직선의 관계가 존재하는가?
- 독립변수에 의하여 설명되는 종속변수의 비율

② 회귀모형(추정회귀식)의 유의도 검증 : F값
- 모집단 회귀선의 기울기가 0이라는 가설에 대한 검정

③ 모수(모집단의 회귀계수) β의 추정 : t검정
- 모집단 회귀계수 β가 0이 아니라는 것을 검정
- b가 바로 종속변수에 대한 독립변수의 설명력을 나타냄

【연습 1】 다음 파일(🖫: satisfaction)을 통해 생활만족이 이직충동에 유의적인 영향을 미치는지를 분석하시오.

8. 다중회귀분석

1) 다중회귀분석의 원리

다중회귀방정식은 다음과 같다.

$$Y = \alpha + \beta_1 X_1 + \beta_2 X_2 + \cdots\cdots \beta_k X_k + e$$

- X_1을 고정시킨 상태에서 X_2 변수의 값이 1단위 증가할 때 종속변수인 Y의 변화량을 추정한다. 그러나 다른 독립변수들의 값을 고정시키거나 영향력을 통제하기 위해서는 실험적 통제를 의미하는데, 사회과학분야는 거의 찾기 힘들다.

다중회귀식은 가능한 한 적은 수의 독립변수로 인과관계를 간결하게 설명하는 것이 중요하다. 독립변수들이 종속변수와의 공변량(상관관계)이 다소 있다고 하더라도 인과관계에 논리적인 의미부여가 곤란한 변수들은 회귀모형에서 제외시켜야 한다.

다중회귀모형에서 독립변수의 수가 지나치게 많아지면(간명성의 위배) 종속변수의 분산을 설명하거나 예측하는 능력은 향상되겠지만, 자유도가 증가되어 분석력과 통계적 유의도는 오히려 약해지는 결과를 초래할 수 있다. 이는 회귀분석의 결과를 모집단의 수준으로 일반화시키기가 어려워짐을 의미한다.

2) 고려사항

① 독립변수의 투입방법

독립변수의 투입방법은 여러 가지가 있으나 일반적으로 가장 많이 사용하는 방법이 〈입력방법〉과 〈다단계선택방법〉이 있다.

- 입력방법(enter method) : 모형에서 설정된 독립변수를 동시에 일괄 입력하

는 방식이다. 독립변수들을 일괄 분석에 투입하기 때문에 *R*제곱은 증가될 수 있지만 종속변수와 관련성이 없는 독립변수가 투입될 수 있다. 또한 후술하게 될 독립변수들 간의 다중공선성이 문제될 수 있다.

- 다단계선택방법(stepwise method) : 독립변수들 중에서 설명력이 가장 높은 변수 순으로 회귀방정식에 투입시켜 진행해 나가는 분석방법으로 독립변수들 간의 다중공선성이 존재할 때 이 방식을 적용하면 어느 정도는 문제를 해결할 수 있다.

② 모수 추정

모수 추정에 적용되는 비표준화회귀계수(β)의 크기는 독립변수의 측정척도에 따라 좌우되는 불안전성을 지닌다. 비표준회귀계수의 불안전성은 다중회귀모형에서 특히 심각하다. 즉 독립변수가 두 개 이상인 회귀식에서 종속변수에 대한 독립변수의 상대적인 영향력(중요도)을 비표준화회귀계수 값의 크기에 근거하여 판단할 수 없게 된다.

이러한 문제점을 해소시키기 위해서는 회귀식에 포함되는 변수들을 *Z*점수로 표준화시켜 0의 평균값과 1의 표준편차를 갖게 하면, 회귀계수가 측정척도의 영향을 받지 않게 되는데, 이를 표준화회귀계수(standardized regression coefficient) 또는 Beta라고 한다.

③ 다중공선성(multicollinearity)

회귀분석은 독립변수들 간 상호 밀접히 연관되어 있지 않다는 것을 전제로 한다. 일반적으로 회귀계수를 이용하여 특정 독립변수가 다른 독립변수의 값을 불변으로 고정시킨 상태에서 종속변수에 미치는 독자적인 영향력을 측정하고자 하는 것이다.

그러나 만약 독립변수들 간에, 특히 3개 이상의 독립변수들 간에 매우 강한 선형관계(linear relationship)가 존재하는 경우를 다중공선성이라 한다. 이 경우는 회귀계수의 통상적인 해석은 심각한 문제를 야기시킨다. 즉, 회귀계수는 자료나 회귀식의 미세한 변화에 매우 민감하게 반응하여 커다란 표준오차를 가지게 되고 통계적인 유의도를 감소시킨다.

다중공선성은 독립변수들 간의 상관계수가 높을 때($r>0.8$ 또는 0.9) 발견되는 경우가 많다. 그러나 상관계수가 높다고 해서 반드시 다중공선성의 문제가 발생하는 것은 아니다.

【SPSS 프로그램에서 다중공선성의 진단 방법】

- 회귀분석의 회귀계수 결과표에 허용값 또는 공차한계(Tolerance)와 분산팽창계수(VIF)가 제공되고, 공선성 진단(Collinearity Diagnostics)의 결과표에 고유근(Eigenvalue), 상태지수(Condition Index), 그리고 각 독립변수별로 분산비율(Variance Proportions)이 계산된다.
- 공차한계 또는 허용값(Tolerance)은 잔여분산(residual variance)을 나타내는데, 그 값이 0이거나 0에 아주 근접하면 극심한 다중공선성이 존재한다. 예를 들면, 허용값(잔여분산)의 값이 0.01~0.001이면 심한 다중공선성을 야기시킨다.
- 분산팽창계수(VIF)는 회귀계수의 표준오차나 분산이 다중공선성에 의해 얼마나 부풀려져 있는가를 나타내는 지표로 10 이상인 변수는 다중공선성을 의심해야 하고, 분산팽창계수(VIF)는 여러 변수 사이에 얽혀 있는 다중공선성에 대해서는 정확한 정보를 주지 못한다는 단점이 있다.

■여러 변수 사이의 다중공선성이 어떻게 얽혀 있는가는 고유근과 상태지수를 통해 살펴본다.

■상태지수(Condition Index) 값이 31 이상이면 다중공선성이 존재하는 것으로 의심할 수 있다.

3) 다중회귀분석의 기본가정

단순회귀분석의 기본가정에 추가하여

① 독립변수간의 다중공선성(multicollinearity)이 존재하지 않는다.

② 독립변수간에 상호작용효과(interaction effect)가 존재하지 않는다. 이는 특정 독립변수가 종속변수에 미치는 영향이 다른 독립변수와 복합되어 일어나지 않아야 된다.

③ 표본의 수가 회귀식에 포함되는 변수의 수보다 크다. 표본의 크기에 비해서 변수의 수가 너무 많으면 표본을 분석하여 얻은 결과를 모집단의 수준

으로 일반화시키기가 어려워진다.

4) 분석상황

다음 파일(🖫: police_work)은 경찰공무원 대상 직무만족에 영향을 미치는 요인을 분석하고자 한다. 분석모형과 같이 직무만족에 대하여 독립변수들이 유의적인 영향을 미치는지를 분석한다.

그림 11-12 분석모형

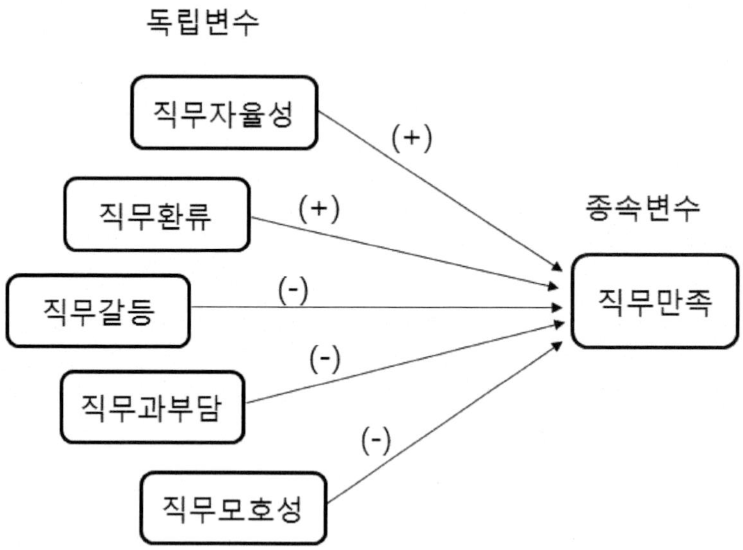

5) 분석실행

【분석】→【회귀분석】→【선형】을 차례로 클릭한다.

- 종속변수에 '직무만족', 독립변수에 '직무자율성', '직무환류', '직무갈등', '직무과부담', '직무모호성'을 이동한다. 투입방법에서는 '입력'을 선택한다. 투입방법으로 '입력'이 아닌 다른 방법을 선택하지 않는 한 '입력' 방식은 기본으로 설정되어 있다.

그림 11-13 다중회귀분석을 위한 대화상자

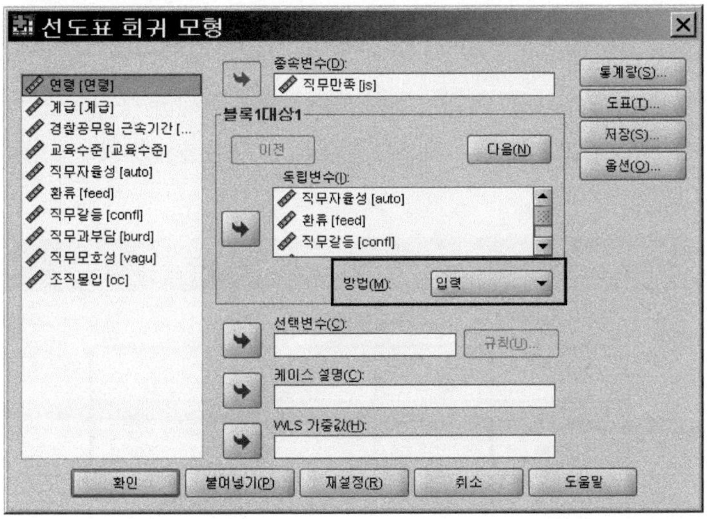

〈그림 11-13〉의 대화상자 우측 [통계량]을 클릭하고 통계량 대화상자에서 아래 그림과 같이 선택한 후 〈계속〉을 클릭한 다음 첫 화면의 대화상자에서 〈확인〉을 클릭하면 분석이 실행된다.

그림 11-14 통계량 대화상자

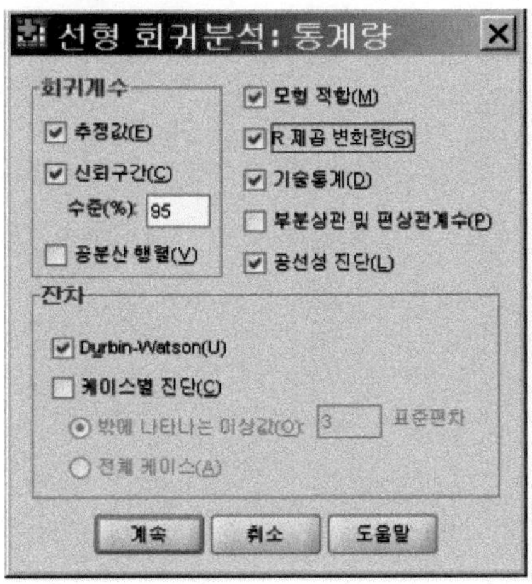

6) 분석결과 및 해설

독립변수와 종속변수에 대한 변수별 기술통계량이 제시되어 있다. 변수별 평균을 보면 직무만족은 3.27, 직무자율성은 3.24, 직무환류는 3.21, 직무갈등은 2.79, 직무과부담은 2.76, 직무모호성은 2.16으로 제시되고 있다.

표 11-8 기술통계량

기술통계량

	평균	표준 오차 편차	N
직무만족	3.2743	.61422	353
직무자율성	3.2474	.75242	353
환류	3.2147	.61405	353
직무갈등	2.7960	.68300	353
직무과부담	2.7609	.73357	353
직무모호성	2.1609	.52262	353

변수별 상관계수가 제시된다. 독립변수와 종속변수 간에 인과관계를 갖기 위해서는 먼저 상관관계가 있어야 한다. 따라서 회귀분석 결과를 보기에 앞서 상관계수를 살펴봐야 한다.

- 종속변수인 직무만족 대해 독립변수인 직무자율성은 0.412, 직무환류는 0.433, 직무갈등은 −0.203, 직무과부담은 −0.251, 직무모호성은 −0.452 등으로 나타났다.
- 독립변수들 간 다중공선성 검토에 앞서 독립변수들 간 상관계수가 높지 않은 것으로 보아 다중공선성 문제는 고민할 필요가 없어 보인다.

표 11-9 변수간 상관계수

상관계수

		직무만족	직무자율성	환류	직무갈등	직무과부담	직무모호성
Pearson 상관	직무만족	1.000	.412	.433	-.203	-.251	-.452
	직무자율성	.412	1.000	.479	-.179	-.157	-.341
	환류	.433	.479	1.000	-.148	-.021	-.478
	직무갈등	-.203	-.179	-.148	1.000	.279	.170
	직무과부담	-.251	-.157	-.021	.279	1.000	.085
	직무모호성	-.452	-.341	-.478	.170	.085	1.000
유의확률 (단측)	직무만족	.	.000	.000	.000	.000	.000
	직무자율성	.000	.	.000	.000	.002	.000
	환류	.000	.000	.	.003	.348	.000
	직무갈등	.000	.000	.003	.	.000	.001
	직무과부담	.000	.002	.348	.000	.	.056
	직무모호성	.000	.000	.000	.001	.056	.
N	직무만족	353	353	353	353	353	353
	직무자율성	353	353	353	353	353	353
	환류	353	353	353	353	353	353
	직무갈등	353	353	353	353	353	353
	직무과부담	353	353	353	353	353	353
	직무모호성	353	353	353	353	353	353

종속변수에 대해 진입된 독립변수들과 투입방식이 제시된다.

- 입력방식을 선택했다는 것을 보여주고 있다.

표 11-10 변수 투입방식

진입/제거된 변수[b]

모형	진입된 변수	제거된 변수	방법
1	직무모호성, 직무과부담, 직무갈등, 직무자율성, 환류[a]	.	입력

a. 요청된 모든 변수가 입력되었습니다.

b. 종속변수: 직무만족

회귀모형이 제시된다.

- 회귀모형의 적합도를 나타내는 R제곱은 0.341로서 통계분석에 이용된 표본들의 약 34.1%가 표본회귀선에 적합하다는 의미이다.

- 자기상관을 검증하게 되는 Durbin－Watson의 d－통계량이 제시되어 있다. d－통계량이 2.066으로 자기상관이 존재하지 않는 것으로 알 수 있다. d－통계량이 2에 가까울수록 자기상관이 없고, 0이나 4에 가까울수록 자기상관이 크다(범위: 0에서 4까지).

표 11-11 모형 요약

모형 요약[b]

모형	R	R 제곱	수정된 R 제곱	추정값의 표준오차	통계량 변화량					Durbin-Watson
					R 제곱 변화량	F 변화량	df1	df2	유의확률 F 변화량	
1	.584[a]	.341	.332	.50209	.341	35.955	5	347	.000	2.066

a. 예측값: (상수), 직무모호성, 직무과부담, 직무갈등, 직무자율성, 환류

b. 종속변수: 직무만족

다음은 〈표 11－11〉과 같이 추정된 회귀식이 통계적으로 유의한지를 나타내는 분산분석표이다. 선형회귀분석의 제곱합(45.320)은 표본회귀식에 의해 설명된 부분이고, 잔차의 제곱합(87.478)은 표본회귀식에 의해 설명되지 않는 부분이다.

F값은 회귀모형이 통계적으로 유의한지를 검정한다. 즉, '회귀선의 기울기가 0이다'라는 귀무가설이 기각되는지를 살펴보게 되는데, 유의확률이 0.000이므로 회귀모형은 유의함을 알 수 있다.

표 11-12 분산분석 결과

분산분석[b]

모형		제곱합	자유도	평균 제곱	F	유의확률
1	회귀 모형	45.320	5	9.064	35.955	.000[a]
	잔차	87.478	347	.252		
	합계	132.798	352			

a. 예측값: (상수), 직무모호성, 직무과부담, 직무갈등, 직무자율성, 환류

b. 종속변수: 직무만족

회귀계수 및 다중공선성의 통계량이 제시된다.

- 회귀계수를 보면 유의수준 0.05에서 직무자율성, 환류, 직무과부담, 직무모호성 변수는 직무만족에 영향을 미치는 유의적인 변수로 제시되고 있다.
- 공차한계가 0.01~0.001 범위에 있거나 VIF가 10 이상이면 다중공선성이

의심된다. 제시된 분석결과를 보면 다중공선성이 의심되는 변수는 없어 보인다.

표 11-13 회귀계수

계수a

모형		비표준화 계수 B	비표준화 계수 표준 오차 오류	표준화 계수 베타	t	유의확률	B에 대한 95.0% 신뢰구간 하한값	B에 대한 95.0% 신뢰구간 상한값	공선성 통계량 공차	공선성 통계량 VIF
1	(상수)	3.326	.297		11.203	.000	2.742	3.910		
	직무자율성	.151	.042	.185	3.638	.000	.069	.233	.732	1.366
	환류	.207	.054	.207	3.838	.000	.101	.313	.653	1.533
	직무갈등	-.038	.042	-.043	-.921	.358	-.120	.043	.890	1.124
	직무과부담	-.153	.038	-.183	-3.997	.000	-.229	-.078	.902	1.108
	직무모호성	-.314	.059	-.267	-5.295	.000	-.430	-.197	.747	1.339

a. 종속변수: 직무만족

구체적인 다중공선성을 진단할 수 있는 진단표가 제시된다.

- 분산비율은 추정치의 분산 각각의 차원에 의해 설명되는 비율을 나타낸 것이다.
- 상태지수가 가장 높은 차원은 6차원이다. 그에 따른 분산비율을 살펴보면 '환류' 가 0.41, '직무모호성' 이 0.49이므로 환류의 분산 중 41%, 직무모호성의 분산 중 49%를 설명한다고 알 수 있다. 따라서 환류와 직무모호성은 약간의 공선성이 존재할 가능성이 있다고 할 수 있다.
- 공선성 검증을 위해서는 이와 같이 상태지수와 분산비율을 확인해 볼 수 있으나, 보통은 공차한계와 분산팽창요인을 통해 분석하는 경우가 일반적이다.

표 11-14 다중공선성 진단 통계량

공선성 진단a

모형	차원	고유값	상태지수	분산비율 (상수)	분산비율 직무자율성	분산비율 환류	분산비율 직무갈등	분산비율 직무과부담	분산비율 직무모호성
1	1	5.776	1.000	.00	.00	.00	.00	.00	.00
	2	.098	7.671	.00	.13	.05	.06	.05	.10
	3	.057	10.099	.00	.02	.00	.01	.53	.31
	4	.042	11.789	.00	.00	.00	.83	.29	.10
	5	.021	16.475	.01	.77	.53	.01	.08	.00
	6	.006	30.022	.99	.08	.41	.08	.04	.49

a. 종속변수: 직무만족

§ 다중회귀분석 Tip

① 오차항(잔차) 들에 대한 정규성 검정, 등분산성, 자기상관과 독립변수들간의 다중공선성 등의 가정을 충족되는지 살펴봐야 한다.

② 분석결과를 토대로 다음과 같이 요약 정리하는 〈표 11-15〉를 작성하고 '표 내용' 을 설명한다.

표 11-15 회귀분석 결과표

종속변수	독립변수	회귀모형				회귀계수					
		R제곱	수정된 R제곱	F-값	유의확률	B	표준오차	표준베타	t-값	유의확률	가설채택여부
Y	X1	0.45	0.42	124.41	0.000	4.520	0.450	0.207	2.450	0.004	채택
	X2							0.107			
	X3										
	X4										

첫째, 회귀모형에 대한 적합도 및 설명력을 진술한다.

Y를 종속변수로 하고 X1, X2, X3 그리고 X4를 독립변수로 설정한 회귀식의 설명력은 R제곱이 0.45(수정된 R제곱은 0.42)이고 그에 따른 통계량 F-값이 124.41이며 유의확률이 0.000으로 나타나 유의수준 0.05($p<0.05$)에서 본 회귀모형은 유의한 것으로 제시되었다. 즉 F-통계량과 유의확률을 통해 회귀선의 기울이가 0이라는 귀무가설을 기각시키기 때문에 본 추정회귀식은 모집단을 설명하는데 적합한 것으로 볼 수 있다.

둘째, 회귀계수에 대한 설명을 진술하고 가설채택 여부를 결정한다.

본 회귀식에 의한 회귀계수의 검정 결과, 즉 모집단의 회귀계수 β가 0이 아니라는 가설을 검정한 결과 X1의 경우 t값이 2.450이고 유의확률이 0.004로 유의수준 0.05($p<0.05$)에서 유의적 영향을 미치는 것으로 나타났다. 따라서 X1은 Y에 영향을 미칠 것이라는 〈가설 1〉은 채택된다.

셋째, 표준화된 베타값을 가지고 독립변수들간의 종속변수에 미치는 상대적 중요도를 설명한다.

독립변수들 간 상대적 중요도를 보면 X1은 X2보다 약 2배(0.207/0.107) 정도 종속변수에 대해 중요하게 영향을 미치는 것으로 알 수 있다.

【연습 2】 다음 파일(🖫: police_work)에 대해 모형과 같이 조직몰입을 종속변수로 하여 가설을 제시하고 회귀분석을 통해 검정하시오.

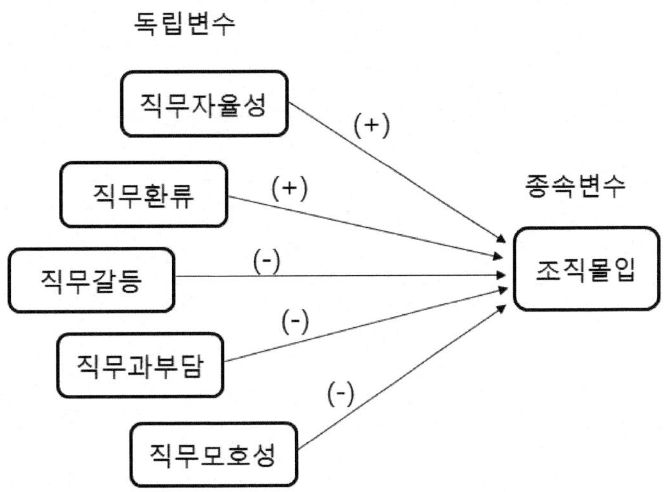

제12장
회귀분석 Ⅱ

1. 조절회귀분석
2. 더미변수를 이용한 회귀분석

제12장 회귀분석 Ⅱ

회귀분석 Ⅱ에서는 조절변수와 더미변수(가변수)를 이용한 회귀분석을 살펴본다.

1. 조절회귀분석

1) 조절변수와 조절효과

조절변수(mediating variable)는 독립변수와 종속변수와의 관계에 영향을 미치는 제3의 변수를 말한다. 조절변수는 독립변수와 종속변수 사이의 관계에서 방향이나 강도에 영향을 미치는 변수이다.

제3의 조절변수가 기존의 두 변수 즉 독립변수와 종속변수와의 관계에 영향을 줄 때 이를 조절효과가 있다고 말한다.

조절효과는 제3의 변수가 독립변수와 상호작용(interaction effect)하여 종속변수에 영향을 미치는 것을 통해 입증된다.

조절변수의 분석결과를 통해 얻고자 하는 의미는 두 변수들(독립변수－종속변수)간의 인과관계가 조절변수에 따라 차이가 있는가를 검정하고자 할 때 사용한다.

그림 12-1 조절변수를 통한 인과관계 모형

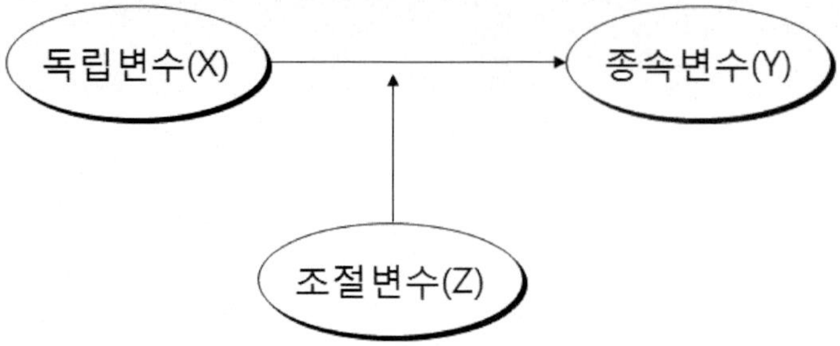

표 12-1 차별적 효과를 측정하는 방법

독립변수	조절변수	분석방법	비 고
범주형	범주형	이원분산 분석방법	독립변수와 조절변수의 상호작용효과가 종속변수에 유의적 효과를 갖는 경우 조절효과 존재
연속적 자료	범주형	상관분석/ 두 집단간 차이분석	조절변수의 수준별로 독립변수와 종속변수 간 단순상관계수를 측정하고, 측정결과를 정규화가 가능한 Fisher의 Z계수로 전환한 다음 두 집단 간 차이 비교를 통해 조절효과 검증
범주적 자료	연속적 자료		불가능, 선험적 지식이 필요
연속적 자료	연속적 자료	조절회귀분석	

자료: 한주희(2001: 173–174)

2) 조절회귀분석의 방법

조절회귀분석(moderated regression analysis)은 다음과 같이 수행한다.

① 1단계 : 조절변수 없이(독립변수만으로) 회귀분석을 실시한다.

② 2단계 : 조절변수를 포함하여 추가적인 회귀분석을 실시한다.

③ 3단계 : 곱모형으로서 독립변수를 각각에 조절변수를 곱한 다음 항목을 추가하여 회귀분석을 실시한다.

조절회귀분석을 하기 위해서는 먼저 조절변수에 대한 효과를 나타내는 새로운 변수를 만들어야 한다. 그런 다음 회귀분석 대화상자에서 독립변수만을 입력하고 다음에 조절변수를 입력한 다음 독립변수와 조절변수와의 상호작용효과인 곱모형을 입력하면 된다.

조절효과의 검증에 있어서는 Y(종속변수)를 예측하는데 X(독립변수)와 Z(조절변수)를 넣는 다음에 곱셈항($X * Z$)을 투입하게 된다.

곱모형에서 상호작용항만 유의적이라면 순수 조절변수라고 볼 수 있으며, 상호작용과 조절변수가 둘 다 유의적이라면 유사조절변수이다. 또한 조절변수만 유의적이라면 이는 조절변수라기보다는 독립변수로 보아야 할 것이며, 상호작용항과 둘 다 유의적이지 못하면 조절변수는 그다지 중요하지 않는 변수로 볼 수 있다.

3) 조절회귀분석을 위한 분석모형

경력관련 특성(재직기간)의 조절효과를 통해 직무특성이 조직시민행동에 영향을 미치는지를 살펴보기 위해 다음과 같은 분석모형을 제시할 수 있다(한주희, 2001).

여기에서 조직시민행동이란 직무와 관련된 문제에 대하여 동료와 상사를 포함한 다른 사람의 업무를 자발적으로 지원하는 것을 의미한다(김민환 외, 1999: 251).

그림 12-2 조절회귀분석을 위한 분석모형

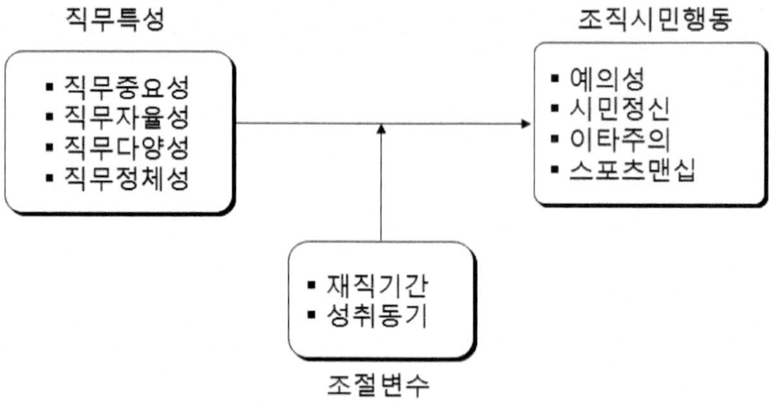

위 분석모형에 의한 가설은 다음과 같다.

- 가설1 : 직무특성과 조직시민행동의 관계는 재직기간에 따라 차이가 있을 것이다.
- 가설2 : 직무특성과 조직시민행동의 관계는 성취동기에 따라 차이가 있을 것이다.

■ 분석결과 1 : 재직기간의 조절효과

표 12-2 분석결과

예측변수 \ 종속변수		예의성		시민정신	
		R^2	ΔR^2	R^2	ΔR^2
연구변수	직무중요성(A)	.030	–	.188	–
	재직기간(X)	.030	.000	.227	.084
	(A)×(X)	.034	.004	.227	.000
연구변수	자율성(B)	.013	–	.110	–
	재직기간(X)	.015	.002	.156	.046
	(B)×(X)	.015	.000	.158	.002

직무중요성(A)에 대한 회귀식의 설명력(R^2)은 0.030이고 추가로 재직기간을 추가한 설명력은 0.030으로 나타나 증가된 설명력($\triangle R^2$)은 0.000으로 추가적인 설명력은 없는 것으로 나타났다.

다음 직무중요성(A)과 재직기간(X)을 투입하여 회귀분석을 실시한 결과 회귀식의 설명력인 R^2는 0.030이고 상호작용효과(A×X)를 투입하여 분석한 결과 설명력은 0.034로 증가된 설명력 $\triangle R^2$는 0.004(0.034−0.030)로 나타났다. 따라서 상호작용항을 추가한 결과 설명력의 증가는 유의적이지 않기 때문에 직무중요성과 재직기간의 상호작용효과(조절효과)는 존재하지 않는 것으로 알 수 있다. 이상과 같은 방식으로 해석을 하면 된다.

■ 분석결과 2 : 성취욕구의 조절효과

표 12-3 분석결과

예측변수 \ 종속변수		예의성		시민정신	
		R^2	$\triangle R^2$	R^2	$\triangle R^2$
연구변수	직무중요성(A)	.030	–	.188	–
	성취욕구(Y)	.101	.071	.227	.089
	(A)×(Y)	.104	.003	.227	.000
연구변수	자율성(B)	.013	–	.110	–
	성취욕구(Y)	.097	.084	.234	.124
	(B)×(Y)	.099	.002	.236	.002

예의성을 종속변수로 하고 자율성(B)과 성취욕구(Y) 그리고 B×Y의 상호작용효과(조절효과)에 대한 회귀분석 결과, 직무중요성을 투입한 경우 설명력은 0.030이고 이에 성취동기, 직무중요성과 성취욕구의 상호작용항을 추가한 경우 각각의 설명은 0.101, 0.104로 추가분석으로 인해 증가된 설명력은 거의 없는 것으로 알 수 있다. 따라서 조절효과인 상호작용효과(B×Y)는 존재하지 않는 것으로 풀이된다.

4) 조절회귀분석의 실제 1

① 분석상황

다음 파일(🖫: oc)은 지방정부에 있어서 조직정치의 지각이 직무태도와 직무성과에 영향을 미치는지에 대해 실증분석하고자 수집한 자료이다. 공무원의 개인적 특성이 조직정치의 지각과 상호작용효과(조절효과)를 보이는지 검정해보자.

여기에서 "조직정치란 조직성원들이 직무환경을 정치적으로 보고 있으며, 불공정하고 불공평을 인식하는 정도"를 의미한다. 이러한 개념을 측정하는 설문문항은 다음과 같다.

【조직정치 측정 문항】

1. 상사에 대한 비판적 발언 곤란
2. 솔직한 의견제기의 분위기 곤란
3. 보복이 두려워 솔직히 말하지 않음
4. 객관적이지 않는 승진기준
5. 상급자와의 호감적 의견교환
6. 관리자 자신을 도와줄 사람선발
7. 불공정하고 자기중심적 승진추천
8. 근평시 실제성과보다 자신견해반영
9. 자신보호를 위한 상급자와의 대화
10. 직장에서의 파벌 존재
11. 자신의 이익을 위해 정보왜곡전달
12. 필요에 의한 타부서직원과의 친분
13. 동료와의 관계는 상호이해성 때문
14. 승진기준이 정실과 파벌이 결정

그림 12-3 분석모형

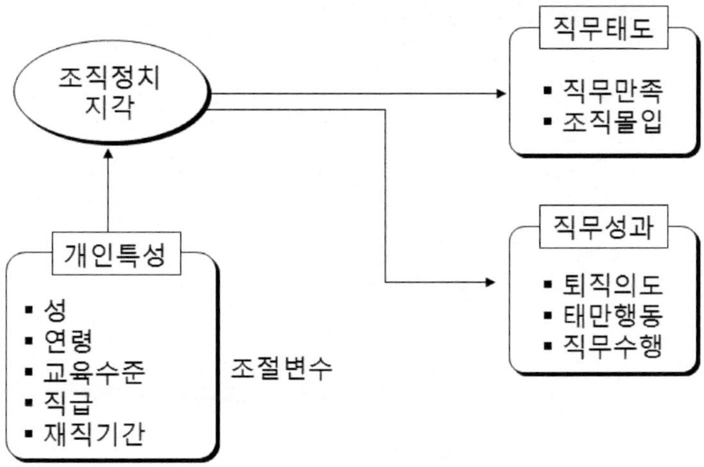

상호작용효과(조절효과)를 위한 가설은 다음과 같다.

– 귀무가설(H_0) : 상호작용효과는 없다.

– 대립가설(H_1) : 상호작용효과는 있다.

② 분석준비: 조절효과(상호작용효과)의 변수 구성 방식

방식 1: 일반선형모형을 통해 조절효과(상호작용효과)를 살펴볼 수 있다. 일반선형모형에서 곱모형은 다음과 같이 실행한다.

【일반선형모형】→【일변량】에서 종속변수에 직무만족을 공변량에 "조직정치"와 연령"을 이동하고 [모형]을 클릭한다.

그림 12-4 **일변량 분석 대화상자**

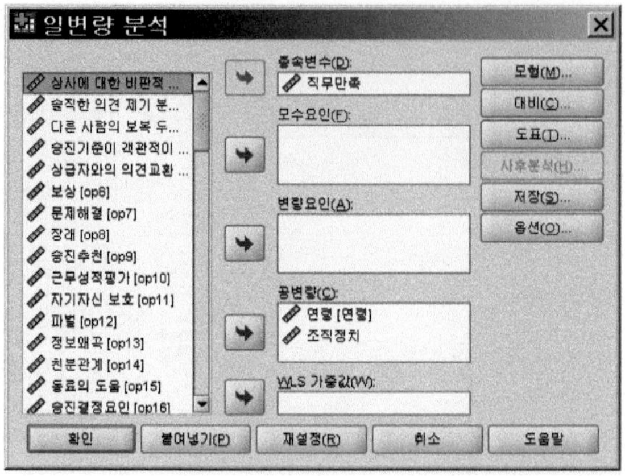

모형 대화상자에서 사용자 정의를 선택하고 왼쪽 "연령"을 오른쪽 모형으로 이동한다. 계속해서 "조직정치"를 똑같이 오른쪽 모형으로 이동한 다음 "연령과 조직정치"를 블록으로 설정하고 모형으로 이동하고 〈계속〉을 클릭한다.

그림 12-5 **모형 대화상자**

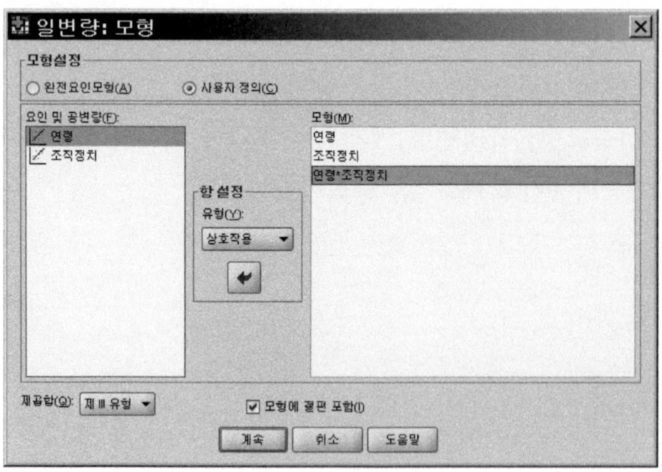

맨 처음 화면에서 〈확인〉을 클릭하면 다음과 같은 분석결과 화면이 나타난다.

표 12-4 일반선형모형 분석 결과

개체-간 효과 검정

종속 변수:직무만족

소스	제 III 유형 제곱합	자유도	평균 제곱	F	유의확률
수정 모형	14.864[a]	3	4.955	28.051	.000
절편	30.204	1	30.204	170.996	.000
연령	.180	1	.180	1.018	.314
조직정치	.752	1	.752	4.259	.040
연령 * 조직정치	.152	1	.152	.859	.355
오류	77.189	437	.177		
합계	7173.410	441			
수정 합계	92.054	440			

a. R 제곱 = .161 (수정된 R 제곱 = .156)

방식 2: 【변환】→【변수계산】을 클릭하고 대화상자의 [대상변수]에 "조직정치_연령"을 만든 다음 '숫자표현식'에서 "조직정치 * 연령"이라는 곱셈식을 만들고 〈확인〉 버튼을 클릭하면 "조직정치_연령"이라는 새로운 변수명이 생성된다. 계속해서 조직정치와 다른 변수와 조절효과(상호효과) 관계 설정을 이와 같은 방식으로 하면 된다.

그림 12-6 곱모형 변수생성 대화상자

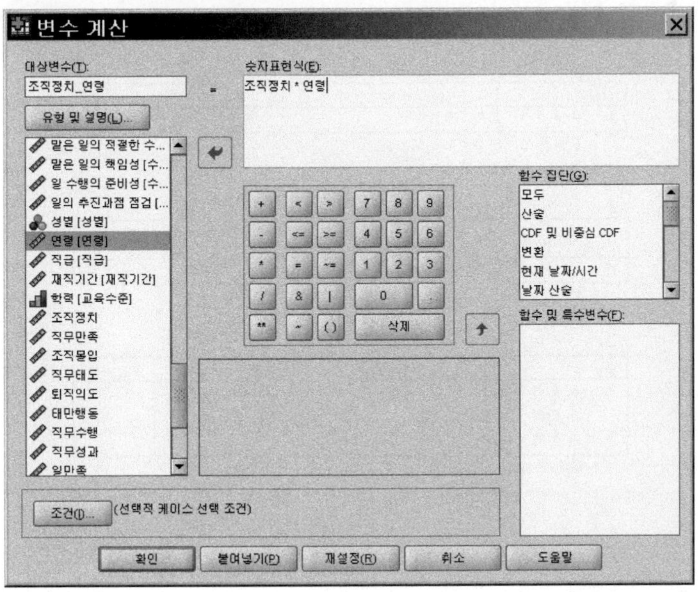

다음은 조절회귀분석을 수행한다.

- 【분석】→【회귀분석】→【선형】을 차례로 클릭한다.
- 종속변수에 '직무만족'을, 독립변수에 '조직정치' 변수를 이동한다.
- 나머지 옵션은 그대로 두고 〈확인〉 버튼을 클릭하면 분석이 실행된다.

그림 12-7 1단계 회귀분석 대화상자

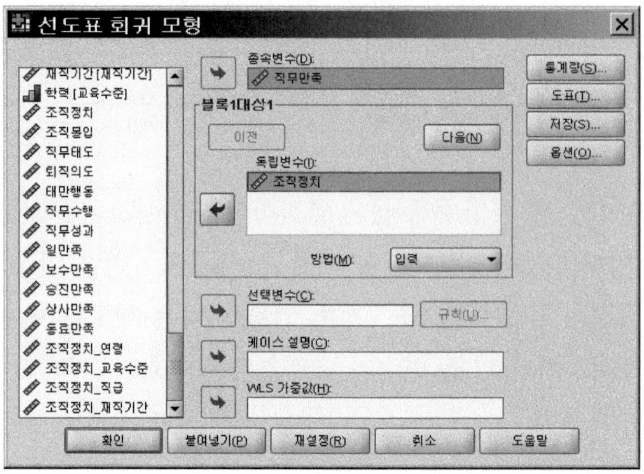

표 12-5 1단계 투입의 분석결과

진입/제거된 변수[b]

모형	진입된 변수	제거된 변수	방법
1	조직정치[a]	.	입력

a. 요청된 모든 변수가 입력되었습니다.
b. 종속변수: 직무만족

모형 요약

모형	R	R 제곱	수정된 R 제곱	표준 오차 추정값의 표준오차
1	.399[a]	.159	.157	.41987

a. 예측값: (상수), 조직정치

분산분석[b]

모형		제곱합	자유도	평균 제곱	F	유의확률
1	회귀 모형	14.662	1	14.662	83.167	.000[a]
	잔차	77.392	439	.176		
	합계	92.054	440			

a. 예측값: (상수), 조직정치
b. 종속변수: 직무만족

계수[a]

모형		비표준화 계수		표준화 계수	t	유의확률
		B	표준 오차 오류	베타		
1	(상수)	5.042	.115		43.766	.000
	조직정치	-.230	.025	-.399	-9.120	.000

a. 종속변수: 직무만족

위와 같은 방식으로 독립변수에 "연령"을 추가하여 〈확인〉을 클릭하면 2단계 분석결과가 나타난다.

그림 12-7 2단계 회귀분석 대화상자

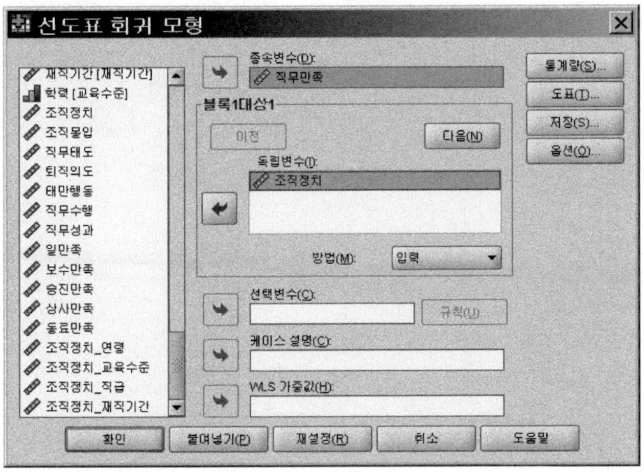

표 12-6 2단계 투입의 분석결과

진입/제거된 변수[b]

모형	진입된 변수	제거된 변수	방법
1	연령, 조직정치[a]	.	입력

a. 요청된 모든 변수가 입력되었습니다.
b. 종속변수: 직무만족

모형 요약

모형	R	R 제곱	수정된 R 제곱	표준 오차 추정값의 표준오차
1	.400[a]	.160	.156	.42021

a. 예측값: (상수), 연령, 조직정치

분산분석[b]

모형		제곱합	자유도	평균 제곱	F	유의확률
1	회귀 모형	14.713	2	7.356	41.661	.000[a]
	잔차	77.341	438	.177		
	합계	92.054	440			

a. 예측값: (상수), 연령, 조직정치
b. 종속변수: 직무만족

계수[a]

모형		비표준화 계수		표준화 계수	t	유의확률
		B	표준 오차 오류	베타		
1	(상수)	4.998	.141		35.331	.000
	조직정치	-.227	.026	-.394	-8.833	.000
	연령	.010	.018	.024	.538	.591

a. 종속변수: 직무만족

계속해서 똑같은 방식으로 독립변수에 “조직정치_연령”을 추가로 투입하여 분석한다.

그림 12-7 3단계 회귀분석 대화상자

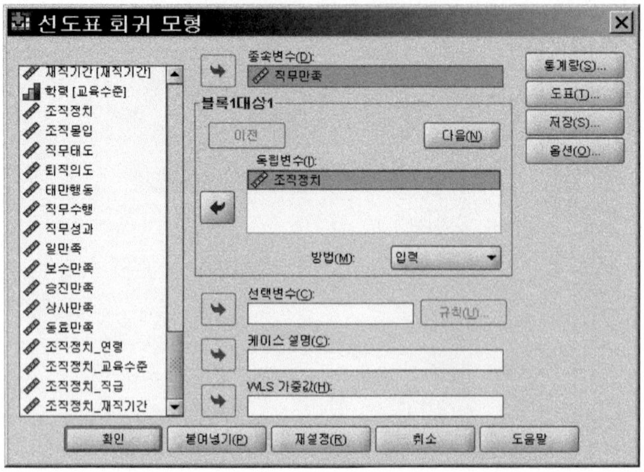

표 12-7 3단계 투입의 분석결과

진입/제거된 변수[b]

모형	진입된 변수	제거된 변수	방법
1	조직정치_연령, 조직정치, 연령[a]	.	입력

a. 요청된 모든 변수가 입력되었습니다.
b. 종속변수: 직무만족

모형 요약

모형	R	R 제곱	수정된 R 제곱	표준 오차 추정값의 표준오차
1	.402[a]	.161	.156	.42028

a. 예측값: (상수), 조직정치_연령, 조직정치, 연령

분산분석[b]

모형		제곱합	자유도	평균 제곱	F	유의확률
1	회귀 모형	14.864	3	4.955	28.051	.000[a]
	잔차	77.189	437	.177		
	합계	92.054	440			

a. 예측값: (상수), 조직정치_연령, 조직정치, 연령
b. 종속변수: 직무만족

계수[a]

모형		비표준화 계수		표준화 계수	t	유의확률
		B	표준 오차 오류	베타		
1	(상수)	4.692	.359		13.077	.000
	조직정치	-.160	.077	-.277	-2.064	.040
	연령	.102	.102	.249	1.009	.314
	조직정치_연령	-.021	.022	-.236	-.927	.355

a. 종속변수: 직무만족

이와 같은 방식으로 조직정치_교육수준, 조직정치_직급, 조직정치_재직기간 등의 상호작용효과를 차례로 독립변수에 투입하여 분석한다.

③ 분석결과 및 해설

위 분석에서 제시된 결과를 중심으로 상호작용효과(조절효과)에 대한 결과표는 다음과 같다.

표 12-8 조절회귀분석 결과

예측변수 \ 종속변수		직무만족			
		R^2	ΔR^2	F값	P값
연구변수	조직정치(A)	.159	–	83.167	.000
	연령(X)	.160	.001	41.661	.000
	(A)×(X)	.161	.001	28.051	.000

직무만족을 종속변수로 하고 조직정치(A)를 독립변수에 투입하여 회귀분석을 실시한 결과 회귀식의 설명력(R^2)은 0.159이며 여기에 연령(X)을 추가한 회귀식의 설명력(R^2)은 0.160으로 증가된 설명력은 0.001(0.160－0.159)로 나타남으로써 연령이 추가된 증가된 설명력은 의미가 없는 것으로 알 수 있다.

조직정치, 연령에 추가하여 상호작용효과(A×X, 즉 조직정치×연령)를 투입하고 추가 분석한 결과 회귀식의 설명력이 0.161로서 상호작용효과는 0.001(0.161－0.160)로 제시되어 상호작용효과는 거의 찾아볼 수 없는 것으로 해석된다.

【참고】
상호작용효과를 나타내기 위해서는 상호작용이 왜 발생했는가에 대한 이론적으로 타당한 근거가 제시되어야 한다. 따라서 연구자가 임의적으로 상호작용 관계를 설정하는 것은 좋지 않다(김계수, 2001: 243).

4) 조절회귀분석의 실제 2

① 분석상황

다음 파일(🖫: shopping)은 인터넷쇼핑 이용의도에 영향을 미치는 요인을 파악하고자 대학생을 대상으로 조사한 데이터이다. 여기서 "시간절약"의 조절변수가 상호작용효과(조절효과)를 보이는지 검정해보자.

그림 12-8 분석모형

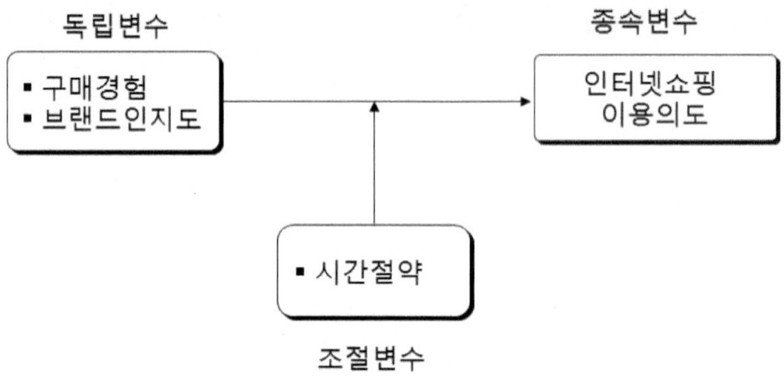

② 분석준비: 조절효과(상호작용효과)의 변수 구성 방식

【변환】→【변수계산】을 클릭하고 대화상자의 [대상변수]에 "구매경험_시간절약"을 만든 다음 '숫자표현식' 에서 "구매경험*시간절약"이라는 곱셈식을 만들고 〈확인〉 버튼을 클릭하면 "구매경험_시간절약"이라는 새로운 변수명이 생성된다. 계속해서 다른 변수와 조절변수인 시간절약의 조절효과(상호효과) 관계 설정을 이와 같은 방식으로 하면 된다.

그림 12-9 곱모형 변수생성 대화상자

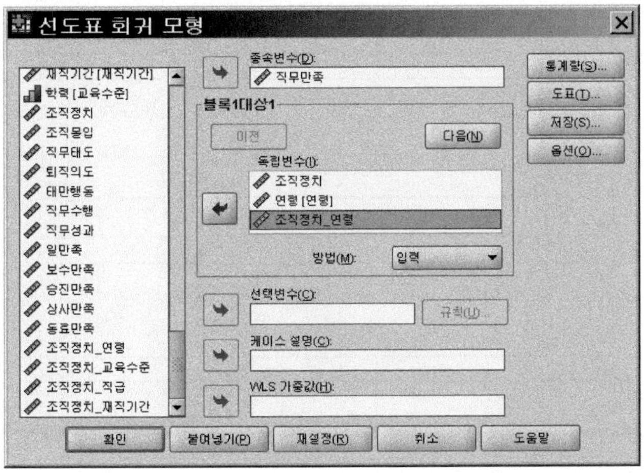

다음은 조절회귀분석을 수행한다.

- 【분석】→【회귀분석】→【선형】을 차례로 클릭한다.
- 종속변수에 '이용의도'을, 독립변수에 '구매경험' 변수를 이동한다.
- 나머지 옵션은 그대로 두고 〈확인〉 버튼을 클릭하면 분석이 실행된다.

그림 12-10 1단계 회귀분석 대화상자

표 12-9 1단계 투입의 분석결과

진입/제거된 변수[b]

모형	진입된 변수	제거된 변수	방법
1	구매경험[a]	.	입력

a. 요청된 모든 변수가 입력되었습니다.
b. 종속변수: 이용의도

모형 요약

모형	R	R 제곱	수정된 R 제곱	표준 오차 추정값의 표준오차
1	.578[a]	.335	.332	.583

a. 예측값: (상수), 구매경험

분산분석[b]

모형		제곱합	자유도	평균 제곱	F	유의확률
1	회귀 모형	41.331	1	41.331	121.666	.000[a]
	잔차	82.209	242	.340		
	합계	123.540	243			

a. 예측값: (상수), 구매경험
b. 종속변수: 이용의도

계수[a]

모형		비표준화 계수		표준화 계수	t	유의확률
		B	표준 오차 오류	베타		
1	(상수)	.882	.254		3.477	.001
	구매경험	.712	.065	.578	11.030	.000

a. 종속변수: 이용의도

위와 같은 방식으로 독립변수에 "브랜드인지도"를 추가하여 〈확인〉을 클릭하면 2단계 분석결과가 나타난다.

그림 12-11 2단계 회귀분석 대화상자

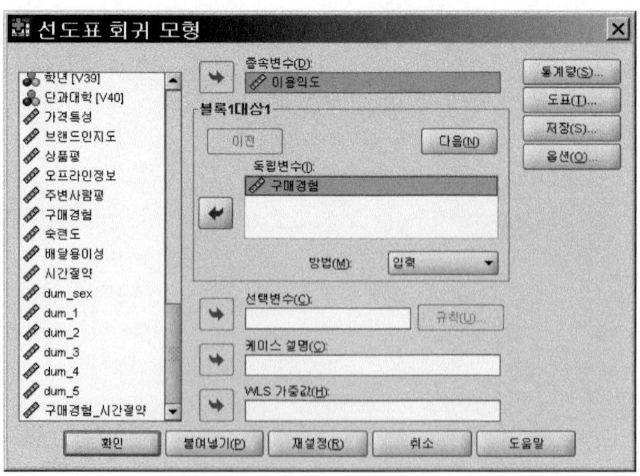

표 12-10 2단계 투입의 분석결과

진입/제거된 변수[b]

모형	진입된 변수	제거된 변수	방법
1	브랜드인지도, 구매경험[a]	.	입력

a. 요청된 모든 변수가 입력되었습니다.
b. 종속변수: 이용의도

모형 요약

모형	R	R 제곱	수정된 R 제곱	표준 오차 추정값의 표준오차
1	.602[a]	.363	.358	.572

a. 예측값: (상수), 브랜드인지도, 구매경험

분산분석[b]

모형		제곱합	자유도	평균 제곱	F	유의확률
1	회귀 모형	44.825	2	22.413	68.620	.000[a]
	잔차	78.715	241	.327		
	합계	123.540	243			

a. 예측값: (상수), 브랜드인지도, 구매경험
b. 종속변수: 이용의도

계수[a]

모형		비표준화 계수		표준화 계수	t	유의확률
		B	표준 오차 오류	베타		
1	(상수)	.610	.262		2.325	.021
	구매경험	.657	.066	.533	10.015	.000
	브랜드인지도	.150	.046	.174	3.271	.001

a. 종속변수: 이용의도

3단계에서는 독립변수에 "시간절약"을 추가하여 〈확인〉을 클릭하면 분석결과가 나타난다.

그림 12-12 3단계 회귀분석 대화상자

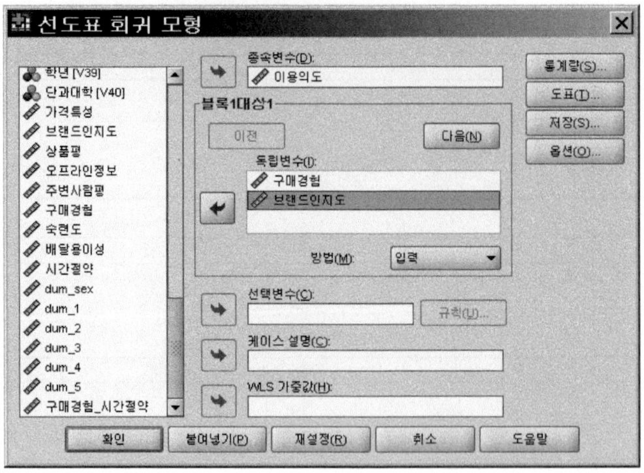

표 12-11 3단계 투입의 분석결과

진입/제거된 변수[b]

모형	진입된 변수	제거된 변수	방법
1	시간절약, 구매경험, 브랜드인지도[a]	.	입력

a. 요청된 모든 변수가 입력되었습니다.

b. 종속변수: 이용의도

모형 요약

모형	R	R 제곱	수정된 R 제곱	표준 오차 추정값의 표준오차
1	.629[a]	.395	.388	.558

a. 예측값: (상수), 시간절약, 구매경험, 브랜드인지도

분산분석[b]

모형		제곱합	자유도	평균 제곱	F	유의확률
1	회귀 모형	48.838	3	16.279	52.301	.000[a]
	잔차	74.702	240	.311		
	합계	123.540	243			

a. 예측값: (상수), 시간절약, 구매경험, 브랜드인지도

b. 종속변수: 이용의도

계수[a]

모형		비표준화 계수		표준화 계수	t	유의확률
		B	표준 오차 오류	베타		
1	(상수)	.295	.271		1.090	.277
	구매경험	.615	.065	.499	9.452	.000
	브랜드인지도	.098	.047	.113	2.076	.039
	시간절약	.187	.052	.196	3.590	.000

a. 종속변수: 이용의도

계속해서 똑같은 방식으로 독립변수에 "구매경험_시간절약"을 추가로 투입하여 분석한다.

그림 12-13 4단계 회귀분석 대화상자

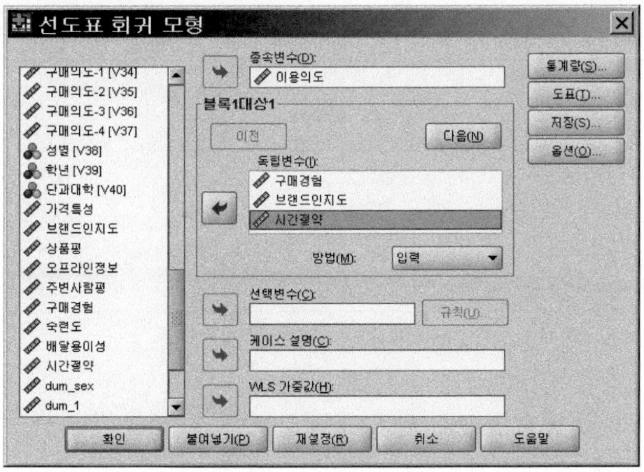

표 12-12 4단계 투입의 분석결과

진입/제거된 변수[b]

모형	진입된 변수	제거된 변수	방법
1	구매경험_시간절약, 브랜드인지도, 구매경험, 시간절약[a]	.	입력

a. 요청된 모든 변수가 입력되었습니다.

b. 종속변수: 이용의도

모형 요약

모형	R	R 제곱	수정된 R 제곱	표준 오차 추정값의 표준오차
1	.637[a]	.406	.396	.554

a. 예측값: (상수), 구매경험_시간절약, 브랜드인지도, 구매경험, 시간절약

분산분석[b]

모형		제곱합	자유도	평균 제곱	F	유의확률
1	회귀 모형	50.153	4	12.538	40.833	.000[a]
	잔차	73.387	239	.307		
	합계	123.540	243			

a. 예측값: (상수), 구매경험_시간절약, 브랜드인지도, 구매경험, 시간절약

b. 종속변수: 이용의도

계수[a]

모형		비표준화 계수		표준화 계수	t	유의확률
		B	표준 오차 오류	베타		
1	(상수)	-1.788	1.042		-1.716	.087
	구매경험	1.153	.268	.936	4.305	.000
	브랜드인지도	.101	.047	.118	2.163	.032
	시간절약	.817	.309	.854	2.647	.009
	구매경험_시간절약	-.162	.078	-.885	-2.069	.040

a. 종속변수: 이용의도

③ 분석결과 및 해설

위 분석에서 제시된 결과를 중심으로 상호작용효과(조절효과)에 대한 결과표는 다음과 같다.

표 12-13 조절회귀분석 결과

예측변수 \ 종속변수		이용의도			
		R^2	ΔR^2	F값	P값
연구변수	구매경험(A)	.335	–	121.666	.000
	브랜드인지도(B)	.363	.028	68.620	.000
	시간절약(C)	.395	.032	52.301	.000
	(A)×(C)	.406	.011	40.833	.000

이용의도를 종속변수로 하고 구매경험을(A)를 독립변수에 투입하여 회귀분석을 실시한 결과 회귀식의 설명력(R^2)은 0.335이며 여기에 브랜드인지도(B)를 추가한 회귀식의 설명력(R^2)은 0.363으로 증가된 설명력은 0.028(0.363－0.335)로 나타남으로써 브랜드인지도를 추가하여 증가된 설명력은 2.8%이다. 다음 구매경험과 브랜드인지도에 시간절약을 추가하여 얻은 회귀식의 설명력((R^2)은 0.395로 증가된 설명력은 0.032(0.395－0.363)로 나타남으로써 시간절약을 추가하여 증가된 설명력은 3.2%이다.

다음 상호작용효과(A×C, 즉 구매경험×시간절약)를 투입하고 추가 분석한 결과 회귀식의 설명력이 0.406이고 상호작용효과는 0.011(0.406－0.395)로 제시되어 상호작용효과는 1.1%로 나타났다.

【연습 1】 다음 파일(🖫: oc)에 대해 '직무만족'을 종속변수로 하고 '조직정치'를 독립변수로 하여 "재직기간"의 상호작용효과(조절효과)를 검정하시오.

【연습 2】 다음 파일(🖫: oc)에 대해 '퇴직의도'를 종속변수로 하고 '조직정치'를 독립변수로 하여 "연령"과 "재직기간"의 상호작용효과(조절효과)를 검정

하시오.

보충 : 계층적 회귀분석

변수들 간의 영향관계를 검증하고, 변수의 통제효과 및 조절효과를 살펴보기 위해 계층적 회귀분석(hierarchical regression)을 이용하는 경우도 있다(김구, 2005).

그림 12-14 분석모형

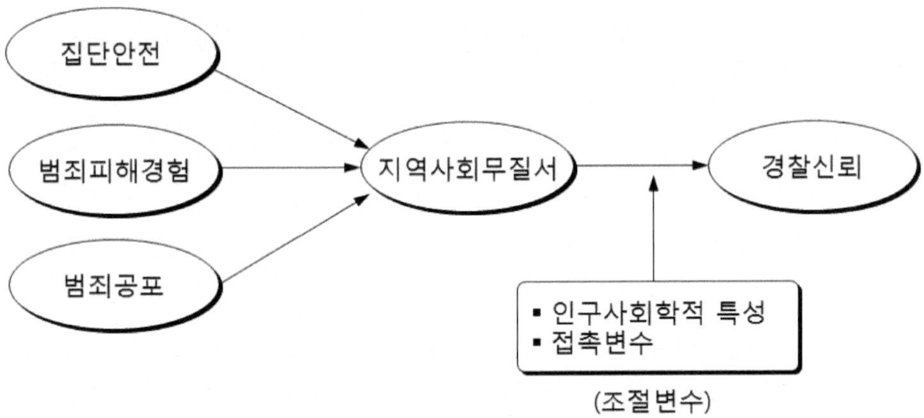

위 분석모형에 의한 분석결과는 다음과 같다.

먼저 1단계에서 지역사회무질서를 종속변수로 하고 집단안전, 범죄피해경험, 범죄공포를 독립변수로 설정하여 분석한 결과 회귀식의 설명력인 R제곱은 0.196이고 그에 따른 통계량 F-값은 유의수준 $p<0.001$에서 42.732로 나타남으로써 본 회귀모형은 유의한 것으로 제시되었다. 독립변수로 설정된 변수들의 영향 정도를 보면 범죄피해경험변수를 제외하고 집단안전($\beta=-.157$, $p<0.001$)과 범죄공포($\beta=.401$, $p<0.001$)는 지역사회무질서에 유의적 영향을 미치는 것으로 나타났다. 시민들이 범죄공포를 많이 가질수록 지역사회무질서 정도는 높아진데 반해 이웃 간 서로 돕는 집단안전감이 낮을수록 지역사회무질서 정도는 높게 나타나는 것으로 알 수 있다.

다음 2단계부터는 경찰신뢰를 종속변수로 하고 지역사회무질서와 인구사회적적 변수 그리고 접촉변수를 독립변수로 설정하여 회귀분석을 실시하였다. 2단계에서 지역사회무질서를 독립변수로 설정하여 분석한 결과 회귀식의 설명력인 R제곱은 0.038이고 그에 따른 통계량 F－값은 유의수준 $p<0.001$에서 20.864로 나타남으로써 본 회귀모형은 유의한 것으로 제시되었으며, 지역사회무질서는 경찰신뢰에 대해 유의적 영향($\beta=-.195$, 유의수준 $p<0.001$)을 미치는 것으로 나타났다. 분석결과 지역사회무질서 정도가 심각하면 할수록 경찰에 대한 신뢰는 낮은 것으로 알 수 있다. 이러한 결과에 의하면 시민들은 경찰이 무질서상태를 해결해주는 담당자로서 기대하고 있는 것으로 이해할 수 있다.

다음 3단계에서는 지역사회무질서와 접촉변수를 독립변수로 설정하여 분석한 결과 회귀식의 설명력인 R제곱은 0.054이고 그에 따른 통계량 F－값은 유의수준 $p<0.001$에서 4.968로 나타남으로써 본 회귀모형은 유의한 것으로 제시되었다. 3단계에서는 2단계에서와 마찬가지로 지역사회무질서는 경찰신뢰에 유의적 영향($\beta=-.188$, 유의수준 $p<0.001$)을 미치는 것으로 나타난 데 반해 접촉변수는 어떤 구성요인도 유의적 영향을 미치지 않는 것으로 알 수 있다.

다음 4단계에서는 지역사회무질서와 인구사회학적 변수를 독립변수로 설정하여 분석한 결과 회귀의 설명력인 R제곱은 0.067이고 그에 따른 통계량 F－값은 유의수준 $p<0.001$에서 6.256으로 나타남으로써 본 회귀모형은 유의한 것으로 제시되었다. 4단계에서는 2단계, 3단계에서와 마찬가지로 지역사회무질서는 경찰신뢰에 유의적 영향($\beta=-.198$, 유의수준 $p<0.001$)을 미치는 것으로 나타났으며, 인구사회학적 변수에서는 성별($\beta=.153$, 유의수준 $p<0.01$)과 소득($\beta=-.115$, 유의수준 $p<0.05$)이 유의적 영향을 미치는 것으로 나타났다. 이와 같은 분석결과는 여성보다는 남성이 경찰을 신뢰하고 있으며, 소득이 높을수록 경찰에 대한 신뢰는 낮게 나타나는 것으로 이해된다.

마지막으로 5단계에서는 지역사회무질서와 접촉변수 그리고 인구사회학적 변수를 독립변수로 설정하여 분석한 결과 회귀의 설명력인 R제곱은 0.089이고 그에 따른 통계량 F－값은 유의수준 $p<0.001$에서 4.616으로 나타남으로써 본 회귀모형은 유의한 것으로 제시되었다. 5단계에서는 2단계, 3단계, 4단계에서와 마찬가지로 지역사회무질서는 경찰신뢰에 유의적 영향($\beta=-.166$, 유의수준 p

<0.001)을 미치는 것으로 나타났으며, 인구사회학적 변수에서는 4단계와 마찬가지로 성별(β=.180, 유의수준 $p<0.01$)과 소득(β=−.136, 유의수준 $p<0.05$)이 유의적 영향을 미치는 것으로 나타난 데 반해, 접촉변수는 어떤 구성변수도 유의적 영향을 미치는 않는 것으로 나타났다.

표 12-14 경찰신뢰의 계층적 회귀분석결과

변 수	1단계	2단계	3단계	4단계	5단계
	Beta	Beta	Beta	Beta	Beta
인구사회학적 변수					
− 연령				.008	.051
− 성별				.153**	.180**
− 소득				−.115*	−.136*
− 교육수준				.064	.077
− 거주기간				−.034	−.020
상황적 변수					
− 집단안전	−.157***				
− 범죄피해	−.005				
− 범죄공포	.401***				
− 지역사회무질서 (종속변수)		−.195***	−.188**	−.198***	−.166**
경찰시민간 접촉변수					
− 자율방범활동			−.044		−.057
− 범죄신고			−.047		−.013
− 정보/서비스요청			−.053		−.061
− 교통위반딱지			−.015		−.081
− 경찰서방문			−.053		−.082
R^2 =	.196	.038	.054	.067	.089
F =	42.732***	20.864***	4.968**	6.256***	4.616***

*p<0.05 ** p<0.01 ***p<0.001

2. 더미변수를 이용한 회귀분석

1) 원리

회귀분석에 이용되는 변수는 등간척도 이상이어야 한다. 그러나 등간척도 또는 비율척도가 아닌 명목척도 또는 범주형(category) 척도의 자료를 독립변수의 더미변수로 변환하여 이를 통해 회귀분석을 수행할 수 있다.

더미변수(dummy variables) 또는 가변수란 명목변수의 자료를 '1'과 '0'의 값으로 변환한 자료의 변수를 말한다.

더미변수의 수는 명목변수의 범주수(N)에서 1을 뺀 값(N−1)과 같다. 예를 들어 성별을 더미변수로 만들게 되면 "남성=1", "여성=0(기준)"로 변환되는데 이때 여성을 기준으로 남성이 어떻다는 식의 설명이 될 수 있다. 마찬가지로 반대로 "여성=1", "남성=0(기준)"으로 변환하는 경우에서 남성을 기준으로 여성이 어떻다는 식으로 설명이 된다.

따라서 더미변수를 이용한 분석결과의 해석은 절대적으로 해석해서는 안 되고 기준 범주를 나타내는 기준변수에 대해 상대적으로 설명해야 할 것이다.

2) 더미변수(가변수) 변환 방법

① 변환상황

다음 파일(🖫: satisfaction)은 공무원의 직무만족이 퇴직의도에 미치는 영향을 살펴보고자 한다. 특히, 성별(더미변수)에 따라 퇴직의도에 영향 차이를 보이지를 살펴본다.

그림 12-15 분석모형

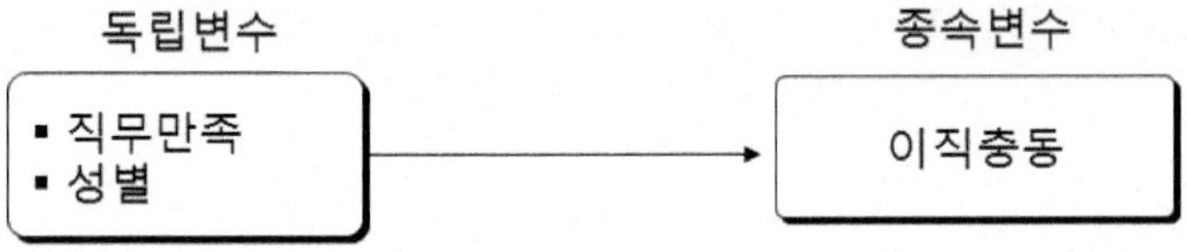

성별을 더미변수로 변화하기 위한 지정

변 수	측정값	dum_sex
성 별	남=1	1
	여=2	0

위 표는 남자의 측정(코딩)값은 1로 되어 있고, 여자의 측정(코딩)값은 2로 입력되어 있기 때문에 더미변수에서는 1→1, 2→0으로 변환되며 기준변수는 0(여자)이 된다.

② 더비변수 변환과정

【변환】→【변수 계산】을 클릭한다.

– 대화상자에서 ‘대상변수’에 “dum_sex”를 입력하고 “숫자표현식”에 ‘1’을 입력한다.

그림 12-16 더미변수 변환 1단계

왼쪽 아래 〈조건〉을 클릭하고 "다음 조건을 만족하는 케이스 포함"을 지정한 다음 "성별" 변수를 오른쪽으로 이동한다. 등호(=)를 넣고 1을 입력하고 〈계속〉을 클릭한다. 이것은 새롭게 설정되는 더미변수(dum_sex)에서 '남자=1'로 측정된 것은 1로 설정된다는 의미이다.

그림 12-17 더미변수 변환 2단계

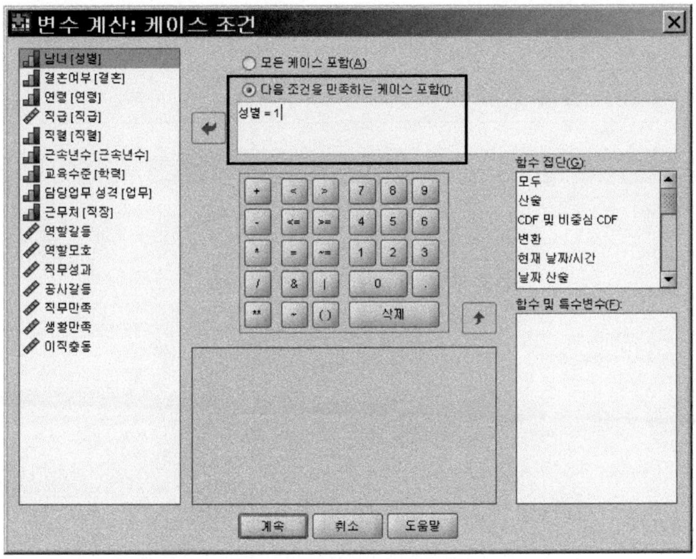

계속해서 동일한 방식으로 "숫자표현식"에 '0' 으로 입력하고 아래 〈조건〉을 클릭한다.

그림 12-18 더미변수 변환 3단계

똑같이 "다음 조건을 만족하는 케이스 포함"에서 다음과 같이 '2'를 지정하고 〈계속〉 버튼을 클릭한다.

그림 12-19 더미변수 변환 4단계

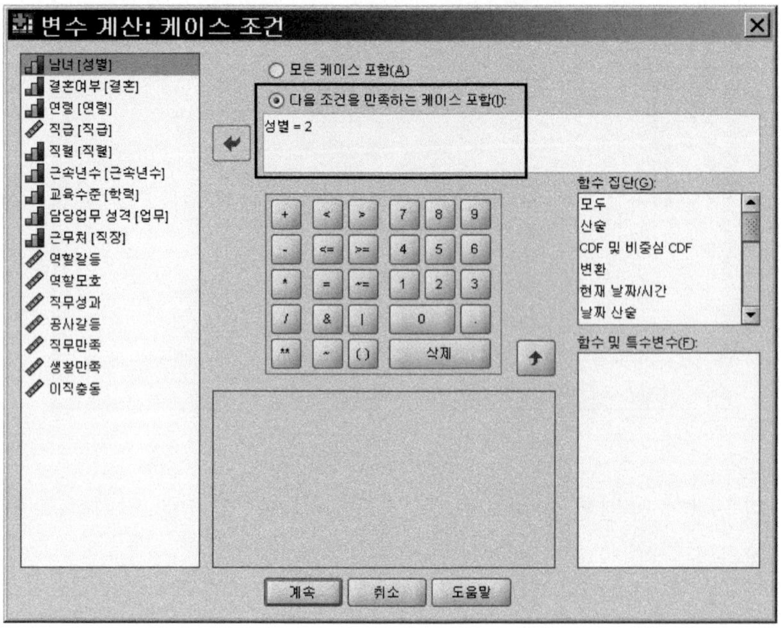

아래 〈확인〉을 클릭하면 다음과 같이 "기존 변수를 바꾸시겠습니까?"라는 메시지가 나온다. 〈확인〉를 클릭하면 더미변수가 최종 변환된다.

그림 12-20 더미변수 변환 5단계

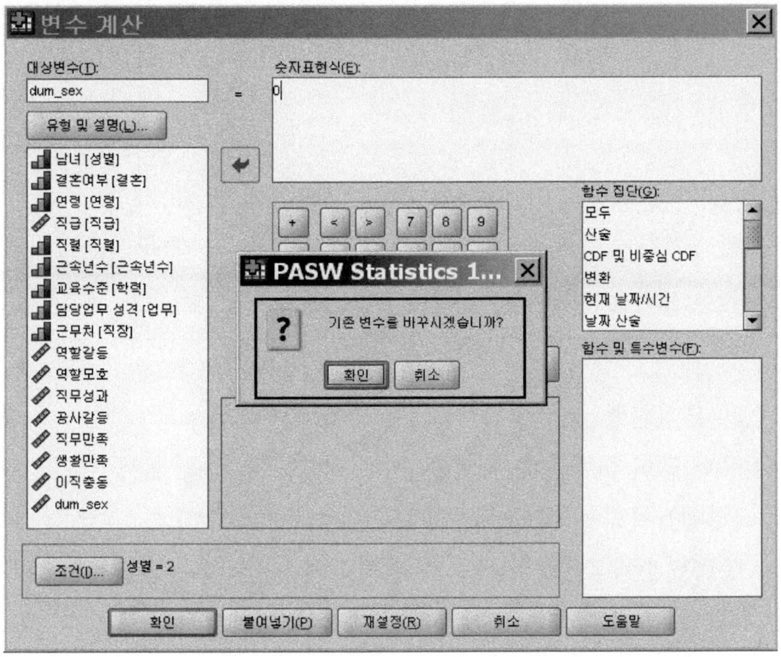

이렇게 하면 아래와 같이 더비변수(dum_sex)로 변환된 화면을 볼 수 있으며 이 더비변수를 통해 회귀분석을 실행하게 된다.

그림 12-21 더미변수로 변환된 결과

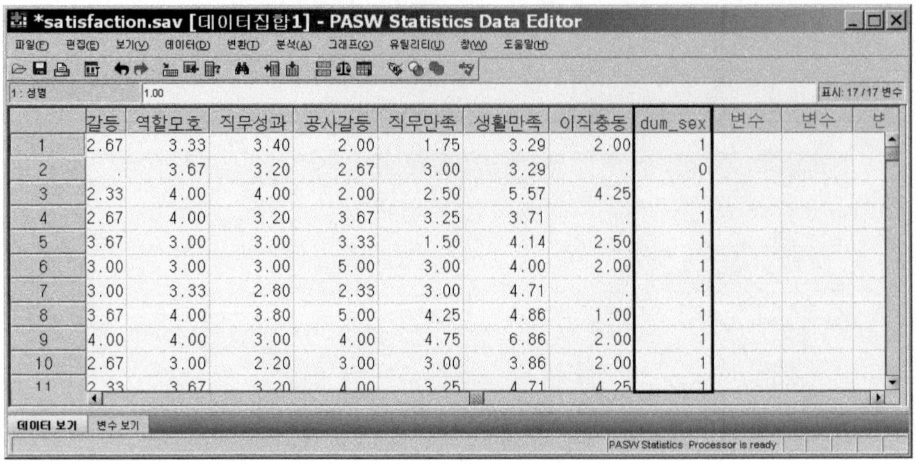

③ 분석실행

이상과 같이 더미변수가 변환되었으면 회귀분석을 실시한다.

- 【분석】→【회귀분석】→【선형】을 차례로 클릭한다.
- 종속변수에 '이직충동'을 독립변수에 '직무만족'과 'dum_sex'를 투입하고 〈확인〉을 클릭하면 분석결과가 제시된다.

그림 12-22 회귀분석 대화상자

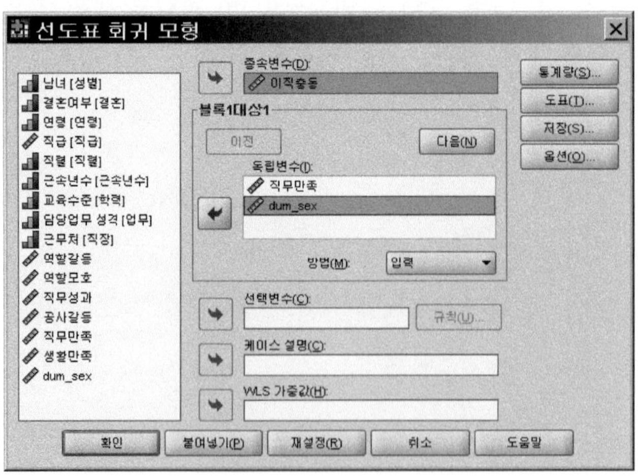

④ 분석결과 및 해설

아래 분석결과를 보면, 회귀모형의 설명력은 0.239(23.%)이고 이에 대한 통계량 F값은 107.824로 유의수준 0.001에서 통계적으로 유의성이 있는 것으로 판단된다. 따라서 이 회귀모형은 어느 정도 설명력이 있고 모형의 적합도가 통계적으로 의미가 있다.

다음 직무만족은 이직충동에 대해 유의수준 0.001에서 부(−)의 영향을 미치기 때문에 직무만족이 높을수록 이직충동은 낮아지는 것으로 알 수 있다. 그리고 성별 더미변수(dum_sex)는 이직충동에 부(−)의 영향을 미치고 있다. 그런데 더미변수 변환에서 기준변수(0)를 여자로 했기 때문에 해석을 "여성에 비해 남성이 어떻다"라는 식으로 되어야 한다. 분석결과를 보면 여성에 비해 남성이 이직충동이 낮다는 결과를 얻을 수 있다. 따라서 성별은 이직충동에 유의적인 영향을 미치는 것으로 알 수 있다.

표 12-15 분석결과

진입/제거된 변수[b]

모형	진입된 변수	제거된 변수	방법
1	dum_sex, 직무만족[a]	.	입력

a. 요청된 모든 변수가 입력되었습니다.
b. 종속변수: 이직충동

모형 요약

모형	R	R 제곱	수정된 R 제곱	표준 오차 추정값의 표준오차
1	.489[a]	.239	.237	1.28092

a. 예측값: (상수), dum_sex, 직무만족

분산분석[b]

모형		제곱합	자유도	평균 제곱	F	유의확률
1	회귀 모형	353.823	2	176.911	107.824	.000[a]
	잔차	1123.909	685	1.641		
	합계	1477.732	687			

a. 예측값: (상수), dum_sex, 직무만족
b. 종속변수: 이직충동

계수[a]

모형		비표준화 계수		표준화 계수	t	유의확률
		B	표준 오차 오류	베타		
1	(상수)	6.302	.249		25.315	.000
	직무만족	-1.064	.074	-.481	-14.400	.000
	dum_sex	-.220	.108	-.068	-2.031	.043

a. 종속변수: 이직충동

이러한 결과는 T－검정을 해봐도 성별에 있어서 '이직충동'은 유의적인 차이를 보이는 것으로 나타내고 있다. 분석결과에 대한 해석은 제7장에서 살펴본다.

그림 12-23 T－검정 대화상자

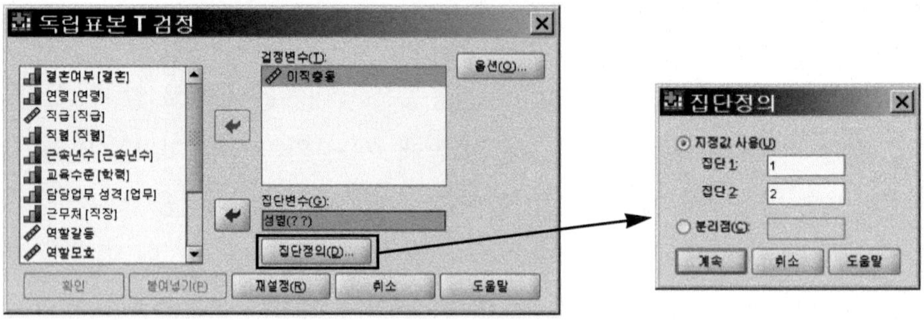

표 12-16 T－검정 통계량

집단통계량

	남녀	N	평균	표준편차	평균의 표준오차
이직충동	남자	495	2.6576	1.48173	.06660
	여자	197	2.9670	1.41945	.10113

독립표본 검정

		Levene의 등분산 검정		평균의 동일성에 대한 t-검정						
									차이의 95% 신뢰구간	
		F	유의확률	t	자유도	유의확률 (양쪽)	평균차	차이의 표준오차	하한	상한
이직충동	등분산이 가정됨	1.585	.209	-2.508	690	.012	-.30943	.12335	-.55162	-.06724
	등분산이 가정되지 않음			-2.555	374.885	.011	-.30943	.12109	-.54753	-.07133

3) 세 개 이상의 변수를 변환하기

① 변환상황

다음은 파일(🖫: neighbor)은 종교가 이웃 간 친교관계에 영향을 미치는지를 살펴보고자 한다. 먼저 다음 표와 같이 종교별로 더미변수를 변환·생성해야 한다.

다음과 같은 변수 자료를 더미변수로 변환하고자 할 때

변 수	자료상의 숫자	dum_1	dum_2	dum_3	dum_4
천주교	1	1	0	0	0
기독교	2	0	1	0	0
불 교	3	0	0	1	0
기 타	4	0	0	0	1
무종교	5	0	0	0	0

이 경우 '무종교'가 기준변수가 되고 'Dum_1=천주교', 'Dum_2=기독교', 'Dum_3=불교', 'Dum_4=기타'를 의미한다.

② 변환실행

【변환】→【변수계산】을 클릭한다.

- 대화상자에서 "대상변수"에 'dum_1'을 입력하고 "숫자표현식"에 '0'을 입력한 후 아래 〈조건〉을 클릭한다.

그림 12-24 더미변수 변환과정 1단계

〈변수계산 : 케이스 조건〉 대화상자에서 "다음 조건을 만족하는 케이스 포함"에 「(종교=2) | (종교=3) | (종교=4) | (종교=5)」 또는 「종교≥2」를 입력하고 〈계속〉 버튼을 클릭한 후 맨 처음 대화상자의 아래에 〈확인〉을 클릭한다("|" 기호는 "or"를 의미함).

그림 12-25 더미변수 변환과정 2단계

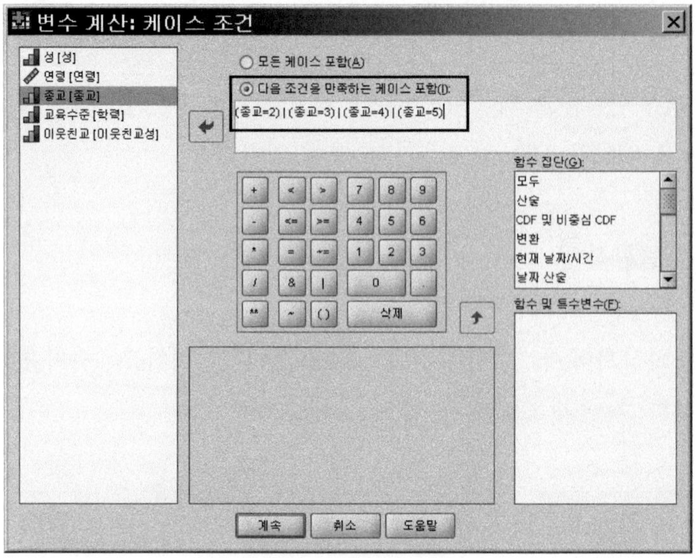

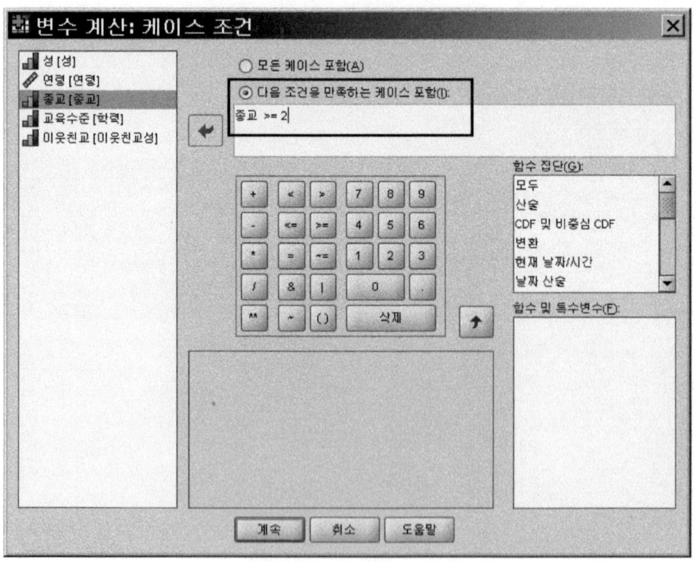

계속해서 맨 처음으로 돌아가 【변환】→【변수계산】을 클릭한다. 대상변수 'dum_1' 의 숫자표현에서 "1"을 입력하고 〈조건〉을 클릭한다.

그림 12-26 더미변수 변환과정 3단계

〈변수계산 : 케이스 조건〉 대화상자에서 "다음 조건을 만족하는 케이스 포함"에 "종교=1"을 입력하고 〈계속〉, 〈확인〉을 클릭하면 "기존 변수를 바꾸시겠습니까?"라는 창이 나오면 〈확인〉을 클릭한다.

그림 12-27 더미변수 변환과정 4단계

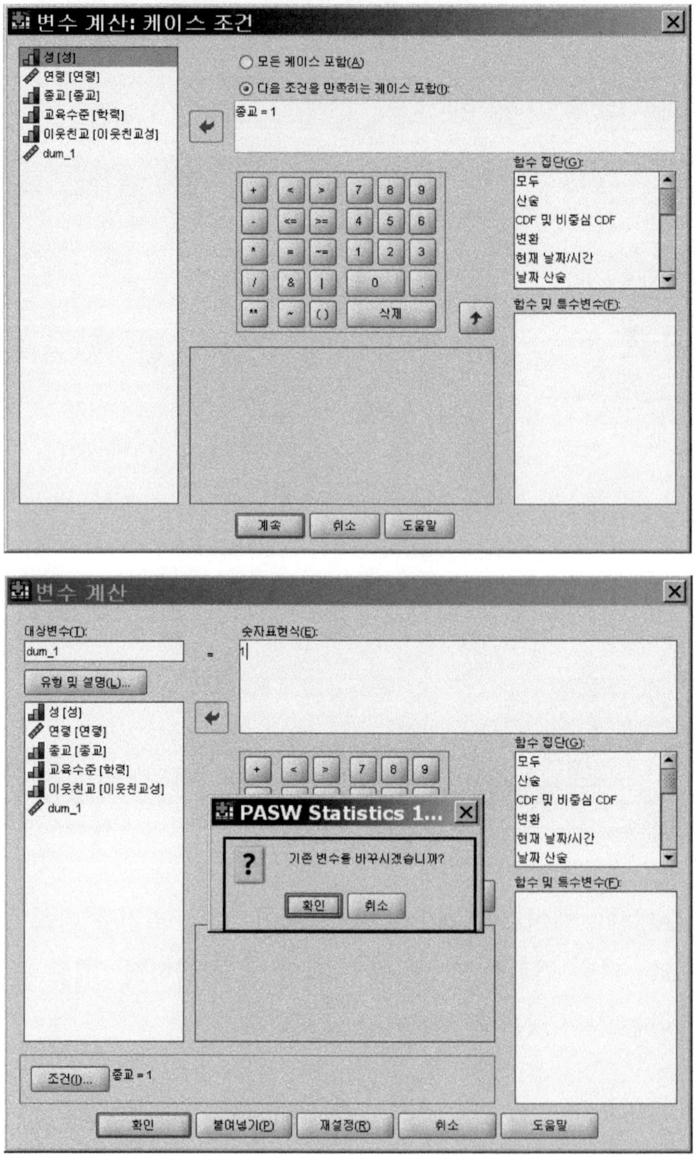

이렇게 "dum_1"의 더미변수가 생성된다. 나머지 더미변수도 똑같은 방법으로 변환한다.

그림 12-28 더미변수로 변환된 결과

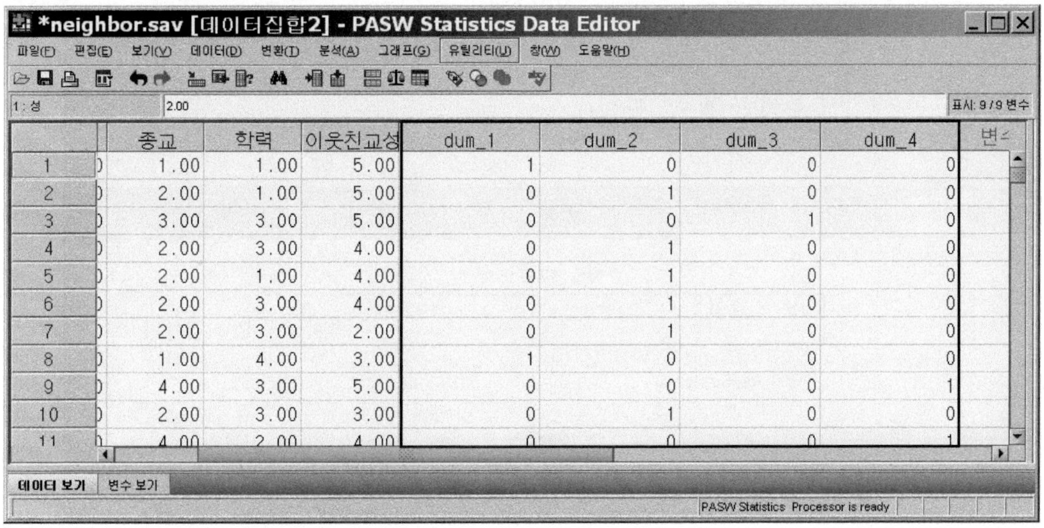

③ 분석결과 및 해설

【분석】→【회귀분석】→【선형】을 차례로 클릭한다.

- 종속변수에 '이웃친교'를 독립변수에 'dum_1', 'dum_2', 'dum_3', 'dum_4'를 투입하고 〈확인〉을 클릭하면 분석결과가 제시된다.

그림 12-29 회귀분석 대화상자

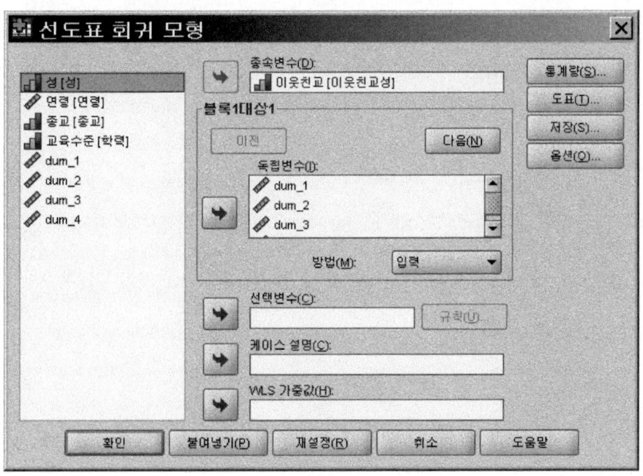

아래 분석결과를 보면, 회귀모형의 설명력은 0.014(1.4%)이고 이에 대한 통계량 F값은 2.139로 유의수준 0.05에서 통계적으로 유의성이 없는 것으로 판단한다. 따라서 이 회귀모형은 거의 설명력이 없고 모형의 적합도 또한 통계적으로 의미가 없다고 할 수 있다.

표 12-17 분석결과

진입/제거된 변수[b]

모형	진입된 변수	제거된 변수	방법
1	dum_4, dum_1, dum_3, dum_2[a]	.	입력

a. 요청된 모든 변수가 입력되었습니다.
b. 종속변수: 이웃친교

모형 요약

모형	R	R 제곱	수정된 R 제곱	표준 오차 추정값의 표준오차
1	.119[a]	.014	.008	.78894

a. 예측값: (상수), dum_4, dum_1, dum_3, dum_2

분산분석[b]

모형		제곱합	자유도	평균 제곱	F	유의확률
1	회귀 모형	5.326	4	1.331	2.139	.075[a]
	잔차	370.339	595	.622		
	합계	375.665	599			

a. 예측값: (상수), dum_4, dum_1, dum_3, dum_2
b. 종속변수: 이웃친교

계수[a]

모형		비표준화 계수		표준화 계수	t	유의확률
		B	표준 오차 오류	베타		
1	(상수)	4.667	.455		10.245	.000
	dum_1	-1.022	.464	-.430	-2.201	.028
	dum_2	-1.058	.459	-.636	-2.306	.021
	dum_3	-.902	.460	-.492	-1.960	.050
	dum_4	-1.030	.460	-.581	-2.242	.025

a. 종속변수: 이웃친교

다음 영향 정도를 보면, dum_1(천주교), dum_2(기독교), dum_4(기타 종교)는 유의수준 0.05에서 무종교에 비해 이웃간의 친교 정도가 낮은 것으로 나타났다. 그리고 dum_3(불교)도 유의수준 0.1에서 무종교에 비해 이웃 간의 친교 정도가 낮은 것으로 나타났다.

【연습 3】 다음 파일(🖫: neighbor)의 데이터 값 중 성별을 더미로 변환하고 성별과 연령이 '이웃간의 친교'에 영향을 미치는지를 회귀분석을 통해 검정하시오.

【연습 4】 다음 파일(🖫: satisfaction)에 대하여 결혼여부를 더미변수로 변환하고 결혼여부가 직무만족과 이직충동에 유의적인 차이를 보이는지를 회귀분석을 통해 검정하시오.

제13장 로지스틱 회귀분석

1. 로지스틱 회귀분석의 의의
2. 이분형 로지스틱 회귀모형 분석

제13장 로지스틱 회귀분석

1. 로지스틱 회귀분석의 의의

1) 로지스틱 회귀분석 의미

지금까지 회귀분석의 전형은 독립변수는 물론 종속변수도 등간척도 이상이어야 된다고 하였다. 그러나 독립변수가 범주형인 경우는 가변수(더미변수)로 변환하여 분석하는 방법을 다루었는데, 이제는 종속변수가 범주형인 경우를 살펴본다.

로지스틱 회귀분석(logistic regression analysis)이란 종속변수의 속성이 범주형(예=1, 아니오=0)일 때 독립변수들이 종속변수에 미치는 영향을 예측하는 분석기법이다.

종속변수의 명목형 즉, 범주형의 수가 2개인 경우 이분형 로지스틱 회귀모형이라 하고, 3개 이상이면 다항 로지스틱 회귀모형이라 하며, 종속변수의 수준이 순서형인 경우 순서 로지스틱 회귀모형이라 한다. 다항 로지스틱 모형에서 독립변수가 연속형과 범주형이 있는 경우, 요인(factors)에는 범주형을, 공변량(covariates)에는 연속형을 입력하게 된다.

이분형 로지스틱 회귀분석의 경우 종속변수는 이분형(두 가지), 독립변수는 연속형이나 범주형이어야 하나, 범주형인 경우 가변수(더미변수)를 사용하여야 한다.

그림 13-1 로지스틱 회귀분석 모형

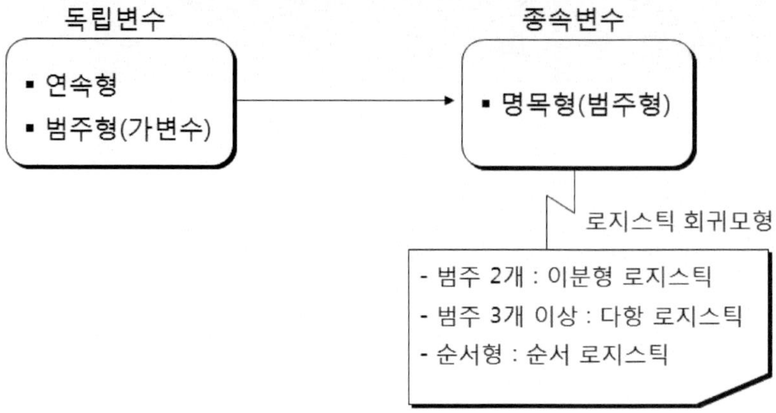

표 13-1 자료의 종류에 따른 통계적 모형의 종류

반응변수 (종속변수) / 설명변수(독립변수)	범주형 자료	연속형 자료
범주형 자료	– r×c 분할표 – 로지스틱 모형 또는 로그선형 모형	– 분산분석(ANOVA) 모형
연속형 자료	– 로지스틱 모형	– 다중회귀분석
연속형과 범주형의 혼합	– 로지스틱 모형	– 공분산분석 및 가변수모형

자료: 강근식 외(1990: 285)

2) 이분형 로지스틱 회귀분석의 원리

① 모형의 모수의 추정

로지스틱 회귀모형에서는 최대우도비추정법(Maximum－Likelihood Method; MLE)을 이용하여 모형의 모수를 추정한다.

- 즉 관측된 자료가 발생할 확률이 알려지지 않은 모수들의 함수로 표현한 후, 이 함수를 최대화시킬 때 얻어진 모수들의 추정값이 바로 최대우도비 추정량이 된다. 다시 말하면, 관측된 결과가 가장 잘 일어나는 계수를 추정하는 것이다.

- 선형회귀모형에서 최소자승법(OLS)을 이용하여 모형의 모수를 추정하는 것과 대조적이다.

② 독립변수의 유의도 통계량

각 독립변수에 대한 검증 통계량은 월드(Wald) 통계량을 이용하게 되는데 선형회귀분석의 t값에 해당된다.

승산비(Odds Ratio; OR) : 우열의 비율, 유리한 조건의 비율 즉 승산이 있을 확률, 차이가 나는 비율을 의미한다. 연관성 측도의 기준이다.

- 예를 들면, 독립변수가 "1=예"와 "0=아니오"의 이분화로 코드화되었다고 가정하자, 이때 "1"과 "0"의 차이를 확률로 나타내는 측도이다. 즉 결과가 "0"에 해당하는 대상보다 "1"에 해당하는 대상에 얼마나 잘 일어날 것인가를 의미한다.
- 예를 들면, 종속변수 y는 폐암의 존재여부(1=예, 0=아니오), 독립변수는 흡연여부(흡연=1, 비흡연=0)를 나타낼 때 OR 값이 2를 얻게 되면 "폐암은 자료를 수집한 모집단에서 비흡연가보다 흡연가들 사이에 2배정도 발생할 가능성이 있다는 것"을 의미한다.

독립변수가 3개 이상의 명목변수인 경우, 기준변수를 중심으로 가변수(더미변수)로 코딩 변환한다. 일반적으로 0을 기준변수로 하고 나머지 1을 더미변수로 변환하여 분석모형에 투입한다.

3) 로지스틱 회귀모형의 적합도

로지스틱 회귀모형의 적합도(goodness of fit) : 설정한 모형이 종속변수를 얼마나 잘 설명하고 있는가를 알아보는 측도이다. 여기에서 적합도가 가지는 의미는 관찰값 y와 예측값 사이의 거리의 총 측도의 값이 그리 크지 않다는 것이다. 즉 차이가 크지 않다는 것이다.

로지스틱 모형에서 모형의 적합도를 평가하는 방법은 크게 2가지로 나누어진다. 모형식별(model discrimination)과 모형측정(model calibration)이 있다.

- 모형식별은 발생할 사건의 추정확률의 반응이 실제로 일어나는 경우와 그렇지 않을 경우를 얼마나 잘 구분하는지 알고 싶을 때 사용한다.
- 모형측정이란 관측된 확률과 추정된 확률이 확률값의 전 영역에 걸쳐서 얼마나 잘 부합하는 지를 평가하는 것이다.

2. 이분형 로지스틱 회귀모형 분석

1) 분석상황

다음 분석모형은 정부가 어려운 경제여건이나 아파트의 주거개념 등의 변화에 따라 어떤 사람들이 주택을 소유하는지에 파악하고자 주택소유 유무에 어떤 변수들이 영향을 미치는지를 분석하고자 한다(정충영 외, 2002: 233).
(: house)

그림 13-2 **분석모형**

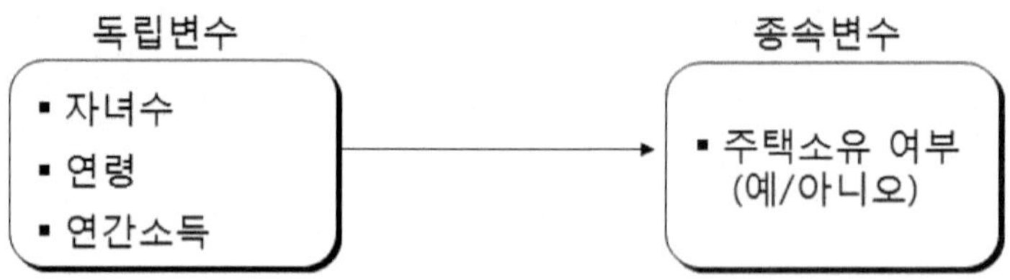

가설 1 : 연령은 주택소유 유무에 유의적인 영향을 미칠 것이다.
가설 2 : 자녀수는 주택소유 유무에 유의적인 영향을 미칠 것이다.
가설 3 : 소득은 주택소유 유무에 유의적인 영향을 미칠 것이다.

위 분석모형에 의한 가설을 검증하기 위한 측정문항이다.

【설 문】

1. 귀하께서는 주택을 소유하고 계십니까?　　예(　　)　　아니오(　　)
2. 귀하의 자녀수는 몇 명입니까?　　(　　)명
3. 귀하의 연령은 몇 세입니까?　　(　　)세
4. 귀하의 연간가계소득은 얼마입니까?　　(　　)원

그림 13-3 데이터가 입력된 창

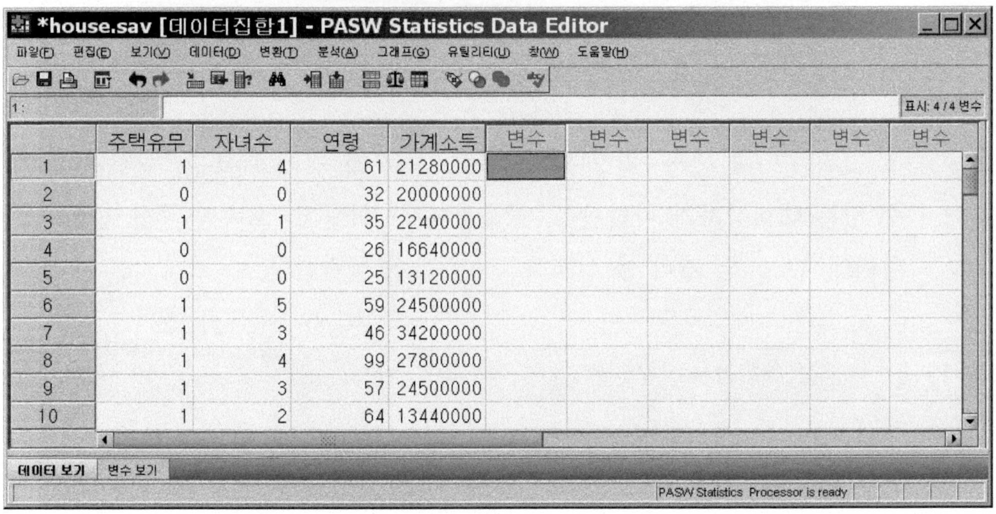

	주택유무	자녀수	연령	가계소득	변수	변수	변수	변수	변수	변수
1	1	4	61	21280000						
2	0	0	32	20000000						
3	1	1	35	22400000						
4	0	0	26	16640000						
5	0	0	25	13120000						
6	1	5	59	24500000						
7	1	3	46	34200000						
8	1	4	99	27800000						
9	1	3	57	24500000						
10	1	2	64	13440000						

2) 분석실행

【분석】→【회귀분석】→【이분형 로지스틱 회귀분석】을 클릭한다.

- 종속변수에 '주택유무'를, 독립변수인 자녀수, 연령, 가계소득을 "공변량"으로 이동한다.
- 만약, 독립변수가 범주형인 경우에는 〈범주형〉을 클릭하고 범주형 변수를 이동한 다음 〈계속〉을 클릭한다.
- 여기에서는 독립변수가 모두 연속형이기 때문에 넘어가도록 한다.

그림 13-4 **로지스틱 회귀분석 대화상자**

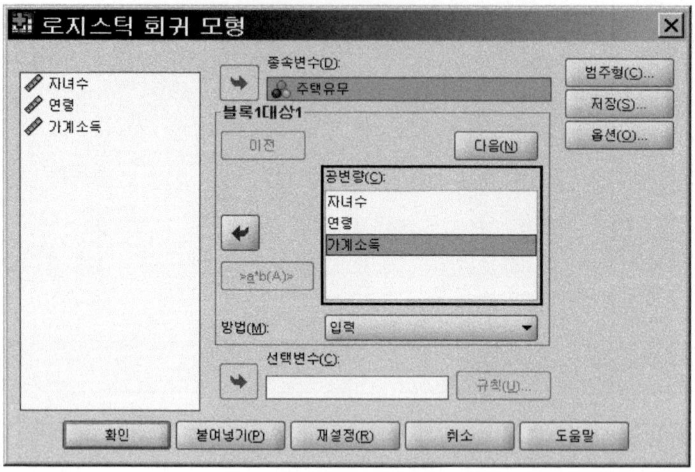

〈그림 13-4〉에서 [저장]을 클릭하면 다음과 같이 예측값, 영향력을 선택할 수 있는 대화상자가 나타난다. 예측값에서 '확률', '소속집단'을 선택하고, 영향력에 'Cook의 거리'를 선택하고 〈계속〉을 클릭한다.

그림 13-5 **저장 대화상자**

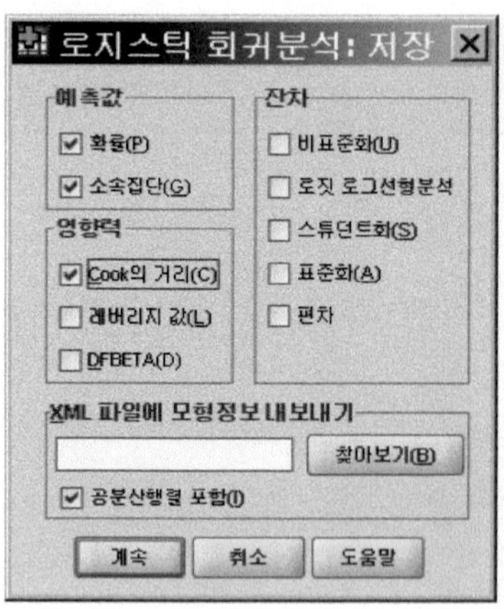

계속해서 [옵션]을 클릭한다.

- 통계량 및 도표에서 아래와 같이 선택하고 〈계속〉을 클릭한다.
- 맨 처음 대화상자의 〈확인〉을 클릭하면 분석이 실행된다.

그림 13-6 옵션 대화상자

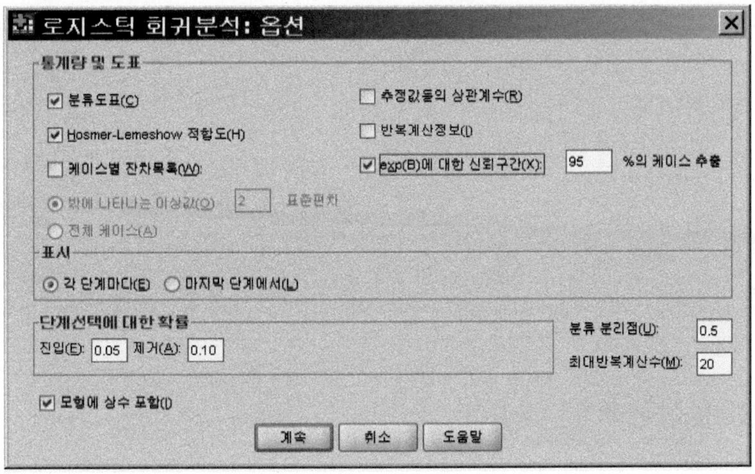

새로운 변수가 생성된 화면이 제시된다. 예측값인 확률과 소속집단 및 영향력이 제시된다.

- 여기에서 'PRE_1'은 예측확률(predicted probability)을, PGR_1은 예측집단(predicted group)을 의미한다.
- 결과에 영향을 미칠 수 있는 케이스를 파악하는 COO_1(Cook의 거리) 값이 제시되어 있다. Cook의 거리 또는 Cook의 D-통계량이란 어떤 케이스만을 제외한 나머지 자료로부터 추정한 회귀계수벡터의 최소제곱추정치를 의미한다. 즉, 어떤 케이스 하나가 분석에서 제외될 때 최소제곱추정치의 변화를 표준화한 값으로 볼 수 있다. Cook의 D-통계량이 1보다 클 경우 이를 영향력 있는 케이스로 분류하는데 이를 제거한 후 분석할 필요가 있다(정충영 외, 2002: 242).

그림 13-7 새로운 변수 생성 화면

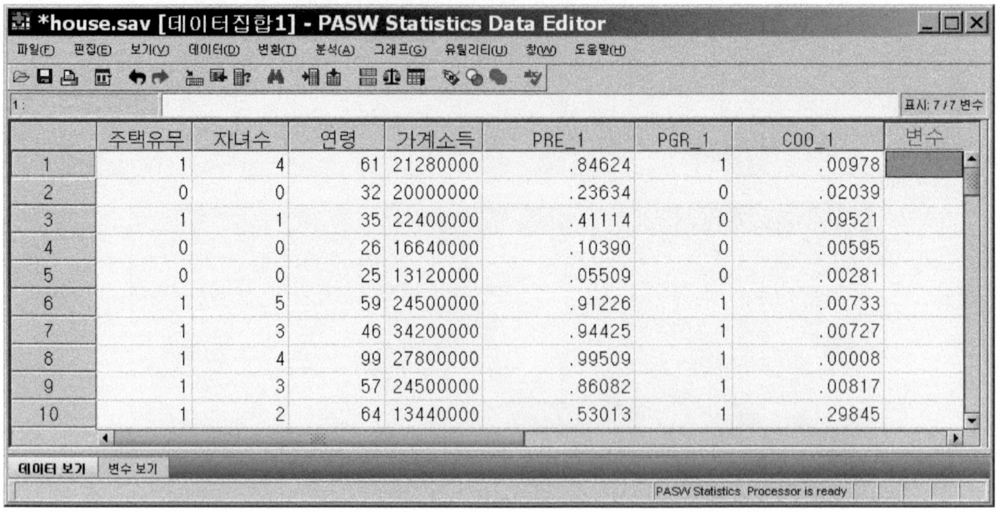

	주택유무	자녀수	연령	가계소득	PRE_1	PGR_1	COO_1	변수
1	1	4	61	21280000	.84624	1	.00978	
2	0	0	32	20000000	.23634	0	.02039	
3	1	1	35	22400000	.41114	0	.09521	
4	0	0	26	16640000	.10390	0	.00595	
5	0	0	25	13120000	.05509	0	.00281	
6	1	5	59	24500000	.91226	1	.00733	
7	1	3	46	34200000	.94425	1	.00727	
8	1	4	99	27800000	.99509	1	.00008	
9	1	3	57	24500000	.86082	1	.00817	
10	1	2	64	13440000	.53013	1	.29845	

3) 분석결과 및 해설

로지스틱 회귀분석에 이용된 데이터의 기본정보를 알려주는 케이스 처리요약이 제시된다. 분석에 투입된 사례수는 50개(명)를 보여주고 있다.

케이스 처리 요약

가중되지 않은 케이스[a]		N	퍼센트
선택 케이스	분석에 포함	50	100.0
	결측 케이스	0	.0
	합계	50	100.0
비선택 케이스		0	.0
합계		50	100.0

a. 가중값을 사용하는 경우에는 전체 케이스 수의 분류표를 참조하십시오.

종속변수를 어떻게 코딩했는가를 보여준다. 범주형으로서 주택을 소유하고 있으면 "1"로, 주택을 소유하고 있지 않으면 "0"으로 코딩되었다.

종속변수 코딩

원래 값	내부 값
주택 무소유	0
주택 소유	1

종속변수의 응답결과를 분류표로 제시하고 있다. 여기서는 0단계로서 전체의 케이스가 주택소유로 분류되어 있다. 이는 '주택소유' 집단이 '주택무소유' 집단보다 더 크기 때문에 큰 집단에 분류된 것이다. 분류의 정확도는 전체 케이스 50명에서 정확하게 분류된 집단의 케이스에 대한 비율이므로 항상 50%는 넘게 된다. 여기서는 주택소유는 100%로 정확하게 분류되었으나 주택무소유는 0%로 잘못 분류된 것으로 간주하므로, 전체 케이스 중 정확하게 분류된 집단의 케이스는 27/50=0.54 즉, 54%가 된다.

분류표[a,b]

			예측		
			주택유무		
감시됨			주택 무소유	주택 소유	분류정확 %
0 단계	주택유무	주택 무소유	0	23	.0
		주택 소유	0	27	100.0
	전체 퍼센트				54.0

a. 모형에 상수항이 있습니다.
b. 절단값은 .500입니다.

다음은 방정식에 포함된 변수의 통계량이 제시된다. 상수항만을 통해 통계량이 제시되어 있다.

방정식에 포함된 변수

		B	S.E.	Wals	자유도	유의확률	Exp(B)
0 단계	상수항	.160	.284	.319	1	.572	1.174

다음은 로지스틱 회귀분석에 포함되지 않은 3가지 독립변수들에 대한 점수와 자유도, 유의확률이 제시되어 있다.

방정식에 포함되지 않은 변수[a]

			점수	자유도	유의확률
0 단계	변수	자녀수	11.240	1	.001
		연령	14.695	1	.000
		가계소득	8.381	1	.004

a. 잔차 카이제곱은 중복되므로 계산할 수 없습니다.

다음은 상수항만으로 구성된 모형과 독립변수들이 포함된 모형 간에 의미 있는 차이가 있는지를 알아보기 위한 것이다.

- 모형(Model)은 단지 하나의 상수만을 포함하는 모형에 대한 −2 Log 우도(Log likelihood)값과 현 모형에 대한 −2 Log 우도값과의 차이를 의미한다. 그러므로 모형은 "상수를 제외한 현 모형의 모든 항들의 계수는 0이다"라는

귀무가설을 검정하게 된다. 이는 선형회귀분석의 F－검정과 비교된다.

- 자유도는 독립변수의 수를 의미한다.
- 블럭(Block)은 모형구축의 연속적 단계에서의 －2 Log 우도값의 변화이다. 이는 '마지막 단계에서 추가된 변수의 계수가 0이다' 라는 귀무가설을 검정한다.
- 위 두 값은 유의확률이 0.000이므로 통계적으로 유의적이다. 즉 주택소유와 자녀수, 연령 및 소득의 로지스틱 회귀분석을 이용할 때 모델은 적합한 것으로 볼 수 있다.

모형 계수 전체 테스트

		카이제곱	자유도	유의확률
1 단계	단계	21.884	3	.000
	블록	21.884	3	.000
	모형	21.884	3	.000

모형요약 ; 결정계수(R^2)

- 상수항과 독립변수를 포함했을 때 모형에 대한 적합도 통계량 또는 추정된 모형이 주어진 자료를 얼마나 잘 설명하는지의 여부를 평가하는 기준으로 결정계수인 'Cox & Snell 그리고 Nagelkerke의 R－제곱 통계량' 을 본다.
- 좋은 모형이란 관측된 결과의 우도비함수값이 매우 클 때이며, －2Log는 작은 값을 가지게 된다.
- 만약 완전한 모형 적합이라면, 우도비함수값은 "1"이고, －2Log는 "0"이 된다.
- Nagelkerke의 R－제곱은 종속변수(반응변수)의 변동 중 47% 정도를 로지스틱 회귀모형에서 설명하고 있음을 보여 준다. 일종의 결정계수를 의미한다.

모형 요약

단계	-2 Log 우도	Cox와 Snell의 R-제곱	Nagelkerke R-제곱
1	47.110[a]	.354	.474

a. 모수 추정값이 .001보다 작게 변경되어 계산반복수 5에서 추정을 종료하였습니다.

Hosmer와 Lemeshow 검정은 적합도검정법의 하나로서 계산된 피어슨의 카이제곱 통계량 값은 6.172이며 이에 해당되는 유의확률은 0.628이다. 이는 추정된 모형이 통계적으로 적합하다고 볼 수 있다. 즉, 관찰된 모형이 현실을 잘 반영하고 있다는 의미이다.

- 만약 유의확률값이 유의수준 0.05보다 작다면, 관찰값 y와 예측값 사이의 거리의 총 측도의 값이 그리 차이가 나지 않는다는 귀무가설을 기각시키기 때문에 차이가 난다는 결론으로, 잘 적합하지 않다는 해석이다.

= Hosmer와 Lemeshow 검정 =

단계	카이제곱	자유도	유의확률
1	6.172	8	.628

분류표에 의한 모형의 적합도를 나타내는 지표이다. 즉, 모형적합이 얼마나 잘 분류되었는지를 평가하는 방법으로 관측된 결과와 예측된 값을 비교한다.

- 추정된 확률값이 0.5이상인 경우, 관측그룹과 예측그룹으로 비교한다.
- 주택을 소유하지 않은 17명은 모형에 의해 주택을 소유하지 않을 것이라고 옳게 예측된 것을 알 수 있으며(17/23=0.739, 73.9%), 주택을 소유한 22명은 주택을 소요할 것이라고 옳게 예측된 결과를 보여주고 있다(22/27=0.815, 81.5%). 즉, 주택을 소유하지 않는 사람 중 73.9%가 올바르게 분류되었고, 주택을 소유한 사람 중 81.5%가 올바르게 분류되었다.
- 여기에서 11명(5명+6명)은 잘못 분석되었다.
- 전체 응답자 50명 중 78%가 올바르게 분류되었다

분류표[a]

관측			예측: 주택유무 주택 무소유	예측: 주택유무 주택 소유	예측: 분류정확 %
1 단계	주택유무	주택 무소유	17	6	73.9
		주택 소유	5	22	81.5
	전체 퍼센트				78.0

a. 절단값은 .500입니다.

다음은 추정된 계수들(B열)을 포함하고 상수와 자녀수, 연령, 가계소득으로부터 주택유무에 대한 로지스틱 회귀모형의 통계량을 나타내고 있다. 이들 계수들을 이용하여 변환된 로지스틱 회귀식을 제시하면 다음과 같다.

- Logit 주택유무=−6.777+0.195(자녀수)+0.065(연령)+0.000(자녀소득)

- Wals 통계량(선형회귀분석의 t값에 해당)에서 자녀수는 0.343[(0.195/0.33)^2], 연령은 2.991, 가계소득은 3.394로 제시된다. 현재 결과값을 보면 유의수준 0.05에서는 유의성이 없으나 유의수준을 0.1로 낮추는 경우에는 연령과 가계소득이 주택소유에 의미 있는 영향을 미친다고 할 수 있다.
- 한편 B의 부호가 '+' 이면 내부값이 1인 집단(주택소유)에 속할 가능성이 크고, 부호가 '−' 인 경우는 내부값 0인 집단(주택무소유)에 속할 가능성이 크다.
- 그리고 Exp(B)는 승산비로서, 변수값의 1 증가에 따른 "내부값 0집단(주택무소유)에 속할 확률"에 대한 "내부값 1집단(주택소유)에 속할 확률"의 비율을 나타낸다. 따라서 Exp(B)가 1보다 크면 변수값이 증가할수록 내부값 1집단(주택소유)에 속할 가능성이 높다.

방정식에 포함된 변수

		B	S.E.	Wals	자유도	유의확률	Exp(B)	EXP(B)에 대한 95% 신뢰구간	
								하한	상한
1 단계[a]	자녀수	.195	.333	.343	1	.558	1.216	.633	2.336
	연령	.065	.037	2.991	1	.084	1.067	.991	1.148
	가계소득	.000	.000	3.394	1	.065	1.000	1.000	1.000
	상수항	-6.777	2.358	8.263	1	.004	.001		

a. 변수가 1: 단계에 진입했습니다 자녀수, 연령, 가계소득. 자녀수, 연령, 가계소득.

다음은 관측치와 기대치의 확률에 대한 히스토그램을 보여주고 있다. 각 사례에 사용된 기호는 실제 관측치를 나타내고 있다. 만일 두 집단이 성공적으로 분류되었다면 사건이 일어나는 경우(주택소유)는 0.5의 오른쪽에 있어야 하고, 사건이 일어나지 않는 경우(주택무소유)는 0.5의 왼쪽에 있어야 한다. 두 집단이 히스토그램상의 양끝으로 밀집되어 있을수록 좋다고 할 수 있다.

```
              Step number: 1

              Observed Groups and Predicted Probabilities

       4 +                                                                                                    +
         |                                                                                                    |
         |                                                                                                    |
F        |                                                                                                    |
R      3 +                              1                                 1                     1             +
E        |                              1                                 1                     1             |
Q        |                              1                                 1                     1             |
U        |                              1                                 1                     1             |
E      2 +     0  0                     0                                 0  1                  1     1 1     +
N        |     0  0                     0                                 0  1                  1     1 1     |
C        |     0  0                     0                                 0  1                  1     1 1     |
Y        |     0  0                     0                                 0  1                  1     1 1     |
       1 +     00 0 00  0  11    01 00  0   0 0  0 1   0      011      1  0  0    1 0 1   111 1 1 0  11111   1+
         |     00 0 00  0  11    01 00  0   0 0  0 1   0      011      1  0  0    1 0 1   111 1 1 0  11111   1|
         |     00 0 00  0  11    01 00  0   0 0  0 1   0      011      1  0  0    1 0 1   111 1 1 0  11111   1|
         |     00 0 00  0  11    01 00  0   0 0  0 1   0      011      1  0  0    1 0 1   111 1 1 0  11111   1|
Predicted ---------+---------+---------+---------+---------+---------+---------+---------+---------+----------
  Prob:   0       .1        .2        .3        .4        .5        .6        .7        .8        .9         1
  Group:  0000000000000000000000000000000000000000000000000011111111111111111111111111111111111111111111111111

          Predicted Probability is of Membership for 주택    소유
          The Cut Value is .50
          Symbols: 0 - 주택 무소유
                   1 - 주택    소유
          Each Symbol Represents .25 Cases.
```

4) 보고서 작성

자녀수, 연령, 가계소득 등의 독립변수를 통해 주택유무에 영향을 미치는지를 살펴보기 위해 로지스틱 회귀분석을 실시하였다. 분석결과 연령과 가계소득은 유의수준 $p<.01$에서 유의성이 있는 것으로 나타났지만 자녀수는 유의적 영향을 미치지 않는 것으로 나타났다.

표 13-2 주택유무의 영향요인에 관한 로지스틱 회귀분석 결과

종속변수	독립변수	B	Wald	유의확률	가설채택여부
주택유무	상 수	−6.777	8.263	.004	−
	자 녀 수	.195	.343	.558	기각
	연 령	.065	2.991	.084*	채택
	가계소득	.000	3.394	.065*	채택

* p<.01

【연습 1】 다음 파일(🖫: community)은 어느 지역에 있어서 주민들이 지역공동의 일 참여 여부에 영향을 미치는 요인이 무엇인지를 살펴보기 위해 과거 1년의 자료를 얻었다. 종속변수로 공동참여(예=1, 아니오=0)로 하고 독립변수로 성별(더미변수; 남=1, 여=0), 연령, 교육수준을 독립변수로 설정하여 이들 독립변수들이 공동참여에 영향을 미치는지를 검정하시오.

제14장 판별분석

1. 판별분석의 의의
2. 판별분석의 실제

제14장 판별분석

1. 판별분석의 의의

1) 판별분석의 의미

판별분석(discriminant analysis)은 전체 구성원(조사대상)들 중에서 집단별로 특성을 파악하여 상대적인 중요도를 알 수 있게 해 준다. 예를 들어, 상류층과 하류층 간의 차이를 판별하여 독립변수들의 특성을 파악해주는 분석기법이다.

판별분석은 연속형으로 측정된 독립변수가 범주형 또는 명목변수로 측정된 종속변수를 판별(discriminate)하고 새롭게 수집되는 자료가 어느 집단에 분류(또는 속할 지)될지 예측하기 위한 분석기법이다. 예를 들어, 종속변수인 사람을 중졸 이하, 고졸, 대졸 이상의 3개 집단으로 분류했을 때 월소득과 TV시청시간을 알고서 어떤 개인이 어느 집단에 속하는지를 판별해 보는 분석방법이다. 또한 선거 전 예측조사에서 무응답자들이 어느 후보(정당)에게 투표할 것인지를 예측하려는 경우에도 사용된다.

판별분석은 집단으로 구분된 종속변수를 설명할 수 있는 독립변수를 발견하고(물론, 이론적으로 논거가 뒷받침되어야 한다), 독립변수들 중에서 종속변수를 보다 잘 설명할 수 있는가, 즉 독립변수들의 상대적 중요도를 파악하고자 할 때 사용된다. 또한 새로운 사례수가 종속변수의 어느 집단에 속할 것인지를 예측하고자 할 경우에도 사용되는 분석기법이다. 예를 들어, 어느 후보(정당; 1=A정당, 2=B정당)에 투표할 것인지를 예측하려는 경우 어떤 사람들의 특성이라는 독립변수(연속형)를 통해 어느 후보(정당)에 투표할 것인가를 알고 싶을 때 사용한다.

판별분석은 미리 정해진 집단 간의 차이를 잘 설명해 줄 수 있는 독립변수들의 선형결합(판별함수)을 찾고, 즉 이론적 논거를 통해 이 함수식에 따라 새로운 개체를 분류(classification)하는 것이 목적이다.

2) 판별분석의 기본조건

독립변수가 계량적(연속형)이고 종속변수는 범주형일 때 사용한다. 단, 종속변수를 연속형인 비율척도로 측정하였지만 측정 후 재분류하여 집단화한 것이라면 사용할 수 있다. 예를 들어, 연령을 비율척도(예, 몇 세)로 측정했지만 10대, 20대, 30대, 40대, 50대 이상으로 범주화로 재분류하여 분석에 사용할 수 있다.

그림 14-1 판별분석의 기본모형

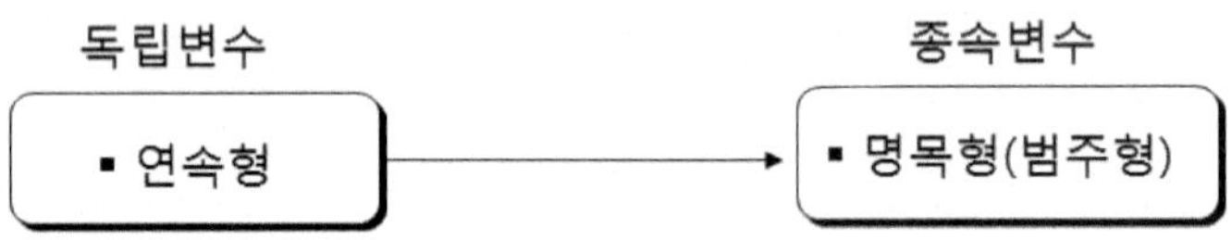

독립변수	종속변수
양적변수; 연속형 변수 (등간척도 이상)	질적변수; 범주형 (명목척도)

독립변수들이 다변량 정규분포를 이루어야 하고, 표본크기는 독립변수 수의 20배 이상이 필요하다.

3) 군집분석, 로지스틱 회귀분석과의 차이

① 판별분석과 군집 분석; 사전지식(정보)의 여부

군집분석도 집단을 분류하는 통계기법이지만 판별분석은 기존에 제대로 된 분류의 정보가 있는 반면에 군집분석은 그런 정보가 없다.

– 예를 들어 개인신용에 관한 정보가 하나도 없는 경우 군집분석을 이용해야

한다. 그러나 최근에는 신용불량자 된 사람들의 정보가 있기 때문에 판별분석을 사용할 수 있다.

② 판별분석과 로지스틱 분석; 사용되는 독립변수의 특성

판별분석은 기본적으로 독립변수가 연속적인 변수나 이산변수라도 최소한 순서가 정의되는 변수이어야 하나 이에 반해 로지스틱 회귀분석은 연속형 변수뿐만 아니라 명목형 변수도 사용가능하다. 그래서 변수의 특성치 선택 면에서 보면 로지스틱 분석이 좀 더 탄력적이라 할 수 있다.

- 예를 들어, 개인신용을 분석 할 때 판별분석은 재산, 소득, 나이 등은 변수로 가능하나 성별이나, 결혼 여부 등은 독립변수로 사용할 수 없다. 그러나 로지스틱회귀분석은 이런 변수를 자유자재로 사용할 수 있다. 즉, 성별이나 결혼여부를 더미변수로 변환하여 사용할 수 있다.

2. 판별분석의 실제

1) 분석상황

직무특성 요인(직무자율성, 직무갈등, 직무과부담, 직무모호성)이 경찰공무원의 계급(1: 순경, 2: 경장, 3: 경사, 4: 경위)에 대해 유의미한 판별에 영향을 미치고 있으며 상대적 중요도는 어느 정도인지를 파악하고자 한다.
(🖫: police_work)

그림 14-2 **분석모형**

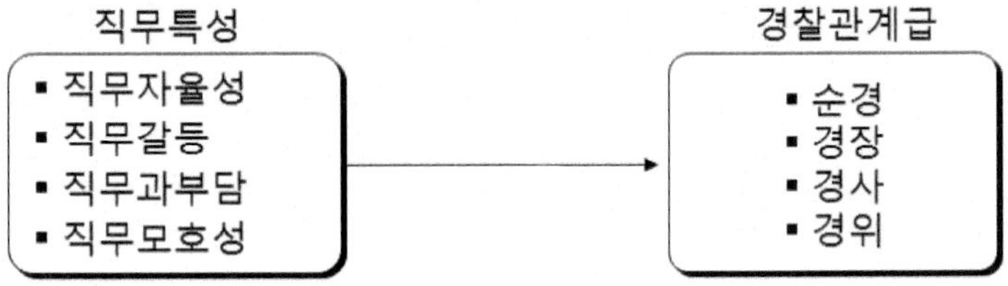

2) 분석실행

【분석】→【분류분석】→【판별분석】을 차례로 클릭한다.

- [집단변수]에 '계급'을 이동시키고 "범위지정"에 계급의 최소값(1)과 최대값(4)을 선택하고 〈계속〉 버튼을 클릭한다.
- [독립변수]에 직무자율성, 직무갈등, 직무과부담, 직무모호성을 이동시킨다.

그림 14-3 판별분석 대화상자

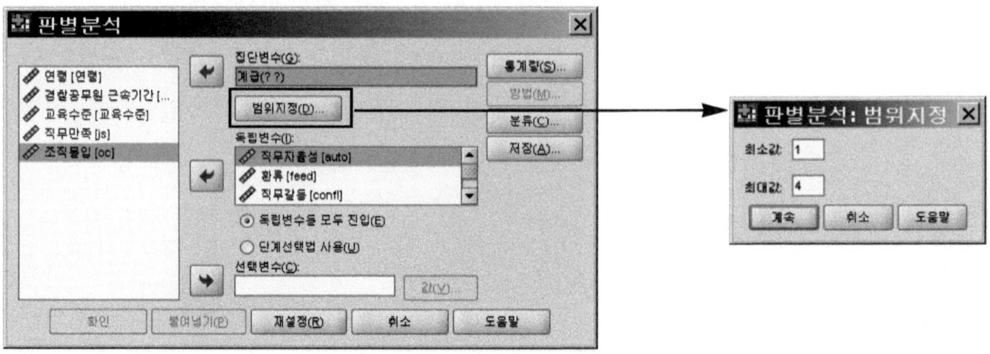

맨 처음 대화상자의 [통계량]을 클릭한 후 다음 그림과 같이 기술통계, 함수의 계수, 행렬을 선택하고 〈계속〉을 클릭한다.

그림 14-4 통계량 대화상자

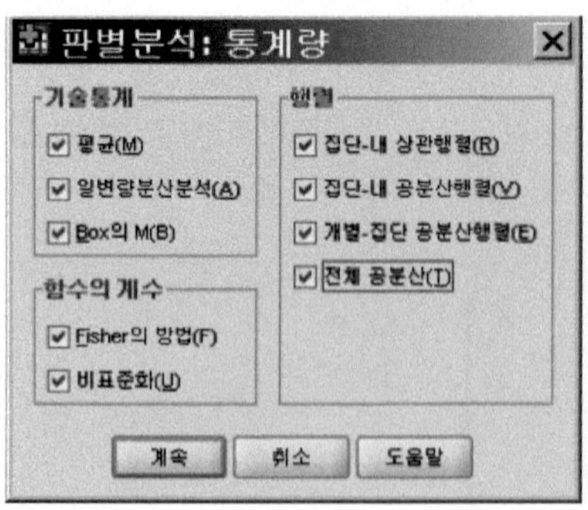

맨 처음 대화상자의 [분류]를 클릭한 후 사전확률, 요약표 표시, 집단 내 공분산 행렬, 도표 등을 선택하고 〈계속〉을 클릭한다.

그림 14-5 분류 대화상자

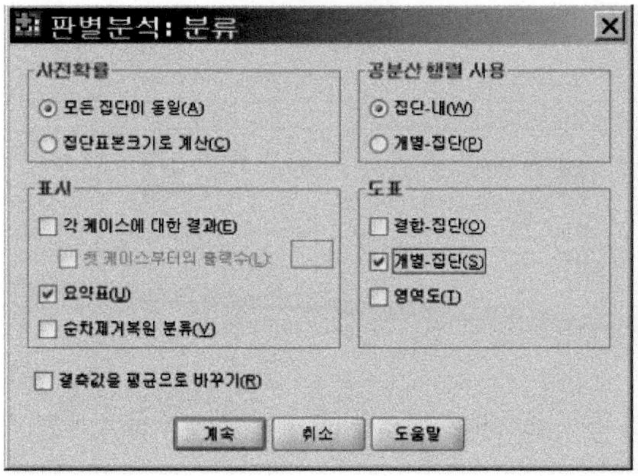

맨 처음 대화상자의 [저장]을 클릭한 후 예측 소속집단, 판별점수, 집단소속 확률 등을 선택한 후 〈계속〉을 클릭하고, 맨 처음 대화상자의 〈확인〉을 클릭하면 분석이 실행된다.

그림 14-6 저장 대화상자

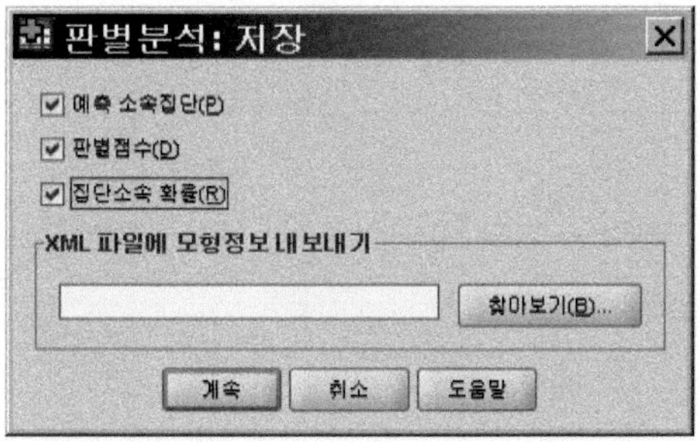

3) 분석결과 및 해설

분석에 이용된 사례(표본)에 대한 결과를 제시하고 있다. 전체 응답자 353명 중 '결측되었거나 범위를 벗어난 집단코드'가 5명으로써 유효응답자는 348명 (98.6%)이 된다.

분석 케이스 처리 요약

가중되지 않은 케이스		N	퍼센트
유효		348	98.6
제외	결측되었거나 범위를 벗어난 집단코드	5	1.4
	적어도 하나 이상의 결측 판별변수	0	.0
	집단코드와 최소 하나 이상의 결측 판별변수가 누락되었거나 범위를 벗어남	0	.0
	전체	5	1.4
전체		353	100.0

집단통계량을 나타낸 표이다. 계급별로 직무특성요인에 따른 평균, 표준편차, 그리고 유효응답자수를 나타내고 있다. 순경의 유효응답자는 25명, 경장은 30명, 경사는 285명, 경위는 8명으로 나타내고 있다.

집단 통계량

계급		평균	표준편차	유효수(목록별) 가중되지 않음	가중됨
순경	직무자율성	3.2000	.51819	25	25.000
	환류	3.1040	.52953	25	25.000
	직무갈등	3.1333	.46148	25	25.000
	직무과부담	3.0640	.55594	25	25.000
	직무모호성	2.5200	.55976	25	25.000
경장	직무자율성	3.0556	.60066	30	30.000
	환류	3.0600	.62621	30	30.000
	직무갈등	2.8889	.64525	30	30.000
	직무과부담	3.2067	.76200	30	30.000
	직무모호성	2.3400	.61510	30	30.000
경사	직무자율성	3.2737	.78769	285	285.000
	환류	3.2463	.61812	285	285.000
	직무갈등	2.7544	.69855	285	285.000
	직무과부담	2.6814	.72741	285	285.000
	직무모호성	2.1102	.49284	285	285.000
경위	직무자율성	3.1250	.56167	8	8.000
	환류	3.1000	.65027	8	8.000
	직무갈등	2.8750	.53266	8	8.000
	직무과부담	3.0250	.39188	8	8.000
	직무모호성	2.4000	.47809	8	8.000
합계	직무자율성	3.2462	.75309	348	348.000
	환류	3.2167	.61439	348	348.000
	직무갈등	2.7960	.68201	348	348.000
	직무과부담	2.7621	.73257	348	348.000
	직무모호성	2.1661	.52169	348	348.000

집단평균 동질성에 대한 검정을 나타내고 있다. Wilks의 람다값이 1이면 관측된 집단의 평균이 동일하다는 것을 의미하고, 0에 가까우면 집단내 분산이 총분산에 비해 적기 때문에 집단 평균값 간에 차이가 있다는 의미이다. 이것을 구체적으로 확인시켜주는 것이 F값이고 이에 대한 유의확률이다.

즉, 유의수준 0.05에서 "집단간의 평균이 동일하다"는 귀무가설의 기각여부를 살펴보면 된다. '직무자율성'과 '환류'를 제외하고는 직무갈등, 직무과부담, 그리고 직무모호성에서 집단 간 평균차이가 통계적으로 유의미하는 변수들로서 판별분석에 이용되고 있음을 알 수 있다.

집단평균의 동질성에 대한 검정

	Wilks 람다	F	자유도1	자유도2	유의확률
직무자율성	.992	.867	3	344	.458
환류	.989	1.251	3	344	.291
직무갈등	.977	2.651	3	344	.049
직무과부담	.943	6.933	3	344	.000
직무모호성	.943	6.910	3	344	.000

공분산행렬을 나타내고 있다. 자유도가 347일 때의 계급에 관한 각 판별함수별 공분산행렬이 제시되어 있다. 예를 들어, 순경계급집단에서는 직무과부담(0.309), 경장계급집단에서는 직무과부담(0.581), 경사계급집단에서는 직무자율성(0.620), 경위계급집단에서는 환류(0.423)가 가장 높은 공분산을 보여주고 있다.

공분산행렬[a]

계급		직무자율성	환류	직무갈등	직무과부담	직무모호성
순경	직무자율성	.269	.106	-.088	-.149	-.106
	환류	.106	.280	-.001	-.115	-.176
	직무갈등	-.088	-.001	.213	.027	-1.931E-16
	직무과부담	-.149	-.115	.027	.309	.162
	직무모호성	-.106	-.176	-1.931E-16	.162	.313
경장	직무자율성	.361	.259	-.059	-.042	-.215
	환류	.259	.392	-.078	.048	-.182
	직무갈등	-.059	-.078	.416	-.018	-.097
	직무과부담	-.042	.048	-.018	.581	-.099
	직무모호성	-.215	-.182	-.097	-.099	.378
경사	직무자율성	.620	.223	-.093	-.071	-.123
	환류	.223	.382	-.059	.009	-.139
	직무갈등	-.093	-.059	.488	.143	.067
	직무과부담	-.071	.009	.143	.529	.011
	직무모호성	-.123	-.139	.067	.011	.243
경위	직무자율성	.315	.262	.097	.130	-.105
	환류	.262	.423	-.129	.054	-.246
	직무갈등	.097	-.129	.284	.146	.124
	직무과부담	.130	.054	.146	.154	3.073E-16
	직무모호성	-.105	-.246	.124	3.073E-16	.229
합계	직무자율성	.567	.221	-.089	-.081	-.134
	환류	.221	.377	-.063	-.007	-.153
	직무갈등	-.089	-.063	.465	.135	.062
	직무과부담	-.081	-.007	.135	.537	.031
	직무모호성	-.134	-.153	.062	.031	.272

a. 전체 공분산행렬은 347의 자유도를 가집니다.

Box의 M통계량은 "집단의 공분산행렬이 동일하다"는 가설을 검정하는 것으로서 유의확률을 살펴본다. 여기서 M통계량은 103.816이며 유의확률값이 0.000이므로 공분산행렬이 동일하다는 귀무가설이 기각된다.

이는 판별분석의 기본가정인 공분산의 동일성에 위배되는 것이나, 동일성의 가정이 극단적으로 위배되지 않거나 표본크기가 큰 경우에는 별 문제가 없다는 주장이 있다.

검정 결과

Box의 M		103.816
F	근사법	1.964
	자유도1	45
	자유도2	2427.114
	유의확률	.000

모집단 공분산행렬이 동일하다는 영가설을 검정합니다.

정준상관계수는 판별식에 의해 설명되는 판별점수의 분산을 총분산으로 나눈 것을 제곱근한 것으로 판별점수와 집단들 간의 관련성 정도를 나타내낸다. 이 값이 클수록 판별함수의 설명력은 높아진다.

그리고 본 판별분석에서는 3개의 판별함수가 검출되었다. 함수1의 고유값은 0.115이고 함수1의 고유값은 0.017이며 함수3의 고유값은 0.000으로 나타났다.

이 고유값이 적어도 0.4이상 되어야 설명력이 있다고 인정되는데, 함수2와 함수3은 함수1에 비해 설명력이 크게 부족하다는 것을 알 수 있다.

고유값

함수	고유값	분산의 %	누적 %	정준 상관
1	.115[a]	86.7	86.7	.321
2	.017[a]	12.9	99.6	.130
3	.000[a]	.4	100.0	.022

a. 첫 번째 3 정준 판별함수가 분석에 사용되었습니다.

판별함수의 설명력을 통계적으로 검정해야 한다. 위 고유값에서 제시된 즉, 함수2와 함수3의 설명력이 부족하다는 사실을 통계적으로 밝혀야 한다.

함수1의 경우 Wilks의 람다가 0.881이고 카이제곱이 43.305이며 유의확률이 0.000이지만, 함수2의 경우는 카이제곱이 5.994 불과하고 유의확률이 0.648임을 알 수 있다. 하나의 함수도 제외하지 않을 경우의 Wilks의 람다 값은 0.881인데 비해 2개의 함수만을 가지고 보면 이 값은 0.983이다.

Wilks 람다 값이 0에 가까울수록 주어진 함수의 설명력이 높아진다고 할 수 있기 때문에, 함수1을 제외시켰는데 이 람다 값이 커졌다는 것은 곧 함수1을 제외시키면 안 된다는 것을 의미한다.

따라서 함수1의 설명력이 함수2와 함수3의 설명력을 훨씬 앞선다는 것을 알 수 있다. 그러므로 함수1을 가지고 개별 독립변수 중에서 어떤 변수가 종속변수에 더 큰 영향을 미치는가에 대해 분석할 수 있다. 즉, 판별계수를 보고 결정할 수 있다.

Wilks의 람다

함수의 검정	Wilks의 람다	카이제곱	자유도	유의확률
1에서 3	.881	43.305	15	.000
2에서 3	.983	5.994	8	.648
3	1.000	.162	3	.983

표준화된 정준판별함수는 원래의 자료를 평균이 0, 표준편차가 1인 것으로 변환하였을 때의 판별함수의 계수를 나타낸 것이다. 즉, 집단판별에 얼마나 더 큰 영향을 미칠 수 있는지를 판별함수 계수를 보고 할 수 있다.

여기에서는 직무모호성과 직무과부담의 판별계수 절대값이 직무자율성, 직무갈등, 환류 등의 판별계수 절대값보다 더 크기 때문에 직무모호성과 직무과부담이 계급에 더 큰 영향을 미친다고 할 수 있다.

참고로 계수의 값이 음의 값을 나타내면 부(−)의 관계, 양의 값을 나타내면 정(+)의 관계를 나타낸다.

표준화 정준 판별함수 계수

	함수		
	1	2	3
직무자율성	.145	.391	.188
환류	-.014	.374	-.226
직무갈등	.172	.626	.749
직무과부담	.648	-.656	.230
직무모호성	.709	.549	-.698

구조행렬을 나타내고 있다. 구조행렬은 상관관계가 높은 변수부터 차례로 정리하고 있다. 이 계수값이 클수록 즉, 직무모호성(0.713)과 직무과부담(0.695) 그리고 환류(−0.297)가 판별함수에 영향을 미치는 것으로 알 수 있다. 환류와 직무자율성은 부(−)의 관계이고 직무갈등은 그 영향력이 상대적으로 낮다는 것을 알 수 있다.

구조행렬

	함수		
	1	2	3
직무모호성	.713*	.310	-.540
직무과부담	.695*	-.528	.369
환류	-.297*	.206	.090
직무자율성	-.214	.363*	.161
직무갈등	.415	.422	.706*

판별변수와 표준화 정준 판별함수 간의 집단-내 통합 상관행렬. 변수는 함수내 상관행렬의 절대값 크기순으로 정렬되어 있습니다.

*. 각 변수와 임의의 판별함수 간의 가장 큰 절대 상관행렬

정준판별함수 계수는 표준화하지 않은 판별함수이다. 각 사례에 대한 판별점수는 이 식에 의해 계산된다. 제시된 계수를 통해 판별함수식을 쓰면 다음과 같다.

경찰관계급 = −6.782 + 0.192(직무자율성) − 0.023(환류) + 0.254(직무갈등) + .906(직무과부담) + 1.393(직무과부담)에 의해 예측될 수 있다.

정준 판별함수 계수

	함수		
	1	2	3
직무자율성	.192	.519	.249
환류	-.023	.609	-.368
직무갈등	.254	.925	1.105
직무과부담	.906	-.918	.323
직무모호성	1.393	1.078	-1.372
(상수)	-6.782	-6.027	-.634

표준화하지 않은 계수

집단별 분류함수 계수를 나타내고 있다. 이 계수로써 계급의 판별점수를 결정하는 Fisher의 선형판별함수는 다음과 같다.

순경인 경우, Y = −72.634 + 6.585(직무자율성) − 12.678(환류) + 6.344(직무갈등) + 4.850(직무과부담) + 18.784(직무모호성)로 제시된다.

한 명의 새로운 경찰공무원에 대한 4가지 독립변수값들은 알 수 있으나, 그

공무원이 순경, 경장, 경사, 경위 중 어느 계급에 속할지를 모를 경우, 독립변수 값들을 계급별 Fisher의 선형판별함수에 각 대입하여 그 중 함수(Y)값이 큰 집단(계급)의 소속으로 판별할 수 있다.

이처럼 분류함수 계수는 새로운 자료의 독립변수 값들을 알 수 경우 이 자료가 어느 집단에 속하는지를 판단하는 근거로 삼을 수 있다.

분류 함수 계수

	계급			
	순경	경장	경사	경위
직무자율성	6.585	6.207	6.225	6.299
환류	12.678	12.284	12.513	12.512
직무갈등	6.344	5.690	5.781	5.760
직무과부담	4.850	5.260	4.227	4.889
직무모호성	18.784	17.783	17.065	18.194
(상수)	-72.634	-67.121	-63.519	-68.129

Fisher의 선형 판별함수

다음은 판별분석 분류결과를 요약하고 있다.

순경에 속한 25개 사례 중 순경으로 올바르게 판별된 사례는 15개이며 나머지 경장(2), 경사(6), 경위(2) 등 10개는 잘못 판별된 것을 알 수 있다. 따라서 판별적중률은 순경의 경에는 60.0%, 경장의 경우에는 43.3%, 경사의 경우에는 59.3%, 경위의 경우에는 12.5%임을 알 수 있다.

전체 판별적중률의 범위는 0에서 1사이의 값으로 회귀분석의 설명력(R^2)과 유사한 의미를 가지는데, 이 분석결과에서는 56.9%가 올바르게 분류되었으며 반대로 43.1%는 올바르게 분류되지 못한(오분류) 것으로 알 수 있다.

분류결과[a]

			예측 소속집단				전체
		계급	순경	경장	경사	경위	
원래값	빈도	순경	15	2	6	2	25
		경장	5	13	7	5	30
		경사	61	43	169	12	285
		경위	3	2	2	1	8
		집단화되지 않은 케이스	0	1	4	0	5
	%	순경	60.0	8.0	24.0	8.0	100.0
		경장	16.7	43.3	23.3	16.7	100.0
		경사	21.4	15.1	59.3	4.2	100.0
		경위	37.5	25.0	25.0	12.5	100.0
		집단화되지 않은 케이스	.0	20.0	80.0	.0	100.0

a. 원래의 집단 케이스 중 56.9%이(가) 올바로 분류되었습니다.

참고로, 판별분석 저장 대화상자에서 여러 옵션을 선택한 결과 '데이터보기 화면'에 Dis_1, Dis1_1, Dis2_1, ... 등이 제시된다.

이렇게 생성된 변수들은 회귀분석이나 분산분석 등에 이용할 수 있다.

그림 14-7 새로운 변수 생성 화면

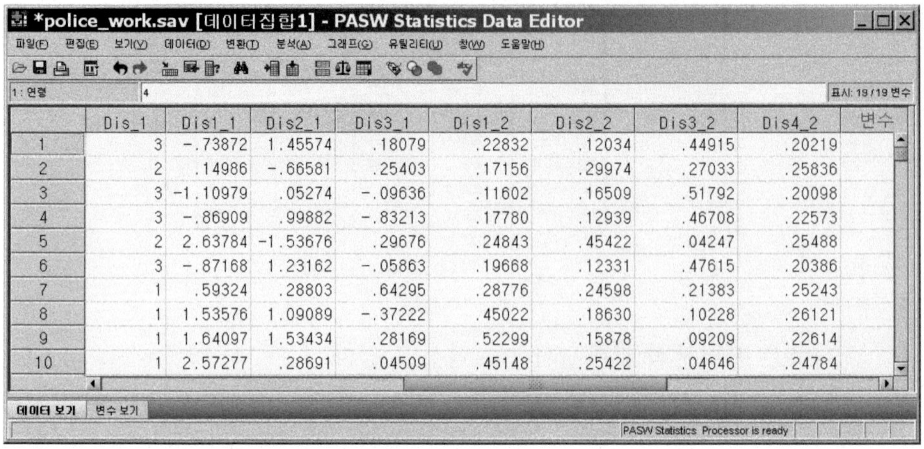

	Dis_1	Dis1_1	Dis2_1	Dis3_1	Dis1_2	Dis2_2	Dis3_2	Dis4_2
1	3	-.73872	1.45574	.18079	.22832	.12034	.44915	.20219
2	2	.14986	-.66581	.25403	.17156	.29974	.27033	.25836
3	3	-1.10979	.05274	-.09636	.11602	.16509	.51792	.20098
4	3	-.86909	.99882	-.83213	.17780	.12939	.46708	.22573
5	2	2.63784	-1.53676	.29676	.24843	.45422	.04247	.25488
6	3	-.87168	1.23162	-.05863	.19668	.12331	.47615	.20386
7	1	.59324	.28803	.64295	.28776	.24598	.21383	.25243
8	1	1.53576	1.09089	-.37222	.45022	.18630	.10228	.26121
9	1	1.64097	1.53434	.28169	.52299	.15878	.09209	.22614
10	1	2.57277	.28691	.04509	.45148	.25422	.04646	.24784

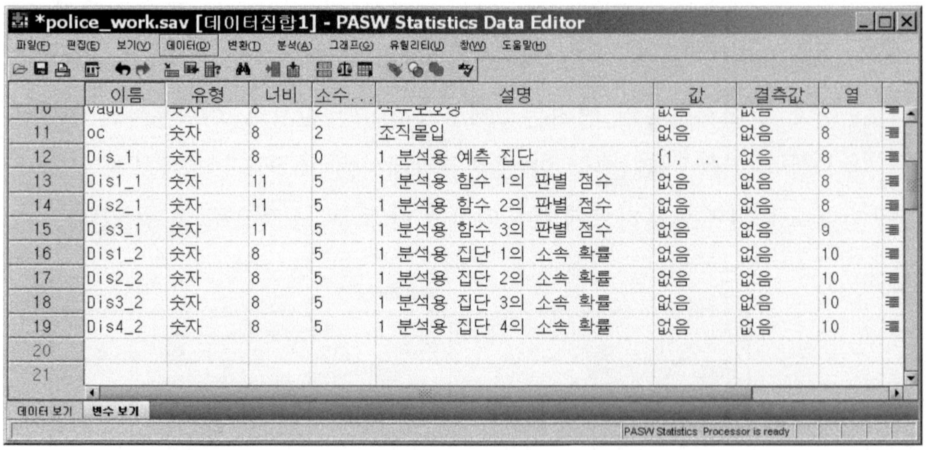

	이름	유형	너비	소수...	설명	값	결측값	열
11	oc	숫자	8	2	조직몰입	없음	없음	8
12	Dis_1	숫자	8	0	1 분석용 예측 집단	{1, ...	없음	8
13	Dis1_1	숫자	11	5	1 분석용 함수 1의 판별 점수	없음	없음	8
14	Dis2_1	숫자	11	5	1 분석용 함수 2의 판별 점수	없음	없음	8
15	Dis3_1	숫자	11	5	1 분석용 함수 3의 판별 점수	없음	없음	9
16	Dis1_2	숫자	8	5	1 분석용 집단 1의 소속 확률	없음	없음	10
17	Dis2_2	숫자	8	5	1 분석용 집단 2의 소속 확률	없음	없음	10
18	Dis3_2	숫자	8	5	1 분석용 집단 3의 소속 확률	없음	없음	10
19	Dis4_2	숫자	8	5	1 분석용 집단 4의 소속 확률	없음	없음	10
20								
21								

4) 보고서 작성

경찰공무원들에 대한 계급을 분류하여 이들을 집단화하고 이들 집단분류에 영향을 미칠 수 있는 독립변수로 직무특성요인을 제시하였으며, 이들 요인들에 대한 상대적인 영향력 정도를 파악하기 위하여 독립변수를 모두 진입시키는 판별분석을 실시하였다.

분석결과 각 판별변수별 F값에 대한 유의확률값을 살펴보면 유의수준 0.05를 고려할 때 직무갈등(p값=0.049), 직무과부담(p값=0.000), 직무모호성(0.000)이 집단간(계급간)의 차이가 통계적으로 유의미한 변수들로서 판별분석에 이용되고 있음을 알 수 있다.

판별분석결과 도출된 판별함수의 정준상관계수는 0.321로 나타났다. 윌크스(Wilks)의 람다에 대한 카이제곱은 42.824로 유의확률값이 0.000이기 때문에 유의수준 0.05에서 볼 때 판별함수에 의한 집단간의 판별점수는 유의한 것으로 나타났다.

그리고 본 분석에서는 모든 독립변수를 진입시키는 방법을 이용하였기 때문에 표준화 정준판별함수는 다음과 같다. 여기서는 직무모호성(0.714)과 직무과부담(0.616)이 상대적으로 크므로 가장 중요한 판별함수이며 직무갈등과 직무자율성은 그 영향력이 상대적으로 낮은 것으로 알 수 있다.

나아가, 이 판별식이 실제의 집단을 얼마나 잘 분류해 주었는가를 나타내는 판별정확도(Hit Ratio)는 56.6%로 나타났다.

표 14-1 판별분석의 결과 및 타당성 검정

구분	Wilks 람다	F	유의확률
직무자율성	.992	.867	.458
환 류	.989	1.251	.291
직무갈등	.977	2.651	.049
직무과부담	.943	6.933	.000
직무모호성	.943	6.910	.000

함수	고유값	정준상관	Wilks 람다	카이제곱	자유도	유의확률
1	.115	.321	.881	43.305	15	.000
2	.017	.130	.983	5.994	8	.648
3	.000	.022	1.000	.162	3	.983

독립변수	표준화된 정준판별함수 계수
직무자율성	.145
환 류	−.014
직무갈등	.172
직무과부담	.648
직무모호성	.709

실제집단	예측집단				전체 응답자
	순경	경장	경사	경위	
순 경	15(60.0%)	2(8.0%)	6(24.0%)	2(8.0%)	25
경 장	5(16.7%)	13(43.3%)	7(23.3%)	5(16.7%)	30
경 사	61(21.4%)	43(15.1%)	169(59.6%)	12(4.2%)	285
경 위	3(37.5%)	2(25.0%)	2(25.0%)	1(12.5%)	8

* 판별정확도 = 56.6%

【연습 1】 다음 파일(🖫: job)은 어느 직장의 직원들에게 직무만족의 구성요인(보수만족, 상사만족, 조직구조만족, 동료만족, 일자체만족)이 실무직(1)과 관리직(2)에 유의미한 영향을 미치고 있는지를 분석하기 위해 조사한 데이터이다. 상대적 중요도는 어느 정도인지를 파악하시오.

제15장 군집분석

1. 군집분석의 의의
2. 군집분석의 절차
3. 군집화의 종류
4. 계층적 군집분석
5. 비계층적 군집분석

제15장 군집분석

1. 군집분석의 의의

1) 군집분석의 개념

군집분석 또는 집락분석(cluster analysis)은 사전에 알려지지 않은 다양한 특성을 지닌 자료들에 대해 유사한 특성을 지닌 집단으로 분류하는데 이용되는 분석기법이다.

판별분석은 사전에 이미 알려진 집단 분류 정보를 알고 있는 경우에 이용되는 분석기법인데 반해 군집분석은 집단으로 분류하기 위한 정보가 전혀 없는 경우에 이용하게 된다.

또한 요인분석은 유사한 측정변수들을 묶는(분류) 분석기법인데 반해 군집분석은 유사한 특성을 지닌 대상(응답자)을 하나의 집단으로 분류하는데 이용하는 분석기법이다.

2) 군집분석의 예시

군집분석은 실험설계에 의한 실험결과나 표본 등에서 얻어진 케이스들을 어떤 기준 또는 성질에 따라 분류하여 같은 성질의 몇 개의 군집(cluster)으로 나누어 분류하고자 할 경우에 이용된다. 예를 들어 학생들을 대상으로 적성검사를 실시한 경우 적성유형을 몇 개의 그룹으로 분류하거나, 특정 지방정부의 관할 주민들을 대상으로 u－행정서비스(유비쿼터스 기술을 이용한 행정서비스)의 선호도를 조사한 후 선호유형별로 몇 개의 군집으로 분류하는 경우에 이용할 수 있다.

지방정부를 대상으로 면적, 인구(연령대별 인구분포), 소득수준, 주택보급률, 재정자립도 등을 측정한 후에 이 변수들을 이용하여 도시들 서로의 유사성(가까운 정도)을 측정한 후에 유사성(가까운 정도)에 따라 도시들을 군집하는 경우에 이용할 수 있다. 이런 경우에 군집으로 분류된 도시별로 중앙정부의 정책을 수립할 수 있을 것이다.

3) 군집분석의 원리

군집분석은 n개의 개체(또는 응답자)를 대상으로 p개의 변수들을 측정하였을 때, 이 변수들을 이용하여 n개의 개체들 사이의 유사성 또는 비유사성의 정도를 측정하여 개체들(또는 응답자)을 가까운 순서대로 연결해 나가는 분석방법이다.

군집분석을 위해서는 먼저, 분석대상(응답자의 자료)을 일정한 속성 및 성질에 따라 몇 개의 군집(집단)으로 분류하고 둘째, 분류된 하나의 군집의 자료들과 다른 군집에 속하는 자료들과의 유사점과 차이점을 살펴보는 것이다.

이와 같이 유사한 군집으로 묶는 기준은 측정된 자료들 간의 거리에 바탕을 두고 있다.

군집분석에서는 군집으로 분류된 결과를 통해 군집단들 간의 차이검증(T－검증, 분산분석)을 실시해 볼 수 있다.

2. 군집분석의 절차

군집분석의 절차는 다음 〈그림 15－1〉과 같다.

그림 15-1 군집분석의 절차

1. 변수의 선정

↓

2. 변수값의 표준화

↓

3. 유사성의 거리측정

↓

4. 군집화

↓

5. 각 군집의 성격이나 상호관계 파악

① 변수의 선정

변수선정에 의해 투입된 변수값들을 통해 유사한(거리가 가까운) 자료들을 묶는다.

② 변수값들의 표준화

자료의 측정기준을 동일화하기 위해 표준화된 점수로 전환해야 한다. 변수값들 간의 단위가 동일하지 않으면 다른 결과가 나올 수 있다.

- 계층적 군집분석에서는 명령 옵션에서 표준화가 가능하다.
- K－평균 군집분석에서는 분석하기 전에 미리 표준화시켜야 한다.

③ 유사성의 거리측정

표준화된 변수들의 거리(유사성)를 측정한다. 즉, 두 대상들이 얼마나 떨어져 있는지를 나타내는 하나의 척도를 의미한다. 측정한 변수들을 이용하여 모든 개체들 간의 거리(distance) 또는 비유사성(dissimilarity)을 계산하여, 모든 개체들 사이의 비유사성(dissimilarity)을 나타내는 거리행렬을 구한다. 유사성은 값이 클수록 두 개체 사이가 가깝다는 것을 의미하고, 비유사성(또는 거리)은 값이 작을수록 두 개체 사이가 가깝다.

표 15-1 유사성 측정방법별 특성

유사성 측정방법	특　성
유클리디안 거리 (Euclidean Distance)	변수값들의 차이를 제곱하여 합산한 거리로, 직선 최단거리를 말한다.
제곱 유클리디안 거리	유클리디안 거리를 제곱한 것이다. SPSS 프로그램에서는 기본설정이며, 비교적 많이 사용되는 방법이다.

④ 군집화

변수값들에 대한 자료들 간의 쌍을 대상으로 유사성/비유사성을 측정한 후에 각 개체들을 가까운 순서대로 군집화 한다. SPSS 프로그램에서 사용될 수 있는 군집화 방법은 다음과 같다.

표 15-2 군집화 방법별 특성

<table>
<tr><th>군집화 방법</th><th>특　성</th><th>유사성 측정방법</th></tr>
<tr><td>집단 간 연결</td><td>각 군집에 속한 자료들의 평균거리로 측정한다.</td><td rowspan="4">유클리디안 거리</td></tr>
<tr><td>집단 내 연결</td><td>모든 자료들 간의 평균거리가 최소가 되는 군집에 새로운 자료를 포함시킨다.</td></tr>
<tr><td>가장 가까운 항목</td><td>군집 간 거리는 각 군집에 속한 자료들 중 가장 가까운 거리로 산정한다.</td></tr>
<tr><td>가장 먼 항목</td><td>군집 간 거리는 각 군집에 속한 자료들 중 가장 먼 거리로 산정한다.</td></tr>
<tr><td>중심점 군집화</td><td>군집 간 거리는 각 군집에 속한 자료들 중 중심 거리로 산정한다.</td><td rowspan="3">제곱 유클리디안 거리</td></tr>
<tr><td>중위수 군집화</td><td>군집 간 거리는 각 군집내 중위수의 자료들간 거리로 산정한다.</td></tr>
<tr><td>Ward 방법</td><td>군집 간 거리에 편차제곱을 이용하여 산정한다.</td></tr>
</table>

⑤ 각 군집의 성격이나 상호관계 파악

3. 군집화의 종류

군집화의 유형에는 계층적 군집분석과 비계층적 군집분석으로 나눈다.

1) 계층적 군집분석

계층적 군집(hierarchical cluster)은 각 자료가 하나의 군집으로 시작해서 군집화가 계층적(단계적)으로 진행되면서 군집의 수가 줄어든다.

계층적 군집분석에서는 군집화 단계에 관한 정보를 군집화 일정표, 수직고드름, 덴드로그램 등으로 산출해 준다.

위 일곱 가지 군집방법은 계층적 군집분석에 해당된다.

2) 비계층적 군집분석; K-평균 군집분석

K-평균 군집분석에는 계층적 군집분석에서 산출해 주는 군집화 단계에 관한 정보를 생략하고 각 자료가 속한 군집만을 산출한다.

K-평균 군집분석는 '계층적 군집분석'에서 얻어진 최초의 군집결과 즉, 군집의 수와 중심점을 입력자료로 사용한다. 여기에서 얻어진 군집의 수와 중심점을 바탕으로 k개의 시작점을 정하고, 이를 중심으로 유사성에 근거하여 군집화를 시행한다.

K-평균 군집분석은 군집화 과정에서 발생하는 오류를 계산하여 그 오류가 줄어드는 방향으로 군집화를 계속 반복하며, 더 이상 오류가 감소되지 않는 단계에서 군집화가 종료된다.

SPSS 프로그램에서 제공하는 K-평균 군집분석 절차는 '유클리디안 거리'를 이용하여 분석한다. 따라서 다른 거리를 이용하고자 할 때에는 계층적 군집분석 절차를 이용하도록 한다.

계층적 군집분석 절차의 경우에는 변수의 표준화 기능을 제공하고 있으나,

K-평균 군집분석 절차에는 이러한 기능을 제공하고 있지 않다. 따라서 변수의 측정 단위가 다른 경우에 표준화시켜 군집분석을 하고자 하는 경우에는 기술통계 분석 절차에서 표준화 값으로 생성해야 한다.

3) 활용면의 특징

계층적 군집분석에서는 이상치/극단치(outlier)가 제거되지 않고 반드시 어느 군집에 속하게 되는 문제가 있으며, 자료의 수가 많게 되면 군집화 단계에 관한 정보 산출이 느리게 된다는 단점이 있다. 따라서 K-평균 군집분석이 유리하다고 할 수 있다.

특히, 군집분석을 기초로 군집들 간 종속변수의 차이검증에 목적을 두고 있다면 K-평균 군집분석이 유용하다고 볼 수 있다.

4. 계층적 군집분석

1) 분석상황

다음 파일(🖫: or_innovation)은 지방정부 공무원을 대상으로 '조직의 혁신장려수준'을 조사한 자료이다.

그림 15-2 데이터 보기 화면

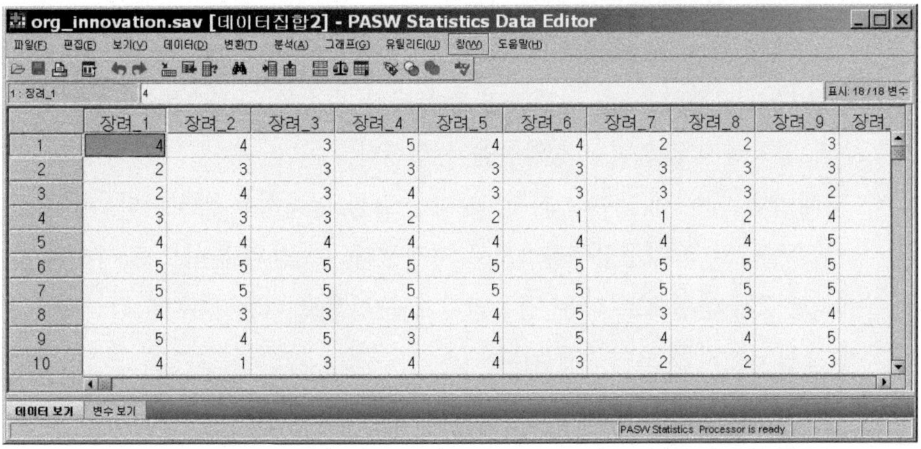

2) 분석실행

【분석】→【분류분석】→【계층적 군집분석】을 차례로 클릭한다.

- 측정된 변수(장려_1, ...장려_13)를 오른쪽 [변수] 칸으로 이동한다.
- [수평누적/군집]에서는 "케이스"를 선택한다. 케이스를 선택하면 '케이스들 간의 거리'를 계산하여 케이스들에 대한 군집분석을 실시하게 되고, "변수"를 선택하면 '변수들 간의 거리'를 계산하여 군집분석을 실시하게 된다. 변수를 클릭하면 요인분석과 유사한 것이 된다.
- [표시/출력]에서는 "통계량"과 "도표"를 선택한다.

그림 15-3 계층적 군집분석 대화상자

다음 [통계량]을 클릭한 후 '군집화 일정표'와 '근접행렬'을 선택하고 [소속군집]에서는 원하는 항목을 지정한다.

소속군집에서 '단일해법(s)'을 선택한 후 나누고자 하는 군집수를 지정할 수도 있다. '지정않음'을 선택하면 컴퓨터가 적절한 군집수를 산출해 준다. 군집수가 명확하지 않으면 지정않음을 선택한다.

'해법범위'는 군집수의 최저, 최대 숫자를 입력하는 방식이다. 여기에서 최소군집수를 2로 최대군집수를 3으로 지정했다. 이 경우 분석으로 제시된 분석결과에서는 2개 군집으로 나눈 경우와 3개 군집으로 나눈 경우에 각 자료들이 어떻게 포함되는지를 보여주게 된다.

그림 15-4 통계량 대화상자

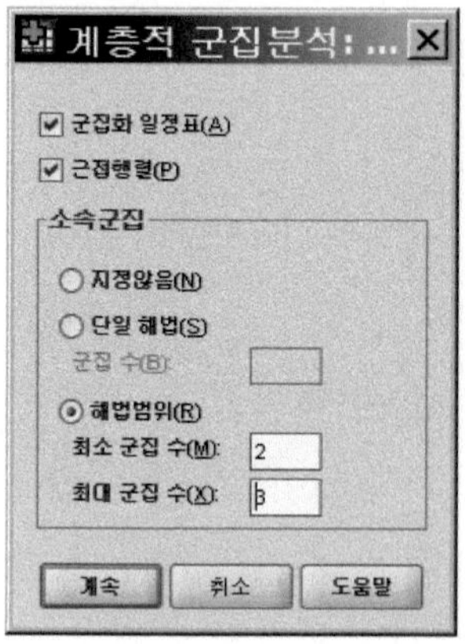

맨 처음 대화상자에서 [도표]를 클릭한다.

- 도표에서는 군집분석의 과정을 시각적으로 보여준다.

그림 15-5 도표 대화상자

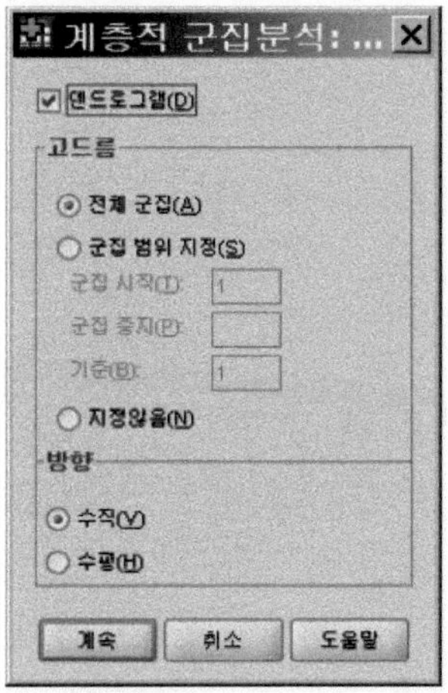

계속해서 맨 처음 대화상자에서 [방법]을 클릭한다.

- 군집분석방법으로 자주 사용하는 'Ward의 방법'을 선택한다. Ward의 방법에서는 '제곱 유클리디안 거리'를 선택한다.
- 빈도는 빈도분석을 말하며, 카이자승 척도가 기본적으로 설정되어 있다.
- 이분형은 이분형 자료에 대한 분석방법으로 제곱 유클리디안 거리가 기본적으로 설정되어 있다.
- 표준화는 표준화된 값으로 변환하지 않은 경우 사용한다. 표준화된 값으로 사용하지 않았으면 표준화를 선택하고, '변수기준'이나 '케이스기준' 중 하나를 선택해야 한다. 여기에서는 등간척도로 측정된 것이기 때문에 표준화는 선택하지 않는다.
- 측도변환에서 절대값은 거리의 절대값을 나타내며, 부호바꾸기는 거리의 부호를 바꾸는 것이다. 그리고 0－1 범위로 척도조정은 거리의 범위를 0에서 1 사이로 조정하는 것을 말한다.

그림 15-6 방법 대화상자

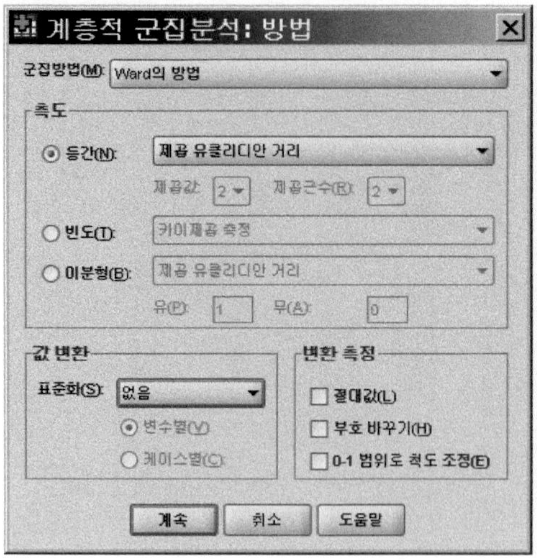

마지막으로 [저장]을 클릭한다.

- '해법범위'에서 최소군집수에 "2"를, 최대군집수에 "3"을 입력하고 〈계속〉, 〈확인〉을 클릭하면 분석이 실행된다.
- 만약 〈그림 15-3〉의 대화상자에서 '변수'를 선택했다면 각 케이스별 군집을 나타내는 새로운 변수는 생성되지 않는다.

그림 15-7 새로운 변수로 저장 대화상자

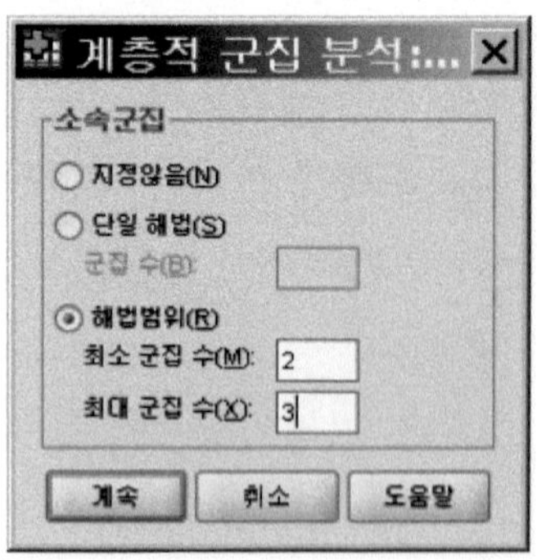

3) 분석결과 및 해설

새로운 변수로 저장된 결과는 다음과 같다. 3개의 군집으로 나눈 경우와 2개의 군집으로 나눈 경우 각각 군집으로 포함되는 결과를 보여주고 있다.

그림 15-8 새로운 변수로 나타난 화면

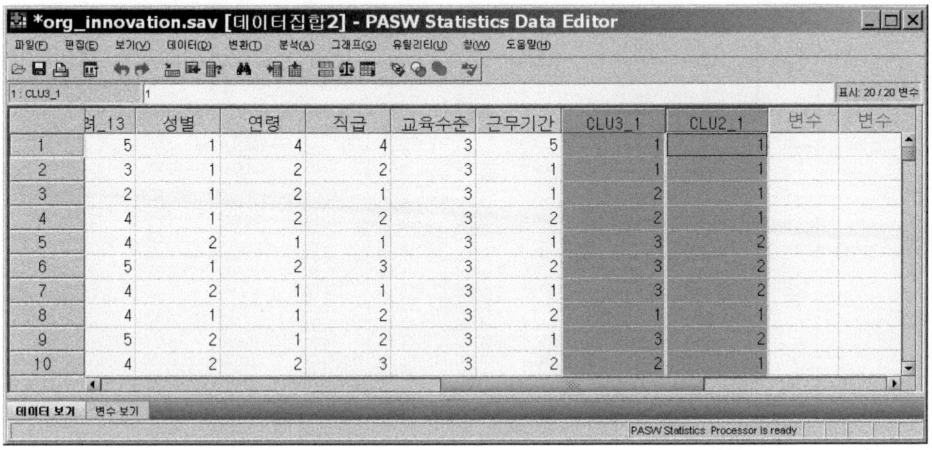

	려_13	성별	연령	직급	교육수준	근무기간	CLU3_1	CLU2_1	변수	변수
1	5	1	4	4	3	5	1	1		
2	3	1	2	2	3	1	1	1		
3	2	1	2	1	3	1	2	1		
4	4	1	2	2	3	2	2	1		
5	4	2	1	1	3	1	3	2		
6	5	1	2	3	3	2	3	2		
7	4	2	1	1	3	1	3	2		
8	4	1	1	2	3	2	1	1		
9	5	2	1	2	3	1	3	2		
10	4	2	2	3	3	2	2	1		

3) 분석결과 및 해설

Ward의 군집방법에 의한 케이스 처리 요약표가 제시되어 있다. 전체 304개의 케이스(응답자)가 분석에 포함되었음을 보여주고 있다.

케이스 처리 요약[a]

케이스					
유효		결측		합계	
N	퍼센트	N	퍼센트	N	퍼센트
304	100.0	0	.0	304	100.0

a. Ward 연결법

다음은 근접성 행렬에 대한 분석결과로 일부만을 제시하고 있다. 케이스(응답자)가 304개이기 때문에 가로 세로 304개가 제시되어야 한다.

- 근접성 행렬은 동질적인 성향을 가지는 응답자들끼리 집단화시킬 경우 304명 응답자들 간의 거리에 대한 계산이 필요한데, 이 계산의 결과로 제시된

것이 제곱 유클리디안 거리의 행렬표이다. 각 응답자별 행과 열을 통하여 두 응답자 간의 거리를 알 수 있다.

– 이 거리의 값이 적을수록 동일한 집단에 포함될 확률이 높다. 예를 들어, 1과 3의 거리는 36이지만 1과 8의 거리는 8이다.

근접행렬

케이스	제곱 유클리디안 거리									
	1	2	3	4	5	6	7	8	9	10
1	,000	30,000	36,000	29,000	16,000	32,000	34,000	8,000	24,000	13,000
2	30,000	,000	8,000	23,000	24,000	64,000	56,000	26,000	48,000	21,000
3	36,000	8,000	,000	33,000	34,000	76,000	66,000	40,000	66,000	33,000
4	29,000	23,000	33,000	,000	35,000	79,000	77,000	35,000	51,000	20,000
5	16,000	24,000	34,000	35,000	,000	12,000	10,000	8,000	8,000	23,000
6	32,000	64,000	76,000	79,000	12,000	,000	2,000	22,000	8,000	53,000
7	34,000	56,000	66,000	77,000	10,000	2,000	,000	22,000	10,000	51,000
8	8,000	26,000	40,000	35,000	8,000	22,000	22,000	,000	12,000	13,000
9	24,000	48,000	66,000	51,000	8,000	8,000	10,000	12,000	,000	35,000
10	13,000	21,000	33,000	20,000	23,000	53,000	51,000	13,000	35,000	,000
11	24,000	46,000	64,000	59,000	12,000	16,000	18,000	10,000	14,000	31,000
12	10,000	28,000	40,000	37,000	6,000	16,000	14,000	4,000	8,000	19,000
13	10,000	16,000	24,000	29,000	4,000	22,000	20,000	6,000	16,000	17,000
14	17,000	17,000	25,000	34,000	5,000	21,000	19,000	11,000	17,000	24,000
15	14,000	22,000	34,000	37,000	2,000	12,000	10,000	6,000	8,000	21,000
16	17,000	7,000	9,000	20,000	23,000	61,000	55,000	19,000	45,000	14,000
17	18,000	6,000	8,000	15,000	24,000	64,000	58,000	22,000	48,000	13,000
18	19,000	37,000	47,000	48,000	13,000	23,000	19,000	13,000	19,000	28,000
19	12,000	20,000	32,000	19,000	20,000	50,000	48,000	12,000	30,000	7,000
20	14,000	20,000	26,000	39,000	14,000	34,000	30,000	8,000	26,000	11,000
21	35,000	9,000	5,000	18,000	33,000	79,000	71,000	39,000	63,000	30,000
22	16,000	24,000	34,000	39,000	10,000	28,000	26,000	8,000	24,000	13,000
23	15,000	15,000	23,000	24,000	21,000	51,000	47,000	13,000	35,000	8,000
24	12,000	10,000	14,000	27,000	10,000	34,000	28,000	10,000	26,000	15,000

다음은 군집화 일정표로 일부만을 제시하고 있다. '단계' 는 군집화 되어 있는 순서를 나타내며, '계수' 는 두 군집간의 거리를 나타낸 것으로 거리의 크기가 작을수록 가장 우선적으로 군집화 된다. 따라서 작은 계수는 동질적인 군집으로 결합되었음을 의미하며 반대로 큰 계수는 매우 다른 군집으로 결합되었음을 의미한다.

– 거리의 크기가 가장 작은 군집1의 6번 응답자와 군집2의 284번 응답자가 가장 먼저 군집화 되고, 두 번째 단계에서는 217번과 253번이 결합되어 있음을 보여주는 등 응답자가 304명이기 때문에 303번째 단계로 제시된다. 또한 첫 단계인 6번과 284번은 다음단계인 77번째 단계에서 7번과 다시 결합한다.

군집화 일정표

단계	결합 군집		계수	처음 나타나는 군집의 단계		다음 단계
	군집 1	군집 2		군집 1	군집 2	
1	6	284	,000	0	0	77
2	217	253	,000	0	0	34
3	240	249	,000	0	0	173
4	57	232	,000	0	0	76
5	115	230	,000	0	0	38
6	214	215	,000	0	0	60
7	141	208	,000	0	0	75
8	200	201	,000	0	0	232
9	39	185	,000	0	0	36
10	175	176	,000	0	0	11
11	32	175	,000	0	10	39
12	117	122	,000	0	0	37
13	14	88	,000	0	0	35
14	50	51	,000	0	0	60
15	234	254	,500	0	0	45
16	236	251	1,000	0	0	44
17	193	247	1,500	0	0	46
18	237	244	2,000	0	0	43
19	75	242	2,500	0	0	75
20	177	231	3,000	0	0	92
21	76	211	3,500	0	0	47
22	99	169	4,000	0	0	130
23	138	151	4,500	0	0	114
24	83	145	5,000	0	0	48
25	116	142	5,500	0	0	97
26	125	127	6,000	0	0	87
27	31	109	6,500	0	0	170
28	56	92	7,000	0	0	235
29	72	91	7,500	0	0	49
30	40	84	8,000	0	0	79
31	36	48	8,500	0	0	158
32	35	41	9,000	0	0	207
33	16	17	9,500	0	0	100
34	217	252	10,167	2	0	168
35	14	172	10,833	13	0	41
36	39	170	11,500	9	0	40
37	117	147	12,167	12	0	112

다음은 군집수를 지정한 결과에 의한 응답자별 소속군집이 제시되어 있다(일부분). 즉, 해법의 범위를 2에서 3사이로 지정했을 경우의 결과이다. 결과에서 보면 3개 군집으로 지정될 경우와 2개 군집으로 지정될 경우 각각에 대해 각 응답자들(또는 자료들)이 어떻게 군집화 되는지를 보여준다.

- 3군집으로 분류하는 경우 1번 2번은 1그룹, 3번과 4번은 2그룹, 5번~7번은 3그룹으로 분류되었다.

소속군집

케이스	3 군집	2 군집
1	1	1
2	1	1
3	2	1
4	2	1
5	3	2
6	3	2
7	3	2
8	1	1
9	3	2
10	2	1
11	3	2
12	3	2
13	1	1
14	1	1
15	3	2
16	2	1
17	2	1
18	3	2
19	1	1
20	1	1
21	2	1
22	3	2
23	1	1
24	1	1
25	1	1
26	3	2
27	1	1
28	3	2
29	2	1
30	2	1
31	2	1
32	3	2
33	1	1
34	3	2
35	1	1
36	1	1
37	2	1
38	1	1
39	1	1
40	2	1
41	1	1
42	1	1
43	1	1
44	1	1
45	1	1
46	1	1
47	1	1
48	1	1
49	1	1
50	1	1
51	1	1
52	1	1
53	1	1
54	1	1
55	1	1
56	1	1
57	1	1
58	1	1
59	2	1
60	1	1
61	1	1
62	2	1
63	2	1
64	1	1
65	1	1
66	1	1
67	1	1
68	2	1
69	2	1
70	1	1
71	1	1
72	1	1
73	1	1
74	1	1
75	1	1
76	1	1
77	2	1
78	1	1
79	1	1
80	1	1

위 군집화 일정표를 그림으로 나타낸 것이 '수직고드름도표'와 '덴드로그램(Dendrogram)'이다. 그러나 이 두 그림은 케이스 수가 많아질수록 복잡하여 파악이 곤란하기 때문에 일부만을 제시한다.

- 수직고드름도표는 수직 고드름 형식으로 군집의 수에 따라 어떻게 자료들이 묶여나가는가를 보여주고 있다.
- 수직축에 나타난 숫자는 군집의 수를 나타내며 수평축은 대상의 번호를 나타내고 있다.

수직 고드름도표

군집의 수	케이스 289		264		278		260		295		259		160		26		176		175		32		22		290
1	X	X	X	X	X	X	X	X	X	X	X	X	X	X	X	X	X	X	X	X	X	X	X	X	X
2	X	X	X	X	X	X	X	X	X	X	X	X	X	X	X	X	X	X	X	X	X	X	X	X	X
3	X	X	X	X	X	X	X	X	X	X	X	X	X	X	X	X	X	X	X	X	X	X	X	X	X
4	X	X	X	X	X	X	X	X	X	X	X	X	X	X	X	X	X	X	X	X	X	X	X	X	X
5	X	X	X	X	X	X	X	X	X	X	X	X	X	X	X	X	X	X	X	X	X	X	X	X	X
6	X	X	X	X	X	X	X	X	X	X	X	X	X	X	X	X	X	X	X	X	X	X	X	X	X
7	X	X	X	X	X	X	X	X	X	X	X	X	X	X	X	X	X	X	X	X	X	X	X	X	X
8	X	X	X	X	X	X	X	X	X	X	X	X	X	X	X	X	X	X	X	X	X	X	X	X	X
9	X	X	X	X	X	X	X	X	X	X	X	X	X	X	X	X	X	X	X	X	X	X	X	X	X
10	X	X	X	X	X	X	X	X	X	X	X	X	X	X	X	X	X	X	X	X	X	X	X	X	X
11	X	X	X	X	X	X	X	X	X	X	X	X	X	X	X	X	X	X	X	X	X	X	X	X	X
12	X	X	X	X	X	X	X	X	X	X	X	X	X	X	X	X	X	X	X	X	X	X	X	X	X
13	X	X	X	X	X	X	X	X	X	X	X	X	X	X	X	X	X	X	X	X	X	X	X	X	X
14	X	X	X	X	X	X	X	X	X	X	X		X	X	X	X	X	X	X	X	X	X	X	X	X
15	X	X	X	X	X	X	X	X	X	X	X		X	X	X	X	X	X	X	X	X	X	X	X	X
16	X	X	X	X	X	X	X	X	X	X	X		X	X	X	X	X	X	X	X	X	X	X	X	X
17	X	X	X	X	X	X	X	X	X	X	X		X	X	X	X	X	X	X	X	X	X	X	X	X
18	X	X	X	X	X	X	X	X	X	X	X		X	X	X	X	X	X	X	X	X	X	X	X	X
19	X	X	X	X	X	X	X	X	X	X	X		X	X	X	X	X	X	X	X	X	X	X	X	X
20	X	X	X	X	X	X	X	X	X	X	X		X	X	X	X	X	X	X	X	X	X	X	X	X
21	X	X	X	X	X	X	X	X	X	X	X		X	X	X	X	X	X	X	X	X	X	X	X	X
22	X	X	X	X	X	X	X	X	X	X	X		X	X	X	X	X	X	X	X	X	X	X	X	X

다음은 수직 고드름도표를 제시하고 있다. 가로는 케이스수를 나타내고, 세로는 군집의 수를 나타낸다.

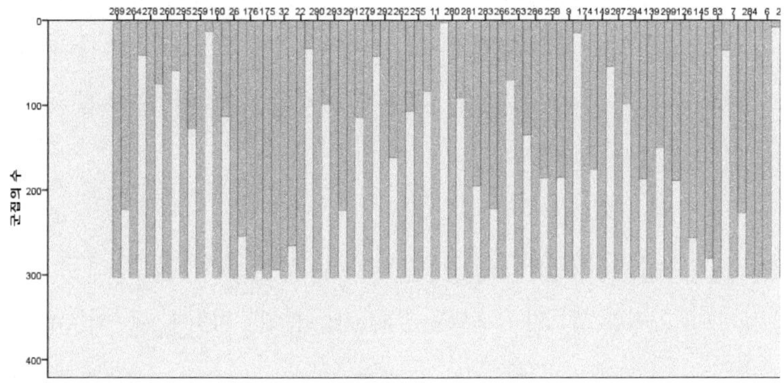

다음은 덴드로그램 일부만을 나타내고 있다. 가로축은 상대적 거리를 나타내며, 세로축은 자료번호(응답자)이다.

평균 연결을 사용하는 덴드로그램(집단 간)

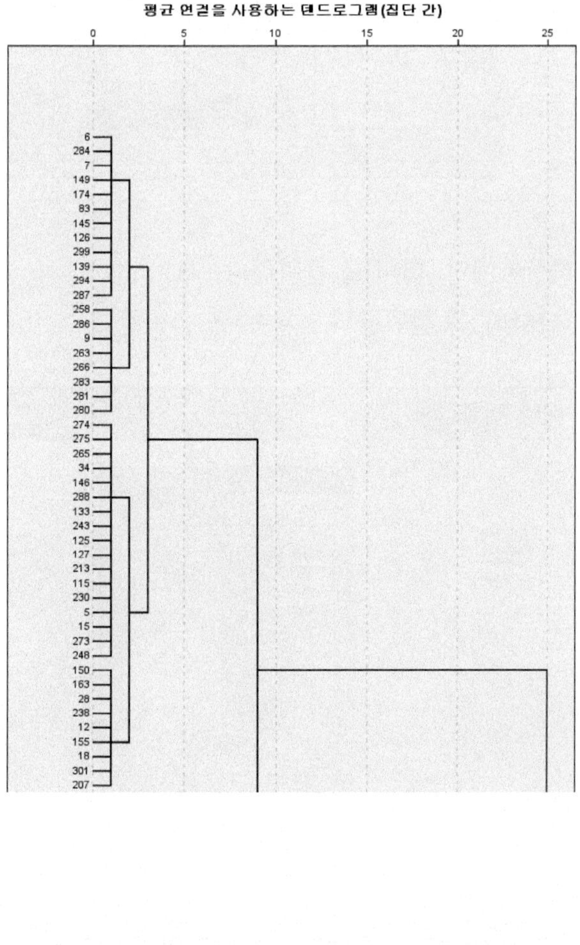

4) 군집간 사후검정을 위한 분산분석

① 분석실행

군집분석에 의해 새로 생성된 변수인 'CLU3_1' 를 이용하여 군집 간 차이가 존재하는가를 규명할 필요가 있다. 따라서 각 변수를 종속변수로 하고 군집 간 차이검증을 실시한다.

【분석】→【평균비교】→【일원배치 분산분석】을 차례로 클릭한다.

– [요인분석] 칸에 'Ward Method; CLU3_1' 을 이동한다.

그림 15-9 일원배치 분산분석 대화상자

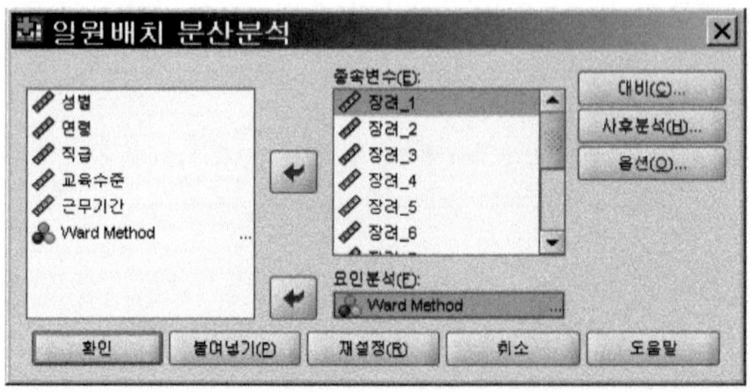

대화상자에서 [대비]를 클릭한다.

– '다항식' 을 선택한 후 〈계속〉을 클릭한다.

그림 15-10 대비 대화상자

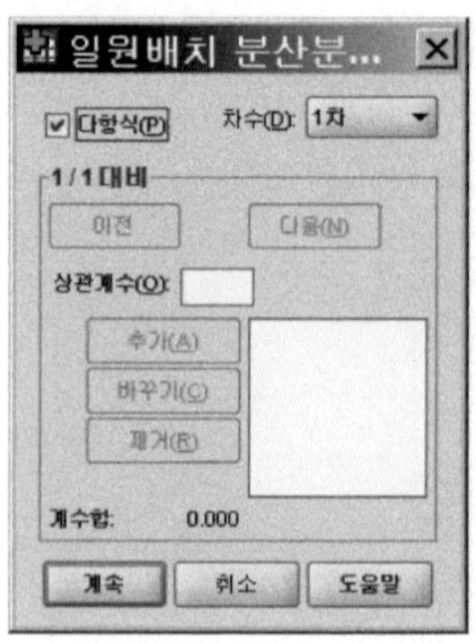

맨 처음 대화상자에서 [사후분석]을 클릭한다.

- "등분산을 가정함"에서 'LSD'를 선택하고 〈계속〉을 클릭한다.

그림 15-11 사후분석 대화상자

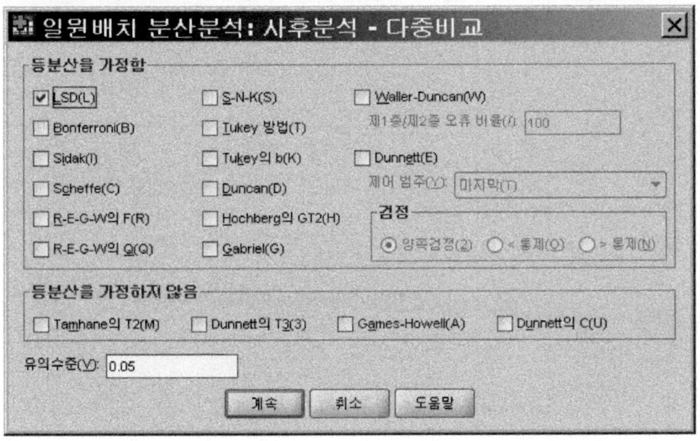

계속해서 [옵션]을 클릭한다.

- 〈통계량〉에서 '기술통계', '분산 동질성 검정'을 선택하고 〈계속〉, 〈확인〉을 클릭하면 분석이 실행된다.

그림 15-12 옵션 대화상자

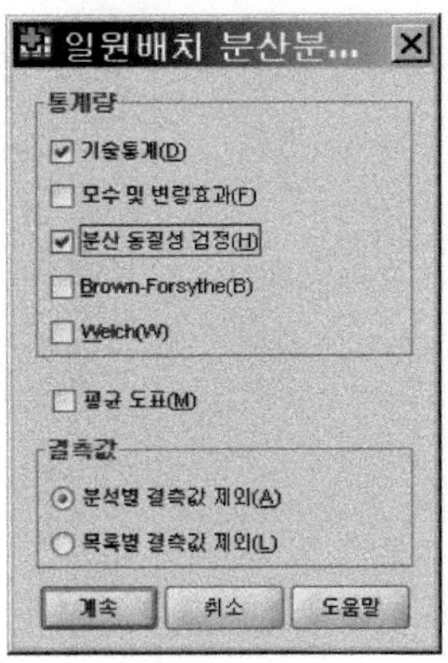

② 분석결과 및 해설

먼저, 변수별 군집 간의 기술통계량이 제시된다. 여기에서는 일부만을 제시하였다.

기술통계

		N	평균	표준 오차 편차	표준 오차 오류	평균에 대한 95% 신뢰구간		최소값	최대값
						하한값	상한값		
장려_1	1	167	2.86	.763	.059	2.74	2.97	1	5
	2	71	2.96	1.088	.129	2.70	3.22	1	5
	3	66	4.27	.775	.095	4.08	4.46	2	5
	합계	304	3.19	1.025	.059	3.07	3.30	1	5
장려_2	1	167	3.05	.859	.066	2.92	3.19	1	5
	2	71	2.70	.977	.116	2.47	2.94	1	5
	3	66	3.42	1.266	.156	3.11	3.74	1	5
	합계	304	3.05	1.013	.058	2.94	3.17	1	5
장려_3	1	167	3.68	.633	.049	3.58	3.77	2	5
	2	71	3.72	.659	.078	3.56	3.87	2	5
	3	66	3.61	1.175	.145	3.32	3.89	1	5
	합계	304	3.67	.786	.045	3.58	3.76	1	5
장려_4	1	167	3.99	.581	.045	3.90	4.08	2	5
	2	71	3.44	.670	.080	3.28	3.60	2	5
	3	66	4.20	.863	.106	3.98	4.41	2	5
	합계	304	3.90	.723	.041	3.82	3.99	2	5
장려_5	1	167	3.70	.616	.048	3.61	3.79	2	5
	2	71	2.96	.642	.076	2.81	3.11	1	4
	3	66	4.18	.802	.099	3.98	4.38	2	5
	합계	304	3.63	.785	.045	3.54	3.72	1	5
장려_6	1	167	3.95	.524	.041	3.87	4.03	2	5
	2	71	3.15	.710	.084	2.99	3.32	1	5
	3	66	4.45	.661	.081	4.29	4.62	3	5
	합계	304	3.88	.747	.043	3.79	3.96	1	5

분산분석결과 "장려_1"의 경우 군집별 차이가 존재하는 것으로 알 수 있다. 즉, F값(거짓)이 68.734이고 유의확률이 0.000이므로 유의수준 $p<0.05$에서 집단 간 점수에 차이가 존재함을 알 수 있다. "장려_2"의 경우도 F값이 9.095이고 유의확률이 0.000이므로 군집별 차이가 존재하는 것으로 알 수 있다.

분산분석

				제곱합	df	평균 제곱	거짓	유의확률
장려_1	집단-간	(조합됨)		99.797	2	49.899	68.734	.000
		선형 항	가중되지 않음	94.908	1	94.908	130.733	.000
			가중됨	80.790	1	80.790	111.287	.000
			편차	19.007	1	19.007	26.182	.000
	집단-내			218.515	301	.726		
	합계			318.313	303			
장려_2	집단-간	(조합됨)		17.733	2	8.866	9.095	.000
		선형 항	가중되지 않음	6.488	1	6.488	6.656	.010
			가중됨	2.965	1	2.965	3.041	.082
			편차	14.768	1	14.768	15.150	.000
	집단-내			293.425	301	.975		
	합계			311.158	303			
장려_3	집단-간	(조합됨)		.443	2	.221	.357	.700
		선형 항	가중되지 않음	.236	1	.236	.380	.538
			가중됨	.137	1	.137	.221	.639
			편차	.306	1	.306	.493	.483
	집단-내			186.663	301	.620		
	합계			187.105	303			
장려_4	집단-간	(조합됨)		22.353	2	11.177	24.758	.000
		선형 항	가중되지 않음	2.065	1	2.065	4.575	.033
			가중됨	.144	1	.144	.320	.572
			편차	22.209	1	22.209	49.197	.000
	집단-내			135.880	301	.451		
	합계			158.234	303			

다음은 사후 다중비교 결과를 제시하고 있다(일부분).

다중 비교

LSD

종속변수	(I) Ward Method	(J) Ward Method	평균차(I-J)	표준 오차 오류	유의확률	95% 신뢰구간	
						하한값	상한값
장려_1	1	2	-.101	.121	.401	-.34	.14
		3	-1.416*	.124	.000	-1.66	-1.17
	2	1	.101	.121	.401	-.14	.34
		3	-1.315*	.146	.000	-1.60	-1.03
	3	1	1.416*	.124	.000	1.17	1.66
		2	1.315*	.146	.000	1.03	1.60
장려_2	1	2	.350*	.140	.013	.07	.62
		3	-.370*	.144	.010	-.65	-.09
	2	1	-.350*	.140	.013	-.62	-.07
		3	-.720*	.169	.000	-1.05	-.39
	3	1	.370*	.144	.010	.09	.65
		2	.720*	.169	.000	.39	1.05
장려_3	1	2	-.042	.112	.709	-.26	.18
		3	.071	.114	.538	-.15	.30
	2	1	.042	.112	.709	-.18	.26
		3	.112	.135	.405	-.15	.38
	3	1	-.071	.114	.538	-.30	.15
		2	-.112	.135	.405	-.38	.15
장려_4	1	2	.551*	.095	.000	.36	.74
		3	-.209*	.098	.033	-.40	-.02
	2	1	-.551*	.095	.000	-.74	-.36
		3	-.760*	.115	.000	-.99	-.53
	3	1	.209*	.098	.033	.02	.40
		2	.760*	.115	.000	.53	.99

그렇다면 군집1과 군집2, 그리고 군집3에 포함된 공무원들의 특성을 파악해 볼 필요가 있다. 이를 위해서는 교차분석이나 빈도분석을 실시하면 된다.

5) 보고서 작성

측정변수들에 대한 군집화를 위해 계층적 군집분석(hierarchical cluster analysis)을 실시하였다. 군집분석 결과 변수별 3개의 군집으로 분류되었으며 분류된 군집을 통해 분산분석을 실시하였다. 분산분석결과 '장려_3'의 변수를 제외하고는 모든 변수에서 유의수준 $p<0.001$ 수준에서 군집 간 유의적 차이가 있음을 보여주었다.

지방정부 공무원들에 대한 조직의 혁신장려수준을 분석한 결과 크게 3개의 군집으로 분류되었으며 "군집3 > 군집1 > 군집2"순으로 혁신장려수준을 체감하고 있는 것으로 분석되었다.

표 15-3 계층적 군집분석 결과

구 분	군집분류			유의확률
	1(n=167)	2(n=71)	3(n=66)	
장려_1	2.86	2.96	4.27	0.000***
장려_2	3.05	2.70	3.42	0.000***
장려_3	3.68	3.72	3.61	0.700
장려_4	3.99	3.44	4.20	0.000***
장려_5	3.70	2.96	4.18	0.000***
장려_6	3.95	3.15	4.45	0.000***
장려_7	3.01	2.38	3.91	0.000***
장려_8	2.97	2.48	3.89	0.000***
장려_8	3.92	2.99	4.33	0.000***
장려_10	3.81	3.03	4.36	0.000***
장려_11	3.83	2.80	4.45	0.000***
장려_12	3.71	2.90	4.45	0.000***
장려_13	3.64	2.97	4.45	0.000***

＊＊＊p<0.001

5. 비계층적 군집분석 : K－평균 군집분석

1) 분석상황

계층적 군집분석에 이용되었던 동일한 내용 중 변수 '장려_1'에서 '장려_5'까지만을 가지고 분석을 수행해본다.

2) 변수의 표준화 생성

k－평균 군집분석을 위해서는 변수값에 대한 표준화가 필요하다.
－ 표준화로 생성하기 위해서는 기술통계를 이용한다.

- 【분석】→【기술통계량】→【기술통계】를 차례로 클릭한다.
- 〈표준화 값을 변수로 저장〉에 선택하고 〈확인〉을 클릭한다.

그림 15-13 옵션 대화상자

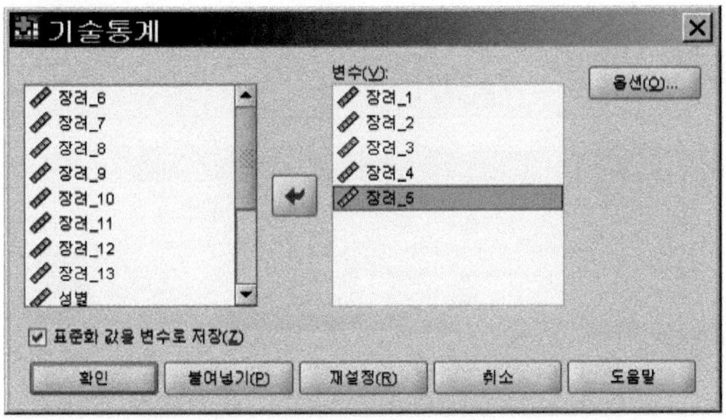

아래는 표준화 점수로 바뀐 변수가 생성된 화면이다(일부분). 이렇게 표준화로 전환된 변수가 K－평균 군집분석에 이용된다.

그림 15-14 표준화 점수로 변환된 화면

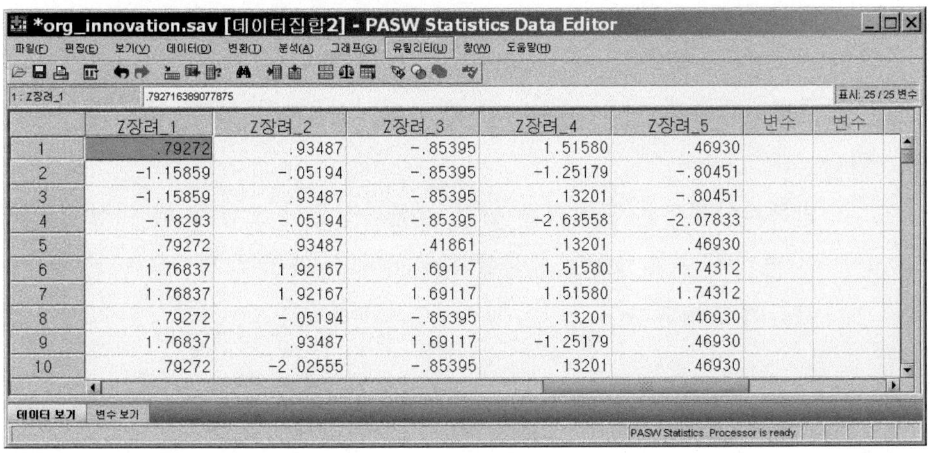

	Z장려_1	Z장려_2	Z장려_3	Z장려_4	Z장려_5	변수	변수
1	.79272	.93487	-.85395	1.51580	.46930		
2	-1.15859	-.05194	-.85395	-1.25179	-.80451		
3	-1.15859	.93487	-.85395	.13201	-.80451		
4	-.18293	-.05194	-.85395	-2.63558	-2.07833		
5	.79272	.93487	.41861	.13201	.46930		
6	1.76837	1.92167	1.69117	1.51580	1.74312		
7	1.76837	1.92167	1.69117	1.51580	1.74312		
8	.79272	-.05194	-.85395	.13201	.46930		
9	1.76837	.93487	1.69117	-1.25179	.46930		
10	.79272	-2.02555	-.85395	.13201	.46930		

3) K－평균 군집분석 실행

【분석】→【분류분석】→【K－평균 군집분석】을 차례로 클릭한다.

- 표준화로 전환된 변수를 〈변수〉로 이동하고 〈군집수〉는 “3”으로 설정한다.

그림 15-15 K－평균 군집분석 대화상자

오른쪽 [반복계산]을 클릭하면 반복계산을 설정할 수 있는 대화상자가 열린다.

- 반복계산에서는 군집화를 위한 계산과정에서 오류가 더 이상 발생하지 않을 때까지 반복적으로 계산한다는 것이다. 따라서 계산을 반복할 때마다 평균값이 변경된다.

그림 15-16 반복계산 대화상자

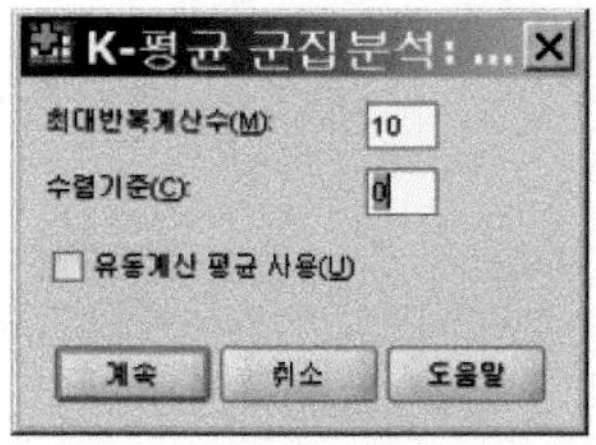

다음으로 [저장]을 클릭한다. '소속군집' 과 '군집중심으로부터의 거리' 를 선택하게 되면 [데이터보기] 창에서 새로운 변수가 생성하게 된다.

- 각각의 변수에는 소속군집과 군집중심으로부터의 거리가 계산되어 자동적으로 입력되어진다.
- '소속군집' 은 각 자료가 최종 군집으로 배열되었을 때의 값을 나타낸다. 여기에서는 3개의 군집으로 나누었기 때문에, 최소값은 1이고 최대값은 3이 된다.
- '군집중심으로부터의 거리' 는 자료의 분류에 사용된 유클리디안 거리를 나타낸다.

그림 15-17 저장 대화상자

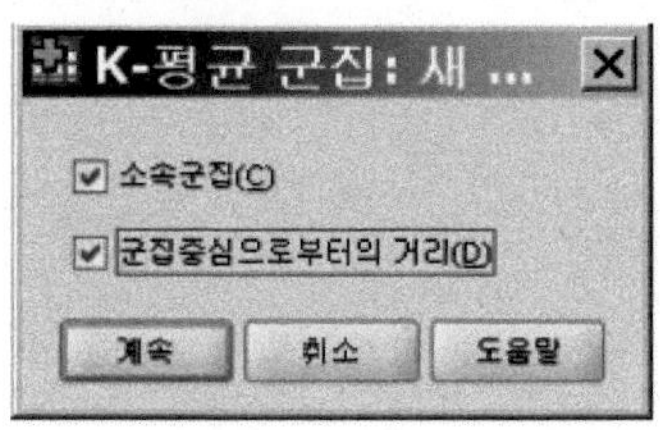

마지막으로 [옵션]을 클릭한다.

- '군집중심초기값' 은 케이스 할당을 위한 임시값으로 특정케이스의 변수값이다.
- '분산분석표' 는 분할된 군집간의 평균의 차이를 나타낸다.

- '각 케이스의 군집정보'는 각 자료가 속한 군집을 나타내고, 자료와 해당 군집의 중심점간의 거리를 나타낸다.
- 설정이 되었으면 〈계속〉, 〈확인〉을 클릭하면 분석이 실행된다.

그림 15-18 **옵션 대화상자**

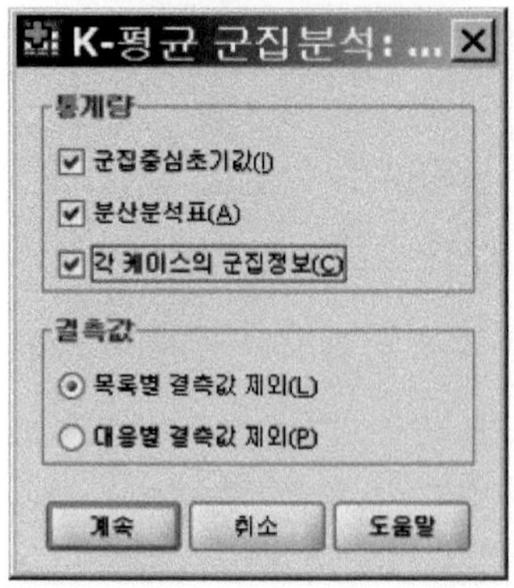

4) 분석결과 및 해설

먼저 K－평균 군집분석으로 새로 생성된 변수가 제시된다. 여기에서는 군집수를 3으로 설정했기 때문에 "QCL_1"의 새로운 변수가 생성되고 각 자료들이 속한 군집이 나타난다.

- "QCL_2"는 군집중심으로부터 자료의 분류에 사용된 유클리디안 거리를 나타낸다. 즉, 군집중심으로부터의 거리를 나타낸다.

그림 15-19 새로운 변수의 생성 화면

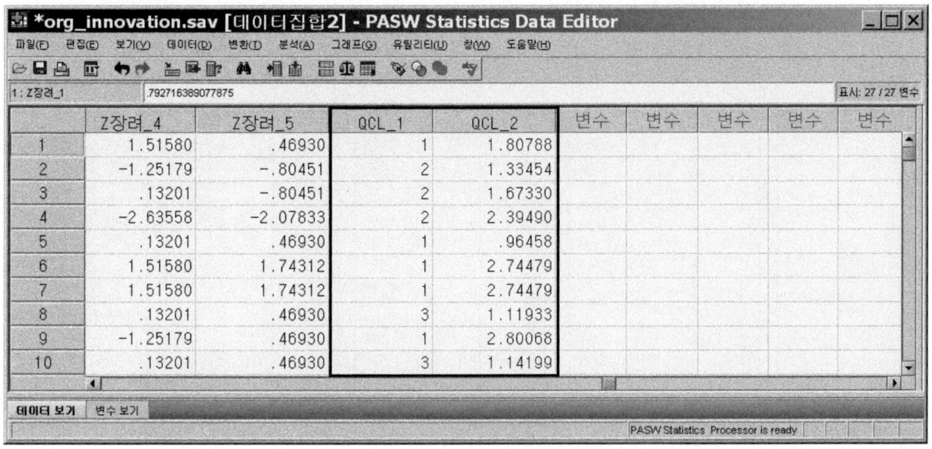

먼저 5개 변수에 대한 초기 군집중심값이 제시된다. 군집의 수와 중심점을 보여주게 된다. 군집의 수를 3개 지정했기 때문에 군집이 3개로 구분되어 있다.

초기 군집중심

	군집		
	1	2	3
표준화(장려_1)	1.76837	-1.15859	.79272
표준화(장려_2)	1.92167	.93487	-2.02555
표준화(장려_3)	1.69117	1.69117	-3.39908
표준화(장려_4)	1.51580	-2.63558	.13201
표준화(장려_5)	1.74312	-2.07833	.46930

반복계산정보는 군집화 과정에서 오류가 더 이상 발생하지 않을 때까지 반복적으로 계산한다는 것이다. 여기서 6번 반복계산 되었으며 변화량이 0이 되어 반복계산을 중단했음을 보여준다.

반복계산정보[a]

	군집중심의 변화량		
반복계산	1	2	3
1	2.745	2.843	2.804
2	.148	.117	.239
3	.000	.025	.034
4	.000	.084	.121
5	.016	.020	.034
6	.000	.000	.000

a. 군집 중심값의 변화가 없거나 작아 수렴이 일어났습니다. 모든 중심에 대한 최대 절대 좌표 변경은 .000입니다. 현재 반복계산은 6입니다. 초기 중심 간의 최소 거리는 6.433입니다.

소속군집에서는 각 케이스가 어느 군집에 속하는지를 보여준다(일부분만 제시). 여기에서 군집1에는 1, 5~7, 9, 12~15, 18, 20이 해당되고 군집2에는 2~4, 16~17, 19가 해당되며 군집3에는 8, 10~11이 해당된다.

소속군집

케이스 수	군집	거리
1	1	1.808
2	2	1.335
3	2	1.673
4	2	2.395
5	1	.965
6	1	2.745
7	1	2.745
8	3	1.119
9	1	2.801
10	3	1.142
11	3	2.266
12	1	.965
13	1	1.579
14	1	1.509
15	1	.965
16	2	1.480
17	2	1.480
18	1	1.824
19	2	1.516
20	1	1.870
21	2	1.546
22	3	2.031
23	3	1.922
24	1	1.579
25	1	2.163
26	3	1.409
27	2	1.516
28	1	1.194
29	2	3.247
30	2	1.253
31	2	2.345
32	3	1.418
33	3	1.108
34	1	1.553
35	3	1.356
36	3	1.922
37	2	2.719
38	3	.529
39	1	.924
40	2	1.324
41	3	1.356
42	1	.924
43	3	1.119
44	3	1.968
45	2	1.701
46	3	1.843
47	2	2.584
48	3	1.922
49	3	1.970
50	1	.807
51	1	.807
52	3	2.139
53	2	2.136
54	2	1.546
55	1	2.422
56	1	1.064
57	3	1.347
58	2	1.089
59	2	1.766
60	1	3.258
61	2	2.039
62	3	1.161
63	2	2.136
64	3	1.108
65	3	1.878
66	3	1.922
67	2	1.374
68	2	1.471
69	2	2.537
70	2	2.912
71	1	1.509
72	3	1.356
73	2	1.253
74	1	1.574
75	1	.807
76	1	.924
77	3	1.161
78	3	1.922
79	1	1.943
80	1	1.161
81	3	1.119
82	3	1.878
83	1	1.486
84	2	1.324
85	2	1.374
86	1	1.665
87	3	1.108
88	1	1.509
89	3	1.347
90	3	1.161
91	3	1.356
92	1	.924
93	2	1.263
94	1	2.430
95	2	1.485
96	3	1.161
97	2	2.006
98	3	1.796
99	3	1.347
100	3	2.239

다음 최종 군집중심은 초기 군집중심을 바탕으로 반복계산을 통해 최종적으로 얻어지는 군집중심값으로 나타낸 것이다. 군집중심값의 산출을 반복적으로 수행하는 과정에서 각 케이스가 3개의 군집 중 1개에 포함되면 계산이 끝나게 된다.

최종 군집중심

	군집		
	1	2	3
표준화(장려_1)	.16191	-.36587	.29205
표준화(장려_2)	.54355	.13309	-1.02576
표준화(장려_3)	.50637	.03229	-.82047
표준화(장려_4)	.64497	-.70815	.05918
표준화(장려_5)	.79874	-.99786	.25141

다음은 최종 군집중심간 거리를 나타내고 있다. 최종 군집중심간 거리는 두 군집의 중심점 사이에 거리가 얼마나 되는지를 보여주는 것으로 군집1과 군집2의 거리는 2.394, 군집1과 군집3은 2.210, 그리고 군집2와 군집3은 2.157이다.

최종 군집중심간 거리

군집	1	2	3
1		2.394	2.210
2	2.394		2.157
3	2.210	2.157	

다음은 전체 304개 케이스 가운데 군집1에 속하는 케이스는 116개, 군집1에 속하는 케이스는 112개, 그리고 군집3에 속하는 케이스는 76개이다.

각 군집의 케이스 수

군집	1	116.000
	2	112.000
	3	76.000
유효		304.000
결측		.000

5) K-평균 군집분석을 이용한 분산분석

① 분석실행

【분석】→【평균비교】→【일원배치분산분석】을 차례로 클릭한다.

- [종속변수]에 'Z장려_1'을 선정하고 [요인분석]에 '케이스 군집번호 (QCL_1)'를 이동한다.

그림 15-20 일원배치 분산분석 대화상자

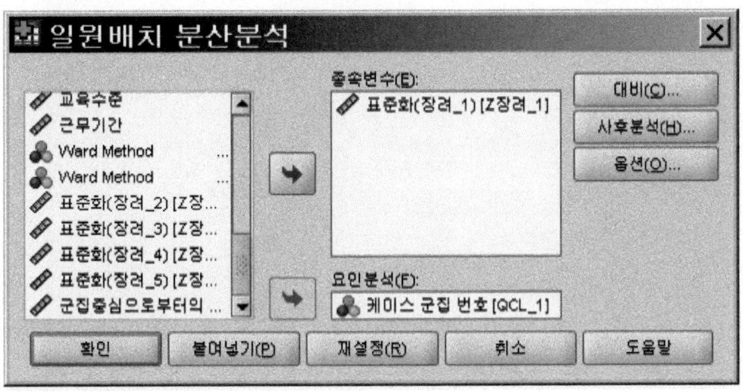

오른쪽 [대비]를 클릭한다.

- 다항식' 에 선택하고 〈계속〉을 클릭한다. 대비 대화상자는 두 집단의 평균차이를 비교하는 것이다.

그림 15-21 대비 대화상자

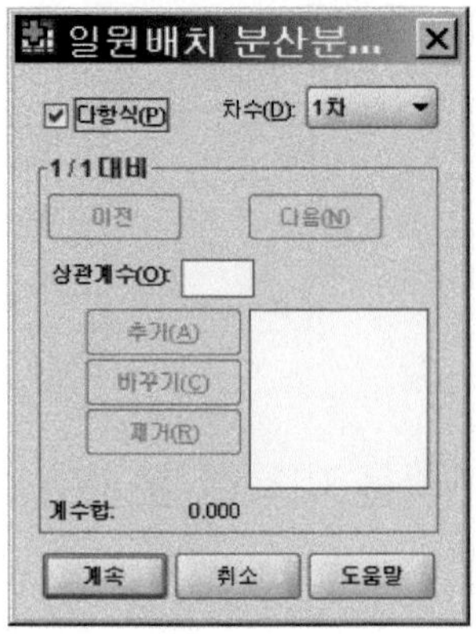

[사후분석]을 클릭한다.

- 대화상자에서 'LSD' 를 선택하고 〈계속〉 버튼을 클릭한다.

그림 15-22 사후분석 대화상자

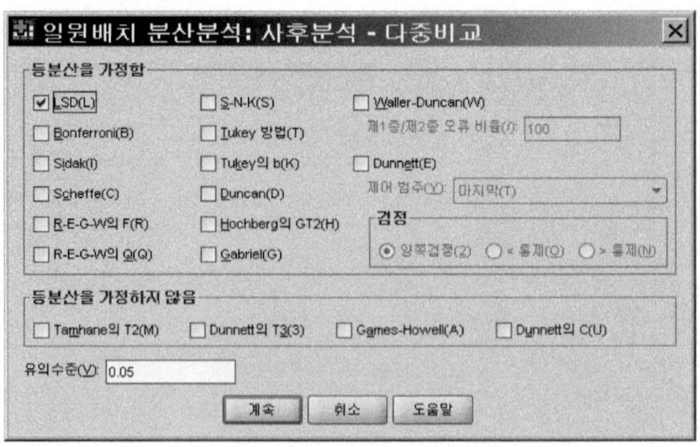

마지막으로 [옵션]을 클릭하고 대화상자에서 기술통계, 분산 동질성 검정, 평균도표를 선택하고 〈계속〉을 클릭한 다음 맨 처음의 대화상자에서 〈확인〉을 클릭하면 분석이 실행된다.

그림 15-23 옵션 대화상자

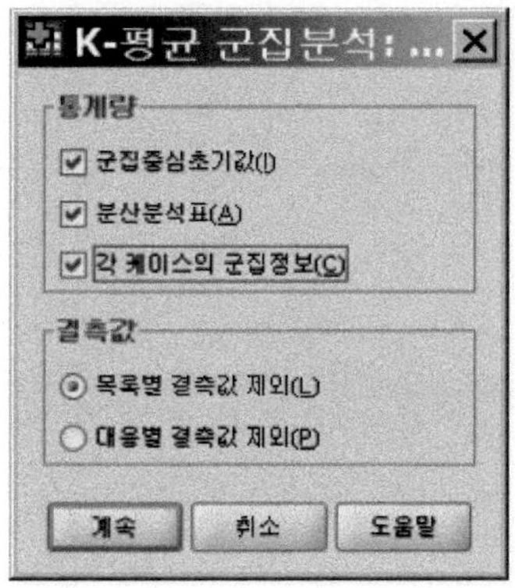

② 분석결과 및 해설

먼저, 군집별 기술통계량이 제시된다. 군집1의 평균은 0.16, 군집2의 평균은 −0.36, 그리고 군집3의 평균은 0.29로 나타났다.

기술통계

표준화(장려 1)

	N	평균	표준 오차 편차	표준 오차 오류	평균에 대한 95% 신뢰구간		최소값	최대값
					하한값	상한값		
1	116	.1619076	.95640894	.08880034	-.0139888	.3378040	-2.13424	1.76837
2	112	-.3658691	.98467355	.09304290	-.5502398	-.1814984	-2.13424	1.76837
3	76	.2920534	.93572228	.10733471	.0782317	.5058751	-2.13424	1.76837
합계	304	.0000000	1.00000000	.05735393	-.1128625	.1128625	-2.13424	1.76837

군집 간 'Z장려_1'에 대한 분산의 동질성 검정에서 유의수준 $p<0.05$에서 동질성이 같다는 귀무가설이 채택되기 때문에 동일하다고 판단된다.

분산의 동질성 검정

표준화(장려 1)

Levene 통계량	df1	df2	유의확률
.420	2	301	.657

분산분석 결과 집단 간 차이의 통계량인 거짓(F값)은 13.249이고 이에 대한 유의확률이 0.000이므로 유의수준 $p<0.001$에서 군집 간에 차이가 있는 것으로 알 수 있다.

분산분석

표준화(장려_1)

			제곱합	df	평균 제곱	거짓	유의확률
집단-간	(조합됨)		24.516	2	12.258	13.249	.000
	선형 항	가중되지 않음	.778	1	.778	.841	.360
		가중됨	.062	1	.062	.067	.795
		편차	24.453	1	24.453	26.430	.000
집단-내			278.484	301	.925		
합계			303.000	303			

다음은 사후검정으로 다중비교를 나타내고 있다. 유의수준 $p<0.05$에서 군집1과 군집2는 유의적으로 차이가 있기 때문에 다른 집단으로 볼 수 있으나 군집1과 군집3은 유의적인 차이를 보이지 않고 있기 때문에 같은 집단으로 분류될 수 있다. 계속해서 군집2에 대해 군집1과 군집3은 유의적인 차이를 보이기 때문에 다른 집단으로 이해된다.

다중 비교

표준화(장려_1)
LSD

(I) 케이스 군집 번호	(J) 케이스 군집 번호	평균차(I-J)	표준 오차 오류	유의확률	95% 신뢰구간	
					하한값	상한값
1	2	.52777669*	.12742264	.000	.2770247	.7785287
	3	-.13014582	.14194889	.360	-.4094837	.1491921
2	1	-.52777669*	.12742264	.000	-.7785287	-.2770247
	3	-.65792251*	.14294873	.000	-.9392280	-.3766171
3	1	.13014582	.14194889	.360	-.1491921	.4094837
	2	.65792251*	.14294873	.000	.3766171	.9392280

*. 평균차는 0.05 수준에서 유의합니다.

6) 보고서 작성

측정변수들에 대한 군집화를 위해 K-평균 군집분석을 실시하였다. 군집분석 결과 변수별 3개의 군집으로 분류되었으며 분류된 군집을 통해 분산분석을 실시하였다. 분산분석결과 유의수준 $p<0.001$ 수준에서 군집1-군집2 간 유의적 차이가 있음을 보여주었다.

'장려_1' 에 대한 군집분석 결과 군집3(0.29)이 가장 높게 나타났으며 그 다음은 군집1(0.16), 군집2(-0.36) 순으로 나타났다.

참고로 군집별 응답자의 특성을 살펴보기 위해 빈도분석이나 교차분석을 수행할 수 있다.

표 15-4 군집분석 결과

구 분	군집분류			F값
	1(n=116)	2(n=112)	3(n=76)	
Z장려_1	0.16	-0.36	0.29	13.249***

*** $p<0.001$

【연습】 어느 직장의 직원들에게 직무만족의 구성요인(보수만족, 상사만족, 조직구조만족, 동료만족, 일자체만족)을 조사하였다. K-평균 군집분석을 수행하고, 분산분석을 통해 군집별로 응답자들이 어떤 특성을 보이고 있으며 군집별로 차이가 있는지를 검정하시오. (🖫: group_ex)

제16장 비모수통계분석

1. 비모수검정의 의의와 분류
2. 카이제곱 검정
3. 이항분포 검정
4. 런 검정
5. 단일표본 K-S 검정
6. 독립 2-표본 검정
7. 독립 K-표본 검정
8. 대응 2-표본 검정
9. 대응 K-표본 검정

제16장 비모수통계분석

1. 비모수검정의 의의와 분류

1) 비모수검정의 의의

(1) 모수통계방법

통계적 추론에서는 확률변수의 모집단에 대한 확률분포를 정확히 가정하고 있으며 확률변수는 등간척도나 비율척도로 측정된다고 가정하고 있다. 이와 같이 모집단의 확률분포를 엄격히 가정하고 모집단에서 추출된 표본의 자료를 등간척도나 비율척도로 측정하여 모수에 관한 통계적 추론을 다루는 통계방법을 모수통계법이라고 한다.

모수통계방법이 이용되려면 다음과 같은 조건이 동시에 충족되어야 한다. 그러므로 아래 조건을 동시에 충족되지 않거나 자료가 서열척도 또는 명목척도로 측정된 경우에는 모수통계방법을 이용할 수 없다.

① 자료는 등간척도 이상이어야 한다.

② 모집단의 확률분포를 구체적으로 가정할 수 있어야 한다.

③ 모집단의 확률분포의 모수에 관해서 통계적 추론이 가능해야 한다.

(2) 비모수통계방법

전통적인 통계방법인 모수통계분석 방법에서는 표본 특성치를 이용하여 모수를 추정하거나 검정할 때 모집단이나 표본의 분포에 대한 가정이 사용된다. 예를 들어 단일모집단의 모수값에 대한 추정이나 검정, 두 모집단 모수값의 동일성에 대한 검정은 표본이 정규분포나 t분포를 가정하고 수행하게 된다. 그러나 이 경우에 모집단이나 수집된 표본이 정규분포나 t분포를 따르지 않고 이보다 두꺼운 꼬리 및 긴 꼬리를 갖는 경우에는 정규분포나 t분포를 가정한 모수통계분석 방법을 수행하기 어렵다.

비모수통계분석은 타당하지 않거나 타당성 여부를 확인할 수 없는 모집단의 분포에 대한 가정을 고려하지 않고 통계적 추정과 검정을 실시하는 방법이다. 따라서 비모수통계분석의 주요 특징은 모집단의 분포에 대한 엄격한 가정을 요구하지 않기 때문에 분석대상 자료가 모수통계분석 방법의 적용에 필요한 가정들을 만족시키기 못하는 경우나, 표본의 수가 아주 작거나, 표본의 분포가 정규본포와 커다란 차이가 나거나, 표본자료가 단순히 순서로만 구성되어 경우에 적용된다(김현철, 2008: 9－10).

위의 모수통계분석 방법의 가정이 충족되지 않을 때 또는 다음 기준 중에 어느 한 가지라도 해당하는 경우에는 비모수통계법을 사용하여야 한다.

① 명목척도로 측정되었거나 분석되어야 할 경우
② 서열척도로 측정되었거나 분석되어야 할 경우
③ 모집단 분포의 모수에 대해서 통계적 추론을 하지 않는 경우

비모수통계분석 방법이 가지는 장점은 다음과 같다(김현철, 2008: 10－11).

① 자료가 수집된 모집단에 대하여 엄격하지 않은 가정을 요구하며, 특별히 전통적인 모수통계 방법에 필요한 가정인 정규성 가정을 필요로 하지 않는다.
② 모수 통계방법들이 실제의 양적 관측값을 사용하는 데 반해 많은 비모수 통계방법들은 순위나 부호만을 사용하기 때문에 정규분포를 가정할 수 없는 상황에서 사용될 수 있다.
③ 비모수 통계방법들은 특이값에 영향을 받지 않는다.
④ 비모수 통계방법은 모수통계방법보다 적용과 이해가 용이한 경우가 많다.

2) 비모수통계분석 방법의 분류

비모수통계분석 방법을 사용목적별로 분류하면 다음과 같다.

표 16-1 비모수통계분석 방법

사용목적		독립변수	종속변수		유사한 모수통계분석 방법
		집 단	명 목	서 열	
단일 집단 검정	적합도	없음	- Chi-square test (카이자승 검정) - Binomial test (이항검정)	- Kolmogorov-Smirnov검정 (콜모고르프-스미르노프)	
	무작위성	없음	- run(런)의 검정		
두 변수의 중심경향치 비교(분포의 동일성 검정)		없음	- McNemar (멕네마) 검정	- Sign(부호검정) - Wilconxon (윌콕슨 검정)	대응표본 t검정
세 변수 이상의 중심경향치 비교(분포의 동일성 검정)		없음	- Cochran (코크란 검정)	- Friedman (프리드만 검정) - Kendall(켄달 검정)	MANOVA
두 집단 간 중심경향치 비교(분포의 동일성 검정)		명목	- Chi-square test (카이자승 검정)	- Mann-Whitney (맨-휘트니) 검정 - Kolmogorov-Smirnov검정 (콜모고르프-스미르노프) - Wald-Wolfowitz (왈드-월포비츠 검정 - Median(중앙값 검정)	독립표본 t-검정
세 집단 이상의 중심경향치 비교(분포의 동일성 검정)		명목	- Chi-square test (카이자승 검정)	- Median(중앙값 검정) - Kruskal-Wallis (크루스칼-왈리스 검정)	ANOVA
변수 간 상관관계 분석				- Spearman(스피어맨) - Kandall(켄달 검정)	correlation

자료: 박성현 외(2009: 438); 김호정 외(2006: 328); 김현철(2008: 18-19); 정충영 외(2002: 377)

2. 카이제곱 검정

1) 기본원리

카이제곱검정(chi－square test)은 하나의 표본(집단)에 대하여 일정한 범주값에 따른 관측빈도와 기대빈도간의 차이로 통계적인 적합도(goodness－of－fit)를 검정하는 방법이다.

카이제곱검정의 가설은 다음과 같다.

－ 귀무가설(H_0) : 관찰빈도와 기대빈도는 차이가 없다

－ 대립가설(H_1) : 관찰빈도와 기대빈도는 차이가 있다.

2) 분석상황 및 실행

다음 파일(🖫: js)은 어느 시청의 공무원 50명을 대상으로 현재 직장만족도를 조사하였다. 조사대상이 시청의 5개 부서이고 기대치는 10으로 동일하다고 할 때, 실제로 이와 같은 비율로 조사대상에 포함되었는지에 대한 일치성을 검정하고자 한다.

측정값	부서	응답자(명)
1	기획정책과	12
2	자치행정과	9
3	세무과	9
4	복지지원과	12
5	민원실	8
계		50

분석을 위해서는 【분석】→【비모수검정】→【카이제곱】을 차례로 클릭한다. 만약 [기대값]에서 지정하는 경우 관측빈도의 오름차순으로 기대값을 입력해야 한다.

그림 16-1 카이제곱검정 대화상자

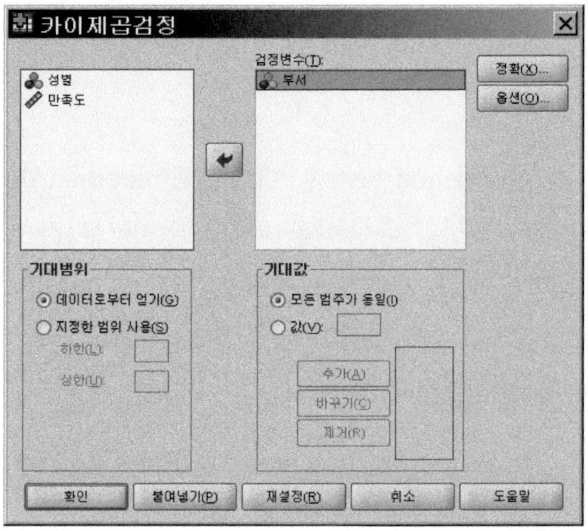

3) 분석결과와 해석

분석결과 부서별 기대빈도 10%에 속할 확률을 검정한 결과 유의확률이 0.844로 유의수준 0.05보다 크므로 "부서별로 속할 확률은 10%이다"라는 귀무가설을 기각할 수 없다. 따라서 5개 부서는 각각 10%라고 할 수 있다.

표 16-2 카이제곱검정 출력 결과

부서

	관측수	기대빈도	잔차
기획정책과	12	10.0	2.0
자치행정과	9	10.0	-1.0
세무과	9	10.0	-1.0
복지지원과	12	10.0	2.0
민원실	8	10.0	-2.0
합계	50		

검정 통계량

	부서
카이제곱	1.400[a]
자유도	4
근사 유의확률	.844

a. 0 셀 (.0%)은(는) 5보다 작은 기대빈도를 가집니다. 최소 셀 기대빈도는 10.0입니다.

3. 이항분포 검정

1) 기본원리

이항분포 검정(binomial test)은 이항분포(binomial distribution)에서의 기대치와 실제 관측된 측정값의 차이를 비교하는 방식이다. 예를 들어 동전을 10번 던져서 3번 앞면이 나올 확률을 검정하고자 할 때 사용한다.

2) 분석상황 및 실행

공무원의 직무만족도 조사 파일(🖫: js)에서 남녀 비율에 대한 이항분포를 검정하고자 한다. 검정비율은 0.5가 기본으로 설정되어 있다. 즉, 남여 비율이 각각 50%를 가정한다는 것이다.

분석을 위해서는 【분석】→【비모수검정】→【이항】을 차례로 클릭한다. 만약 변수가 이분형(1과 2로 얻는 측정값)이라면 자료를 그대로 사용하므로 [이분형 정의]에서 "데이터로부터 얻기"를 선택하고, 그렇지 않으면 "분리점"을 선택하는 자료를 분리하는 기준점을 지정해주면 된다.

그림 16-2 이항검정 대화상자

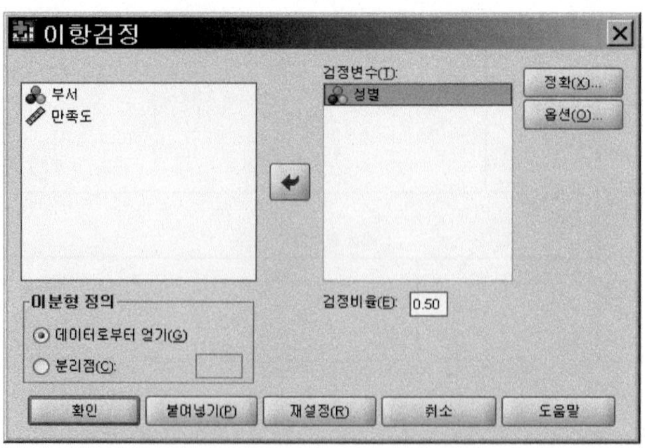

3) 분석결과와 해석

분석결과 부서별 남녀 비율이 50%라는 귀무가설을 검정한 결과 유의확률이 0.888로서 유의수준 0.05보다 크므로 귀무가설을 채택하게 되어 응답한 남녀의 비율은 0.5라고 할 수 있다.

표 16-3 이항검정 출력결과

이항검정

		범주	N	관측비율	검정 비율	근사 유의확률(양측)
성별	집단 1	2	24	.48	.50	.888[a]
	집단 2	1	26	.52		
	합계		50	1.00		

a. Z 근사법을 기준으로.

4. 런 검정

1) 기본원리

런검정(run test)은 변수가 가지는 2가지 측정값에서 표본이 무작위성(randomness)을 가지는지를 검정하는 것이다. 즉, '표본이 무작위이다' 라는 귀무가설을 검정하게 된다.

하나의 런은 두 가지 값 중에서 특정 값을 연속적으로 갖는 숫자의 나열(같은 값이 연속적으로 나열)을 의미하게 되는데, 예를 들어 두 개 값이 남(1), 여(2)이고 아래와 같이 나열되어 있을 때 런의 수는 8이 된다.

남 남	여 여 여	남 남 남	여	남 남	여 여	남	여
①	②	③	④	⑤	⑥	⑦	⑧

만약 변수의 값이 3개 이상으로 되어 있는 경우에는 2개로 하기 위하여 기준값(절단점, cut point)을 정할 필요가 있다.

2) 분석상황 및 실행

재직자 공무원 중에서 직무교육에 참가할 직원 30명을 선발하여 이들의 참가 순서를 정하였다. 다음 파일(💾: training)은 참가 순서별로 성별(남=1, 여=2)을 나열한 것으로써 참가 순서가 남녀 무작위로 추출되었는지를 검정하고자 한다.

분석을 위해서는 【분석】→【비모수검정】→【런】을 차례로 클릭한다. [절단점]에는 중위수, 최빈값, 평균을 선택할 수 있으며 "사용자 정의"에서 사용자가 절단점을 정의할 수 있다. 예를 들어, 변수의 값이 1과 2라면 절단점으로 2를 입력한다.

그림 16-3 런 검정 대화상자

3) 분석결과와 해석

분석결과 유의확률이 0.670로서 유의수준 0.05보다 크므로 귀무가설을 채택하게 되어 참가 순서가 남녀 무작위로 추출되었다고 할 수 있다.

표 16-4 런검정 출력결과

런 검정

	성별
검정값[a]	2
케이스 < 검정값	12
케이스 >= 검정값	18
전체 케이스	30
런의 수	17
Z	.426
근사 유의확률(양측)	.670

a. 중위수

5. 단일표본 K-S 검정

1) 기본원리

단일표본 K-S(콜모고로프-스미르노프) 검정(one-sample Kolmogorov-Smirnov test)은 주어진 표본분포가 이론적으로 기대되는 분포(정규분포, 균일, 포아송분포, 지수)와 일치하는지를 검정(비교)하고자 할 때 사용된다. K-S검정은 카이제곱검정과 마찬가지로 이론적인 빈도분포와 적합도를 측정하는 척도이나 자료가 서열척도 이상으로 측정되어야 하며, 연속적 분포를 가정할 수 있어야 한다는 특징을 가진다.

또한 단일표본 K-S검정에서 제시하는 통계량은 표본의 누적확률분포와 가설로 설정된 누적확률분포와 최대차이를 의미한다. K-S검정에서 "Kolmogorov-Smirnov의 Z"는 관측 및 이론적 분포함수간의 가장 큰 차이값(절대값)으로부터 계산할 수 있다.

2) 분석상황 및 실행

다음은 경찰공무원의 직무만족을 조사한 파일(🖫: police_work)이다. 경찰공무원의 "계급"을 검정변수로 하여 K-S검정을 하고자 한다.

분석을 위해서는 【분석】→【비모수검정】→【일표본 K－S(1)】을 차례로 클릭한다. 대화상자에서 [검정변수]에 계급을 이동하고, 하단 [검정분포]에는 “정규”를 선택한다.

그림 16-4 일표본 K-S 검정 대화상자

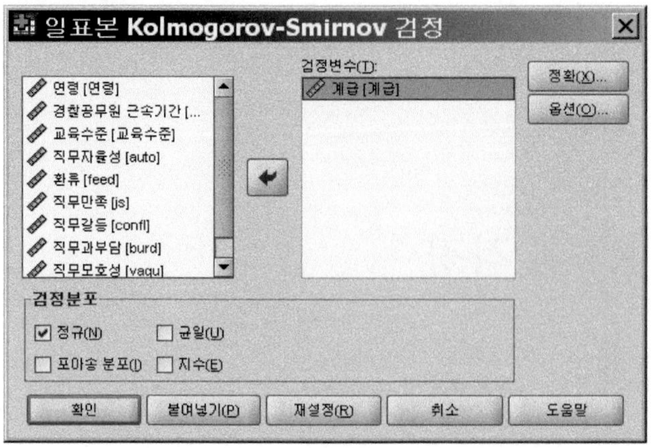

3) 분석결과와 해석

분석결과 K－S 통계량 값이 8.478이고, 이에 대한 유의확률이 0.000이므로 귀무가설이 기각되고 대립가설이 채택된다. 즉, 계급에 대한 분포는 정규분포를 이루지 않는다고 할 수 있다.

표 16-5 일표본 K-S 검정 결과

일표본 Kolmogorov-Smirnov 검정

		계급
N		353
정규 모수[a,b]	평균	2.82
	표준편차	.646
최대극단차	절대값	.451
	양수	.356
	음수	-.451
Kolmogorov-Smirnov의 Z		8.478
근사 유의확률(양측)		.000

a. 검정 분포가 정규입니다.
b. 데이터로부터 계산.

6. 독립 2-표본 검정

1) 기본원리

독립 2-표본 검정(two-independent-sample tests)은 한 변수에 대하여 두 집단을 비교하는데 사용된다. 독립 2-표본 검정에 이용되는 방법으로는 맨-휘트니(Mann-Whitney), 콜모고로프-스미르노프(Kolmogorov-Smirnov), 왈드-월포비츠(Wald-Wolfowitz) 등이 있으나 맨-휘트니 검정이 가장 많이 사용된다.

두 집단 간의 차이검정은 모수통계방법에서는 t-검정을 사용하지만 t-검정은 동일한 분산을 갖는 근사적인 모집단 정규분포성과 등간척도 이상의 조건을 갖추어야 한다. 맨-휘트니 검정은 기본적인 분포형태의 가정을 필요로 하지 않고, 서열척도로 얻은 자료이면 적용할 수 있다. 맨-휘트니 검정은 두 개의 독립표본들이 같은 분포를 갖는 모집단으로부터 추출되었다는 가설을 검정하는 것이다.

2) 분석상황 및 실행

다음 파일(🖫: satisfaction)은 공무원의 성별 교육수준을 측정한 자료이다. 성별로 교육수준에 차이가 있는지를 검정한다.

분석을 위해 【분석】→【비모수검정】→【독립 2 표본(2)】를 차례로 클릭한다. 대화상자에서 [검정변수]에 교육수준, [집단변수]에 성별을 이동하고 [검정유형]에서는 "Mann-Whitney의 U"를 선택한다.

그림 16-5 독립 2-표본 검정 대화상자

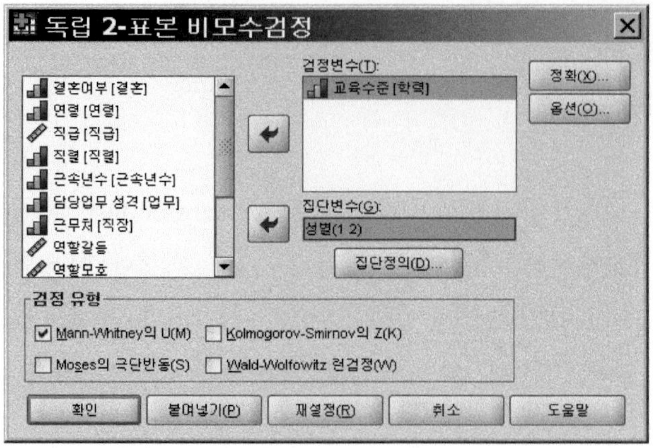

3) 분석결과와 해석

분석결과 유의확률이 0.363으로서 유의수준 0.05보다 크므로 귀무가설이 채택되어 교육수준은 남녀별로 차이가 없는 것으로 볼 수 있다.

표 16-6 독립 2-표본 검정 출력결과

Mann-Whitney 검정

순위

	남녀	N	평균순위	순위합
교육수준	남자	525	372.13	195370.00
	여자	210	357.67	75110.00
	합계	735		

검정 통계량[a]

	교육수준
Mann-Whitney의 U	52955.000
Wilcoxon의 W	75110.000
Z	-.909
근사 유의확률(양측)	.363

a. 집단변수: 남녀

7. 독립 K-표본 검정

1) 기본원리

독립 K-표본 검정은 종속변수가 서열척도이고 독립변수의 값(집단)이 3개 이상인 경우에 모집단의 분포가 같은지를 검정하는 방법으로서 대표적으로 크루스칼-왈리스(Kruskal-Wallis) 검정이 가장 많이 사용된다.

모수통계방법에서 세 집단 간의 차이를 검정하는 방법은 일원분산분석(ANOVA)이나 일원분산분석은 주요 가정들이 충족되어야 하지만 이 방법은 그런 가정을 충족할 수 없는 경우에 사용된다.

2) 분석상황 및 실행

다음 파일(🖫: satisfaction)은 행정기관별 공무원의 교육수준을 측정한 자료이다. 행정기관별로 교육수준에 차이가 있는지를 검정한다.

분석을 위해 【분석】→【비모수검정】→【독립 K 표본(K)】을 차례로 클릭한다. 대화상자에서 [검정변수]에 교육수준, [집단변수]에 행정기관을 이동하고 [검정유형]에서는 "Kruskal-Wallis의 H"를 선택한다.

그림 16-6 독립 K-표본 검정 대화상자

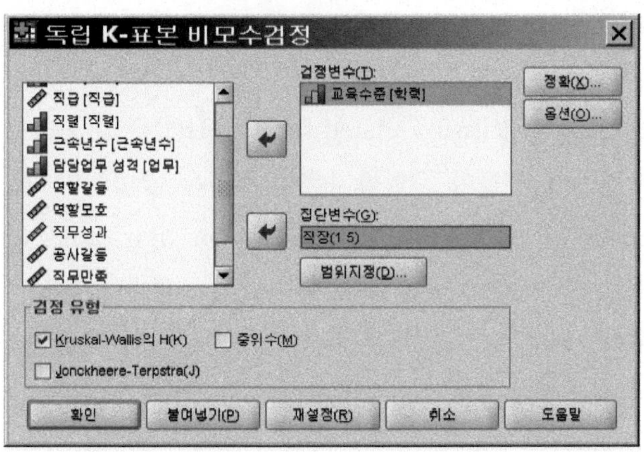

3) 분석결과와 해석

분석결과 유의확률이 0.003으로서 유의수준 0.05보다 작으므로 귀무가설이 기각되어 교육수준은 행정기관별로 차이가 있다고 할 수 있다.

표 16-7 독립 K-표본 검정 출력결과

Kruskal-Wallis 검정

순위

	근무처	N	평균순위
교육수준	시도교육청	232	389.59
	지역교육청	90	377.30
	학교	92	380.08
	시도청	138	381.50
	구청	182	317.52
	합계	734	

검정 통계량[a,b]

	교육수준
카이제곱	16.359
자유도	4
근사 유의확률	.003

a. Kruskal Wallis 검정
b. 집단변수: 근무처

8. 대응 2-표본 검정

1) 기본원리

대응 2-표본 검정(two-related samples test)은 대응되는 2개의 변수가 있는 경우에 모집단의 평균이 동일한지를 검정하는 방법이다. 대응 2-표본 검정 방법에는 윌콕슨의 부호순위검정(Wilconxon sign ranks test), 부호검정(Sign test), 멕네마 검정(McNemar test) 등이 있다. 멕네마 검정은 종속변수가 명목척도인 경우에 사용하고 나머지는 서열척도인 경우에 사용한다. 가장 많이 사용되는 방법이 윌콕슨의 부호순위검정이다.

모수통계방법에서 동일집단에 대하여 짝을 이룬 표본 즉, 대응표본들 간 관측치에 차이가 존재하는지를 검정하는 방법이 대응표본 t-검정으로 정규분포성, 등간 및 비율척도 등의 가정과 요건을 갖추어야 가능하지만, 이 방법은 그런 가정을 충족할 수 없는 경우에 사용된다.

2) 분석상황 및 실행

다음 파일(🖫: edu.엑셀)은 대학생들을 대상으로 교육역량강화프로그램 효과를 살펴보기 위해 교육프로그램 참여 전-후를 비교하는 대학의 교육서비스 품질만족도를 100점 만점으로 조사한 가상의 자료이다. 이 자료를 토대로 교육역량강화 프로그램에 효과가 있는지를 검정하고자 한다.

분석을 위해 【분석】→【비모수검정】→【대응 2 표본(L)】을 차례로 클릭한다. 대화상자에서 참여전-전여후 변수를 블록으로 설정하여 [검정 쌍]에 이동하고 [검정유형]에서는 "Wilconxon(W)"를 선택한다.

그림 16-7 대응 2-표본 검정 대화상자

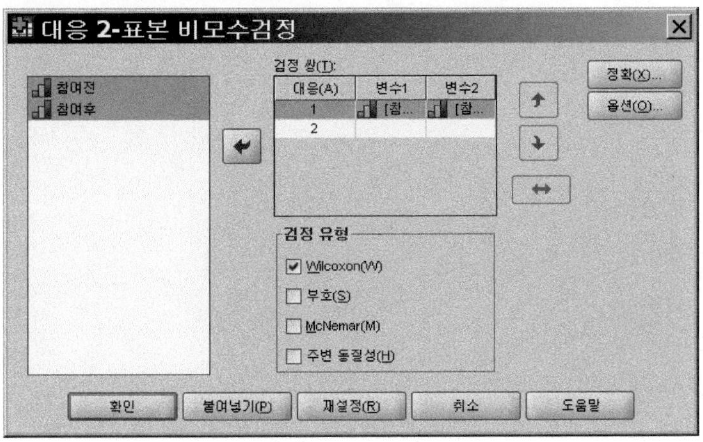

3) 분석결과와 해석

분석결과 유의확률이 0.000으로서 유의수준 0.05보다 작으므로 귀무가설이 기각되어 교육 참여 전과 참여 후는 차이가 있다고 할 수 있다. 따라서 다른 상황변수가 불변이라면 교육 효과가 있다고 판단할 수 있다.

표 16-8 대응 2-표본 검정 출력결과

Wilcoxon 부호순위 검정

순위

		N	평균순위	순위합
참여후 - 참여전	음의 순위	0[a]	.00	.00
	양의 순위	41[b]	21.00	861.00
	동률	2[c]		
	합계	43		

a. 참여후 < 참여전

b. 참여후 > 참여전

c. 참여후 = 참여전

검정 통계량[b]

	참여후 - 참여전
Z	-5.587[a]
근사 유의확률(양측)	.000

a. 음의 순위를 기준으로.

b. Wilcoxon 부호순위 검정

9. 대응 K-표본 검정

1) 기본원리

대응 2-표본 검정이 대응되는 2개의 변수가 있는 경우에 모집단의 평균이 동일한지를 검정하는 방법인데 반해, 대응 K-표본 검정은 세 개 이상의 변수들에 대한 모집단의 평균이 동일한지를 검정하는 방법이다. 대응 K-표본 검정 방법으로는 프리드만 검정(Friedman test), 켄달 검정(Kendall test), 그리고 코크란 검정(Cochran test)이 있는데, 가장 많이 사용되는 방법이 프리드만이고 코크란은 명목척도인 경우에 적용된다.

프리드만 검정은 서열척도로 측정된 자료이거나 표본크기가 아주 작아서 정규분포를 가정할 수 없는 경우에 이용한다.

모수통계방법의 경우 세 개 이상 검정변수의 평균차이를 검정하고자 할 때 다변량분산분석(MANOVA)이 있다.

2) 분석상황 및 실행

다음 파일(🖫: innovation_culture)은 공무원들이 인식하는 혁신수준을 조사한 데이터이다. 여기에서 커뮤니케이션, 혁신전략, 혁신주도, 장려행동, 위험요인 등 변수들에 대해 차이가 있는지를 검정하고자 한다.

분석을 위해 【분석】→【비모수검정】→【대응 K-표본(S)】을 차례로 클릭한다. 대화상자에서 [검정 쌍]에 검정하고자 하는 변수들을 이동하고 [검정유형]에서는 "Friedman(F)"를 선택한다.

그림 16-8 대응 K-표본 검정 대화상자

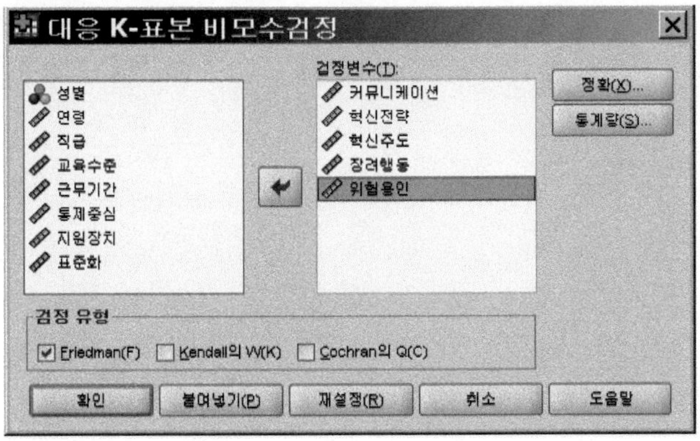

3) 분석결과와 해석

분석결과 유의확률이 0.000으로서 유의수준 0.05보다 작으므로 귀무가설이 기각되어 각 변수들의 정도에는 차이가 있다고 할 수 있다.

표 16-9 대응 K-표본 검정 출력결과

Friedman 검정

순위

	평균순위
커뮤니케이션	2.91
혁신전략	3.68
혁신주도	3.19
장려행동	3.47
위험용인	1.75

검정 통계량[a]

N	304
카이제곱	309.967
자유도	4
근사 유의확률	.000

a. Friedman 검정

참 고 문 헌

강근식 · 김충락. (1999). 「회귀분석」. 서울: 교우사.

강병서 외. (2000). 「사회과학 통계분석」. 서울: SPSS 아카데미.

강상진. (2003). 「회귀분석의 이해」. 서울: 교육과학사.

김 구. (2005). 경찰공무원의 직무스트레스요인이 직무만족과 조직몰입에 미치는 영향: 치안센터 민원담당관을 중심으로. 「한국사회와 행정연구」, 16(3): 59－87.

김 구. (2005). 지역경찰활동에 있어서 경찰신뢰의 영향에 관한 실증적 분석 : 경찰활동의 성과 측면을 중심으로. 「한국정책과학학회보」, 9(3): 49－72.

김 구. (2006). 경찰공무원의 직무특성이 직무만족과 조직몰입에 미치는 영향. 「한국행정연구」, 11(4): 39－70.

김 구. (2007). 지방행정기관의 혁신을 위한 조직문화 개선방안: 강원도 소재 행정기관을 중심으로. 「한국정책과학학회보」, 11(3): 153－177.

김계수. (2001). AMOS구조방정식 모형분석. 서울: SPSS 아카데미.

김두섭. (2000). 「회귀분석 기초와 응용」. 서울: 나남출판.

김민환 · 안관영. (1999). 직무특성과 조직시민행동간의 관계에 대한 재직기간과 성취욕구의 조절효과에 관한 연구. 「산학경영연구」, 12: 161－187.

김순귀 외. (2003). 「SPSS를 활용한 로지스틱 회귀모형의 이해와 활용」. 서울: SPSS 아카데미.

김현철. (2008). 「비모수 통계분석」. 교육과학사.

김호정 · 허 전. (2008). 「한글 SPSSWIN 14.0 통계분석 및 해설」. 서울: 삼영사.

김흥규. (1997). 「사회과학통계분석」. 서울: 나남출판.

노화준 외. (1996). 「행정계량분석」. 한국방송통신대학교출판부.

문명상 외. (1999). 「SPSS시리즈3: 회귀분석」. 서울: 민영사.

박성현 · 조신섭 · 김성수. (2009). 「SPSS(PASW) 17.0 이해와 활용」. 서울: 한나래출판사.

박희서 외. (2006). 「사회복지조사방법론」. 서울: 비앤엠북스.

성웅현. (2001). 「응용 로지스틱 회귀분석」. 서울: 탐진.

안윤기 외. (1999). 「SPSS시리즈3: 가설검정; T검정/비모수검정/교차분석」. 서울: 민영사.

양경숙. (2004). 「SPSS 최적 범주형 자표분석」. 서울: SPSS 아카데미.

오택섭 외. (2004). 「사회과학 데이터 분석법①~③」. 서울: 나남출판.

우수명. (2001). 「SPSS 10.0 for Windows」. 서울: 인간과 복지.

이순묵. (2006). 「요인분석의 기초」. 서울: 교육과학사.

이형석. (2006). 「실증연구방법. 서울: 한경사.

정충영 · 최이규. (2002). 「SPSSWIN을 이용한 통계분석」. 서울: 무역경영사.

채서일 외. (2006). 「SPSS WIN을 이용한 통계분석」. 서울: 비앤엠북스.

황인창 · 이대용 · 이청호. (2005). 「알기쉬운 통계학(2판)」. 서울: 비앤엠북스.

한인수. (2003). 경영연구에 있어서 조절효과검증에 관한 연구. 「경영경제연구」, 25(2): 137－153.

한주희. (2001). 직무특성과 조직시민행동의 관련성에 관한 연구: 경력관련 특성의 조절효과를 중심으로. 「생산성논집」. 15(1): 249－269.

허만형. (2001). 「SPSS 10.0 for Windows 통계분석론」. 서울: 법문사.

홍세희. (2005). 「이항 및 다항 로지스틱 회귀분석」. 서울: 교육과학사.

Bryman, A. & Cramer, D. (2005). *Quantitative Data Analysis with SPSS 12 and 13*. Yew York: Routledge.

Hardy, M. & Vryman, A. (2004). *Handbook of data analysis(ed.)*. California: Sage Publications.

Kaplan, D. (2004). The Sage Handbooks of Quantitative Methodology for the Social Science(ed.). California: Sage Publications.

Scott, J. & Xie, Y. (2005). *Quantitative Social Science Vol. I ~IV(ed.)*. California: Sage Publications.

Series: *Quantitative Applications in the Social Science*. Sage Publications.

찾아보기

ㄱ

ㄴ

ㄷ

ㅌ

ㅍ

ㅎ

부 록

1. 표준정규분포표

2. t-분포표

3. F-분포표

4. χ^2-분포표

[부록 1] 표준정규분포표

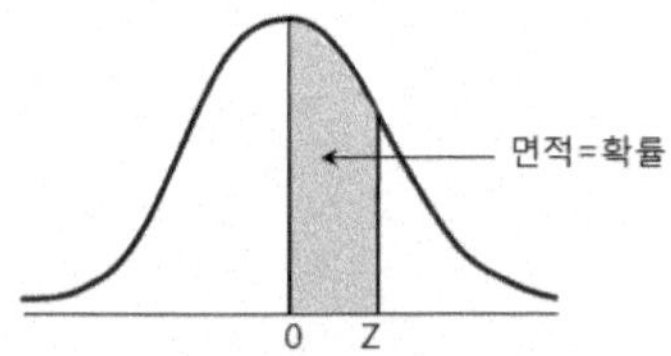

Z	.00	0.01	0.02	0.03	0.04	0.05	0.06	0.07	0.08	0.09
0.0	.0000	0.0040	0.0080	0.0120	0.0160	0.0199	0.0239	0.0279	0.0319	0.0359
0.1	0.0398	0.0438	0.0478	0.0517	0.0557	0.0596	0.0636	0.0675	0.0714	0.0753
0.2	0.0793	0.0832	0.0871	0.0910	0.0948	0.0987	0.1026	0.1064	0.1103	0.1141
0.3	0.1179	0.1217	0.1255	0.1293	0.1331	0.1368	0.1406	0.1443	0.1480	0.1517
0.4	0.1554	0.1591	0.1628	0.1664	0.1700	0.1736	0.1772	0.1808	0.1844	0.1879
0.5	0.1915	0.1950	0.1985	0.2019	0.2054	0.2088	0.2123	0.2157	0.2190	0.2224
0.6	0.2257	0.2291	0.2324	0.2357	0.2389	0.2422	0.2454	0.2486	0.2517	0.2549
0.7	0.2580	0.2611	0.2642	0.2673	0.2704	0.2734	0.2764	0.2794	0.2823	0.2852
0.8	0.2881	0.2910	0.2939	0.2967	0.2995	0.3023	0.3051	0.3078	0.3106	0.3133
0.9	0.3159	0.3186	0.3212	0.3238	0.3264	0.3289	0.3315	0.3340	0.3365	0.3389
1	0.3413	0.3438	0.3461	0.3485	0.3508	0.3531	0.3554	0.3577	0.3599	0.3621
1.1	0.3643	0.3665	0.3686	0.3708	0.3729	0.3749	0.3770	0.3790	0.3810	0.3830
1.2	0.3849	0.3869	0.3888	0.3907	0.3925	0.3944	0.3962	0.398	0.3997	0.4015
1.3	0.4032	0.4049	0.4066	0.4082	0.4099	0.4115	0.4131	0.4147	0.4162	0.4177
1.4	0.4192	0.4207	0.4222	0.4236	0.4251	0.4265	0.4279	0.4292	0.4306	0.4319
1.5	0.4332	0.4345	0.4357	0.437	0.4382	0.4394	0.4406	0.4418	0.4429	0.4441
1.6	0.4452	0.4463	0.4474	0.4484	0.4495	0.4505	0.4515	0.4525	0.4535	0.4545
1.7	0.4554	0.4564	0.4573	0.4582	0.4591	0.4599	0.4608	0.4616	0.4625	0.4633
1.8	0.4641	0.4649	0.4656	0.4664	0.4671	0.4678	0.4686	0.4693	0.4699	0.4706
1.9	0.4713	0.4719	0.4726	0.4732	0.4738	0.4744	0.475	0.4756	0.4761	0.4767
2	0.4772	0.4778	0.4783	0.4788	0.4793	0.4798	0.4803	0.4808	0.4812	0.4817
2.1	0.4821	0.4826	0.483	0.4834	0.4838	0.4842	0.4846	0.485	0.4854	0.4857
2.2	0.4861	0.4864	0.4868	0.4871	0.4875	0.4878	0.4881	0.4884	0.4887	0.4890
2.3	0.4893	0.4896	0.4898	0.4901	0.4904	0.4906	0.4909	0.4911	0.4913	0.4916
2.4	0.4918	0.492	0.4922	0.4925	0.4927	0.4929	0.4931	0.4932	0.4934	0.4936
2.5	0.4938	0.494	0.4941	0.4943	0.4945	0.4946	0.4948	0.4949	0.4951	0.4952
2.6	0.4953	0.4955	0.4956	0.4957	0.4959	0.496	0.4961	0.4962	0.4963	0.4964
2.7	0.4965	0.4966	0.4967	0.4968	0.4969	0.497	0.4971	0.4972	0.4973	0.4974
2.8	0.4974	0.4975	0.4976	0.4977	0.4977	0.4978	0.4979	0.4979	0.498	0.4981
2.9	0.4981	0.4982	0.4982	0.4983	0.4984	0.4984	0.4985	0.4985	0.4986	0.4986
3	0.4987	0.4987	0.4987	0.4988	0.4988	0.4989	0.4989	0.4989	0.499	0.4990

[부록 2] t-분포표

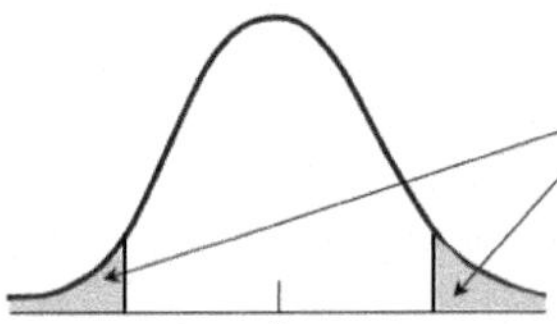

자유도 \ α	0.20	0.10	0.05	0.02	0.01	0.002	0.001
1	3.078	6.314	12.706	31.821	63.657	318.31	636.62
2	1.886	2.920	4.303	6.965	9.925	22.327	31.599
3	1.638	2.353	3.182	4.541	5.841	10.215	12.924
4	1.533	2.132	2.776	3.747	4.604	7.173	8.610
5	1.476	2.015	2.571	3.365	4.032	5.893	6.869
6	1.440	1.943	2.447	3.143	3.707	5.208	5.959
7	1.415	1.895	2.365	2.998	3.499	4.785	5.408
8	1.397	1.860	2.306	2.896	3.355	4.501	5.041
9	1.383	1.833	2.262	2.821	3.250	4.297	4.781
10	1.372	1.812	2.228	2.764	3.169	4.144	4.587
11	1.363	1.796	2.201	2.718	3.106	4.025	4.437
12	1.356	1.782	2.179	2.681	3.055	3.930	4.318
13	1.350	1.771	2.160	2.650	3.012	3.852	4.221
14	1.345	1.761	2.145	2.624	2.977	3.787	4.140
15	1.341	1.753	2.131	2.602	2.947	3.733	4.073
16	1.337	1.746	2.120	2.583	2.921	3.686	4.015
17	1.333	1.740	2.110	2.567	2.898	3.646	3.965
18	1.330	1.734	2.101	2.552	2.878	3.610	3.922
19	1.328	1.729	2.093	2.539	2.861	3.579	3.883
20	1.325	1.725	2.086	2.528	2.845	3.552	3.850
21	1.323	1.721	2.080	2.518	2.831	3.527	3.819
22	1.321	1.717	2.074	2.508	2.819	3.505	3.792
23	1.319	1.714	2.069	2.500	2.807	3.485	3.768
24	1.318	1.711	2.064	2.492	2.797	3.467	3.745
25	1.316	1.708	2.060	2.485	2.787	3.450	3.725
26	1.315	1.706	2.056	2.479	2.779	3.435	3.707
27	1.314	1.703	2.052	2.473	2.771	3.421	3.690
28	1.313	1.701	2.048	2.467	2.763	3.408	3.674
29	1.311	1.699	2.045	2.462	2.756	3.396	3.659
30	1.310	1.697	2.042	2.457	2.750	3.385	3.646
40	1.303	1.684	2.021	2.423	2.704	3.307	3.551
60	1.296	1.671	2.000	2.390	2.660	3.232	3.460
120	1.289	1.658	1.980	2.358	2.617	3.160	3.373
∞	1.282	1.645	1.960	2.326	2.576	3.090	3.291

[부록 3] F − 분포표 α=.05일 때의 F값

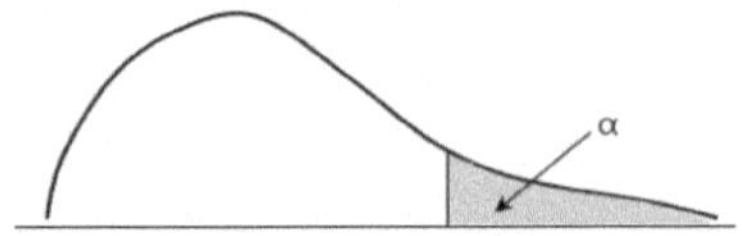

집단대자유도	집단간 자유도															
	1	2	3	4	5	6	7	8	9	10	11	12	15	20	30	∞
1	161.4	199.5	215.7	224.6	230.2	234.0	236.8	238.9	240.5	241.9	243.0	243.9	245.9	248.0	250.1	254.3
2	18.51	19.00	19.16	19.25	19.30	19.33	19.35	19.37	19.38	19.40	19.40	19.41	19.43	19.45	19.46	19.50
3	10.13	9.55	9.28	9.12	9.01	8.94	8.89	8.85	8.81	8.79	8.76	8.74	8.70	8.66	8.62	8.53
4	7.71	6.94	6.59	6.39	6.26	6.16	6.09	6.04	6.00	5.96	5.94	5.91	5.86	5.80	5.75	5.63
5	6.61	5.79	5.41	5.19	5.05	4.95	4.88	4.82	4.77	4.74	4.70	4.68	4.62	4.56	4.50	4.36
6	5.99	5.14	4.76	4.53	4.39	4.28	4.21	4.15	4.10	4.06	4.03	4.00	3.94	3.87	3.81	3.67
7	5.59	4.74	4.35	4.12	3.97	3.87	3.79	3.73	3.68	3.64	3.60	3.57	3.51	3.44	3.38	3.23
8	5.32	4.46	4.07	3.84	3.69	3.58	3.50	3.44	3.39	3.35	3.31	3.28	3.22	3.15	3.08	2.93
9	5.12	4.26	3.86	3.63	3.48	3.37	3.29	3.23	3.18	3.14	3.10	3.07	3.01	2.94	2.86	2.71
10	4.96	4.10	3.71	3.48	3.33	3.22	3.14	3.07	3.02	2.98	2.94	2.91	2.85	2.77	2.70	2.54
11	4.84	3.98	3.59	3.36	3.20	3.09	3.01	2.95	2.90	2.85	2.82	2.79	2.72	2.65	2.57	2.40
12	4.75	3.89	3.49	3.26	3.11	3.00	2.91	2.85	2.80	2.75	2.72	2.69	2.62	2.54	2.47	2.30
13	4.67	3.81	3.41	3.18	3.03	2.92	2.83	2.77	2.71	2.67	2.63	2.60	2.53	2.46	2.38	2.21
14	4.60	3.74	3.34	3.11	2.96	2.85	2.76	2.70	2.65	2.60	2.57	2.53	2.46	2.39	2.31	2.13
15	4.54	3.68	3.29	3.06	2.90	2.79	2.71	2.64	2.59	2.54	2.51	2.48	2.40	2.33	2.25	2.07
16	4.49	3.63	3.24	3.01	2.85	2.74	2.66	2.59	2.54	2.49	2.46	2.42	2.35	2.28	2.19	2.01
17	4.45	3.59	3.20	2.96	2.81	2.70	2.61	2.55	2.49	2.45	2.41	2.38	2.31	2.23	2.15	1.96
18	4.41	3.55	3.16	2.93	2.77	2.66	2.58	2.51	2.46	2.41	2.37	2.34	2.27	2.19	2.11	1.92
19	4.38	3.52	3.13	2.90	2.74	2.63	2.54	2.48	2.42	2.38	2.34	2.31	2.23	2.16	2.07	1.88
20	4.35	3.49	3.10	2.87	2.71	2.60	2.51	2.45	2.39	2.35	2.31	2.28	2.20	2.12	2.04	1.84
21	4.32	3.47	3.07	2.84	2.68	2.57	2.49	2.42	2.37	2.32	2.28	2.25	2.18	2.10	2.01	1.81
22	4.30	3.44	3.05	2.82	2.66	2.55	2.46	2.40	2.34	2.30	2.26	2.23	2.15	2.07	1.98	1.78
23	4.28	3.42	3.03	2.80	2.64	2.53	2.44	2.37	2.32	2.27	2.24	2.20	2.13	2.05	1.96	1.76
24	4.26	3.40	3.01	2.78	2.62	2.51	2.42	2.36	2.30	2.25	2.22	2.18	2.11	2.03	1.94	1.73
25	4.24	3.39	2.99	2.76	2.60	2.49	2.40	2.34	2.28	2.24	2.20	2.16	2.09	2.01	1.92	1.71
26	4.23	3.37	2.98	2.74	2.59	2.47	2.39	2.32	2.27	2.22	2.18	2.15	2.07	1.99	1.90	1.69
27	4.21	3.35	2.96	2.73	2.57	2.46	2.37	2.31	2.25	2.20	2.17	2.13	2.06	1.97	1.88	1.67
28	4.20	3.34	2.95	2.71	2.56	2.45	2.36	2.29	2.24	2.19	2.15	2.12	2.04	1.96	1.87	1.65
29	4.18	3.33	2.93	2.70	2.55	2.43	2.35	2.28	2.22	2.18	2.14	2.10	2.03	1.94	1.85	1.64
30	4.17	3.32	2.92	2.69	2.53	2.42	2.33	2.27	2.21	2.16	2.13	2.09	2.01	1.93	1.84	1.62
40	4.08	3.23	2.84	2.61	2.45	2.34	2.25	2.18	2.12	2.08	2.04	2.00	1.92	1.84	1.74	1.51
60	4.00	3.15	2.76	2.53	2.37	2.25	2.17	2.10	2.04	1.99	1.95	1.92	1.84	1.75	1.65	1.39
120	3.92	3.07	2.68	2.45	2.29	2.18	2.09	2.02	1.96	1.91	1.87	1.83	1.75	1.66	1.55	1.25
∞	3.84	3.00	2.60	2.37	2.21	2.10	2.01	1.94	1.88	1.83	1.79	1.75	1.67	1.57	1.46	1.00

[부록 3] F-분포표 α=.015일 때의 F값

집단대자유도	집단간 자유도															
	1	2	3	4	5	6	7	8	9	10	11	12	15	20	30	∞
1	4052	4999	5403	5625	5764	5859	5928	5981	6022	6056	6083	6106	6157	6209	6261	6366
2	98.50	99.00	99.17	99.25	99.30	99.33	99.36	99.37	99.39	99.40	99.41	99.42	99.43	99.45	99.47	99.50
3	34.12	30.82	29.46	28.71	28.24	27.91	27.67	27.49	27.35	27.23	27.13	27.05	26.87	26.69	26.50	26.13
4	21.20	18.00	16.69	15.98	15.52	15.21	14.98	14.80	14.66	14.55	14.45	14.37	14.20	14.02	13.84	13.46
5	16.26	13.27	12.06	11.39	10.97	10.67	10.46	10.29	10.16	10.05	9.96	9.89	9.72	9.55	9.38	9.02
6	13.75	10.92	9.78	9.15	8.75	8.47	8.26	8.10	7.98	7.87	7.79	7.72	7.56	7.40	7.23	6.88
7	12.25	9.55	8.45	7.85	7.46	7.19	6.99	6.84	6.72	6.62	6.54	6.47	6.31	6.16	5.99	5.65
8	11.26	8.65	7.59	7.01	6.63	6.37	6.18	6.03	5.91	5.81	5.73	5.67	5.52	5.36	5.20	4.86
9	10.56	8.02	6.99	6.42	6.06	5.80	5.61	5.47	5.35	5.26	5.18	5.11	4.96	4.81	4.65	4.31
10	10.04	7.56	6.55	5.99	5.64	5.39	5.20	5.06	4.94	4.85	4.77	4.71	4.56	4.41	4.25	3.91
11	9.65	7.21	6.22	5.67	5.32	5.07	4.89	4.74	4.63	4.54	4.46	4.40	4.25	4.10	3.94	3.60
12	9.33	6.93	5.95	5.41	5.06	4.82	4.64	4.50	4.39	4.30	4.22	4.16	4.01	3.86	3.70	3.36
13	9.07	6.70	5.74	5.21	4.86	4.62	4.44	4.30	4.19	4.10	4.02	3.96	3.82	3.66	3.51	3.17
14	8.86	6.51	5.56	5.04	4.69	4.46	4.28	4.14	4.03	3.94	3.86	3.80	3.66	3.51	3.35	3.00
15	8.68	6.36	5.42	4.89	4.56	4.32	4.14	4.00	3.89	3.80	3.73	3.67	3.52	3.37	3.21	2.87
16	8.53	6.23	5.29	4.77	4.44	4.20	4.03	3.89	3.78	3.69	3.62	3.55	3.41	3.26	3.10	2.75
17	8.40	6.11	5.18	4.67	4.34	4.10	3.93	3.79	3.68	3.59	3.52	3.46	3.31	3.16	3.00	2.65
18	8.29	6.01	5.09	4.58	4.25	4.01	3.84	3.71	3.60	3.51	3.43	3.37	3.23	3.08	2.92	2.57
19	8.18	5.93	5.01	4.50	4.17	3.94	3.77	3.63	3.52	3.43	3.36	3.30	3.15	3.00	2.84	2.49
20	8.10	5.85	4.94	4.43	4.10	3.87	3.70	3.56	3.46	3.37	3.29	3.23	3.09	2.94	2.78	2.42
21	8.02	5.78	4.87	4.37	4.04	3.81	3.64	3.51	3.40	3.31	3.24	3.17	3.03	2.88	2.72	2.36
22	7.95	5.72	4.82	4.31	3.99	3.76	3.59	3.45	3.35	3.26	3.18	3.12	2.98	2.83	2.67	2.31
23	7.88	5.66	4.76	4.26	3.94	3.71	3.54	3.41	3.30	3.21	3.14	3.07	2.93	2.78	2.62	2.26
24	7.82	5.61	4.72	4.22	3.90	3.67	3.50	3.36	3.26	3.17	3.09	3.03	2.89	2.74	2.58	2.21
25	7.77	5.57	4.68	4.18	3.85	3.63	3.46	3.32	3.22	3.13	3.06	2.99	2.85	2.70	2.54	2.17
26	7.72	5.53	4.64	4.14	3.82	3.59	3.42	3.29	3.18	3.09	3.02	2.96	2.81	2.66	2.50	2.13
27	7.68	5.49	4.60	4.11	3.78	3.56	3.39	3.26	3.15	3.06	2.99	2.93	2.78	2.63	2.47	2.10
28	7.64	5.45	4.57	4.07	3.75	3.53	3.36	3.23	3.12	3.03	2.96	2.90	2.75	2.60	2.44	2.06
29	7.60	5.42	4.54	4.04	3.73	3.50	3.33	3.20	3.09	3.00	2.93	2.87	2.73	2.57	2.41	2.03
30	7.56	5.39	4.51	4.02	3.70	3.47	3.30	3.17	3.07	2.98	2.91	2.84	2.70	2.55	2.39	2.01
40	7.31	5.18	4.31	3.83	3.51	3.29	3.12	2.99	2.89	2.80	2.73	2.66	2.52	2.37	2.20	1.80
60	7.08	4.98	4.13	3.65	3.34	3.12	2.95	2.82	2.72	2.63	2.56	2.50	2.35	2.20	2.03	1.60
120	6.85	4.79	3.95	3.48	3.17	2.96	2.79	2.66	2.56	2.47	2.40	2.34	2.19	2.03	1.86	1.38
°f	6.63	4.61	3.78	3.32	3.02	2.80	2.64	2.51	2.41	2.32	2.25	2.18	2.04	1.88	1.70	1.00

[부록 4] χ^2 －분포표

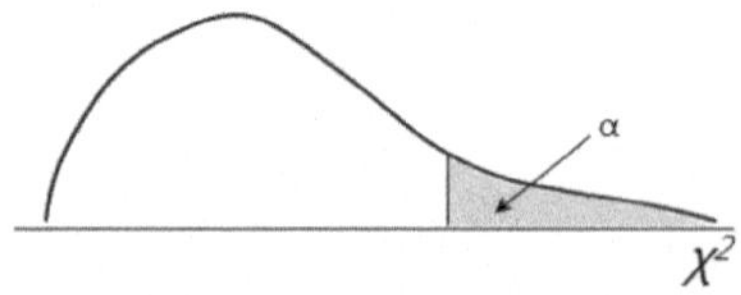

자유도	유의수준(α)				
	0.10	0.05	0.02	0.01	0.001
1	2.71	3.84	5.41	6.63	10.83
2	4.61	5.99	7.82	9.21	13.82
3	6.25	7.81	9.84	11.34	16.27
4	7.78	9.49	11.67	13.28	18.47
5	9.24	11.07	13.39	15.09	20.52
6	10.64	12.59	15.03	16.81	22.46
7	12.02	14.07	16.62	18.48	24.32
8	13.36	15.51	18.17	20.09	26.12
9	14.68	16.92	19.68	21.67	27.88
10	15.99	18.31	21.16	23.21	29.59
11	17.28	19.68	22.62	24.72	31.26
12	18.55	21.03	24.05	26.22	32.91
13	19.81	22.36	25.47	27.69	34.53
14	21.06	23.68	26.87	29.14	36.12
15	22.31	25.00	28.26	30.58	37.70
16	23.54	26.30	29.63	32.00	39.25
17	24.77	27.59	31.00	33.41	40.79
18	25.99	28.87	32.35	34.81	42.31
19	27.20	30.14	33.69	36.19	43.82
20	28.41	31.41	35.02	37.57	45.31
21	29.62	32.67	36.34	38.93	46.80
22	30.81	33.92	37.66	40.29	48.27
23	32.01	35.17	38.97	41.64	49.73
24	33.20	36.42	40.27	42.98	51.18
25	34.38	37.65	41.57	44.31	52.62
26	35.56	38.89	42.86	45.64	54.05
27	36.74	40.11	44.14	46.96	55.48
28	37.92	41.34	45.42	48.28	56.89
29	39.09	42.56	46.69	49.59	58.30
30	40.26	43.77	47.96	50.89	59.70
40	51.81	55.76	60.44	63.69	73.40
50	63.17	67.50	72.61	76.15	86.66
60	74.40	79.08	84.58	88.38	99.61
70	85.53	90.53	96.39	100.43	112.32
80	96.58	101.88	108.07	112.33	124.84
90	107.57	113.15	119.65	124.12	137.21
100	118.50	124.34	131.14	135.81	149.45

■저자 소개

김 구

조선대학교 행정학 박사
한국연구재단(구 한국학술진흥재단) 지원 학술연구교수
한국행정학회 편집위원/연구위원/운영이사
한국정책학회 연구위원
한국지역정보화학회 연구이사/편집이사/운영이사
한국정책분석평가학회 학술정보위원
한국정책과학학회 연구이사/편집위원
한국조직학회 편집위원/운영이사
한국자치행정학회 편집위원
한국지방자치학회 이사
서울행정학회 운영이사
공무원 7급 공개경쟁채용시험 선정위원
외무 · 행정고시 1차시험(PSAT) 시험위원 및 선정위원
행정고시 2차시험 및 3차시험 시험위원
서울특별시 5급 승진 시험위원
현재 국립 강릉원주대학교 사회과학대학 자치행정학과 교수

저서 : 「사회과학 연구조사 방법론의 이해」, 「한국사회와 공동체(공저)」
「SPSS 14.0을 이용한 사회과학 계량분석의 활용」

강의분야 : 연구방법론, 계량분석, 정책분석 및 평가, 전자정부(지식정부)
연구분야 : 전자정부, 지식관리(지식행정), 조직관리

SPSS(PASW) 17.0을 이용한 **사회과학 계량분석의 이해와 활용[제2판]**

2008년 2월 11일 초판 인쇄
2010년 8월 16일 2판 인쇄
2021년 9월 16일 2판 2쇄 발행
저 자 : 김 구
발행인 : 정 광 식

발행처 : **비앤엠북스**

서울시 금천구 가산디지털1로 70(호서대벤처타워 B1-103호)
등 록 2004. 12. 29. / 제313-2004-00298호
전 화 2627-5710~12, 팩스 2627-5720
홈페이지 www.대학교재.net
이 메 일 bnmbooks@daum.net

정가 27,000원 ISBN 978-89-91879-82-9